Y-COLLABO SERIES 1

과학기술의 시대, 경제와 경영이 만나다

비전공자를 위한 경제경영 길잡이

권명중·김성훈·노전표·박우진 지음

연세대학교 대학출판문화원

Y-COLLABO SERIES 1

과학기술의 시대, 경제와 경영이 만나다

-비전공자를 위한 경제경영 길잡이-

저 자 권명중 · 김성훈 · 노전표 · 박우진
펴낸곳 연세대학교 대학출판문화원
주 소 서울시 서대문구 연세로 50
ysup@yonsei.ac.kr
http://press.yonsei.ac.kr
전 화 02) 2123-3380~2
팩 스 02) 2123-8673
등 록 1955년 10월 13일 제9-60호
인 쇄 (주)동국문화

2018년 3월 12일 1판 1쇄

ISBN 978-89-6850-206-4(04000)
ISBN 978-89-6850-205-7(세트)

값 25,000원

머 리 말

영국의 경제학자 알프레드 마샬(Alfred Marshall)이 1890년 처음으로 경제학원론(Principles of Economics)을 쓴지 거의 130년이 다 되어 간다. 마샬이 쓴 경제학원론의 내용은 이후 경제학원론 책으로는 가장 많이 팔렸다는 폴 사뮤엘슨(Paul Samuelson)의 경제학개론(Economics: An Introductory Analysis : 1947)이나 그레고리 맨큐(Gregory Mankiw)의 경제학원론(Principles of Economics : 1997)에서도 그 내용이 크게 바뀌지 않았다. 그러나 지난 130년 동안 인류는 2차, 3차 산업혁명을 거쳐 인공지능, 로봇공학, 생명공학으로 대표되는 4차 산업혁명이라는 전례 없는 기술발전을 경험하고 있다. 이러한 기술발전이 알프레드 마샬이 그의 책에서 설명하는 경제원리를 쓸모없게 만들지는 않았을지라도 경제원리를 이해하는 방법에서는 큰 변화를 일으키고 있다. 인공지능이 탑재된 앱이 선생님이 되는 시대에 지금과 같은 교육방법과 책의 내용이 전과 같이 통용될 수 있을까? 이 책은 이와 같이 급격하게 변화하는 기술환경에 맞추어서 교육에서도 무엇인가 변화되어야 한다는 강박감으로부터 잉태되었다.

이 책은 인간이 부의 생산과 소비를 위해 어떻게 의사결정 하는가에 관한 기초 원리를 이해하게 할뿐만 아니라 시장에서 그런 의사결정의 결과가 시장참여자들과 상호작용을 거쳐 어떻게 부가 만들어지고 분배되어지는가를 통합적으로 이해하도록 디자인되었다. 이러한 내용을 독자에게 전달하는데 있어서 이 책은 기존의 경제, 경영 전공서적과 구별되는 다음과 같은 내용과 특징을 담고 있다. 첫째, 경제학과 경영학사이의 융합교육이 가능하도록 구성되었다. 8장과 9장에서는 개별국가의 성장 및 경기변동과 국가 사이의 금융거래를 다룬다. 성장에 대한 거시적인 이해의 틀을 바탕으로 2장에서는 개별 기업에서 생산이 어떻게 이루어지는가에 대한 원리를 다루고 10, 11, 12장에서는 구체적으로 재무와 회계 차원에서 기업생산을 위해서 어떻게 의사결정이 이루어지는지는 가를 다룬다. 독자들은 경제학만을 배웠을 때 추상적으로 이해했던 기업생산원리를 10, 11, 12장의 경영학 회계원리를 통해서 기업에서 생산이 구체적으로 어떻게 결정되는가를 이해할 수 있게 된다. 1장에서는 소비의 원리를 다룬다. 이를 기초로 13장과 14장에서는 소비자 의사결정 원리를 기업에서 어떻게 마케팅에 활용하는지를 설명하고 마케팅전략을 제시한다. 13장과 14장을 1장과 연결해서 읽으면 경영학에서 설명하는 기술적이고 전략적인 마케팅 이론을 철학적이고 과학적인 차원으로 그 이해를 넓힐 수 있다. 둘째, 경제학을 자연과학과 통섭적으로 이해하도록 하였다. 경제학이나 자연과학이 근본적으로 다른 학문이 아니라 학문이 분화되면서 다른 학문처럼 인식되었을 뿐이라는 주장은 근본적으로 틀린 주장은 아니다. 3장에서 시장경쟁과 생물학의 생존경쟁, 4장의 과점시장의 상호작용과 물리학의 물질구성요소들 사이의 상호작용은 원리적으로 다르지 않다. 또한 5장에서 다루는 불확실성의 문제는 본질적으로 물리학에서 출발하였다. 경제학을 자연과학과 통섭적으로 이해하는 것이 경제학을 이해하는 데에 대한 새로운 통찰력을 제공할 것이다. 셋째, 21세기 들어 일어나고 있는 패러다임을 바꾸는 기술변화를 반영해서 기존의 경제학원론과 경영학원론에는 잘 다루지 않고 있는 기술경제 및 기술경영에 대한 내용에 많은 지면을 할애하였다. 21세기는 과학·기술의 시대이다. 현재는 물론이고 다가오는 미래에도 과학기술에 대한 깊이 있는 이해 없이는 경제와 경영을 구조적으로 이해할 수가 없다. 이런 상황을 반영해서 6장과 7장의 내용은 인문 및 사회과학도에게는 과학과 기술에 대한 중요성과 인식의 지평을 넓히고, 자연과학도와 공학도에게는 그들이 다루었던 과학과 공학지식이 부를 창출하는 데 어떻게 기여하는 지를 사회과학적으로 이해하는데 도움을 줄 것이다. 넷째, 경제 및 경영학을 전공하지 않는 학생들이 효율적으로 경제-경영학을 학습할 수 있도록 하였다. 이 책은 경제학과 경영학의 내용 중에서 핵심내용만을 다루고 있다. 따라서 경제학원론과 경영학원론을 모두 학습했을 때보다 훨씬 적은 노력으로도 경제학과 경영학의 개괄적인 내용을 파악할 수 있을 것으로 기대한다.

이 책은 활용목적에 따라 목차와 다른 순서로 읽어도 된다. 첫 번째 방법은 융합주제별로 읽는 것이다. 이 책의 목차가 기존의 학문 분류에 따라 배열되어 있지만, 처음에는 거시경제학인 8장, 9장 다음은 경제-경영 융합 주제인 1장, 13장, 14장과 2장, 10장, 11장, 12장, 그 다음은 경제–자연과학 통섭 주제인 3장, 4장, 5장, 마지막으로 기술경제학을 다루는 6장, 7장순으로 읽을 수 있다. 두 번째 방법은 목차에 나온 순서대로 책을 읽는 것이다. 이 경우 기존학문 분류 내에서 각 장이 내용상 서로 연결되어있다는 점에서 장점이 있다. 어떤 순서로 읽을 것인지는 독자의 선택이다. 이 책이 교과서로 사용된다면 한 학기에 강의할 수 있는 내용이다. 강의 순서도 강의목적에 따라 자유롭게 선택될 수 있다.

이 책은 연세대학교 정경대학의 학문간 융합연구 출판 프로젝트인

Y-Collabor Series의 첫 번째 저서로 출판되었다. Y-Collabor Series의 출판을 허락해주신 연세대학 대학출판문화원 손소영 원장께 감사를 드린다. 마지막으로 집필과정 동안 곁에 있는 것만으로도 격려가 되었던 저자들의 가족에게도 감사를 드린다.

2018년 2월

저자 일동

차 례

content

Ⅲ. 거시경제 / 김 성 훈

Ⅳ. 회계정보와 의사결정 / 박 우 진

Ⅴ. 마케팅원리와 마케팅전략 / 노 전 표

들어가기

경제문제의 시작 : 자원의 희소성

| 권 명 중 |

1. 개관

대부분의 경제학 교과서는 '경제문제는 희소한 자원 때문에 일어난다.'라는 설명으로 시작한다. 희소한 자원이 경제적으로 어떤 의미가 있는지를 이해하기 위해서 Roald Dahl의 소설 "찰리와 초콜릿공장(Charlie and Chocolate Factory)"의 세계로 들어가 보자.

찰리와 초콜릿공장의 경제

찰리는 소도시의 외곽에 살고 있다. 정부에서 빈민의 주거를 위해서 동마다 똑같은 크기로 수십 채씩 만들어 놓은 방 두 개의 작고 낡은 목조주택 타운 하우스(twon house)가 그의 집이다. 여기서 친할아버지, 친할머니, 외할아버지, 외할머니, 아빠, 엄마 모두 일곱 명이 살고 있다. 방은 두 개인데 침대가 하나 밖에 없다. 장유유서에 따라 침대는 네 명의 할아버지, 할머니 차지다. 일곱 명의 식구 중에 유일하게 직업을 가지고 있는 사람이 찰리의 아버지 버킷(Mr. Bucket)씨이다. 그는 치약을 만드는 공장에서 일을 하고 있다. 그의 봉급으로 대가족이 생활하는데 필요한 모든 물품의 반 정도를 사기에도 부족하다. 아침에는 마가린을 바른 빵, 점심에는 삶은 감자와 양배추, 저녁에는 양배추 국이 그들이 1년 내내 먹는 삼시세끼의 메뉴이다. 그래서 그들은 아침부터 밤늦게까지 지독한 허기를 느끼며 살아간다.

찰리의 곤궁한 삶에 대한 본질적인 이유가 무엇일까? 게으름 때문일까 아니면 빈민에 대한 약탈적인 사회구조 때문일까? 이런 이유들은 곤궁함의 원인을 인간들 스스로에게 돌리는 것이다. 그런데 만약 빵, 감자, 양배추 이외에도 소고기, 버터, 아스파라거스가 공기와 물같이 무한하게 공급될 수 있다면 찰리의 가족들이 허기진 배를 움켜지고 밤마다 잠이 들었을까? 소고기 열 근에 2원, 버터 100개와 양배추 한 트럭에 1원 버킷씨의 월급은 20만원이라면 찰리의 가족은 아주 풍족하게 살 수 있지 않을까? 이런 상상은 곤궁함의 원인이 지구상에 부존하는 자원이 희소하기*

때문이라는 결론으로 이끈다. 자원의 무한함이 가져다주는 풍족하고 신나는 세상에 대한 상상이 우리를 윌리 원카(Mr. Willy Wonka)씨의 초콜릿 공장으로 초대한다.

윌리 원카씨는 찰리의 할아버지, 조(Joe)의 평가에 의하면 세계에서 가장 큰 초콜릿 공장을 소유하고 있는 소유주이며 세계에서 가장 영리한 경영자이다. 그 공장이 얼마나 크냐면 다른 공장 크기의 50배 정도나 된다고 한다. 그런데 윌리 원카씨가 어느 날 수천 명이나 되는 직원을 모두 집으로 돌려보내고 공장 문을 닫아 버렸다. 그리고 그 자신도 사라져 버렸다. 소문으로는 윌리 원카의 초콜릿 브랜드의 경쟁사들이 몰래 스파이를 공장에 잠입시켜 비밀스런 초콜릿 제조법을 훔쳐서 똑같은 제품을 만들어서, 화가 난 윌리 원카가 공장을 닫았다고 한다. 십 여년의 세월이 흐른 후 윌리 원카는 아무도 복제할 수 없는 방법으로 상품을 만들고 공장을 운영하는 방법을 가지고 공장으로 돌아왔다. 그가 생산하고 있거나 연구개발 중인 상품 몇 개만 소개해 보자. 빨고, 빨고 또 빨아 먹어도 영원히 작아지지 않는 눈깔 사탕. 연구개발과정에서 실험조수가 거의 일 년이 지나도록 계속 빨아 먹고 있고, 지금도 빨아 먹고 있는 데 제 맛을 잃지 않을 뿐만 아니라 크기가 변하지 않고 있다고 한다. 윌리 원카씨는 거의 용돈을 받지 못하는 가난한 어린이들을 위해 이 제품을 만들었다고 한다. 아침, 점심, 저녁을 대신해 줄 껌. 줄이 그어져 있는 껌(gum)은 한 번 씹으면 세 가지 메뉴가 포함된 저녁식사를 먹은 것과 같은 포만감을 느낀다. 노란 껌은 토마토 수프를 먹은 것과 같고, 빨간 껌은 구운 소고기, 파란 껌은 블루베리 파이를 먹은 것과 같다. 이 껌이 팔려나가면서 가옥구조에서 부엌이 필요 없어졌고, 요리를 배워야 할 필요도 없어졌고, 고기나 채소를 사기 위한 쇼핑도 없어졌고, 숟가락, 젓가락, 포크와 칼도 더 이상 필요 없어 졌다. 껌만 씹기만 하면 지금까지 음식이 혀에 맛을 주고 목구멍으로 넘어가 뱃속까지 도달할 때 느끼는 똑 같은 느낌을 가질 수 있다. 이 제품의 이름은 씹는 식사 껌(a chewing-gum meal)이다. 빨아먹는 도배지. 보통 유치원에서 사용되는데 도배지에 바나나, 사과, 오렌지, 포도, 파인애플, 딸기 등이 그려져 있다. 그 그림에 있는 바나나를 혀로 핥으면 바나나 맛이 나고, 딸기를 핥으면 딸기 맛이 난다. 도배지는 영원히 닳지 않는다. 겨울에 먹는 뜨거운 아이스크림. 뜨거운 아이스크림은 아주 추운 겨울에 온기를 주는 아이스크림인데 아주 뜨거운 온도에서도 절대 녹지 않는다. 초콜릿 유유를 생산해 내는 젖소. 이 젖소의 젖을 짜면 초콜릿 우유가 나온다. 마지막으로 초콜릿 공장의 주 상품인 초콜릿. 카카오 잎, 커피, 태운 설탕, 레몬, 캐러멜, 사과꽃, 박하, 제비꽃, 개암(hazelnut)을 넣어서 만든 초콜릿은 세계최고의 품질을 자랑한다.

윌리 원카씨의 초콜릿 공장에서 만드는 상품을 사고 싶지 않은 소비자가 있을까? 소비자 대부분이 윌리 원카씨의 상품을 처음 보고 제일 먼저 던지는 질문은 아마 가격일 것이다. 가격이 얼마나 될까? 이 질문에 대답은 잠깐 미루어 놓고 소비자 입장에서 이 상품을 평가해보자. 윌리 원카씨 상품의 특징은 우리가 대부분 1회성으로 알고 있던 상품들이 영원한 내구성을 가진다는 점이다. 닳지 않는 눈깔사탕, 도배지, 껌 등은 먹어서 없어져야 하는데 영원히 소모되지 않는다. 소모되지 않을 뿐만 아니라 가지고 있는 가치(맛)도 잃지 않고 그대로 유지된다. 소비자입장에서는 이 상품은 거의 무료로 영원히 공급되는 상품과 같은 것이다. 소비자가 자원이 한정된 세계에 사는 것이 아니라 자원이 무한한 세계에 살게 되는 것이다. 그래서 이런 곳에서는 부자도 없고 빈자도 없다. 많이 가질 필요가 없다. 하나만 있으면 된다. 계속 만들 필요가 없으니 성장이 의미가 없고, 다 가지고 있으니 분배가 필요 없다. 아마 천국이 이런 모습일 것이다. 이런 세상에서는 경제학 자체가 필요가 없다. 이렇게 생각해보면 경제학은 자원의 희소성으로 존재가 성립되는 학문이라는 것을 쉽게 이해할 수 있다. 이제 윌리 윈카씨의 상품가격을 알기 위해서 초콜릿이 어떤 요소들에 의해 어떻게 만들어지는 지를 살펴보자.

윌리 원카씨 초콜릿 공장의 종업원들이 떠나간 후에 어떤 새로운 종업원도 이 공장에 고용되지 않았다. 그런데 동네 사람들은 공장의 굴뚝에서는 연기가 나오는 것을 보았고, 공장 안에서 웅웅 거리는 기계소리를 들었다. 이웃사람들이 공장 주위를 기웃거려 보아도 사람이 있다는 인기척을 들을 수 없었다. 윌리 원카씨가 들려 준 이 비밀은 이렇다. 윌리 원카씨는 룸파랜드(Loompaland)라는 나라를 방문하였다. 그곳에는 아주 기괴하고 위험한 동물들이 정글의 숲에 전염병을 감염시키고 있었고, 그 나라의 종족인 움파룸파(Oompa-Loompa) 종족을 잡아먹고 있었다. 그는 거기서 이 동물들을 피해서 나무위의 조그만 집에 사는 아주 작은 움파룸파들을 발견하였다. 그들은 먹을 것이 없어서 애벌레, 딱정벌레나 상록수나무 잎을 먹으면서 살고 있었다. 그들의 꿈은 카카오열매를 주식으로 먹는 것이었다. 윌리 원카씨는 그들에게 자기 공장창고에 수십억 톤의 카카오 열매가 있으니 원하는 대로 먹게 해주겠다고 하였다. 이 불쌍한 작은 움파룸파족은 그 제안에 너무 기뻐했다. 윌리 원카씨와 움파룸파족은 모두 윌리 원카의 나라로 이민가기로 동의를 하고 이민 공장에서 일하는 대가로 받는 임금은 카카오 열매로 받기로 하였다. 그렇게 해서 그들은 큰 컨테이너 박스에 실려 밀수입되었고, 행복하게 초콜릿 공장에서 일하게 되었다. 윌리 원카의 재가동된 초콜릿 공장에는 초콜릿 강이 흐르고 있다. 이 강에는 가게에서 흔히 볼 수 있는 가장 단순한 초콜릿을 만드는 원액이 흐르고 있다. 어느 지점에서는 폭포가 있어서 초콜릿이 떨어지면서 소용돌이를 일으키고 있다. 옴파룸파들이 핑크 색깔의 배를 타고 초콜릿 강을 이리 저리 돌아다니면서 작업을 하고 있다. 폭포를 한참 지나서 천장에서부터 초콜릿 강 아래로 꽂힌 수 많은 큰 파이프들이 강 수면으로부터 초콜릿을 퍼 올리고 있다. 이 파이프들은 초콜릿 강둑의 저장고로 연결되어 있는데, 각 저장고에 있는 다양한 크림들, 예를 들면 커피 크림, 바닐라 크림, 우유 크림 등과 섞여서 다양한 종류의 초콜릿으로 만들어 진다. 강둑에는 저장고 이외에도 새로운 제품개발을 위한 연구개발 시설들이 있는 방들이 있다.

윌리 원카 초콜릿 공장에서 일하는 근로자는 옴파룸파족이다. 그들의 월급은 카카오 열매 열 개쯤 일 테니까 찰리의 아버지, 버킷씨가 받는 월급의 100분의 1도 안 된다. 거의 공짜로 일을 한다고 할 수 있다. 요사이 선진국의 많은 공장들이 값싼 노동력 확보를 위해 공장을 중국으로, 베트남으로, 에티오피아로 이전하는데 윌리 원카씨는 값싼 노동력을 공장으로 수입해서 쓰고 있다. 많은 원료들, 특히 주원료인 카카오 열매들이 수십억 톤이 저장고에 보관되어 있고, 그 원료들로 만들어진 초콜릿이 메마르지 않는 강처럼 흘러내리는 것을 보면 카카오나무는 아마도 닳지 않는 눈깔사탕처럼 무한히 공급되는 것 같다. 그렇다면 초콜릿을 만드는 원료의 가격도 거의 0에 가깝고, 카카오 열매로 주는 월급도 거의 0에 가깝다. 초콜릿 강가에 만들어진 파이프나 생산기계들, 연구개발 시설들은 공장을 세울 때 상당한 자금이 투여됐을 것이다. 생산시설에 들어간 고정자본을 무시하고, 초콜릿 생산에 들어가는 인건비와 원료비만 생각하면 생산비용은 거의 0에 가깝다. 공장을 재가동할 때부터 다른 경쟁업체들이 상품을 복제할 수 없게 만들었으니까 윌리 원카씨의 초콜릿 사업은 독점이다. 윌리 원카씨가 이익을 내는 목적으로 기업을 운영한다면 초콜릿 가격은 초콜릿 수요의 크기와 소비자가 윌리 원카 초콜릿의 가격에 얼마나 민감하게 반영해서 소비를 결정하는 가에 따라 결정될 것이다. 그런데 초콜릿의 생산비용 자체가 너무 낮아서 독점가격이라고 할지라도 가격이 그렇게 높지 않게 책정된다. 아마도 소비자는 아주 저렴한 가격으로 초콜릿을 구입할 수 있을 것이다. 같은 원리로 닳지 않는 눈깔사탕, 씹는 식사 껌, 닳지 않는 도배지의 가격들도 높지 않을 것이다.

윌리 원카씨가 초콜릿공장을 재가동한 이후에 찰리 가족의 삶은 어떻게 변했을까? 씹는 식사 껌의 가격이 지금 가게에서 천 원 정도로 살 수 있는 껌 값 정도일 것이기 때문에 버킷씨의 월급으로 충분한 양의 껌을 살 수 있을 것이고 이제는 적어도 허기진 채로 살지는 않을 것이다. 식비가 거의 들지 않으니까 저축도 할 수 있을 것이고 그래서 각자가 쓸 수 있는 침대도 살 수 있고 저축이 늘어나면 더 큰 집으로 이사를 갈 수도 있을 것이다. 찰리와 초콜릿공장은 자원이 희소한 세상에서 자원이 무한한 세상으로 바뀌게 되었을 때 경제생활이 어떻게 변하는지를 잘 보여준다. 그런데 윌리 버킷씨의 초콜릿 공장과 같은 생산시설을 현실에서는 가질 수 없는 것이 문제이다. 인간의 소망과는 다르게 인간은 숙명적으로 자원이 희소하게 부존되어 있는 세상에 살도록 결정되어 있다. 그래서 경제학에서는 자원이 인간의 욕망을 채우기에는 부족하다는 현실을 '변화시킬 수 없는' 사실로 받아들인다, 그리고 왜, 자원이 부족하게 되었는지에 대한 설명 없이, 자원이 희소하다는 전제 하에서 경제현상을 분석하고, 경제원칙을 설명한다. 그러나 자원이 왜, 희소하게 되었는가에 대한 이유를 아는 것은 경제 분석을 위해서도 필요하다. 왜냐하면 그 이유 때문에 경제 분석의 관점이 달라질 수도 있고, 경제 규범(가치)이 달라질 수도 있기 때문이다. 그래서 왜, 자원이 희소하게 되었는지 부터 설명하고, 그것이 경제학에 어떤 의미를 갖는지를 설명한다.

2. 자원의 희소성 - 물리학의 설명

우주에는 칠흑 같은 어둠만이 있었다. 씨앗이 발아하기 위해서 에너지가 필요하듯이, 무릇 어떤 생명체가 태어나기 위해서도 에너지가 필요하다. 갓 태어난 생명체가 성장하고 생존하기 위해서도 에너지가 필요하다. 그런데 어떤 생명체도 스스로 에너지를 만들지 못한다. 생명체가 오로지 할 수 있는 일은 어딘가에 있는 '에너지'를 얻어서 그 자신의 생명을 유지하고, 그 에너지를 필요에 맞게 변형시켜 자신의 번영을 도모 하는 것이다. 그런데 그 에너지가 우주에 아직 없었고, 그래서 생명체도 없었다. 그런데 137억 년 전 어떤 날에 우주에서 대폭발(빅뱅)이 일어났다. 이 폭발로 우주는 절대 온도로 1조까지 올라가는 '불덩이'로 변하게 된다. 이 폭발로 우주에서 일어나는 모든 역사의 원천이 되는 '에너지'가 만들어졌다. 이제 생명체가 존재할 수 있고, 생존해 나갈 수 있는 조건이 만들어진 것이다. 이 에너지가 사용되어지면서 우주의 역사가 진전되었다. 물론, '에너지 보존의 법칙'에 따라 대폭발(빅뱅) 때에 만들어진 열에너지가 다양한 형태로 그 외형을 바꾸면서 우주 안에서 지금까지 순환되고 있지만, 그 때 만들어진 에너지 총량은 현재까지 그대로 보존되고 있다. 다만 에너지가 사용되어지면서 쓸모 있는 에너지가 쓸모없는 에너지로 차츰 차츰 바뀌고 있는데, 대폭발(빅뱅) 때 만들어진 에너지가 모두 쓸모없는 에너지로 변하는 때가 우주가 종말을 고하는 때이다.

대폭발(빅뱅)이 있은 후 우주의 '불덩이'가 서서히 식으면서 우주 공간에는 가스와 먼지로 가득 찬 구름모양을 한 성운(星雲)이 생기기 시작했다. 이 가스는 수소와 헬륨으로 구성되었고, 폭발로 생긴 먼지에는 규소, 산화철, 유기물질 등이 있었다. 아마도 이들이 우주역사에 처음으로 만들어진 원소들일 것이다. 우주를 떠다니는 성운들이 중력으로 수축되고 서로 합치고 회전하기를 반복하면서 하나의 큰 원반모양처럼 되었는데, 이것이 원시태양이다. 그런데 얼마간의 시간이 또 흐른 후에 원시태양 근처에 있던 별의 폭발(초신성: supernova)로 원시태양의 온도가 백만도 까지 치솟게 된다. 이 높은 열이 원시태양을 구성하고 있던 원소인 수소의 핵에 압력을 가해서 핵들이 서로 충돌하면서 핵융합반응을 일으키게 한다. 즉, 네 개의 수소원자가 네 개의 전자와 결합하여 한 개의 헬륨을 만들고 두 개의 전자를 방출하게 되는 데, 이 때 방출되는 전자의 질량이 6000도의 높은 열을 발생시키는 열에너지로 변하게 된다.[1] 지름이 139만 킬로미터의 기체덩어리인 태양에서 매 순간 나오는 6000도의 열에너지가 우주의 생명체 생성과 유지에 핵심적인 역할을 한다. 예컨대, 태양에서 나오는 6000도의 열에너지는 빛 에너지의 형태로 지구에 전달된다. 바로 이 빛 에너지가 지구위의 모든 생명체의 탄생, 생존, 성장에 필요한 에너지원으로 사용된다. 인간들이 현재 사

1) 이 핵융합과정을 B.Bethe(1938)는 다음의 화학식으로 나타내었다: $4H+4e=He+2e$.

용하는 에너지원 중에서 수력, 풍력에너지도 태양에너지의 또 다른 형태에 불과하고, 나무, 석유, 석탄도 태양에너지를 또 다른 형태로 저장한 것에 불과하다.

지구도 이 과정에서 만들어졌다. 원시태양 주위에는 다양한 크기의 성운들이 있었다. 성운들이 처음에는 뜨거운 고열상태였었지만 점차 식어감에 따라 분진 속에 있는 원소들이 덩어리 형태의 광물로 응결되었다. 이런 작은 돌덩어리들이 우주를 떠돌다가 서로 충돌하면서 그 때 발생하는 높은 열로 인하여 서로 합쳐져서 좀 더 큰 덩어리로 변했다. 이런 과정을 반복하면서 덩어리들 중에서 아주 커진 것들은 소행성이 되었다. 소행성들이 만들어지는 과정을 보면, 태양에 너무 가까이에 위치해 있던 성운들은 태양에서 나오는 열로부터 발생한 강력한 바람(태양풍)에 의하여 가벼운 물질은 외부로 날아가고 대부분 비중이 크고 비등점이 높은 물질이 남아서 지금 수성이라고 부르는 행성이 되었고, 태양에서 좀 떨어져 있던 성운들은 마그네슘, 규소 등과 같은 가벼운 물질이 응결되어 지구와 같은 소행성이 되었고, 수증기, 메탄, 암모니아와 같은 가벼운 기체들은 태양계의 외부로 밀려나가 얼음이 포함된 거대한 행성이 되었는데, 이것이 목성, 토성이다.

다행히도 지구는 태양풍으로 인해 멀리 날아간 비금속 물질들이 응결되어 만들어진 소행성이기 때문에 지각(地殼)에 규소나 마그네슘과 같은 원소들이 상대적으로 많이 포함되는 형태로 만들어졌다. 규소는 토양과 암석을 구성하는 성분으로 지각의 27.7%를 차지한다. 규소는 산소와 결합해서 규산염이 되는데 이것은 인간과 동물의 먹이가 되는 식물의 성장에 절대적으로 필요한 영양소이다. 뿐만 아니라 이런 유기물질이 포함된 토양은 물을 흡수한 상태로 유지되는 것이 용이하기 때문에 규소가 포함된 지각에서는 인간과 동물을 위한 식량생산이 가능해진다. 따라서 이런 지역에서는 인간과 동물의 번식이 가능하게 된다. 하지만 물을 흡수하기가 어려운 토양은 척박한 지역이 되는데, 이런 곳에서는 식물의 생육이 더디어서 상대적으로 충분한 식량생산이 어려워 동물과 인간의 번식이 억제 된다. 토양이 비옥하고, 충분한 물과 햇빛이 공급되어서 식물의 생육이 왕성한 곳에서는 생존에 필요한 식량 이상이 확보된다. 이런 지역에서는 인구가 늘어나고 단지 생존을 위한 경제활동이외에 도구를 만드는 활동과 문화 활동이 가능해져서 문명이 탄생하게 된다. 그러나 지구 전체적으로 보면 모든 생명체의 필요를 충족시킬 만큼의 비옥한 땅과 부존자원이 있는 형태로 지구가 만들어지지 않았다. 예컨대, 공기와 같이 큰 노력을 기울이지 않아도 언제 어디서나 마음만 먹으면 얻을 수 있는 자원이 지구에는 거의 없다. 그러다 보니, 지구에 있는 모든 인간의 의식주와 그 밖의 필요를 충분히 충족시켜줄 수 있는 물질의 총량은 항상 부족할 수밖에 없는데, 이것을 '자원의 희소성(scarcity of resource)'이라고 한다.[2]

이와 같이, 물리학에서는 자원의 희소성은 지구의 우연한 탄생으로 설명된다. 우연하게 만들어진 지구와 거기서 인간들이 만들어가는 역사는 별개의 사건이다. 인간의 역사 속에 진행되는 경제생활이나 경제운영 법칙도 마찬가지이다. 그래서 기존의 경제학에서는 지구 생성과정에서 우연하게 결정된 자원의 희소성을 단순히 변화시킬 수 없는 사실로 받아들이고 경제 분석을 진행한다.

2) '자원의 희소성' 문제의 규범적 접근은 권명중의 '경제학 성경에 길을 묻다(2008)', 21세기북스를 참고하라.

3. 자원의 희소성과 경제문제

자원이 세상의 모든 필요를 충족시킬 만큼 충분하지 않다는 사실을 숙명처럼 받아 들여야 한다면 미시적으로는 이런 문제에 대응해서 두 가지 대응이 나타난다. 하나는 필요를 만족시키기 위해 주어진 자원을 가능한 한 최대로 활용할 수 있는 방법을 찾는 것이다. 이러한 방법이 실현된 상태를 '효율'[3] 이라고 한다. 그래서 '효율'은 인류 역사에서 개인, 조직, 국가의 흥망성쇠를 결정하는 요소가 되고 가치가 된다. 또 하나는 주어진 자원이 모든 필요를 충족시키지 못한다면 몇몇의 필요는 어쩔 수 없이 포기해야만 한다. 이런 상황에서 해야만 하는 일은 필요를 해결하기 위한 자원사용에 대한 우선순위를 정하고 어떤 필요를 포기할 것인가에 대한 '선택'을 해야 한다. '효율'을 달성하기 위해 어떻게 '선택'해야 하는 가에 대한 문제가 경제문제의 핵심내용이 된다. 그래서 '효율' 과 '선택'은 자원의 희소성과 관련된 개별주체가 당면한 미시적인 문제가 된다.

자원의 희소성과 함께 나타나는 거시적인 문제는 희소한 자원이라는 제약하에서도 상품과 서비스 생산을 지속적으로 늘려갈 수 있는가에 대한 문제이다. 이런 문제를 성장의 문제라고 한다. 또한, 자원을 사용해서 생산한 생산물을 사람들 사이에 어떻게 나누어 가질 것인가에 관한 문제도 있다. 몇몇 사람이 생산물을 모두 차지할 수도 있고, 모든 사람이 생산물을 골고루 나누어 가질 수도 있다. 이런 문제를 '분배' 문제라고 한다. 이 분배 문제는

3) 효율은 두 가지 측면으로 정의된다. 하나는 생산적인 측면으로 주어진 투입 대비 최대한의 산출을 뽑아내는 것을 말한다. 또 하나는 비용적인 측면으로 주어진 산출을 생산하는데 들어가는 투입을 최소한 줄이는 것이다. 이 두 가지 측면은 동전의 양면과 같아서, 하나의 문제를 다른 관점에서 보는 것이다.

소수가 주어진 생산물을 독점하는 것보다 모두가 고루 나누어 가지는 것이 전체적으로 더 큰 만족감을 주기 때문에, 분배에서는 '공평성'이 중요한 가치가 된다. 자원의 희소성과 함께 나타나는 이와 같은 미시적, 거시적 문제를 '경제문제'라고 한다. 따라서 경제문제는 희소한 자원 때문에 생긴 문제이다.

4. 자원의 희소성과 경제개념 – 상충성과 기회비용

자원의 희소성은 경제문제를 결정할 때 항상 제약조건으로 작용한다. 자원의 희소성은 하고 싶은 것을 다할 수 있을 만큼의 자원이 없다는 것이기 때문에 항상 하고 싶은 것 중에서 하지 못하는 것이 있을 수밖에 없다는 것을 의미한다. 상충성(trade-off)은 이러한 상황을 표현하는 것으로, "어떤 목적을 이루려면 그 대가로 반드시 포기해야하는 그 무엇이 있을 수밖에 없다"로 정의한다. 예를 들어서, 한 국가에서 쓸 수 있는 노동과 자본(도구, 기계), 자연자원이 한정되어 있는데, 이 자원을 거의 모두 사용해서 무기를 생산하면 의·식·주를 생산할 자원이 얼마 남지 않아서 충분한 의 · 식 · 주 생산을 포기해야 한다. 즉, 군사적으로 강한 국가를 달성하려 한다면 그 대가로 풍요로운 의식주를 포기해야 한다. 미국과 군비경쟁을 벌였던 구소련에서 생필품부족을 겪었던 것이 '상충성'이 나타난 상황이다. 개인도 경제활동하면서 이런 상충성문제에 항상 직면한다. 학생들이 학기 중에 영어성적을 높이기 위해서 교과수업 이외에 하루에 5시간 이상을 영어공부에 투자한다고 해보자. 그러면 영어성적을 높이는 대가로 충분한 잠을 포기하든지 아니면 좋은 학점을 받는 것을 포기해야 한다. 영어성적도 높이고, 잠도 전과 같이 충분히 자고, 예습과 복습을 철저히 해서 학점도 잘 받는 일은 절대로 일어날 수 없다. 왜냐하면, 시간이 희소한 자원이어서 누구에게나 하루에 24시간만 주어지기 때문이다. 그래서 영어공부를 하루에 5시간을 사용하면, 교과공부 시간이 부족해지기 마련이다. 이 시간을 확보하기 위해서 잠을 줄이든지, 다른 용도의 시간을 줄여야 한다. 이런 시간을 줄일 수 없다면, 교과공부를 충분히 할 수 없고, 좋은 학점을 포기해야 한다. 이와 같이, 자원의 희소성이 전제 되는 경제에서는 '상충성'은 피할 수 없는 현상이다.

'상충성'의 개념을 비용에 적용시킨 것이 '기회비용(opportunity cost)'이다. 자원의 희소성의 개념이 반영되지 않은 비용을 '회계비용(accounting cost)'이라고 한다. 예를 들어, 대학을 다니는 비용을 계산하라고 하면, 일반적으로 대학교육을 위해 들어가는 비용(예, 등록금, 책값, 기타 잡비)과 생활비만을 계산한다. 이렇게 계산하는 것은 회계비용에 의한 계산이다. 그러나 대학을 다니는 결정을 했다면 반드시 포기하는 그 무엇이 있기 마련이다. 예를 들면, 대학을 가기 때문에 취업의 기회를 포기했을 수도 있고, 군대 입대를 포기했을 수도 있다. 만약에 대학입학 때문에 취업을 포기했다면, 취업을 통해서 벌 수 있는 수입을 포기한 것이다. 대학재학을 포기하고 취업을 통해서 벌 수 있는 수입이 5천 만원이라면, 이 금액이 기회비용이다. 따라서 대학을 진학할 때 고려하는 비용은 회계비용에 이 기회비용을 포함한 액수이어야 한다. 대학교육에 들어가는 회계비용이 5천 만원이라면, 대학진학에 들어가는 총비용은 회계비용과 기회비용 모두를 합해 1억이다. 이와 같이, 기회비용은 여러 가지 선택지 중에 하나를 선택할 때 포기해야 하는 다른 모든 선택지 중에서 차선의 선택을 포기함으로서 일어나는 비용으로 정의된다. 실제로 법정에서 비용을 계산할 때 적용하는 비용개념도 기회비용이다. 버스를 타고 가다가 사고가 났는데 버스에는 사업가도 있고, 무직의 사람도 있다고 해보자. 그리고 사고에 대한 손해배상 소송이 일어났다고 해보자. 판사는 사업가나 무직의 사람이 같은 정도로 다쳤다고 할지라도 똑같은 금액의 보상을 결정하지 않는다. 사업가는 사고로 인해 사업을 하지 못해 손해를 봤지만 무직의 사람은 사고로 인해 하던 일을 하지 못해 손해 본 것은 없다. 즉 사업가는 사고가 나지 않았으면 자기가 하고 있던 일을 계속했겠지만 무직의 사람은 사고가 나지 않았더라도 하던 일이 없었으므로 기회비용이 같지 않다. 사고로 인한 보상금을 결정할 때 기회비용을 고려해서 사업가는 무직의 사람보다 더 많은 보상금이 결정된다. 이와 같이 희소한 자원의 제약을 받는 경제에서 비용을 계산할 때는 회계비용뿐만 아니라 기회비용 모두를 고려해서 계산해야 한다. 물론, 경제학에서 사용하는 비용 개념은 명시적으로 기회비용이라고 언급되지 않더라도 항상 기회비용이 들어간 비용이다.

참고문헌

Roald Dahl, "Charlie and Chocolate Factory", Puffin Books, 1995.

I

Micro Economy

미시경제

| 권 명 중 |

1장 소비, 삶의 목적인가?*

* 1장은 '기독교경제학자들이 쓴 경제학 입문', (권명중 외 6인, 무역경영사)의 내용 중 일부를 발췌하였다.

1. 개관 : 소비의 본질에 대한 탐구

경제를 구성하는 두 개의 핵심 축이 있는데 하나는 소비이고 또 다른 하나는 생산이다. 소비는 경제를 설명하는 시발점이면서 종착역이다. 그래서 소비는 철학적으로 설명해야 한다. 왜, 소비를 하는지를 먼저 설명해야 하고, 어떻게, 무엇을 소비해야 하는지의 문제는 그 다음에 다루어야 한다.

소비는 왜, 하는가? '필요'와 '욕망'을 해소하기 위해서 한다. 즉 소비는 필요와 욕망을 해소하기 위한 수단이다. 인간이 일상적인 활동을 하기 위해서는 에너지가 필요하다. 이러한 에너지를 공급해주는 것이 음식이다. 그래서 음식이 필요하다. 몸의 36.5도 체온과 외부 기온차를 줄여주기 위해서 옷도 필요하고 이불도 필요하다. 어쩌면 집도 이런 이유 때문에 필요할 수도 있다. 항문에 생긴 치루로부터의 고통을 없애기 위해서 약이 필요할 수도 있고 수술이 필요할 수도 있다. 인간이 생존을 하기 위해서 또는 생활하면서 일어나게 되는 수많은 문제를 해결하기 위해서 그 "무엇"이 필요하다. 이런 필요를 해결해주는 것이 상품과 서비스이다. 필요를 해결하기 위해서 이런 상품과 서비스를 사용하는 것이 소비이다. 배가 고픈데 자장면을 먹으면 허기가 없어진다. 영하 10도의 날씨에 오리털 파커를 입고 나가면 춥지가 않다. 치루를 수술해서 없어버리니까 고통이 없어졌다. 자장면, 오리털 파커, 수술이 상품과 서비스이고 이것을 필요에 맞게 사용하는 것이 소비이다. 그런데 이렇게 소비를 하면 배고픔이 없어지고, 추위가 없어지고, 고통이 없어진다. 필요가 해결되었을 때 얻어지는 것이 무엇일까? 허기와 추위로부터 탈출되었을 때 느끼는 만족감과 행복감, 고통이 없어졌을 때의 안도감과 평안함 같은 것이다. 이것은 어떤 갈급함이 해결되었을 때 느끼는 일종의 '만족감'이나 '행복감' 같은 것으로 일반화시킬 수 있는데, 경제학에서는 이런 상태를 묘사하는 용어로 효용(utility)이라는 단어를 사용한다. 그래서 경제학에서는 필요를 해소하는 소비활동은 생략하고 소비=효용(행복감)으로 간단하게 등식화해버린다.

소비가 오로지 필요를 해결하는 수단으로만 정의해버리면, 이 정의로는 현실에서 일어나는 소비와 관련된 현상을 모두 이해할 수 없다. 소비는 필요를 해결할 뿐만 아니라 '욕망'도 해결하기 위한 수단이다. 어떤 필요로 게임을 하고 격투기를 볼까? 체온과 외부온도의 차이를 줄이는데 왜, 헐렁한 솜바지를 안 입고 청바지를 꼭 입어야할까? 필요라는 개념으로는 이런 소비행위를 설명하지 못한다. 소비를 이해하기 위해서는 인간에게는 욕망이 있다는 사실을 깨달아야 한다. 최고가 되고 싶은 욕망, 자유롭게 살고 싶은 욕망, 지배하고 정복하고 싶은 욕망, …, 인지하지 못하는 욕망도 있다. 무의미하게 보이는 벽돌 깨는 게임을 하루 종일하고 있는 사람은 최고가 되고 싶은 욕망을 채우기 위해서 오늘도 내일도 비가 오나 눈이오나 벽돌을 깨고 있다. 수많은 바지 중에 청바지를 입고서 제임스 딘이 영화에서 보여주는 자유로운 청년이 되고 싶은 욕망을 해소한다. 지배하고 싶고 정복하고 싶은 욕구가 격투기를 보면서 해소된다. 생산력의 발전으로 인간의 필요를 해결해 줄 수 있는 상품과 서비스의 공급이 넘쳐나는 현대경제에서는 필요를 해결하는 소비로부터 욕망을 실현시켜주는 소비, 어쩌면 욕망을 자극하는 소비로 소비행태가 변화하고 있다.

소비가 인간의 필요와 욕망을 해결해줌으로써 인간에게 행복을 가져다주는 수단이라면, 그리고 경제학의 철학적 기초가 되는 공리주의의 설명처럼 인간의 삶의 목적이 행복이라면, 소비는 삶의 목적이 될 수도 있다. 그래서 인간의 소비를 늘려주는 것은 그 사회구성원의 행복을 증진시키는 것이므로 선(善)한 일이 된다. 이것이 공리주의가 주장하는 "최대다수의 최대행복"의 함의(含意)이다.

소비가 행복을 얻는 수단이기는 한데 누구나가 원하는 소비를 다할 수 없는 것이 현실이다. 그 이유를 자원의 희소성으로 설명하였다. 원하는 소비를 다할 수 없으므로 가능한 한 필요와 욕망의 실현 수준을 높여주는 소비를 해야 한다. 수많은 필요와 욕망이 존재하고 그것을 실현시켜 줄 소득은 제한되어 있는 상태에서 문제해결 방법은 본질적으로 선택의 문제, 즉 의사결정의 문제로 귀착된다. 미시 경제학 책의 1장에서 소개하는 '소비자 선택이론'이 바로 주어진 소득으로 최대의 필요와 욕망을 만족시켜주는 소비를 선택하는 문제를 다루는 것이다. 1장에서는 소비자 선택이론의 핵심내용을 개념 중심으로 설명한다.

2. 소비의 합리성

소비자 선택이론은 세 개의 개념으로 구성된다. 첫째, 소비의 합리성에 관한 것이다. 소비의 합리성은 소비의 목표를 달성하는 방법에 관한 개념이다. 예를 들면 소비의 목표가 소비로부터 만족감(효용)을 극대화하는 것인지, 아니면 최소의 필요를 만족시키는 것인지에 따라 그 목표를 이루는 방법이 다르다. 따라서 소비의 합리성은 소비의 목표와 밀접한 관련을 가지고 있다. 경제학에서는 소비의 합리성을 소비의 목표를 달성하는 가장 효율적인 방법으로 정의한다. 둘째, 소비의 제약에 관한 것이다. 교환경제에서 개인의 소비를 제약하는 것은 소득과 가격이다. 소득이 충분히 많지 않으면 원하는 만큼의 소비를 할 수 없고, 구입하고 있는 상품의 가격이 소득대비 너무 높아도 충분한 소비가 이루어질 수 없다. 또, 소비자가 상품의 존재, 품질, 가격에 대한 정보를 가지고 있지 않다면 소비가 이루어지지 않는다. 상품과 서비스에 대한 정보도 소비의 제약으로 작용한다. 셋째, 소비자 선택에 관한 것이다. 소비를 할 수 있을 만큼의 충분한 소득이 있다고 하면 소비자는 어떤 종류의 상품을 얼마만큼 사야 하는 지에 대한 선택문제에 직면 한다. 또 사고 싶은 종류가 정해졌다고 하더라도 비슷한 종류의 상품이 많다면 어떤 브랜드를 선택해야 하는지에 대한 선택에 직면한다. 이와 같은 선택에 결정적인 영향을 미치는 요소가 개개인이 가지고 있는 선호(選好)이다. 예를 들어 모든 과일의 가격이 같다는 가정 하에서 비타민 보충을 위해서 어떤 과일을 먹을 것인가라는 선택에서 어떤 사람은 토마토를 키위보다 선호하고, 또 다른 사람은 토마토보다 귤을 선호한다. 이와 같이 개인의 선호가 소비자 선택을 결정짓는다.

지금까지 소비이론을 구성하는 세 가지 개념, 즉 소비의 합리성, 소비의 제약요소, 소비자 선호를 설명하였다. '소비자선택'이라는 소비자이론의 핵심 문제로 들어가기 전에, 2절에서는 소비자 합리성, 3절에서는 소비의 제약조건인 소득과 가격, 4절에서는 소비자 선호를 살펴보기로 한다.

(1) 소비의 합리성

생물학에서 동물의 합리성을 설명할 때 제시하는 재미있는 사례가 하나 있다. 검은머리 갈매기의 사례이다. 검은머리 갈매기는 군락을 지어 산다. 군락 안에 있는 둥지들 사이의 거리는 수 미터밖에 안 된다. 갈매기가 새끼 갈매기를 놔두고 먹이를 찾으러 집을 떠난다. 이웃 둥지에 갈매기들은 먹이를 찾으러 같이 멀리 나가지 않고 그 옆의 둥지를 습격하여 새끼 갈매기를 잡아먹는다.

이 사례에서 이웃의 새끼를 잡아먹는 패륜행동에 내재하는 윤리적인 면은 일단 무시하기로 하다. 동물학자들은 검은머리 갈매기의 이러한 행동이 사고나 계산에 의한 것이 아니라 본능에 의한 것이라고 설명한다. 동물의 본능적인 행동에 대해서 윤리를 논하는 것 자체가 난센스이다. 동물학자들이 이 사례에서 주목하는 것은 동물들이 본능적으로 가장 효율적으로 행동한다는 것이다. 이 사례가 사회 과학자에게 흥미를 끄는 이유는 검은머리 갈매기의 행동이 '합리성'의 개념으로 설명될 수 있기 때문이다. 사회과학에서 '합리성'은 ① 어떤 목표를 달성하기 위해서 ② '일관성(consistency) 있게' ③ 가장 효율적인 방법을 선택하는 것으로 정의된다(H. Simon(1982), K. Manheim(1940)). 검은머리 갈매기가 생존을 목표로 먹이를 구하는 가장 효율적인 방법으로 옆집의 새끼 갈매기를 잡아먹는 것은 어쩌다 일어나는 일이 아니라 보편적으로 일어나는 일이므로 검은머리 갈매기의 이러한 행동은 '합리적'이라고 간주될 수 있다. 검은머리 갈매기와 같은 동물의 행동이 합리적이라면 인간의 행동도 합리적일까? 이 질문에 대답을 하기 위해서는 인간 행동의 목표가 무엇인지 먼저 명확히 해야 한다. 그 다음에 그 행동이 일관성이 있는지, 그리고 그 목표를 실현하는 방법이 효율적인지를 점검해야 한다. 경제학에서 전통적으로 합리성과 관련해서 인간행동의 목표라고 가정하는 것은 '자기이익(self interest)'이다. 이런 가정 하에서 경제학에서 정의하는 합리성은

'자기이익(self interest)'를 달성하기 위해서 '일관되게(consistently)' 가장 효율적인 방법을 찾는 것으로 정의된다. 여기서 자기이익(self-interest)에 대한 개념을 명확히 할 필요가 있다. 자기이익이 반드시 이기적(selfish)인 것은 아니다. 타인에 대한 고려 없이 또는 타인에게 피해를 줄지라도 자기이익을 추구하는 것도 자기이익의 범주 안에 들어가고 타인을 고려하면서 자기이익을 추구하는 것도 자기이익의 범주 안에 포함된다. 또는 오로지 타인의 이익을 위해서 자기희생을 선으로 생각하는 삶의 목표로 이타적으로 행동하는 것도 자기이익의 범주 안에 포함된다. 이런 관점에서 아담 스미스(Adam Smith)가 국부론에서 자기이익(self interest)을 표현했을 때 이것을 단순히 이기적으로 해석하는 것은 동의하기 어려운 부분이 있다. 그가 국부론 전에 쓴 책인 '도덕감정론'의 내용을 고려해보면 아담 스미스가 사용한 자기이익은 타인의 이해를 고려하면서 자기이익을 추구하는 것으로 해석하는 것이 옳지 않을까 생각한다.

경제학의 정의를 바탕으로 소비의 합리성을 설명해보자. 어떤 가게에 똑같은 농심라면에 가격표가 붙어 있는데 하나는 1000원이고 또 다른 하나는 1200이다. 소비를 합리적으로 한 다면 백 번, 천 번, …, 무한대를 반복해도 1000원 가격표가 붙은 라면을 산다. 일관되게 이런 행동을 하는 이유는 라면을 싸게 사는 것이 자기이익에 합치하는 행동이기 때문이다. 실제로 사람들이 똑 같은 상품에 서로 다른 가격표가 붙어있을 때 보편적으로 싼 가격표가 붙어 있는 상품을 선택하는 사실로부터 "소비자가 자기 이익을 위해 항상 합리적으로 소비한다."는 명제를 현실성이 있는 것으로 받아들인다. 그래서 경제학에서는 '합리성'에 대한 가정은 증명할 수 없지만 그냥 받아들여야 하는 일종의 '공리(axiom)'처럼 간주되어 왔다. 과학은 가정을 세우고 이 가정을 입증해 가는 과정에서 학문이 발전을 했는데, 경제학은 자연과학과 달리 사회현상을 자연현상처럼 실험할 수 없다는 어려움 때문에 공리의 타당성을 엄격하게 검증하는 과정이 생략되어 왔다. 검은머리 갈매기가 합리적으로 행동하는 것에 대해서 동물학자들이 그 이유를 본능으로 설명하는 것처럼 인간이 합리적으로 행동하는 것, 인간이 합리적으로 소비하는 것과 같은 현상에 대해서 무엇인가 타당한 근거를 찾아 볼 필요는 있다. 이와 같은 문제에 통찰력을 줄 수 있는 두 가지 사례를 소개해보자.

'합리적 소비' 가정의 검증 1

생명과학의 사례

경제학이 생물학으로부터 통찰력을 얻을 수 있는 이론 중에 하나는 다윈의 자연선택설이다. 역설적이게도 찰스 다윈(Charles Darwin)의 자연선택설에 가장 영향을 미친 이론이 고전경제학자인 맬더스(Malthus) 의 인구론이었다고 한다. 자연선택설은 현재 생존을 위한 경쟁이 미래의 종의 진화를 결정짓는다는 이론이다. 〈들어가기〉에서 설명하였듯이 자연이 품고 있는 자원은 한정적이다. 생명체들은 자원의 제약이 없다면 기하급수로 늘어난다. 이러한 증가를 제약하는 것이 생명체를 먹여 살릴 수 있는 식량을 비롯한 자원의 공급량이다. 그런데 자원이 희소하기 때문에 자연스럽게 생명체들은 생존을 위해서 자원확보경쟁을 할 수밖에 없다. 자원의 희소성은 생태계 내에서 경쟁을 할 수밖에 없는 구조를 만들었다. 다윈은 생존경쟁에서 이길 수 있는 결정요소를 환경적응력으로 보았다. 강한 자가 살아남은 것이 아니라 살아남는 자가 강한 것이다. 환경에 잘 적응해서 생존하고 번식하는 종, 그런 유전형질을 가진 종이 생존해서 그 형질을 후대에 전달하며 진화해 나간다. 이러한 다윈의 이론은 후대에 까지 이어지는 '장기적인 생존'에 관한 이론이다. 리차드 도킨스(Richard Dawkins)는 다윈의 이론을 좀 더 미시적인 유전자의 차원으로 설명한다. 그는 자연선택을 위한 생존경쟁이 종의 차원에서 이루어지는 것이 아니라 유전자 차원에서 이루어진다고 주장한다. 유전자가 생존경쟁에서 살아남는 다는 것은 언뜻 보면 이해가 되지 않는다. 왜냐하면, 유전자를 품고 있는 세포는 며칠 길어야 몇 달 안에 죽기 때문이다. 도킨스 이론에서 유전자가 생존경쟁에 살아남는다는 것은 유전자가 물질적으로 살아남는다는 것이 아니라 그 자신이 가지고 있는 정보가 사라지지 않고 계속해서 살아남는다는 것을 의미한다. 이것을 이해하기 위해서는 생물학의 간단한 기초지식이 필요하다. 인간의 몸에는 60조개의 세포가 있고, 각각의 세포에는 스물 세 종류의 염색체가 있고 염색체 안에는 보통 수천 개의 유전자가 있다. 이렇게 따지면 우리 몸 안에는 숫자로 나타내기 어려울 정도로 많은 유전자가 있다. 그런데 염색체에 내에 있는 유전자는 각각 다른 정보를 가지고 있다. 예를 들면 6번 염색체에 있는 유전자는 지능에 관여하는 정보를 가지고 있고, 16번 염색체에 있는 유전자는 기억에 영향을 미치는 정보를 가지고 있다. 이와 같이 스물 세 개의 염색체는 그 자신의 유전자가 가지고 있는 서로 다른 정보를 이용해서 단백질이나 효소를 만들고, 이를 통해서 다른 사람과 구별되는 신체도 만들고, 성격도 만들고, 지능도 만들고, 그 신체를 유지하고, 운영한다. 유전자는 며칠 안에 죽지만 그 자신이 가지고 있는 정보는 새로이 생성되는 세포들에게 계속해서 전해주어서 후대에까지 전달된다. 아들이 아버지를 닮거나 손자가 할아버지나 할머니를 닮는 것은 할아버지, 할머니, 아버지의 유전자 정보가 후손에게 전해지기 때문이다. 도킨스는 종들이 생존을 목표로 경쟁하는 것처럼 보이지만 실제는 종을 구성하는 세포 안에 있는 유전자가 생존을 위해서, 더 구체적으로는 생존해서 자기의 정보를 후세에 계속 전해주기 위해서 경쟁한다고 주장한다. 유전자가 생존하기 위해서는 우선 유전자가 거주하는 생명체와 그 생명체의 몸이 주어진 환경에 잘 적응해서 살아남아야 한다. 그래야지만 자신의 정보가 현세대에서 사라지지 않고 후속세대까지 계속 이어진다. 그래서 유전자는 몸의 세부 기관을 만드는 세포분열에서부터, 몸의 작동에 관여하는 효소(단백질)를 만드는 일까지 생명체에 관여하는 모든 일에서 생명체의 생존가능성을 높이는 식으로 선택을 한다. 유전자들이 이런 일을 하는 과정에서 기존의 우성 유전자가 다른 정보를 가지고 있는 대립유전자로 일부분 교체가 일어난다(이것을 교차(crossing over)라고 한다). 이렇게 유전자가 교체되는 과정이 유전자들이 서로 경쟁을 하는 과정이고, 다윈이 말하는 자연선택의 과정이다. 이렇게 유전자가 교체되었다는 것은 전과는 다른 특성을 가진 생명체로 변한 것이므로 진화가 일어나는 것이다.

유전자의 생존경쟁과 자연선택이 '합리성' 가정과 어떤 관련성을 가지고 있는지를 추론해 보자. 셀 수도 없이 많은 유전자(유전자 정보) 중에서 상대적으로 소수의 유전자가 선택되어서 계속 생존을 이어가는 것은 그 유전자들이 거주하고 있는 자신의 신체가 생존능력을 높이도록 신체의 각 기관을 잘 만들고 잘 운영하는 선택을 했기 때문이다. 유전자가 이렇게 자기 자신의 생존의 확률을 높이는 것이 목표이고, 이런 목표를 실현하기 위해서 일관성 있게 효율적인 선택을 한다. 도킨스는 이런 선택이 자신의 생존만이 유일한 목적이기 때문에 이기적 행동이라고 한다. 유전자가 이런 식으로 선택을 한다면, 유전자정보에 의해서 제어되는 인간행동도 생존을 위한 '일관되고 효율적인 행동'을 할 수 밖에 없다. 즉, 유전가가 합리적인 선택을 하므로, 인간도 합리적으로 행동할 수밖에 없다. 특히, 인간의 행동 중 소비에 관련된 행동(선택) 역시 이런 범주를 벗어날 수 없다. 즉, 인간이 주어진 비용을 쓰면서 좀 더 자기에게 필요한 상품을 선택하거나, 양적으로나 질적으로 더 좋은 상품을 선택하려는 것은 인간에게 생존확률을 높이기 위한 것이다. 따라서 소비의 합리성으로 명명된 행동은 결국 유전자의 생존 원칙이 소비행동으로 발현(發現)한 것으로 추론할 수 있다. 결국은 생존하기 위해서는 합리적으로 행동할 수밖에 없다는 것을 의미한다. 거꾸로 이야기하면 합리적으로 행동해야지만 생존할 수(=경쟁에서 이길 수) 있다.

'합리적 소비' 가정의 검증 2

뉴턴의 고전역학 – 관성의 법칙

지금부터 약 370년 전에 영국의 철학자 토마스 홉스(Thomas Hobbes)는 신뢰할 만한 통치이론을 만들기 위해서 인간행동이 근본적으로 어떤 동기에 의해서 이루어지는지를 알고 싶어 했다. 인간행동이 자연법칙과 같은 어떤 법칙에 의해서 행해진다면 이것을 인간행동에 대한 규칙으로 삼고 통치이론을 전개할 수 있다고 생각했다. 그는 인간행동에 대한 규칙이 과학적으로 검증된 이론에 바탕을 두어야 한다고 생각했다. 당시에 갈릴레오가 이런 분야에 깊은 연구를 하고 있다는 것을 알고, 1636년에 홉스는 갈릴레오를 만나러 피렌체로 떠났다. 홉스는 갈릴레오로부터 뉴턴의 고전역학에 기초가 되는 '관성의 법칙'을 배우게 된다. 이 원리는 "중력이나 마찰력과 같은 외부의 어떤 힘이 작용하지 않으면 물체는 직선을 따라 일정한 속도로 무한히 움직인다."는 것이었다. 홉스는 갈릴레오의 '관성의 법칙'에 대한 설명이 그 자신이 찾고 있는 근본적인 인간행동에 대한 '공리(axiom)'라고 확신하였다. 홉스는 일정한 운동은 인간을 포함한 모든 것의 자연적인 상태이며, 인간의 모든 감각과 감정이 이러한 일정한 운동의 결과라고 결론을 내렸다. 그리고 이 기본공리로부터 시작해서 사회법칙을 찾아낼 수 있다고 믿었다.

갈릴레오의 관성의 법칙이 어떻게 인간행동을 설명하는 이론으로 연결될까? 그 대답은 이렇다. 물체뿐만 아니라 인간도 끊임없이 움직이려는 성질이 있는데 이것은 자연법칙이다. 이러한 움직임이 영원히 멈춰서는 것은 물리학에서는 (운동)에너지가 '0'이 되는 것을 의미하고, 인간에게는 죽음을 의미한다. 물체든 인간이든 움직임을 멈추지 않고 계속하려는 본성 또는 내부의 충동이 있다. 이러한 본성을 홉스는 그의 저서 「리바이어던(Leviathan (1651, p. 26))」에서 "모든 사람은… 죽음을 피하려고 하는데, 이것은 돌이 아래로 떨어지는 것과 같은 자연의 법칙 (본성) 때문이다"라고 설명한다. 죽지 않기 위해서(생존하기 위해서), 다시 말해서 움직임을 계속 유지하기 위해서 '힘'이 필요한데, 이 힘을 홉스는 이익을 추구하는 권리라고 정의했다. 그래서 그는 인간은 누구나 끊임없이 이러한 권리(개인의 이익)를 추구하는 것이 일반적인 성향이며, 이러한 성향은 인간이 이미 경험한 것보다 더 강한 기쁨을 원하거나 적당한 권력(힘, 권리, 이익)으로 만족하지 못해서가 아니라, 더 많은 권력(힘, 권리, 이익)을 가지지 못하면 계속 생존할 수 있을지 (움직임을 계속 할 수 있을지)에 대한 확신이 없기 때문이라고 주장했다.

홉스의 이러한 주장은 모든 사람이 자기 이익만을 끝까지 추구하는 것이 자연 상태이며, 이러한 자연 상태에서는 '만인의 만인에 대한 투쟁'이 있을 수 밖에 없다는 결론을 이끌어 내었다. 그래서 그는 만인들 사이의 투쟁이 있는 자연 상태에서는 개인의 자기보존마저 보증이 되지 않기 때문에, 국가를 만들어 인간의 자연권을 제한하고, 국가에게 복종해서 그 대가로 국가로부터 신변과 재산에 대한 안전을 보호 받아야 한다고 주장했다. 이러한 역할을 하는 국가가 바로 '리바이어던'이다.

홉스의 인간행동법칙으로서 관성의 법칙과 '합리성' 가정이 어떤 관련성을 가지고 있는지를 추론해 보자. 끊임없이 움직이려는 힘과 이런 움직임을 방해하는 중력이나 마찰력이 함께 작용하는 현실세계에서 인간의 목표는 중력이나 마찰력을 능가하는 힘을 가져야 한다. 이렇게 힘을 가져야 움직임이 멈추지 않으므로 인간행동의 목표는 생존을 위해서 힘을 가지는 것이다. 홉스는 힘을 가지려고 하는 것과 이익추구 행동을 동일시한다. 그렇다면 인간행동의 동기는 생존을 위해서 끊임없이 이익을 추구하는 것이다. 이익추구가 이익실현으로 되기 위해서는 홉스가 명시적으로 설명하지는 않았지만 효율성이 전제되어야 한다. 왜냐하면 홉스가 언급했듯이 만인이 생존을 위해서 만인에 대해서 이익을 추구하기 때문에 만인 중에서 이익을 실현하는 사람은 소수일 수밖에 없다. 그 소수가 되기 위해서는 효율적으로 이익추구를 해야만 한다. 그렇게 하지 않으면 만인의 만인에 대한 투쟁(경쟁)에서 살아남지 못하기 때문이다. 따라서 생존을 가능하게 하는 이익(힘)을 실현하는 사람은 합리적으로 이익을 추구하는 사람이다. 소비의 문제도 마찬가지이다. 소비행동도 합리적으로 하지 않으면 생존을 계속하는 힘(이익)을 얻을 수 없다.

(2) 합리성 가정과 결정론

인간의 행동이 합리적이라는 설명은, 그것이 유전자의 생존 본능에 의해서 설명되든 아니면 관성의 법칙에 의해서 설명되든지 간에, '결정론적'인 설명이다. 즉, 인간행동이 오로지 생존과 자기 이익에 의해서 움직이기 때문에 그 행동패턴이 행성의 궤도처럼 정해져 있어서 예측이 가능하다는 것이다. 리차드 도킨스의 이론에 따르면 유전자의 생존 프로그램 원리만 이해하면 인간행동도 정확하게 예측할 수 있다. 또, 홉스도 물리학에서 물체의 운동궤적을 예측하는 것처럼 그 자신의 인간행동이론에 따라 인간행동과 사회변화를 예측했다. 경제학의 소비이론도 생물학이나 물리학과 다르지 않다. 합리성을 따르는 소비자 행동은 예측가능하다. 따라서 소비자선택이론으로부터 도출되는 수요곡선에 따라 어떤 상품가격이 주어지면 그 가격에 대응하는 상품 수요량을 자동적으로 예측할 수 있다.

인간행동에 대한 결정론은 인간을 "투입물을 넣으면 결과물이 나오는 기계"처럼 취급한다. 인간행동에는 오로지 자기 자신만의 생존을 위한 이기적 동기 이외에도 다양한 동기가 있고, 또 이러한 다양한 동기에 영향을 미치는 신비한 정신이 있다. 그렇기 때문에 인간의 행동은 결정론적으로 움직이지 않는다. 다만, 인간행동을 결정하는 다양한 동기 중에 생존과 이익을 위한 동기가 가장 결정적인 동기라면, 과학과 경제학에서 예측하는 인간행동과 실제 행동 사이의 괴리가 크지 않겠지만, 그렇지 않다면 인간행동의 결정론 가정에 근거해서 만들어진 이론의 현실 설명력은 많이 떨어질 것이다.

요약하면, '합리적 소비'의 가정은 생존의 확률을 높이기 위해서 효율적으로 행동을 할 수밖에 없는 현실을 반영한다는 점에서 현실과 동떨어진 가정은 아니다. 따라서 이런 가정에 근거한 소비자 선택이론의 현실 설명력은 높다. 다만, 인간의 육체적인 죽음과 관련된 문제, 즉 생존의 문제를 초월하는 철학, 도덕, 종교적 가르침이 인간행동에 영향을 미친다면 합리적 소비에 근거한 소비이론으로 설명될 수 없는 비합리적인 소비현상이 현실에서 나타날 수도 있다.

3. 소비의 경제적 제약 : 소득과 가격

자원의 희소성은 '하고 싶은 것'과 '할 수 있는 것'을 구별할 것을 요구한다.

그러나 의사결정에 있어서 이런 구분이 제대로 되지 않는 경우를 종종 보게 된다. 경제학에서 주로 다루는 문제는 '하고 싶은 것'이 아니라 '할 수 있는 것'에 관한 것이다. '할 수 있는 것', 즉 어떤 것을 할 수 있도록 가능하게 하는 것이 '이용한 가능한 자원'이다. '이용 가능한'이라는 형용사를 제약(constraint)이라는 명사로 표현할 수 있다. 모든 의사결정을 할 때 자원제약(resource constraint)을 포함해서 그 밖의 법적 또는 제도적 제약, 문화 및 관습적 제약, 환경적 제약 등을 먼저 파악해야 한다. 소비에 대한 의사결정을 할 때도 마찬가지이다. 소비를 하는데 있어서 시간적, 공간적, 정보적 제약이 있다. 농산물이나 수산물 같이 일정 시간 안에 소비를 하지 않으면 부패하는 시간제약 때문에 소비 할 수 없는 경우도 있고, 2리터의 음식물을 받아들일 수 있는 위의 공간제약 때문에 2리터보다 훨씬 많은 음식물을 소비할 수 없는 경우도 있다. 또, 상품과 서비스에 대한 정보부족으로 소비를 못하는 경우도 있다. 이와 같은 제약을 소비의 물리적 제약(physical constraints)이라고 한다. 경제학에서 소비에 관한 이론을 전개할 때 자원의 제약을 제외하고는 물리적 제약이 없다고 암묵적으로 가정한다.

소비가 시장에서 판매와 구매, 즉 교환의 과정을 거쳐야 한다고 가정해보자. 소비를 하는데 있어서 핵심제약은 소득과 가격이다. 소득은 일정기간 안에 지속적으로 들어오는 수입이고, (매매)가격은 해당 상품이나 서비스의 가치를 화폐로 나타낸 것이다. 김치를 담그기 위해서 소금을 구매해야 한다고 해보자. 시장에서 소금 10킬로그램의 가격이 1000원이라고 해보자. 소금 10킬로그램을 소비하려면 1000원 이상의 소득이 있어야 한다. 소득이 500원밖에 없으면 소비하고 싶은 양의 반만을 소비해야 한다. '하고 싶은 것'은 10킬로그램의 소금 구입이지만, '할 수 있는 것'은 5킬로그램의 소금만을 구입할 수 있다. 그런데 10킬로그램 가격이 500원인 가게를 발견했다고 해보자. 그러면 500원의 소득으로도 필요한 10킬로그램의 소금을 구입할 수 있다. 이와 같이 소득과 가격이 소비할 수 있는 크기를 결정한다. 이렇게 소득과 소비가 소비를 제약하는 것을 소비의 경제적 제약(economic constraints)이라고 한다.

시장에서 교환을 통해서 소비할 상품과 서비스를 구입하는 경제에서 소득과 가격이 소비에 미치는 영향을 가장 잘 설명할 수 있는 간단한 모형을 설명해보자. 교육목적으로 사용하는 가장 단순화 시킨 경제모형인 '로빈슨 크루소 모형'이다. 로빈슨 크루소가 사는 무인도에 소금과 티셔츠 두 개의 상품밖에 없고, 소금의 킬로그램 당 가격은 50원이고, 티셔츠의 가격은 개당 100원이다. 이 두 상품이 자동판매기로 판매되고 있다. 로빈슨 크루소의 소득은 월 500원이다. 이 상황을 아래 〈그림 1-1〉의 그래프로 나타낼 수 있다. 소득 500원을 모두 소비한다고 가정해보자. 로빈슨 크루소가 티셔츠만 산다면 다섯 개를 살 수 있고, 소금을 산다면 10킬로그램을 살 수 있다. 또 티셔츠와 소금을 섞어서도 살 수 있다. 예컨대 500원으로 티셔츠 세 개와 소금 4킬로그램을 살 수 있다. 이와 같이, 소득과 주어진 상품의 가격이 주어졌을 때, 소득을 모두 사용해서 소비할 수 있는 묶음들의 집합을 예산선(budget line)이라고 하고, 〈그림 1-1〉에서 ABC로 나타나 있다. 이 예산선은 주어진 소득으로 소비가 가능한 최대치를 나타낸다. 만약, 로빈슨 크루소가 소비를 예산선 아래의 점 D에서 한다면 그것은 월 소득을 다 쓰지 않고 100원은 저축을 한다는 것을 나타낸다. 또, 로빈슨 크루소가 예산선 위의 점 E에서 소비를 한다면, 월 소득 500원으로 부족해서 100원을 빚을 내야한다는 것을 나타낸다. 무인도에서 로빈슨 크루소에게 돈을 빌려줄 사람이 없기 때문에 E점에서의 소비는 가능하지 않다. '할 수 없는' 영역이다. 로빈슨 크루소의 소득으로 소비가 가능한 영역, '할 수 있는' 영역이 삼각형 OAC이다. 이 영역이 넓어지면 소비할 수 있는 양이 늘어나는 것이고, 반대로 이 영역이 좁아지면 소비할 수 있는 양이 줄어드는 것이다. 소비가 필요와 욕망을 해결해주어서 행복을 가져다준다면 로빈슨 크루소의 행복의 양은 그가 소비할 수 있는 영역, 즉 삼각형 OCA 만큼의 영역이다. 예산선 모형이 주는 교훈은 소득과 상품의 가격이 행복의 양을 결정한다는 것이다.

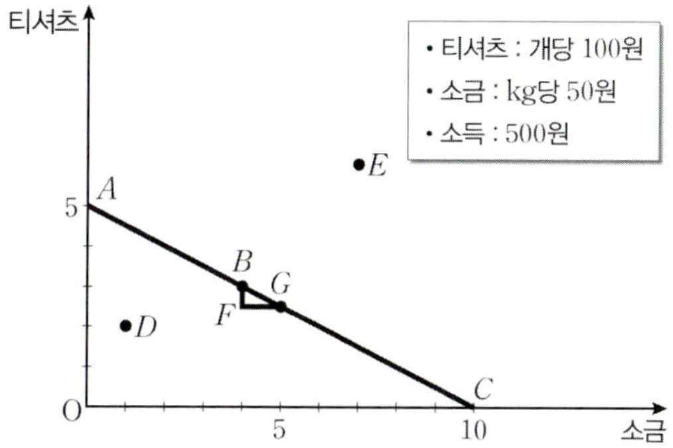

〈그림 1-1〉 소비의 경제적 제약 - 예산선

소비를 결정짓는 요소로서 소득과 가격을 들었다. 여기서 가격, 특히 시장에서 결정되는 가격의 의미를 조금 더 살펴 볼 필요가 있다. 시장에서 결정된 상품의 가격은 시장에 참여한 사람들이 부여한 그 상품의 가치를 나타낸다. 소금의 가격이 50원이고 티셔츠의 가격이 100원이다. 시장에 참여한 사람들의 (1kg의) 소금의 가치를 50원, (1개의) 티셔츠의 가치를 100원으로 평가한 것이다. 이것은 시장에서 티셔츠가 소금보다 2배의 가치가 있다는 것을 의미한다. 이와 같은 가치 비교를 양으로 나타낸 것이 예산선의 기울기이다. 즉, 〈그림 1-1〉에서 예산선의 기울기는 OA/OC이다. 예산선의 기울기는 소금 1킬로그램을 얻기 위해서(선분 FG) 티셔츠 반개(선분 FB)를 포기해야 한다는 것을 의미한다. 이렇게 되는 이유는 소금의 가치가 티셔츠의 반이기 때문이다. 이것을 일반화시켜서 말하면 예산선은 x축에 있는 상품 한 단위를 얻기 위해서 포기해야 하는 y축의 상품의 양으로서 x축 상품을 y축 상품의 상대가치로 나타낸 것이다. 즉 〈그림 1-1〉은 x축 상품은 y축 상품 가치의 1/2에 해당한다는 것을 의미한다. 이것은 "x축 상품을 사지 않고 그 대신 y축 상품을 샀다면 얼마만큼의 y축 상품을 샀을까?"에 대한 답이므로, x축 상품의 기회비용을 y축 상품으로 나타내는 것이기도 하다.

예산선의 기울기가 의미하는 x축 상품과 y축 상품의 상대가치, 즉 상대가격은 시장에서 거래되는 교환가치 또는 교환비율이다. 즉 소금 1킬로그램과 티셔츠 반 개와 교환이 가능하다는 것을 나타낸다. 화폐가 없던 고대시장에서는 소금과 티셔츠가 이런 교환비율로 거래가 되었을 것이다. 이후 1킬로그램의 소금 봉지 한 개의 가치와 같은 가치를 가지는 은전이 생겨나서 시장에서 화폐가 통용된다면, 티셔츠는 은전 두개로 소금은 은전 한 개로 살 수 있을 것이다. 따라서 은전을 매개로 한 티셔츠와 소금의 가격을 정할 수 있다. 즉, 1킬로그램의 소금 가격은 티셔츠 가격의 1/2이 된다. 이런 논리에 따라서, 예산선의 기울기는 티셔츠와 소금의 시장에서의 교환비율을 나타내고, 이것을 가격으로 표현하면 예산선의 기울기는 소금의 가격을 티셔츠의 가격에 대한 비율로 표시한 "소금의 티셔츠에 대한 상대가격(p_x/p_y) 즉, 소금의 시장가치를 티셔츠의 시장가치로 표현한 것"이 된다.

이제, 경제적 제약조건의 변화가 소비에 미치는 영향을 설명해보자. 소득이 변하거나 가격이 변하면 경제적 제약조건이 변하게 된다. 먼저 가격이 변하지 않은 채 소득이 500원에서 600원으로 올라갔다고 해보자. 그러면, 티셔츠를 다섯 개에서 한 개 더 살 수 있고, 소금은 2킬로그램 더 살 수 있다. 이것은 〈그림 1-2〉가 보여주는 바와 같이 예산선이 위로 이동하는 것으로 나타난다. 이것은 소비가능영역이 늘어났다는 것을 의미한다. 반대로 소득이 줄어들면 예산선이 아래로 이동하고, 소비가능영역이 줄어든다. 또, 티셔츠 가격이 100원에서 83.3원으로 떨어지고, 1킬로그램 소금 가격이 50원에서 41.6원으로 떨어지면, 소득 500원으로 티셔츠 1개를 더 사거나 소금 2킬로그램을 더 살 수 있다. 즉 가격이 이렇게 하락하면 소득 100원이 더 오른 것과 똑같은 효과를 가진다. 티셔츠 가격은 그대로인데, 1킬로그램의 소금가격이 50원에서 40원으로 내렸다고 해보자. 그러면 500원의 소득으로 티셔츠는 그대로 다섯 개 살 수 있지만, 소금은 12.5킬로그램 살 수 있다. 이것은 〈그림 1-2〉가 보여주는 바와 같이 예산선을 바깥쪽으로 움직이게 한다. 반대로, 소금이 50원에서 60원으로 오르면, 소금 구입을 8.3킬

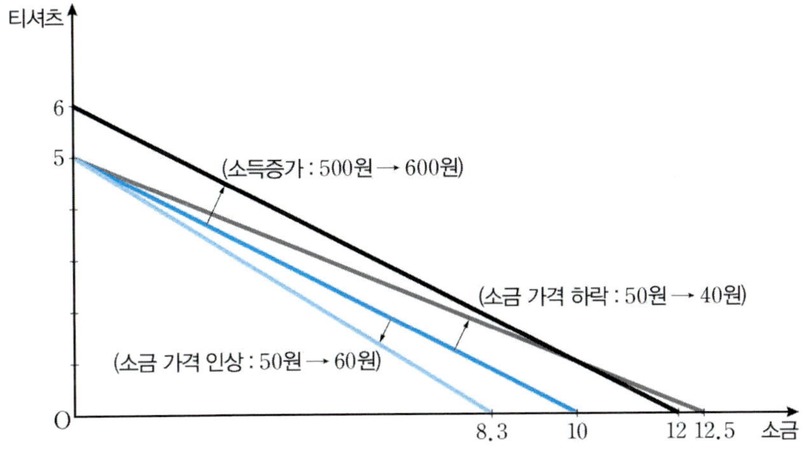

〈그림 1-2〉 경제제약의 변화: 소득인상/가격상승과 하락

로그램으로 줄여야 한다. 따라서 예산선은 안쪽으로 움직이게 한다. 이와 같이, 가격변화는 소비가능영역을 넓히기도 하고 좁히기도 한다. 이것은 가격변화가 실질소득증대 또는 실질소득감소의 효과를 가진다는 것을 의미한다. 그래서 상품 또는 서비스의 가격이 전반적으로 올라가는 인플레이션은 실질소득을 줄이는 것과 같은 효과를 가진다.

4. 선호(preference)

가지 않은 길

노란 숲 속에 길이 두 갈래로 갈라져 있었습니다.
안타깝게도 나는 두 길을 갈 수 없는
한 사람의 나그네라 오랫동안 서서
한 길이 덤불 속으로 꺾여 내려간 데까지
바라다볼 수 있는 데까지 멀리 보았습니다.

그리고 똑같이 아름다운 다른 길을 택했습니다.
그럴 만한 이유가 있었습니다. 거기에는
풀이 더 우거지고 사람 걸은 자취가 적었습니다.
하지만 그 길을 걸음으로 해서
그 길도 거의 같아질 것입니다만,

그 날 아침 두 길에는 낙엽을 밟은 자취가 적어
아무에게도 더럽혀지지 않은 채 묻혀 있었습니다.

아, 나는 뒷날을 위해 한 길은 남겨 두었습니다.
길은 다른 길에 이어져 끝이 없었으므로
내가 다시 여기 돌아올 것을 의심하면서

훗날에 훗날에 나는 어디에선가
한숨을 쉬며 이 이야기를 할 것입니다.
숲 속에 두 갈래 길이 갈라져 있었다고,
나는 사람이 적게 간 길을 택하였다고,
그것으로 해서 모든 것이 달라졌다라고.

– 천승걸 옮김 –

이 글은 로버트 프로스트(Robert Frost)의 잘 알려진 시, "가지 않은 길"이다. 이 시를 피천득, 정현종, 김종길 등 유명한 문인들이 스스로의 해석을 곁들여 번역을 하였는데, 개인적인 해석보다 단순히 원문을 영역한 느낌이 나는 천승걸의 번역본을 택하였다. 이 시의 소재는 '선택'이다. 길이 상징하는 인생에서 닥치게 되는 수많은 선택에서 적어도 한 번쯤은 했음직한 선택의 망설임 또는 선택의 고민이 시상(詩想)이다. 이런 경험은 일상적이기 때문에 공감을 불러일으킨다. 그래서 많은 사람에게 회자되는 시이기도 하다. 이 시의 주제는 '선택으로 인해 달라지는 인간의 운명'이라든가 '선택한 길에 대한 자부심과 선택하지 않은 길에 대한 미련' 등 다양하게 해석되는데, 선택과 관련져서 경제학에서 관심이 있는 부분은 2연과 3연이다. 먼저 2연부터 살펴보자.

2연에서 프로스트는 두 길 중에서 한 길을 선택한 이유를 밝히고 있다. 그는 선택하지 않은 길과 비교해서 똑 같이 아름답지만 풀이 더 우거지고, 사람이 걸은 자취가 적은 길을 선택했다고 한다. 프로스트는 자연에 대해서 자기만의 좋아하는 분명한 성향을 가지고 있는 것 같다. 이러한 성향이 그가 어쩌면 더 걸어야 하고, 어쩌면 사람이 다니지 않아서 불편했을지도 모르는 길을 선택하게 했다. 바로 프로스트가 어떤 대상에 대해 가지고 있는 성향, 그것이 선천적이든 후천적이든 관계없이 선택에 결정적인 영향을 미친다.

3연에서 프로스트는 그가 선택하지 않았던 길에 대한 미련과 아쉬움을 토로하고 있다. 자기가 선택한 길만큼 아름답고, 선택한 그 시점에서는 낙엽에 덮여있어 선택한 길과 비슷했다는 감정을 이야기 한다. 이 길은 두 길 중에 한 길을 선택했기 때문에 포기할 수밖에 없는 길이다. 그래서 포기한 길은 선택한 길의 기회비용이다. 선택한 길이 정말 좋은 지는 그 길을 가보지 않고는 불확실하기 때문에 이 기회비용이 크면 클수록 아쉬움과 미련이 더 크게 남는다.

프로스트의 '가지 않은 길'은 선택에 대한 많은 시사점을 제공한다. 특히 개인적인 성향이 선택에서 가장 중요한 요소임을 보여준다. 이런 개인적인 성향을 경제학에서 선호라고 하는데, 이 개념부터 살펴보자.

(1) 선호(preference)의 정의

태어나서 얼마 되지 않은 아기들을 관찰해 보면, 아기들이 어떤 색깔이나 음식을 특별히 좋아한다는 것을 알게 된다. 후천적인 환경에 의해서 영향을 받을 만한 시간이 없었는데 불구하고 아기들은 자기만의 선호를 가지고 있다. 또 청소년기를 보면 남자든 여자든 선호하는 이성의 유형이 있어서 자기가 좋아하는 이성을 쫓아다닌다든가, 특별한 음악적 취향이 있어서 그 음악에만 심취하는 것을 보곤 한다. 이와 같이 복수의 선택대상 중에서 어떤 것을 상대적으로 더 좋아하는 것을 '선호(preference)'라고 한다. 이렇게 선호는 상대적인 개념이고, 따라서 우선순위를 매기는 암묵적 계산이 포함이 된 개념이다.

소비자 선호는 비타민 함유가 높은 여러 과일 중에서 귤을 특별히 선호하는 것과 같이 서로 다른 종류의 상품들 중에서 특별히 한 상품을 선호하는 '종류에 대한 선호문제'가 있고, 귤 다섯 개 보다는 귤 여섯 개를 더 선호하는 '양에 대한 선호문제'와 당도가 높은 귤을 당도가 낮은 귤보다 더 선호하는 '질에 대한 선호문제'가 있다. 기존의 경제학에서는 선호가 어떻게 형성되는가에 대한 구체적인 설명 없이 개인들 각각이 자기만의 선호를 가지고 있다고 암묵적으로 가정한다. 그러나 종류에 관한 것이든 양 또는 질에 관한 것이든, 선호가 어떻게 형성되는가를 아는 것은 소비자 선택으로부터 도출되는 수요에 대한 이해의 깊이를 더하고, 수요변화를 예측하는데 꼭 필요한 부분이다. 따라서 선호의 결정요인에 대한 설명이 필요하다.

(2) 선호의 결정요인

경제학뿐만 아니라 자연과학에서도 동물이나 인간의 선호형성이 어떤 과정을 통해서 이루어졌는가에 관한 연구를 찾기가 쉽지 않다. 다만 유전학이나 동물행동학의 기존 연구 성과를 통해서 인간의 선호가 어떻게 형성되었는지에 대해서 어렴풋이나마 짐작은 할 수 있다. 먼저 유전학을 통해서 설명해보자.

첫째, 유전학에 따르면 인간의 선호가 유전자에 의해서 결정된다는 것을 알 수 있다. 유전자가 신체 안에 수동적으로 들어 앉아 있으므로, 유전자가 3천만원대의 평범한 하이브리드 차와 2천만원대의 중형세단차 중 어떤 차를 선택해야하는 가와 같은 순간순간의 의사결정에 관여하는 것은 불가능한 것처럼 보인다. 하드웨어 제조에 관여하는 유전자가 인간의 의사결정에 관여할 수 있는 방법은 몸 안에 의사결정을 담당하는 기관을 만들어서 대응하는 것이다. 그런데 신체기관을 만드는 기초 작업인 배(胚)를 만드는 데만 해도 몇 개월 걸리기 때문에 이런 방법으로는 유전자가 순간적인 대응이 요구되는 문제에 관여할 수 없다. 그래서 유전자가 순간적인 의사결정에 관여하는 방법으로 뉴런이라는 신경세포와 '뇌'라는 특별한 기관을 만들고, 이 기관에 컴퓨터 프로그램과 같은 프로그램을 입력해 놓는다. 이 프로그램을 통해 유전자가 어떻게 순간적인 결정에 관여하는 가를 자세히 설명해보자. 뉴런은 뇌에 수십 억 개가 집중적으로 분포되어 있는데, 각각의 뉴런에는 철사처럼 길게 뻗어 나온 축색돌기가 있다. 이 축색돌기는 눈, 코, 귀와 같은 감각기관을 통해서 들어오는 외부의 정보와 메시지를 운반하는 전화선과 같은 역할을 한다. 뇌는 축색돌기에 의해서 전달된 정보를 저장하고, 분석한다. 또, 저장된 정보를 조회해서 출력하는 역할도 한다. 이렇게 뇌에 가공되어서 저장된 정보는 뇌에 입력된 프로그램이 작동될 때 사용된다. 라차드 도킨스에 따르면 뇌에 입력된 프로그램에는 "유전자의 생존가능성을 높이기 위한 행동대응 원칙"이 포함된다. 동물이 포식자를 만나서 재빠르게 피하는 것이라든지, 등산하다 큰비를 만나서 대피하는 것은 유전자의 직접적인 지시에 의해서가 아니라 뇌에 입력된 이 프로그램에 있는 대응원칙의 지시에 따른 것이다. 산 속에서 큰비를 만나면 가장 안전한 방법을 찾게 된다. 이렇게 하는 것은 유전자가 머무는 신체가 안전하게 보전되어야 유전자도 생존

가능하므로, 뇌에 입력된 프로그램이 빠르게 그 방법을 찾는다. 그 결과 신속하게 안전한 대피소로 피하는 것이 계산되어지고, 뇌가 근육의 수축을 제어해서 대피소로 이동이 이루어지는 것이다.

소비의 선택과 관련된 의사결정도 이와 비슷하게 이루어진다. 약수터에서 관찰을 해보면 물통에 수돗물을 넣어서 등산을 하던 사람이 우연히 약수터를 들렀을 때 물통의 수돗물을 버리고 약수로 채워 넣는 것을 본다. 이 경우도 약수가 수돗물보다 몸에 더 이로우므로, 약수로 대체하는 것이 유전자의 생존확률을 높이는 것이라는 프로그램 대응원칙에 따라 뇌에서 이런 행동을 하도록 지시하는 것이다. 물론, 이런 원칙에 따라 약수를 마셨는데, 몸에 이롭기 보다는 배탈이 나는 것과 같이 오히려 몸에 해로운 일이 일어나면, 뇌에는 이런 경험이 입력되고 저장되어서 뇌의 프로그램이 수정된다. 그래서 똑 같은 상황이 주어지면 전과 같은 행동을 반복하지 않게 된다. 이와 같이 유전자가 뇌에 입력해 놓은 프로그램은 자체적으로 수정이 가능한 프로그램이다. 유전자는 이렇게 뇌를 만들고, 뇌에 프로그램을 입력해 놓고 이 프로그램을 통해서 인간의 어떤 상품과 서비스를 선택할 것인가와 같은 의사결정과 행동을 간접적으로 통제한다.

그러면, 로버트 프로스트가 사람이 많이 걸었던 첫 번째 길과 사람이 걸었던 흔적이 없고 숲이 우거진 두 번째 길 중에서 어떤 길을 선택할지에 대한 의사결정에 대해 유전자가 어떻게 대응할까?

이런 종류의 의사결정은 개인의 독특한 성격이나 체질에 의해서 갈리게 된다. 즉, 체질이나 성질이라는 것이 어떤 환경이나 사물에 대해서 본인에게 적합한지를 판별하기 때문에, 개인 체질이나 성격과 같은 개인의 개성이 환경이나 사물에 대한 선호를 결정한다. 예컨대, 겁이 많고 소심한 성격을 가진 사람이 첫 번째 길을 선택을 할 가능성이 높고, 모험을 즐기거나 활동적인 성격을 가진 사람이 두 번째 길을 선택을 할 가능성이 높다. 그런데 유전자가 바로 이런 개인의 독특한 성격형성에 영향을 미친다. 11번 염색체에 있는 유전자가 하나의 예이다. 11번 염색체에는 D4DR이라는 유전자가 있다. 이 유전자는 '도파민 수용체'라는 단백질을 만드는데 관여한다. 이 도파민은 뇌에 혈액의 공급을 조절하는 일을 하는데, 도파민이 부족하면 결단력이 없고, 경직된 성격을 가지게 만든다. 반면에, 도파민이 과다하면 탐구적이며 모험적인 성격을 갖도록 만든다. 물론 D4DR 유전자만이 배타적으로 이런 성격형성에 영향을 미치는 것은 아니다. 적어도 새롭거나 모험적인 성격에 영향을 미치는 유전자는 10개 이상의 다른 유전자가 있다. 유전학자들은 일반적으로 인간의 차별되는 성격에 영향을 미치는 유전자의 수가 500개 정도 된다고 추정하고 있다. 부모들이 성질이 급하거나, 부모들이 맵고 짠 음식을 좋아하면 자식도 부모와 비슷한 성질과 음식취향을 가지는 것을 어렵지 않게 보는데, 이런 현상은 개성이 유전자에 의해서 결정되고, 이 유전자가 후손에게 전해지기 때문이다. 이런 사실로부터 소비의 선호도 어느 정도 유전자에 의해 결정되고, 그리고 이 선호가 유전된다고 유추할 수 있다.

둘째, 동물행동학은 선호가 각인(인프린팅)이라는 현상을 통해 후천적으로도 결정된다고 주장한다. 각인이라는 것은 어떤 특별한 기간에 이루어진 경험이나 지식이 뇌에 새겨져서 평생 동안 영향을 미치는 현상을 말한다. 이와 관련된 실험을 소개하면 다음과 같다. 고양이의 경우, 생후 3주부터 15

주 사이에 한 눈을 가리면 그 눈에 있는 세포가 없어져서 그 눈이 실명이 된다. 그런데 이 기간을 뺀 다른 기간에 똑 같은 실험을 하면, 시각 세포가 살아 있어서 실명되는 일이 일어나지 않는다. 이런 현상도 유전자가 체내 시계를 조절하고 통제해서 일정기간에 일어나는 것으로 알려지고 있다. 각인 현상은 인간에게도 일어난다고 한다. 뇌의 발달과정 중에 각인이 일어나는 시기를 '감수성기'라고 하는데, 이 기간에 입력된 경험, 예컨대 특별한 유형의 색깔, 음식, 이성, 지식, 사상 등이 평생 동안 영향을 미친다. 캠브리지 대학의 교수였던 조안 로빈슨 여사는 윤리에 대한 각인현상이 여섯 살 미만에 이루어지기 때문에 이 기간에 이루어진 윤리교육이 평생 도덕성을 좌우한다고 주장하였다. 사실, 주위를 관찰해보면, 남자든 여자든 선호하는 이성의 유형이 있어서 그런 사람을 쫓아 다니든지, 특별한 음악에 심취해 있거나 특별한 색깔의 옷만을 입는 경우를 어렵지 않게 본다. 이런 선호는 특정 기간에 경험이나 교육을 통해 뇌에 각인된 것으로 인해 형성된 것일 수도 있다.

셋째, 선호는 집단적 선택에 의해 영향을 받는다. 자기의 선호와 관계없이 집단이 하는 선택을 따라하는 것이다. 이와 같은 예로서 친구 따라 쇼핑을 갔다가 친구가 사는 상품을 따라 사는 충동구매나, 유행이나 또래집단의 소비행태를 따라서 소비를 하는 모방구매가 있다. 이런 소비행동은 선호가 가족, 친구, 교육, 경험, 광고, 판촉, 마케팅활동, 대중매체 등과 같은 후천적인 외부환경에 의해서도 영향을 받는다는 것을 암시한다. 경제학을 포함하는 사회과학에서는 선호가 유전적인 요인보다는 이와 같은 사회적인 요인에 의해 영향 받는 다는 것을 강조한다.

지금까지 선호의 결정요인으로 설명한 유전자, 각인효과, 집단선택 등은 종류에 대한 선호에 영향을 미치는 요인이다. 그런데, 선호는 종류뿐만 아니라 양(量)이나 질(質)에 대한 선호도 있다.

넷째, 상품의 양(量)과 질(質)에 대한 선호는 본질적으로 그 상품에 대한 필요와 욕망에 의해서 결정된다. 생존을 위한 기본적인 필요나 욕망을 보통 의 · 식 · 주라고 말한다. 인간생존의 가장 기초가 되는 필요재인 의 · 식 · 주 중에서 먹는 문제인 음식물에 대한 필요가 어떻게 발생되는가를 추적하면, 음식물에 대한 선호가 어떻게 형성되는가를 알 수 있다. 그리고 이렇게 형성된 선호는 음식물 이외의 상품에도 적용시켜 일반화시킬 수 있다. 먼저, 음식물에 대한 '필요'나 '욕망'을 살펴보자.

신체 활동을 하는 데는 많은 에너지가 필요하다. 이 에너지는 음식의 공급으로 채워진다. 그런데 에너지 공급에 필요한 음식물이 몸에 공급되지 않으면 위장근육이 수축되는데 그러면 배고픔을 알리는 '공복고통'이 일어난다. 이 고통은 위 세포가 뇌에 음식물이 필요하다는 정보를 보내서 뇌에서 일어나는 현상이다. 공복고통이 있을 때가 음식에 대한 필요가 가장 클 때이다. 이렇게 신체활동과 몸의 재생을 위해 어떤 영양소(에너지)가 필요하면 식욕(욕망)이 생긴다. 특히 식욕은 어떤 영양소가 부족하면 그 영양소가 들어있는 음식이 먹고 싶은 형태로 나타난다. 예컨대, 몸에 철분이 부족하면 선지해장국이 먹고 싶거나 달걀이 먹고 싶어진다. 먹고 싶었던 선지해장국을 먹으면 입안의 혀에 있는 오돌토돌한 돌기처럼 생긴 '미뢰'라는 감각세포가 맛을 판별한 후에 뇌의 신경계로 맛을 전달하게 된다. 그러면 뇌에서 맛을 느끼게 된다. 이 맛이 기대했던 맛이면 만족감을 느끼고, 기대했던 맛과 다르면 실망을 한다. 이와 같이 기대했던 필요나 욕망이 해결되었을 때 느끼는 성취감이나 만족감을 행복이라고 한다. 맛에 대한 만족감은 질(質)과 관련된 만족감으로, 질에 대한 선호를 결정한다. 또, 선지해장국이 입과 식도를 지나 위에 들어가서 공복감을 없애주면 기대했던 맛을 느꼈을 때와는 다른 만족감을 느낀다. 이런 느낌을 포만감이라고 한다. 어린 아기가 우유를 먹고 편안하게 웃음 짓는 것은 이런 포만감 때문이다. 이런 포만감은 양(量)과 관련된 것으로, 양에 대한 선호를 결정한다. 즉, 맛없는 사과보다 맛있는 사과를 더 좋아하는 것처럼, 낮은 질의 상품보다 높은 질의 상품이 선호된다. 또 배고픔을 완전히 채워주는 것이 배고픔을 부분적으로 채워주는 것보다 만족감이 더 높은 것처럼 많은 양이 적은 양보다 선호된다. 이렇게, 소비자의 필요와 욕망을 해결해주는 성취감이나 만족감이 상품의 양이나 질에 대한 선호를 결정한다. 그리고 이런 선호가 소비자 선택을 결정한다.

(3) 선호와 효용함수

선호를 복수의 선택대상 중에서 어떤 것을 상대적으로 더 좋아하는 것으로 정의하였다. 이 정의에서 좋아하는 것을 결정하는 요소는 이미 설명을 하였다. 그 다음으로 살펴 볼 것은 '상대적'이라는 개념이다. 상대라는 의미에는 우선순위를 정하기 위한 암묵적 계산이라는 의미가 포함되어 있다. 그러면 사탕과 껌 중에서 선호를 결정하기 위해서 무엇을 계산해야 할까? 사탕을 소비함으로서 얻는 만족감과 껌을 소비함으로써 얻는 만족감의 차이를 계산해야 한다. 사탕의 만족감이 껌의 만족감보다 커서 그 차이가 양(+)이면 사탕을 껌보다 좋아하고 그 차이가 음(−)이면 껌을 사탕보다 좋아한다. 이런 선호를 단순히 물질뿐만 아니라 비물질까지 포함시키기 위해서 행복의 근원이 되는 만족감에 대해서 경제학에서 일상용어와 다르게 전문용어로 효용이라는 단어를 사용한다. 공리주의 학자들은 수량적으로 측정이 가능하면서 감각과 정신을 모두 포괄하는 상대적 만족감을 '효용(utility)'이라고 정의한다.

효용은 수량적으로 측정이 가능하기 때문에 모든 상품에 대해서 그 상품의 효용을 숫자로 나타낼 수 있고, 숫자들을 비교해서(효용의 차를 이용해서) 모든 상품들 사이의 선호를 정할 수 있다. 이와 같이 효용을 이용해서 상품들 사이에 선호관계를 파악하는 과정에서 상품소비로부터 얻어지는 효용에 대해서 다음과 같은 특성을 발견할 수 있다. 공복감을 느끼는 한 사람에게 똑 같은 크기와 당도를 가진 사과 세 개, 두 개, 한 개를 서로 다른 날에 주고 효용을 측정한다고 해보자. 세 개를 먹었을 때의 효용이 두 개를 먹었을 때의 효용보다 높고 두 개를 먹었을 때의 효용이 한 개를 먹었을 때의 효용보다 높다. 똑 같은 실험을 어떤 사람을 대상으로 해도 똑 같은 결과가 나온다면 인간은 다다익선(多多益善) 선호, 즉 양의 측면에서 티끌만큼이라도 많은 것을 티끌만큼 적은 것보다 더 선호한다고 할 수 있다. 백만장자가 길을 가다가 100원짜리 동전이 길에 떨어진 것을 보았다고 해보자. 이 백만장자가 100원을 주울까 그냥 지나갈까? 다다익선 선호에 따르면 줍는 것이 정답이다. 비슷한 실험으로 당도가 아주 높은 사과와 당도가 중간정도의 사과와 당도가 아주 낮은 사과를 주고 효용을 측정 한다고 해보자. 당도가 높은 사과의 효용이 낮은 사과의 효용보다 높다. 이러한 결과는 고고익선(高高益善) 선호, 즉 질의 측면에서 티끌만큼이라도 높은 상품을 티끌만큼이라도 낮은 상품보다 선호한다. 그래서 가격이 같다면 배터리 수명이 5시간인 컴퓨터와 배터리 수명이 8시간인 컴퓨터 중에서 당연히 배터리 수명이 긴 컴퓨터를 선호한다. 사과의 효용에 대한 측정을 계속해보자. 공복감을 느끼는 사람에게 똑 같은 크기의 당도가 같은 세 개의 사과를 주고 첫 번째 사과를 먹은 후에 효용을 재고, 두 번째 사과를 먹은 후에 효용을 재고, 세 번째 사과를 먹은 후에 효용을 재었다. 첫 번째 사과의 효용이 제일 높았고, 두 번째 사과의 효용이 두 번째로 높았고, 세 번째 사과의 효용이 가장 낮았다. 이러한 측정결과가 나온 것은 필요가 가장 절실할 때 그 필요가 해결되어지면 필요가 덜 절실할 때보다 만족감이 더 크고, 필요를 거의 해결했을 때의 만족감이 반쯤 해결했을 때의 만족감보다 더 크기 때문이다.

지금까지의 실험을 일반화시키면 다음과 같이 요약할 수 있다. 사과 한 개 보다는 두 개가, 두 개보다는 세 개가, …, n−1개 보다는 n개가 더 큰 만족감을 주기 때문에 사과의 개수와 효용사이의 관계는 단조증가 함수관계(즉 양(+)의 비례 관계)가 있음을 알 수 있다. 또, 첫 번째 사과가 두 번째 사과보다, 두 번째 사과가 세 번째 사과보다, …, n−1번째 사과가 n번째 사과보다 더 큰 만족감을 주기 때문에 사과의 개수가 늘어남에 따라 사과 한 개의 효용의 증가분은 감소한다. 즉 이것을 함수로 표현하면 사과 한 개를 늘렸을 때 효용이 증가하는 양, 즉 함수의 기울기는 사과의 소비를 늘려감에 따라 감소한다. 이 두 가지 사실을 종합하면, 동일한 질의 사과 소비개수가 늘어남에 따라 사과소비 전체에 대한 효용은 늘어나지만 추가적인 사과 소비에 따르는 효용증가분은 감소한다는 것을 의미한다. 또 소화기관인 위의 공간제약이 있어서 사과의 소비개수가 위(胃)에서 받아들일 수 있는 정도를 넘어서면 소비를 할 수 없다. 그래서 사과의 소비에 제한이 없으면 소비로부터 얻을 수 있는 효용(만족감)이 무한하게 늘어날 것 같지만, 실제로 얻을 수 있는 만족감은 일정수준에 수렴한다. 지금까지의 설명을 숫자로 나타내면 〈표 1-1〉과 같다.

〈표 1-1〉 사과 소비의 한계요용과 총효용

사과 개수	1	2	3	4	5	6	7	8	…
한계효용	12	10	7	4	1	0.5	0.4	0.1	
총효용	12	22	29	33	34	34.5	34.9	35.2	

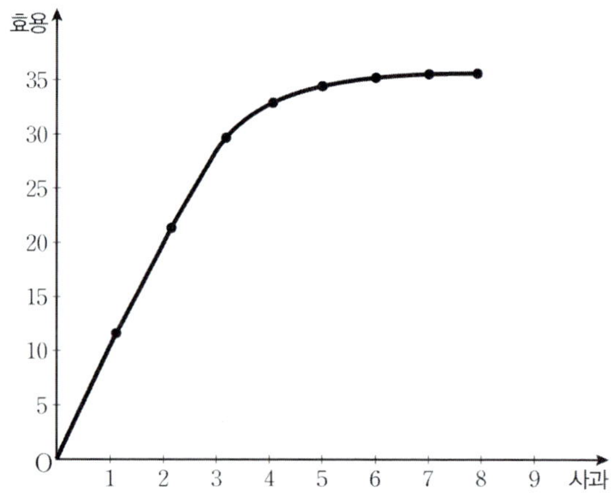

〈그림 1-3〉 총효용 함수의 그래프

〈표 1-1〉에서 첫 번째 사과의 효용(만족감)을 숫자로 표시했을 때 12이고, 두 번째 사과의 효용은 10, 세 번째 사과의 효용은 7이다. 이와 같이, 사과 하나씩 증가할 때 늘어나는 효용을 한계효용이라고 한다. 〈표 2-1〉을 보면 사과 소비개수를 늘려감에 따라 한계효용이 감소하는 것을 알 수 있다. 한계효용이 감소하는 이유는 위에서 설명한 바와 같이 필요나 욕망이 충족되면서 필요나 욕망의 정도가 약해지기 때문이다. 이런 이치는 모든 상품이나 서비스에 적용될 수 있기 때문에, 이런 현상을 법칙으로 표현할 수 있다. 이런 법칙을 "**한계효용 체감의 법칙**"이라고 한다. 〈표 1-1〉을 사용해서 사과개수와 총효용 사이의 관계와 사과개수와 한계효용 사이의 관례를 모두 포함하는 효용함수를 그래프로 그리면 포물선이 올라가는 형태를 나타

내는데, 이 효용함수에 대한 그래프의 형태가 한계효용 체감의 법칙을 나타낸다.(〈그림 1-3〉 참조)

지금까지 한 상품의 양에 대한 선호관계를 설명하였다. 만약, 두 종류 또는 그 이상의 상품들의 양에 대한 선호관계는 어떻게 알 수 있을까? 예컨대, "바나나 두 개와 사과 세 개의 묶음"과 "바나나 한 개와 사과 다섯 개"의 묶음 중에 어느 묶음이 더 효용(만족감)을 주는지는 어떻게 알 수 있을까? 이 문제는 한 종류의 상품을 다룰 때보다 약간 복잡하다. 우선, 사과와 바나나 중에서 어느 과일을 더 좋아할 것인가는 위에서 설명한 바와 같이 태어날 때 선천적으로 가지고 있는 유전자가 만들어낸 맛에 대한 취향이 결정한다. 이 취향에 따라 바나나가 사과보다 더 좋으면, 바나나 한 개를 먹는 것이 사과 한 개를 먹는 것보다 더 큰 효용을 준다. 이런 효용이 주관적 필요에 의해서 나온 것이라면, 이런 효용은 '주관적 가치'로 치환할 수 있다. 그렇다면 선호에 따른 주관적 가치차이를 주관적 교환비율로 나타낼 수 있다. 사과보다 바나나로부터 더 큰 만족감을 얻는 사람이 바나나 한 개와 사과 몇 개를 바꿀 수 있는가를 스스로 평가해보는 것이다. 만약, 바나나 한 개와 사과 세 개를 바꿀 수 있다면, 이 사람의 바나나에 대한 주관적 가치는 사과의 세 배로 표현할 수 있고, 똑 같은 이치로 사과는 바나나의 3분의 1의 가치로 표현할 수 있다. 이와 같이, 두 상품의 주관적 교환비율을 이용해서 두 상품의 효용비교를 한 상품의 효용비교로 전환할 수 있다. 그러면 두 상품들의 양에 대한 선호문제는 한 상품의 양에 대한 선호문제로 전환된다. 예를 들어 설명해보자. 위에서와 같이 바나나와 사과의 주관적 교환비율이 1 : 3이라고 해보자. 그리고 바나나 두 개와 사과 세 개의 묶음(A 묶음)과 바나나 한 개와 사과 다섯 개의 묶음(B묶음)에 대한 선호를 비교해 보자. A 묶음과

B 묶음을 사과의 가치로 전환하면, A 묶음은 사과 아홉 개((2×3)+3=9)이고, B 묶음은 사과 여덟 개다((1×3)+5=8). 따라서 다다익선 선호에 따라 A묶음을 B묶음보다 선호한다. 이와 같은 방법으로 서로 다른 종류의 상품의 양에 대한 선호도 한 상품의 양에 대한 선호로 전환해서 선호관계를 결정할 수 있다.[1] 세 개의 상품과 그 이 상의 상품도 같은 방법으로 선호를 연역적으로 도출할 수 있다. 예컨대, 사과, 바나나, 배에 대한 선호를 비교해보자. 또, 바나나와 사과의 주관적 교환비율이 1:3, 사과와 배의 주관적 교환비율이 3:1이라고 해보자. 그러면, 연역적으로 바나나와 배의 주관적 교환비율이 1:1임을 알 수 있다. 즉 바나나와 배에 대한 선호는 같고, 바나나와 배 모두 사과보다 더 선호하다.

5. 예산제약 하에서 최적소비선택

지금까지 소비에 가장 영향을 미치는 개념으로 합리성, 예산선—가격과 소득, 소비자 선호에 대해서 설명하였다. 이제 세 가지 개념을 사용해서 소비이론의 가장 핵심인 소비자의 선택 문제를 다루어야 하는 단계에 이르렀다. 소비자 선택을 분석하기 전에 지금까지 설명했던 내용을 중심으로 소비자 선택에 대해서 다음과 같은 가정을 한다. 첫째, 소비자는 합리적인 소비를 한다. 이 가정은 소비자가 효용극대화를 위해 최적 선택을 한다는 것을 의미하고, 다다익선과 고고익선의 선호를 가진다는 것을 의미한다. 둘째, 소비자는 모든 상품/서비스에 대해서 선호를 매길 수 있으면, 이런 선호를 바

1) 두 상품의 선호관계를 경제학에서는 일반적으로 무차별곡선(indifference curve)으로 설명한다.

탕으로 일관된(consistent) 선택을 한다. 셋째, 소비자는 일정한 소득을 가지고 있고, 상품의 가격을 포함해서 상품구입과 관련된 완전정보를 가지고 있다.

이러한 가정을 전제로 소비자의 선택 문제를 분석해보자. 소비자는 그의 경제적 제약을 알고 있다. 즉 그의 소득으로는 그가 원하는 소비를 다 할 수 없다는 것을 안다. 따라서 그의 소득 범위 내에서 소비를 해야 한다. 그래서 2절의 로빈손 크루소 모형 관점에서 보면, 소금과 티셔츠를 소득 범위 내에서 사야한다. 그러면, 소비자는 소금과 티셔츠를 각각 얼마만큼 사야할까? 이것이 소비선택문제의 핵심이다. 상식적으로, 소금과 티셔츠의 구입 양(소비묶음선택)은 현실적 필요를 가장 잘 해결하는 식으로 결정될 것이고, 그렇게 하는 것이 소비로부터 효용(만족감)을 가장 극대화시키는 소비방법이다. 이러한 소비결정 과정을 2절의 모형으로 설명해보자. 로빈슨 크루소가 1킬로그램의 소금이 필요해서 이 소금 1킬로그램을 얻기 위해서 자기가 가지고 있는 한 벌의 티셔츠를 기꺼이 포기할 수 있다고 해보자. 즉, 소금과 티셔츠에 대한 주관적 필요가 같은 상황이다. 로빈슨 크루소의 소금 1킬로그램과 티셔츠 한벌과의 주관적 교환비율은 1:1이 된다.

한 벌의 티셔츠와 1킬로그램 소금과의 교환비율, 즉 두 상품에 대한 교환가치가 같다고 생각하는 로빈슨 크루소가 이 상품들을 사기 위해서 500원을 가지고 자동판매기가 있는 곳으로 갔다. 그런데, 자동판매기에 붙여진 가격표를 보고 한 벌의 티셔츠와 1킬로그램 소금과의 교환비율이 2:1인 것을 알게 되었다. 즉 소금 값이 티셔츠 값의 1/2밖에 안될 정도로 시장가격이 형성되어 있다. 로빈슨 크루소가 500원을 모두 사용해서 최대의 효용을 얻는 소비는 당연히 주관적으로 평가한 소금의 가격보다 자동판매기의 소금 가격이 훨씬 낮으므로 소금을 더 많이 사고 소금에 비해서 상대적으로 가격이 높은 티셔츠를 더 적게 사는 것이다. 이렇게 소금을 구입하게 되면 필요 정도가 어느 정도 해소되어서 로빈슨 크루소의 소금 대 티셔츠의 교환비율이 변하게 된다. 즉 교환비율이 1:1에서 예를 들면 1.3:1 또는 그 이상으로 변하게 된다. 그런데 아직도 소금과 티셔츠의 가격은 여전히 소금이 상대적으로 싸다. 그러면 로빈슨 크루소는 소금 구입 양을 조금 더 늘릴 것이고 교환비율이 또 변할 것이다. 이렇게 소금과 티셔츠의 주관적 교환비율과 시장의 교환비율을 맞추어서 소금과 티셔츠의 구입 양을 조금씩 조정해가다가 로빈슨 크루소의 소금의 주관적 교환비율(주관적 상대가격)과 소금의 시장 교환비율(객관적 상대가격)이 같아지는 지점에서 소금구입 양과 티셔츠 구입 양을 최종적으로 결정할 것이다. 이 지점에서 소금에 대한 주관적 가치평가와 소금의 시장에서의 평가가 같아진다. 이 지점이 효용이 극대화되는 최적점이다. 소비자의 최적 소비선택을 위한 지금까지의 설명을 요약하면, 소비자는 자신이 상품에 대해서 평가하는 주관적 상대가격과 그 상품들의 시장의 (객관적) 상대가격을 비교하면서 주관적 상대가격이 시장의 상대가격에 가장 근접하도록 선택을 해야지 그의 만족감이 극대화된다는 것을 알 수 있다. 이 내용을 일반화된 도식으로 표현하면 다음과 같다.

최적소비조건 : 주관적 상대가격 = 시장의 상대가격

지금까지 설명의 편의를 위해 소비자의 선택대상으로 두 개의 상품만을 상정하였다. 그러나 현실에서는 선택대상이 되는 상품이 무수히 많다. 이런 경우에 위에서 설명한 소비의 최적선택조건이 어떻게 설명될 수 있을까? 무수히 많은 상품들 중에서 현실적으로 필요가 있는 상품들이 우선적으로 구입대상 상품이 된다. 이 상품들 각각의 필요 정도에 따라 주관적 가치가 결정되고, 이 상품들의 시장가격과 비교가 된다. 주관적 가치보다 시장가격이 높은 상품들은 일단 구입 대상에서 제외된다. 주관적 가치가 시장가격보다 높은 상품들은 예산의 범위 내에서 주관적 가치와 상품가격이 같아지는 점에서 상품구입량이 결정된다. 이렇게 기술적으로 설명한 최적소비원칙을 일상생활의 용어로 쉽게 말하면, 최적소비는 가장 필요로 하는 상품을 싼 가격으로 구입하는 것이다. 이것은 실제로 우리 일상생활에서 일어나는 소비행동과 크게 다르지 않다는 점에서, 최적소비선택이론은 현실 설명력이 높다고 할 수 있다.

6. 최적소비와 수요함수

주어진 예산으로 가장 높은 만족감을 줄 수 있는 소비 방법은 자신에게 "필요하거나 욕망을 충족시켜 줄(그래서 가장 선호하는)" 주관적 가치가 높은 상품을 가장 싼 가격으로 사는 것이라고 하였다. 이런 조건에 부합하는 상품이나 서비스에 대해서 소비자의 구입 의사가 나타난다. 이와 같이 소비자의 최적소비 결과로서 상품 또는 서비스에 대한 구매의사가 실현되는 것을 경제학 용어로 수요라고 한다. 여기서 최적소비가 어떻게 수요로 전환되는지를 살펴보자. 최적소비를 수요로 전환하는데 있어서 한 가지 문제가 있다. 최적소비는 주어진(고정된) 상품의 가격에 대해서 그 상품의 주관적 가치와 비교하면서 소비자가 상품들의 소비량을 조정하면서 최적 소비묶음(상품구입량)을 찾는 과정을 통해 이루어졌다. 그런데, 한 가지 의문이 있을 수 있다. 최적소비선택 과정에서 최적소비에 포함된 상품들은 수요가 증가할 것인데, 이런 상품들의 가격이 그대로 계속 고정될 수 있느냐에 관한 것이다. 다시 말해서, 소비선택 문제를 동태적인 관점에서 생각해보면 '최적소비선택'에서 가격을 고정시키는 것이 문제가 된다는 것을 알 수 있다. 아주 단기적으로 생각해보자. 최적소비에 포함되어 있는 상품의 수요가 늘어나서 단기적으로 재고가 줄어들면 시장에서 그 상품의 품귀현상이 일어나고 그 상품에 대해 주관적 가치가 높은 사람이 높은 가격을 주고라도 그 상품을 사려고 하기 때문에 가격이 올라갈 수밖에 없다. 또한 최적소비 포함되지 않은 상품은 재고기간이 늘어난다. 재고관리비용이 높은 기업은 가격을 낮추어서라도 재고를 줄이려고 하기 때문에 가격이 내려갈 수밖에 없다. 이와 같이 최적소비선택은 단기적으로도 가격 등락을 유인하기 때문에 외생적으로 가격이 고정되어 있다는 가정을 그대로 유지하는 것은 최적소비선택의 현실 설명력을 떨어뜨린다. 설명의 편리성과 현실 설명력의 한계 사이의 상충관계를 해결하는 방법으로, 가격을 변화 가능한 변수로 놓고, 이 가격과 최적소비와의 관계를 규정한 것이 수요함수이다. 이제 2절의 모형으로 최적수요가 수요함수로 어떻게 전환되는지를 설명해보자.

티셔츠의 가격과 소금의 가격이 100원과 50원으로 고정된 것이 아니라 시장상황에 따라 변할 수 있다고 해보자. 그렇지만, 로빈슨 크루소의 소득이나 티셔츠와 소금에 대한 선호는 바뀌지 않는다. 이제 가격이 변화할 수 있기 때문에 한 가격에서 또 다른 가격으로 가격이 변화하면 최적소비선택도 바뀌어야 한다. 설명의 편의를 위해, 티셔츠의 가격은 변함없이 100원이고, 1킬로그램의 소금 가격이 40원, 50원, 60원으로 변했을 때 소금의 최적

소비가 어떻게 변화하는 지를 생각해보자. 소금이 가격이 처음에 50원이었다. 그 때 로빈슨 크루소의 최적 소금 구입량이 가정적으로 5킬로그램이었다고 해보자. 그런데 이 가격이 40원으로 내려갔다고 해보자. 그러면 로빈슨 크루소의 주관적 상대가격에 비해 시장(객관적)의 상대가격이 더 싸졌기 때문에 5킬로그램을 산다고 하더라도 전에는 250원을 지불해야 했는데 이제 200원 밖에 지불하지 않기 때문에 50원이 남는다. 그러므로 1킬로그램 이상을 더 살 수 있다. 또한 소금의 티셔츠대비 상대가격이 더 내려갔기 때문에 티셔츠를 조금 덜 사고 소금을 더 사는 것이 효용이 더 올라간다. 그래서 소금 가격이 50원에서 40원으로 내려가면 7킬로그램을 구입한다. 이제 반대로 소금가격이 60원으로 올라갔다고 해보자. 로빈슨 크루소의 주관적 상대가격보다 시장(개관적)가격이 올라갔다. 250원으로 5킬로그램을 살 수 있었는데 그 돈으로는 5킬로그램을 살 수 없다. 당연히 구입량을 줄여야 하고, 소금의 티셔츠 대비 상대가격이 올라갔기 때문에 소금 구입을 조금 줄이고 티셔츠를 더 사는 것이 효용을 높이게 된다. 그래서 소금가격이 60원으로 올라가면 그는 소금을 4킬로그램만 구입하게 된다. 티셔츠가격과 소득이 변하지 않고 고정된 채로 소금가격변화에 대한 최적 소금소비의 관계를 x−y 평면으로 나타낸 것이 아래 〈그림 1-4〉에서 보여주는 소금의 수요

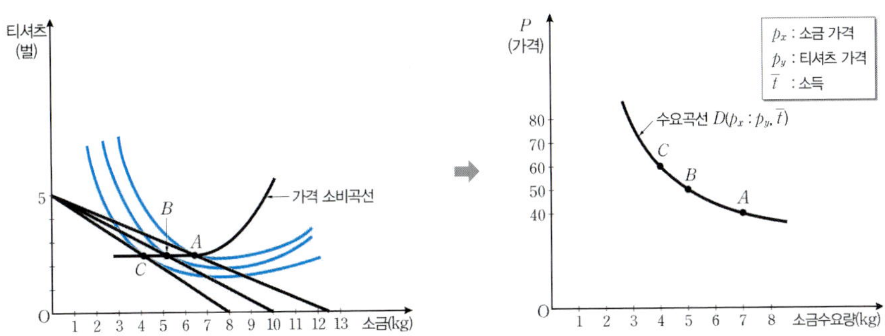

〈그림 1-4〉 최적소비와 수요함수의 도출

곡선이다.

위에서 설명한 수요곡선이 도출되는 과정을 이해하면, 수요곡선이 내포하고 있는 의미를 파악할 수 있다. 첫째, 수요곡선이 가격에 대응하는 최적소비의 집합이라는 사실은 수요곡선 밖의 수요는 만족감을 극대화하는 수요가 아니므로 비합리적인 수요이다. 둘째, 최적소비는 그 상품의 주관적 가치와 시장가격이 일치되는 점에서 이루어지기 때문에, 수요곡선에서 수요에 대응하는 가격은 소비자가 지불할 수 있는 가격(willingness to pay)의 최대치이다. 다시 말해서, 소비자는 수요곡선 위의 가격이상은 절대로 지불할 의사가 없다는 것을 말한다. 반대로 이야기하면, 수요곡선 상에서 어떤 가격에 대응하는 수요는 그 이하의 가격에서도 실현가능하다는 것을 의미한다. 셋째, 최적소비가 그 상품의 주관적 가치와 가격이 일치되는 점에서 결정된다는 사실은 수요곡선의 가격은 주관적 가치로 대체될 수 있다는 것을 의미한다. 따라서 수요곡선의 가격은 수요자의 관점에서 상품으로부터 얻을 수 있는 최대의 만족감, 즉 효용을 의미한다. 이것은 수요곡선 아래의 지역은 실현된 수요로부터 얻을 수 있는 최대한의 효용 (또는, 개인적 복지(wellbeing)을 나타낸다. 이것은 사회복지를 측정할 때 수요함수가 응용될 수 있음을 의미한다. 넷째, 가격과 최적소비 관계를 도출하는 과정에서 소득, 기호, 다른 상품의 가격이 일정하다고 가정하였다. 그러나 주어진 상품의 가격이 변할 수 있듯이 소득, 기호, 다른 상품의 가격도 변할 수 있다. 그런데 이런 변수들이 가격과 최적소비의 관계에서는 나타나 있지 않지만, 최적소비 도출과정에서 보았듯이 최적소비, 즉 수요에 영향을 미친다. 이런 변수의 변화는 수요곡선이 이동하는 형태로 나타난다.

수요곡선을 보면 상품의 가격이 올라갈 때 수요가 줄어들고, 가격이 내려갈 때 수요가 늘어난다. 이러한 가격과 수요의 관계를 모든 상품과 서비스에 적용할 수 있을까? 지금까지의 실증분석을 보면, 아래에서 설명하는 기펜(Giffen)재라는 일부 상품을 제외하고는 가격과 수요가 정반대 방향으로 움직이는 특성이 적용된다. 따라서 수요의 법칙(law of demand)은 상품이 정상재인 경우에, 가격이 오르면 수요가 내려가고, 가격이 내려가면 수요가 올라간다고 한다. 그런데, 슬러츠키(Eugen Slutzky)는 가격변화가 수요변화를 일으키는 것을 두 가지 효과에 의한다고 설명하였다. 위에서 예산선을 설명할 때 살펴보았듯이 가격의 등락은 실질소득에 영향을 미친다. 그래서 가격이 내려가면 실질소득이 증가하는 효과가 있고 가격이 올라가면 실질소득이 감소하는 효과가 있다. 이렇게 다른 모든 조건이 일정하다고 가정하고 가격변화로 인한 실질 소득변화로 인해 수요량이 변하는 것을 '소득효과'라고 한다. 그런데 예산선의 설명에서 보았듯이 가격의 등락은 소득뿐만 아니라 다른 상품과의 상대가격에도 영향을 미친다. 그런데, 다른 상품들 중에서 그 상품과 대체관계에 있거나, 또는 보완관계에 있는 상품들의 경우 이러한 상대가격의 변화가 직접적으로 그 상품의 최적소비에 영향을 미친다. 예를 들어 설명해보자. 자장면과 간짜장의 가격이 모두 5,000원, 6,000원이었는데 자장면이 6,000원으로 올랐다고 해보자. 그러면 자장면의 기존 수요의 일부가 간짜장으로 옮겨간다. 이것은 자장면에 대한 간짜장의 상대가격이 낮아져서 일어나는 현상이다. 이와 같이 다른 모든 조건이 일정한 상태에서 어떤 상품의 (상대)가격이 내려가면 대체재의 수요가 넘어와서 수요가 증가하고, (상대)가격이 올라가면 대체재로 수요가 빠져나가서 수요가 감소한다. 이것을 '대체효과'라고 한다. 따라서 가격이 올라가거나 내려갈 때 수요가 증가하거나 내려가는 것은 '소득효과'와 '대체효과'의 합이 어떻게 되느냐에 따라 결정되는데, 이 두 효과의 합을 슬러츠키는 가격효과로 명명하였다.

7. 소득변화와 수요

가격 이외에도 소득, 다른 상품의 가격, 선호 등이 소비의 최적선택에 영향을 미친다고 하였다. 이런 변수들 중에서 소득변화가 최적소비에 미치는 영향을 살펴보자.

소득은 일정기간 동안 경제활동의 대가로 얻게 되는 수입을 말한다. 소득은 줄어들 수도 있고 늘어날 수도 있다. 일상생활을 살펴보자. 직장을 잃게 되던지, 사업을 실패하면 소득이 줄어들게 된다. 그러면 당장 꼭 필요하지 않은 소비를 줄이게 되고, 사정에 따라서 꼭 필요한 소비도 줄이게 된다. 또 소득이 늘어나게 되면, 기존에 샀던 것보다 더 좋은 상품을 사기도 하고, 우선순위에 밀려 그 동안 사지 못했던 상품이나 서비스를 구입하게 된다. 이와 같이, 소득은 소비에 직접적으로 영향을 미치는 변수이다. 이제 소득변화가 소비에 어떻게 영향을 미치는지 살펴보자.

2절의 로빈슨 크루소 모형에서와 같이 로빈슨 크루소는 500원의 소득이 있고, 소금 1킬로그램의 가격이 50원, 티셔츠 가격이 100원이고 이 두 상품의 선호가 변하지 않는다고 해보자. 로빈슨 크루소는 최적소비로 소금을 5킬로그램을 사고, 소금 구입에 250원을 지출한다. 그런데 소득이 늘어 그의 소득이 600원이 됐고, 이 소득을 소비에 모두 지출한다고 해보자. 그러면 최적

소비가 어떻게 변할까? 그의 소금과 티셔츠에 대한 주관적 교환비율이 1 : 1 이다. 즉 그는 두 상품에 대해 똑 같은 선호를 가지고 있다. 따라서 늘어난 100원의 소득을 소금과 티셔츠에 똑 같이 지출한다. 즉 50원을 소금에, 50원을 티셔츠에 소비한다. 그래서 소금을 6킬로그램, 티셔츠를 세 개를 사게 된다. 소금의 소비가 1킬로그램, 티셔츠의 소비가 반개가 늘어난다. 이와 같이 소득이 오르면 상품이 정상재라면(정상재에 대한 정의는 아래에서 설명한다) 그 상품에 대한 최적소비, 즉 수요가 증가한다. 이러한 소득변화가 최적소비, 즉 수요에 미치는 영향을 수요곡선으로 나타내면 수요곡선이 좌 또는 우로 수평 이동하는 형태로 나타난다. 소득이 증가하면 수요곡선이 오른쪽으로 이동하고, 소득이 감소하면 왼쪽으로 이동한다. 소득 이외에 대체재나 보완재 상품의 가격, 소비자 선호변화 등도 수요곡선을 이동시킨다.

지금까지, 소득이 소비에 영향을 미친다고 하였다. 그런데, 소득이 소비에 영향을 미친다는 관점에서만 보면, 소득은 좀 더 정교하게 정의할 필요가 있다. 경제활동의 대가로 소득을 얻으면 이 중에서 일부는 세금을 내야하고, 일부는 이자를 낼 수도 있다. 또 자신이 경제활동을 하지 않았지만, 부모형제로부터 대가 없이 돈을 받는 이전소득도 있을 수 있다. 이와 같이 전체소득 중에서 지출을 빼고, 추가수입을 더해서 오로지 소비를 하든지 아니면 저축을 하든지 두 가지 용도로 남은 소득을 '가처분소득'이라고 한다. 따라서 현실적인 의미에서 소비에 영향을 미치는 소득은 가처분소득이다. 그래서 정부가 소비를 진작시키기 위해서 세금을 줄인다거나 보육비를 지원한다는 것은 바로 가처분소득을 늘려주는 효과를 가진다. 또한, 현재의 가처분소득 보다 미래의 가처분소득이 소비에 영향을 미친다는 주장이 있다. 예를 들어보자. 곧 정년퇴직을 앞두고 있어서 미래의 소득이 현저하게 줄어드는 사람이 현재의 소득에 의존해서 소비를 할 수 있을까? 합리적인 사람은 미래에 기대되는 소득에 따라 현재의 소비를 조정할 것이다. 이런 점에서 현재소득 보다는 미래의 기대소득이 소비에 영향을 미친다는 주장도 현실 설명력을 갖는다.

8. 수요함수의 활용 – 수요의 탄력성

수요는 가격과 최적소비의 관계를 규정한 것이라고 하였다. 이러한 관계에 대한 이해는 비즈니스 전략으로서 가격전략을 수립하는데 활용될 수 있다. 수요와 가격의 관계를 실제 생활에 응용하기 위해서는 수요의 탄력성이라는 개념을 먼저 이해해야 한다. 수요의 탄력성은 수요에 영향을 미치는 변수의 변화에 대해서 수요량이 얼마나 변하는지를 측정하는 개념이다. 예를 들면, 상품가격의 변화, 다른 상품가격의 변화, 소득변화가 각각 수요량의 변화에 얼마만큼 변화를 유인하는가를 측정한다. 그런데, 이런 측정을 할 때 수요량의 단위가 상품마다 다르기 때문에 상품들 사이의 비교가 어려운 문제가 발생한다. 안경 수요량은 개수로 측정하고, 천은 제곱미터로 측정하고, 기름은 리터로 측정하는데, 이렇게 단위가 다르면 상품들 사이의 가격이나 소득에 대한 수요의 민감도를 비교할 수 없다. 이런 문제를 해결하기 위해서 수요에 영향을 미치는 변수나 수요량의 변화를 퍼센티지 변화율로 측정한다. 이렇게 변화율로 측정된 수요의 탄력성은 다음과 같이 정의된다.

수요의 가격탄력성, $\eta(p)=\dfrac{\frac{\Delta q}{q}}{\frac{\Delta p}{p}}$ (여기서, p, q는 가격과 수요량, Δ는 변화량)

수요의 교차탄력성, $\eta(c)=\dfrac{\frac{\Delta q_j}{q_j}}{\frac{\Delta p_i}{p_i}}$ (여기서 i, j 서로 다른 상품$(i \neq j)$)

수요의 소득탄력성, $\eta(I)=\dfrac{\frac{\Delta q}{q}}{\frac{\Delta I}{I}}$ (여기서, I는 소득)

이제 각각의 탄력성이 어떻게 활용될 수 있는지를 차례로 살펴보자. 첫째, 수요의 가격탄력성이다. 수요의 가격탄력성($\eta(p)$)이 1보다 작으면 필요재라고 하고, 1보다 크면 사치재라고 한다. 수요의 가격탄력성이 1보다 작으면 가격이 변해도 수요가 크게 변하지 않는다. 예를 들어 김치나 커피 같이 일상생활에 꼭 필요한 상품의 경우 가격이 오른다고 소비를 중단하거나 확 줄일 수는 없다. 반면에 수요의 탄력성이 1보다 크면 가격이 변하면 수요가 크게 변한다. 액세서리나 귀금속 같이 생활하는데 없어도 크게 불편을 느끼지 않는 상품의 경우 가격이 오를 때 소비를 중단하거나 줄이더라도 생활에 큰 불편이 없다. 이러한 사실로부터 가격탄력성이 1보다 작으면(이 경우를 수요가 비탄력적이라고 한다.) 가격을 내리는 것보다 가격을 올리는 것이 매출액이 더 올라간다. 반면에 가격탄력성이 1보다 크면(이 경우를 수요가 탄력적이라고 한다) 가격을 내리는 것보다 가격을 내리는 것이 매출액이 더 올라간다. 따라서 필요재로 분류되는 상품은 가격을 내리기보다 가격을 올리는 가격전략이 매출증대에 도움이 되고 사치재로 분류되는 상품은 가격을 올리기보다 내리는 가격전략이 매출증대에 도움이 된다.

둘째, 수요의 교차탄력성이다. 수요의 교차탄력성이 0보다 크면 대체재, 0보다 작으면 보완재라고 한다. 자장면 가격이 올라가면 간짜장의 수요가 늘어나고, 골프채의 가격이 올라가면 골프공의 수요가 감소한다. 그래서 자장면과 간짜장은 대체재이고, 골프채와 골프공은 보완재이다. 어떤 기업이 대체재 또는 보완재를 모두 생산한다고 해보자. 대체재의 경우 마진이 높은 상품의 수요를 늘리기 위해서 마진이 적은 상품의 가격을 올리는 전략을 사용하면 대체재 전체의 이익을 늘릴 수 있다. 예를 들어서 간짜장의 마진이 자장면보다 크다면 자장면의 가격을 올려서 간짜장으로 수요를 이동시키는 것이 이익을 늘리는데 도움이 된다. 보완재의 경우 주로 본체의 가격을 내리면 보완재인 보조재 수요가 증가되는 원리를 응용해서 보조재의 마진을 높이는 방법으로 상품을 디자인하면 이익을 늘릴 수 있다. 예를 들면, 카트리지를 사용하는 프린터나 폴라로이드 카메라의 경우 카트리지나 폴라로이드 필름을 마진이 높게 만들고, 본체인 프린터기나 폴라로이드 카메라는 평균비용보다 낮게 가격을 정한다. 그러면 본체는 보완재 없이는 그 기능이 실현되지 않기 때문에 본체의 가격을 현저히 내림으로써 마진이 높은 보조재의 수요를 늘려 이익을 늘린다.

셋째, 수요의 소득탄력성이다. 수요의 소득탄력성이 0보다 크면 정상재, 0보다 작으면 열등재라고 한다. 그런데, 열등재나 정상재를 분류할 때 모든 소득구간에 대해서 정상재나 열등재인 경우는 많지 않다. 소득이 낮은 구간에서는 정상재이지만, 소득이 아주 높은 구간에서는 열등재인 경우가 많다. 돼지고기의 경우도 소득이 낮은 구간일 때는 소득증가와 함께 수요가 늘어나지만,

소득이 아주 높아지면 소득증가와 함께 소고기로 수요가 대체되어 수요가 줄어들게 된다. 이와 같은 사실은 소득이 증가함에 따라 소득탄력성이 높아지는 상품은 소득이 앞으로 올라간다는 전제하에서 유망상품이고 소득탄력성이 낮아지는 상품은 사양상품이 될 것이라고 예측할 수 있다. 따라서 상품의 소득탄력성은 미래투자나 상품다변화 전략을 수립하는데 참고해야 한다.

수요탄력성을 활용해서 비즈니스 전략을 수립하는 것 이외에도 탄력성은 상품을 분류하는데도 사용된다는 것을 이해했을 것으로 생각된다. 이런 관점에서 재미있는 사례를 소개한다. 열등재 중에는 가격이 내려가면 오히려 수요가 줄어드는 상품이 있는데, 이것을 기펜재(Giffen goods)라고 한다. 기펜재는 영국의 통계학자인 로버트 기펜(Robert Giffen)이 아일랜드에서 감자가격이 올라감에도 불구하고 감자의 수요가 늘어나는 현상을 발견한 것으로부터 유래한다. 이것은 가격이 올라가면 수요가 감소하고, 가격이 내려가면 수요가 증가하는 수요법칙의 예외적인 경우로서, 신고전학파의 창시자인 알프레드 마샬(Alfred Marshall)이 그의 책 "Principles of Economics (1895)" 개정판에서 소개함으로써 알려지게 되었다.

■ 참고문헌

Simon, H, "Models of Bounded Rationality", MIT Press, 1982.

Manheim, K, "Man and Society in an age of Reconstruction", London, Rouhedge & Kegan Paul, 1940.

Marshall, A, "Principles of Economics", London, 1895.

2장

생산production과 비용cost*

* 2장은 '기독교경제학자들이 쓴 경제학 입문', (권명중 외 6인, 무역경영사)의 내용 중 일부를 발췌하였다.

1. 개관 – 생산의 데칼코마니는 비용

제조업 성장률이 이처럼 높은 주요 요인은 바로 고품질, 저비용, 생산기간의 단축이다. 이 세 가지가 바로 일본의 생산 시스템 특징이라고 할 수 있다. 같은 제품을 어떻게 고품질, 저비용으로 생산기간을 단축해서 생산할 수 있을까를 집중적으로 연구한 것이 오늘날 일본의 고도성장을 가능케 한 원동력이다. 이러한 고품질, 저비용, 생산기간 단축이라는 시스템을 제일 먼저 도입한 곳은 도요타 자동차였다. 2차 세계대전이 끝난 후 생산시스템을 다시 구축하는 과정에서 오노 다이이치 전 도요타 부사장을 중심으로 한 실제 관리자들이 생산 현장에서 끊임없이 시스템을 개선한 결과 고안해 낸 것이 고품질, 저비용, 생산기간 단축이었다. 지금과 같은 생산시스템이 완성된 것은 60년대 중반이었다. 그러다가 73년 제1차 석유파동을 겪고 나서부터 고품질, 저비용, 생산기간 단축 생산시스템은 다른 자동차회사나 제조업계로 확산되어 나갔다. 뿐만 아니라 80년대 중반부터 90년대에 걸쳐서는 그 효율성을 인정받아 해외에서도 폭넓게 적용되기 시작했다.

〈복잡계 경제학, Brian Arthur〉

1장에서 인간의 필요와 욕망을 해결하는 수단으로 상품과 서비스를 사용하는 것을 소비라고 하였다. 그러면 소비의 대상인 상품과 서비스는 어떻게 만들어질까? 상품과 서비스를 만드는 것은 '무(無)'에서 '유(有)'를 창조하는 것이 아니다. 상품과 서비스는 인간이 이미 자연에 존재하는 원료를 도구, 기계, 플랜트 등을 사용해서 원하는 형태로 변형한 것이다. 이렇게 원료를 원하는 형태로 변형하는 데 기술이 필요하다. 이와 같이 상품과 서비스를 생산하기 위해서는 원료, 노동(사람이 원료를 변형하는데 쓰는 시간과 노력),

자본(도구, 기계, 플랜트)과 기술이 필요한데, 이런 생산 요소들을 생산(투입) 요소라고 한다. 그런데 〈들어가기〉에서 설명한 바와 같이 자연자원(원료)이 무한한 것이 아니라 희소하기 때문에 기술적으로 가능한 범위에서 원료, 노동, 자본이 가장 적게 사용되는 형태로 상품과 서비스를 생산해야 한다. 이렇게 생산하는 것을 효율적(efficient)인 생산이라고 한다. 효율적 생산을 비용의 관점으로 표현하면 최저비용 생산이 된다. 기업들이 시장에서 생존하기 위해서는 모두 효율적 생산 또는 최저비용 생산을 추구할 수밖에 없다. 그래서 기업들 사이의 경쟁이 진행되면 결과적으로 시장에는 가장 효율적인 생산방법 또는 최저생산비용으로 생산하는 방법만 남게 된다. 위에서 설명한 도요타 생산방식은 도요타 자동차 회사가 나름대로 효율적 생산방식을 창안해 낸 것인데, 그것을 비용으로 표현했을 때 저비용이나 생산기간단축 같은 형태로 나타난다. 도요타 생산방식이 당시에 가장 효율적인 생산방법이어서 처음에는 일본 자동차산업에서 나중에는 전 세계 자동차 산업에서 표준화된 생산방식으로 자리 잡게 된다. 이와 같이 경제학 교과서에서 다루는 생산은 암묵적으로 시장의 경쟁과정을 거친 후에 도달 한 효율적인 생산 또는 최저비용의 생산을 의미한다. 또 생산과 비용은 동전의 앞, 뒷면의 관계와 같아서 똑 같은 내용을 다른 방향에서 설명하는 것과 같다.

2. 생산

기업에서 상품이나 서비스를 생산하는 것은 식물이 광합성 생산에서 물을 분해하고, 이산화탄소를 분해해서 수소, 탄소, 산소를 조합해서 포도당을 생산하는 것과 똑 같은 과정을 거친다. 즉, 물을 분해하고, 이산화탄소를 분해하는 것은 생산에 들어가는 원료를 변형하는 것인데, 기업생산에서도 원료나 중간재를 변형(transformation)하는 과정을 포함한다. 그런데 원료나 중간재를 변형하기 위해서는 사람이나 기계가 일정 시간 동안 그 일을 해야 한다. 이렇게 생산과정에 사람이 자기 시간을 내어 생산에서 하는 역할을 '노동'이라고 하고, 기계가 이렇게 하는 역할을 '자본'이라고 한다. 자본이라고 하면 일상적으로 '돈'이라는 의미로 받아들이는 데, 경제학에서는 자본을 이런 일상적인 의미와 다르게 사용한다. 자본은 다양한 의미를 포함하고 있는 데, 돈에 가까운 의미로서는 금융자본이라는 말이 사용된다. 경제학에서 '자본'은 생산과정에서 원료나 중간재를 변형하는 일에 사용하는 기구, 기계, 플랜트 등을 말한다. 또, 생산과정에 투입된 원료, 중간재, 노동, 자본 등과 같은 요소를 생산요소 또는 투입요소(inputs)라고 한다. 생산요소나 투입요소를 사용해서 만들어낸 상품 또는 서비스를 생산물 또는 산출물(outputs)이라고 한다.

원료나 중간재를 변형하는 데 노동과 자본을 사용하는 정도가 다를 수 있다. 예를 들어 설명을 해보자. 야채만두를 생산하기 위해서 두부, 잡채, 숙주나물, 계란 등의 원료와 만두피와 같은 중간재를 사용한다. 만두를 만드는 생산과정은 이런 원료를 사용해서 만두속을 만드는 생산과정과 만두속과 만두피를 사용해서 만두를 빚는 생산과정이 있다. 이 두 가지 생산과정을 모두 사람이 하는 방법, 즉 전적으로 노동으로 생산하는 방법이 있고, 또 모두 기계를 사용 하는 방법, 즉 전적으로 자본으로 생산하는 방법이 있다. 또, 만두속은 사람이 만들고 만두를 빚는 것은 기계가 하는 것과 같이 노동과 자본을 모두 사용하는 방법이 있다. 만두를 만드는 데 노동과 자본을 어떤 조합으로 사용하는가에 따라 생산방법(the mode of production)

도 달라진다. 만두를 만드는 방법으로 사용가능한 모든 노동과 자본의 조합들, 다시 말해서 사용가능한 모든 생산방법을 기술(technology)이라고 한다.

어떤 시점에서 사용가능한 기술(technology)이 주어졌다고 하면, 투입되는 생산요소와 그 생산요소가 생산할 수 있는 최대의 생산량과의 1 대 1 대응관계를 측정할 수 있다. 이러한 관계를 함수로 표현한 것을 생산함수라고 하고, 이것을 식 (1)과 같이 쓴다.

$$Q = f(L, K) \tag{1}$$

여기서 Q는 생산량, L은 노동, K는 자본을 나타낸다.

식 (1)의 생산함수 형태 중에서 가장 간단한 것은 하나의 생산요소와 그 생산요소가 생산한 생산량과의 관계를 나타내는 것이다. 예를 들면, 가장 간단한 농기구를 가지고 농사를 짓는 자작농의 생산함수를 생각해볼 수 있다. 어떤 시점에서 이미 보유하고 있는 농기구 이외에는 다른 농기구는 사용할 수 없고 사람의 힘만으로 농사를 짓는 경우이다. 이것을 생산함수의 형태로 표현하면 생산량이 단지 노동에 의해서만 결정이 되는 것으로 식 (2)로 쓸 수 있다.

$$Q = f(L:k) \tag{2}$$

식 (2)를 그래프로 그리면 〈그림 2-1〉과 같다.

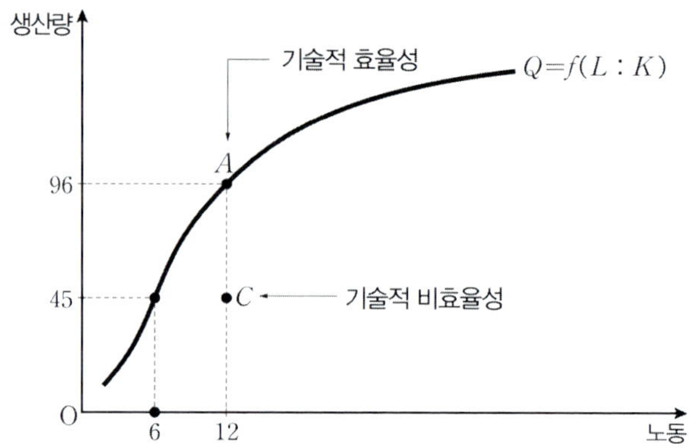

〈그림 2-1〉 단일생산요소의 생산함수

〈그림 2-1〉의 그래프는 노동투입량 대비 생산량의 관계를 나타낸 것이다. 생산함수를 나타내는 곡선의 아래 영역은 생산가능영역이다. 예를 들어 노동을 12단위를 투입해서 C점에서와 같이 45단위의 생산물을 만들어낼 수도 있고, A점처럼 96 단위의 생산물을 만들어 낼 수도 있다. 똑같은 노동투입에도 불구하고 A점보다 아래에서 생산을 하는 것은 비효율적 생산이다. 이것은 생산함수곡선이 주어진 생산투입에 대해서 생산할 수 있는 최대한의 생산물을 나타내는 것으로 가장 효율적인 생산임을 의미하고, 생산함수곡선 아래의 영역은 비효율적인 생산임을 의미한다.

생산함수곡선을 통해서 생산함수의 특성을 요약하면 다음과 같다. 첫째, 생산요소의 투입 없이는 생산물이 나올 수 없다. 이것은 무(無)에서 유(有)를 창조할 수 없다는 것으로, 생산함수곡선이 원점을 지나는 것으로 설명된다. 무(無)에서 유(有)를 창조하는 것은 하나님의 영역이고, 물질세계에서는 유(有)에서 유(有)를 생산하는 것만이 가능하다. 물질세계의 생산은 기존의 유(有)에서 새로운 유(有)를 만드는 것으로 기존에 있던 것에 대한 변형

(transformation)의 과정을 반드시 포함한다는 것을 의미한다. 둘째, 〈그림 2-1〉에서 노동을 1단위부터 6단위까지 투입하는 범위에서는 노동을 한 단위씩 더 투입하면 생산물은 전 단위 투입 때 보다 더 많이 나온다. 이것을 '수확체증현상'이라고 한다. 물질세계에서 '수확체증현상'은 매우 제한 된 현상이다. 정보통신이나 데이터와 같은 비-물질세계에서는 수확체증현상이 물질세계에서 보다는 일어날 가능성이 높다. '수확체증현상'이 일어나는 원인이 모두 밝혀지지 않았고 아직도 탐구해야할 영역이다. 지금까지 나온 설명들 몇몇을 소개해보자. 첫 번째는 외부효과에 의한 설명이다. 〈그림 2-1〉의 수확체증영역에서 보는 바와 같이 노동이 늘어난다는 것은 근로자들이 늘어나는 것이므로 주어진 과업을 수행하기 위해서 근로자들 사이에서 협업을 하게 된다. 그런데 근로자들은 지식, 경험, 노하우 등에서 서로 다를 수밖에 없다. 지식이나 경험이 없는 근로자들이 지식과 경험이 많은 근로자들에게 같이 일을 하면서 배우게 된다. 이런 배움은 비용을 지불하고 배우는 것이 아니라 생산과정에서 자연스럽게 배우는 것이다. 이렇게 협업과정에서 지식과 경험이 없는 사람들이 지식과 경험이 쌓여 추가적인 비용투입 없이도 생산이 전보다 늘어나게 된다. 즉 수확체증이 일어나게 된다. 두 번째는 시너지효과에 의한 것이다. 시너지효과는 혼자일할 때보다 둘 또는 둘 이상이 같이 일을 함으로써 상대방의 한계생산성이 올라가는 현상이다. 예를 들자면 널빤지 하나는 쉽게 부러뜨릴 수 있지만 널빤지가 몇 개 겹치면 각각의 널빤지의 하중에 견디는 힘의 합보다 더 큰 힘이 나와 널빤지를 부러뜨릴 수 없는 것과 같은 이치이다. 의사와 간호사가 협업을 할 때 의사가 매우 생산적으로 일을 하면 간호사는 의사의 보조를 맞추기 위해서 그 자신의 능력을 더 발휘함으로써 전체적으로 생산성이 올라가는 것도 또다른 예이다. 이와 같이 노동투입이 늘어나면서 수확이 오히려 노동투입 이상으로 나오는

수확체증현상은 협업생산의 특성에 의해서 결정된다. 셋째, 〈그림 2-1〉에서 노동투입이 6단위 이상부터는 노동을 한 단위씩 더 투입하면 생산물은 전 단위 투입 때 보다 더 적게 나온다. 이것을 '수확체감현상'이라고 한다. 수확체감현상은 자연세계, 즉 물질세계에서는 일반적인 현상이다. 그렇지만 왜, 노동과 같은 생산요소를 더 투입하는데 산출물이 전보다 적게 나오는 정확한 원인을 설명하는 것은 쉽지 않다. 수확체감의 원인은 공간제약 또는 자본제약으로 설명할 수 있다. 과수원의 예를 들어보자. 과수원에 사과 산출을 늘리기 위해 노동과 비료를 계속 투입한다고 해보자. 영양분을 흡수하는 사과나무 뿌리의 겉면적(공간)이 고정되어 있기 때문에 가지치기를 하고 물과 비료를 계속해서 주면 처음에는 영양분 공급이 늘어나서 사과의 산출이 늘어난다. 하지만 뿌리가 물과 비료를 흡수할 수 있는 면적을 넘어서 계속 투입되는 물과 비료는 더 이상 흡수를 하지 못해서 산출 증가에 기여하지 못한다. 또 다른 이유에 대한 설명을 위해서 과수원에 사과생산에 필요한 농기구는 한정되어 있는데 노동이 계속 늘린다고 해보자. 그러면 몇 사람은 농기구를 사용할 수 있지만 나머지는 농기구를 사용할 수 없으므로 노동투입대비 평균 산출은 떨어질 수밖에 없다.

그 밖에 설명으로는 오링효과를 들 수 있다. 여러 명이 협업을 할 때 근로자의 생산성이 다를 수밖에 없는데 생산성이 낮은 사람의 일의 속도가 늦어 거기서 병목현상이 일어난다. 따라서 협업의 생산성은 생산성이 낮은 사람 수준으로 수렴하게 된다는 것이 오링효과이다. 이런 오링효과 때문에 투입만큼 산출물이 비례해서 나오지 않는다. 요약하면, 〈그림 2-1〉이 보여주는 바와 같이 경제에는 수확체증현상과 수확체감현상이 공존하는데, 수확체감현상이 더 보편적인 현상이다.

(3) 생산성 - 평균생산

〈그림 2-1〉의 생산함수를 보면 노동을 투입해서 생산해낸 총생산량이 총 투입량에 따라 다름을 알 수 있다. 그런데 일반적으로, 생산량과 관련해서 궁금해 하는 것은 생산에 투입된 노동 1단위가 얼마만큼의 생산을 하는가에 관한 것이다. 이런 궁금증이 일어나는 것은 '분배' 때문이다. 농사에 여러 명이 투입돼서, 수확을 한다고 해보자. 그러면, 이 수확물을 어떻게 나눌까에 대한 문제가 나온다. 이 때 수확물을 나누는 가장 쉬운 방법은 수확물을 참여한 사람의 수로 나누는 것이다. 즉, 균등분배방법을 선택하는 것이다. 이와 같이, 총생산량을 총 노동투입량으로 나눈 것을 노동의 평균생산(average product of labour)이라고 한다. 〈그림 2-1〉의 생산함수를 대상으로 노동의 평균생산을 계산하면 〈표 2-1〉과 같고 이것을 그래프로 그리면 〈그림 2-2〉와 같다. 노동의 평균생산은 포물선모양처럼 증가하다가 감소하는 형태를 나타내는데, 이것은 생산이 처음에 수확체증에 의해서 지배를 받지만 그 이후에는 수확체감의 법칙에 지배를 받기 때문이다.

〈표 2-1〉 노동의 평균생산

노동	총생산량	평균생산
6	30	5
12	96	8
18	162	9
24	192	8

생산기간을 정해놓고 노동 평균생산을 측정하면, 이것을 노동 생산성(productivity of labour)이라고 한다. 노동 생산성은 국가에서 소득수준, 삶의 질, 경쟁력 등을 가늠해 볼 수 있는 중요한 개념이다. 나라마다 시기별로

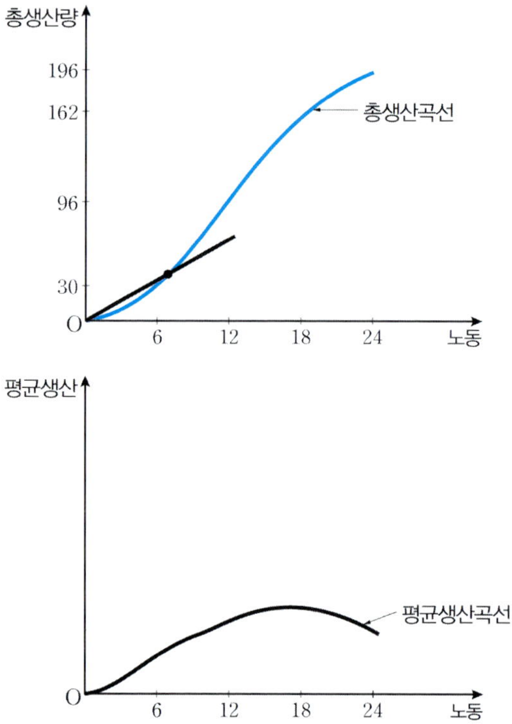

〈그림 2-2〉 총생산곡선과 평균생산곡선

노동생산성이 다른데, 노동 생산성이 높은 나라는 소득이나 삶의 질이 높고, 노동 생산성이 점점 떨어지면 평균소득이 점점 떨어지고, 국가 경쟁력을 잃게 된다. 노동 평균생산 또는 노동 생산성에 영향을 미치는 요소로서 교육, 훈련, 자본, 경영, 윤리, 경제정책 등을 든다. 이런 요소들의 개선을 통해 생산성을 높일 수 있다.

(4) 복수 생산요소의 생산함수: 생산요소의 대체성(substitutability)

지금까지 생산량의 변화가 주로 노동투입 변화에 의해서 이루어지는 경우를 설명하였다. 그런데, 시간이 충분히 주어지면 생산량의 변화는 노동투입량의 변화뿐만 아니라 자본투입량의 변화에 의해서도 이루어진다. 즉, 위의 자영농 생산함수에서 충분한 시간이 주어지면 농기구를 더 늘릴 수 있고, 영농 자동화 시스템을 설치해서 필요한 자본량을 늘릴 수 있다. 이러한 경우는 복수 생산요소의 생산함수로 나타낼 수 있고, 생산함수는 Q=f(L,K)로 쓸 수 있다(여기서 Q=산출량, L=노동, K=자본). 이 생산함수에 의한 만두생산의 예를 들어 설명해보자. 만두 15개를 생산하기 위해서 노동과 자본을 사용할 때 노동량과 자본량 사이의 다양한 조합으로 생산이 가능하다. 노동을 12단위 쓰고, 자본을 6단위 쓰는 방법도 가능하고, 노동을 6단위, 자본 12단위를 쓰는 방법도 가능하다. 또 30개로 생산을 늘리면 노동과 자본을 각각 24단위, 6단위 사용할 수 있고 또는 노동과 자본을 각각 6단위와 24단위로 쓸 수도 있다. 이와 같이 다양한 조합의 노동과 자본 투입과 이에 대응하는 생산량에 관한 자료를 표로 구성하면 아래 〈표 2-2〉와 같다.

〈표 2-2〉 복수 생산요소의 생산함수

		자본량				
		0	6	12	18	24
노동량	0	0	0	0	0	0
	6	0	5	15	25	30
	12	0	15	48	81	96
	18	0	25	81	137	162
	24	0	30	96	162	192

* 표의 셀 안에 표시된 숫자는 생산량을 나타냄.

〈표 2-2〉의 투입요소인 노동량과 자본량에 대응하는 생산량을 그래프로 나타내면 〈그림 2-1〉과 같다. 복수 생산요소의 생산함수는 바가지를 엎어놓은 것 또는 완만한 산과 같은 모양을 하고 있다. 생산함수의 정상에서 북

동쪽 영역, 즉 정상에서 북동쪽으로 내려가는 영역은 경제적인 영역이 아니다. 그 영역에서는 노동과 자본의 투입량을 계속 늘리면 오히려 생산량이 감소하는데, 이것은 투입을 늘리면 산출량이 늘어나거나 최악의 경우에도 현 상태를 유지하는 생산함수의 특성과 맞지 않으므로 생산함수로 간주하지 않는다. 3차원의 생산함수를 2차원의 형태로 나타내면 원점에서 볼록한 우하향의 곡선의 형태가 나타난다. 이 곡선의 이름을 등생산량곡선(Isoquant)이라고 한다. 이 곡선은 이름이 나타내는 바와 같이, 곡선 위의 어느 점에서도 생산량이 같다는 것을 의미한다.

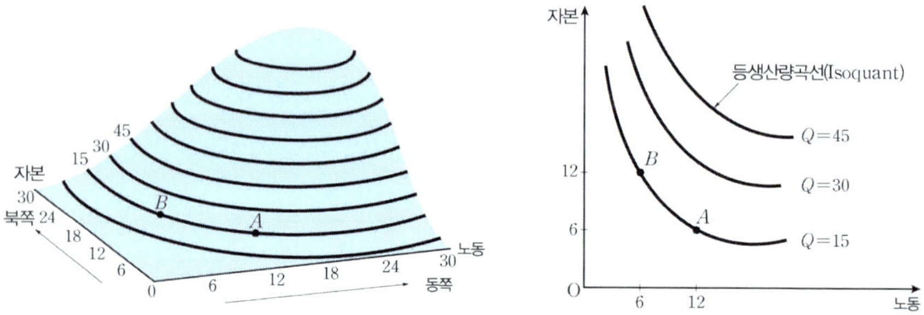

〈그림 2-1〉 복수생산 요소의 생산함수와 등생산량곡선

〈그림 2-1〉의 등생산량곡선(Isoquant) 위의 두 점 A와 B는 동일한 생산량—예를 들면 만두 15개—을 생산하기 위해서 노동 12단위, 자본 6단위(A점)를 사용하거나 또는 노동 6단위, 자본 12단위(B점)를 사용할 수 있음을 나타내고 있다. 이것이 무엇을 의미하는 것일까? A점과 B점에서의 생산양식은 근본적으로 다르다. A점에서는 만두를 주로 손으로 만드는 방법이다. 자본은 가장 기본적인 도구만을 사용한다. 반면에 B점에서는 어느 정도 수동식 기계화가 되어 있어서, 손으로 만두를 만들기 보다는 기계가 만두를 만드는 데 사람이 이 기계를 운영하면서 보조역할을 한다. A점과 B점에서

의 생산 양식은 실제로 만두를 전혀 다른 방법으로 만드는 것이다. 그래서 한 방법(A점)에서 다른 방법(B점)으로 바꾸는 것은 단지 사용하는 생산요소의 양을 달리하는 것뿐만 아니라 서로 다른 기술을 사용하는 것을 의미한다. 이것이 가능하기 위해서는 생산자가 두 기술을 이미 완벽하게 습득하고 있어서 언제든지 한 기술에서 다른 기술로 용이하게 바꿀 수 있다는 것을 전제로 한다. 현재, A, B점 두 개의 경우를 설명하였지만, 등생산량곡선 위에 있는 모든 점들이 각각의 서로 다른 생산기술을 나타내기 때문에 생산자는 등생산량곡선 위에 있는 모든 점에서 생산 가능한 기술을 가지고 있다는 것을 전제해야 한다. 이런 모든 기술사용의 가능성에 대한 전제로부터, 생산자가 필요에 따라 노동을 자본으로 또는 자본을 노동으로 대체하는 것이 언제나 가능하다. 그래서 등생산량곡선 위의 한 점에서의 기울기인 '한계기술대체율(marginal rate of technical substitution)'은 다음과 같이 해석된다. 즉 '한계기술대체율'은 이미 등생산량곡선 위에 있는 모든 점에서의 생산기술을 가지고 있는 상황에서 주어진 생산량을 그대로 유지하면서, 하나의 생산요소(예 노동)의 투입을 늘렸을 때 줄여야 하는(대체해야 하는) 또 다른 생산요소(예 자본)의 양을 의미한다. 그러면 등생산량곡선에서 생산요소들 사이의 대체가능성이 현실적으로 왜 필요하고 중요할까? 생산요소의 대체가 가능하지 않다면 비용을 최소화할 수 있는 기회가 봉쇄되기 때문이다. 예를 들어, 자본재 가격은 계속 하락하는데 노동의 임금이 계속 상승한다고 해보자. 이런 상황에서 비용을 줄이는 방법은 임금이 높은 노동을 가격이 싼 자본으로 대체하는 것이다. 이렇게 되면 똑 같은 생산량을 훨씬 적은 비용으로 생산할 수 있다. 그런데 노동과 자본의 대체가 불가능하다면 비용을 최소화하는 자본과 노동의 조합으로 생산할 수 없다. 현실에서 임금이 올라가면 노동을 자본으로 대체하는 방법으로 공장자동화 또는 사무자동화를 시도하거나 아니면 노동이 싼 개발도상국으로 공장을 이전하는 경우를 목격하는데, 이것이 생산요소를 대체하는 예이다.

지금까지 설명한 것이 신고전학파 생산이론의 골격이다. 이 이론에 문제는 없을까? 이 이론의 가장 큰 문제점은 생산요소 사이의 대체가능성에 관한 부분이다. 생산과정에서 생산요소인 자본과 노동을 대체하는 것은 기술변화를 의미한다. 노동을 자본으로 대체하려고 하면, 조직변화와 생산방법의 변화를 수반한다. 이 모든 변화에 비용이 든다. 또, 자본을 노동으로 대체하는 것은 노동을 자본으로 대체하는 만큼 새로운 기술이 필요하지 않아서 기술적으로 어려운 것은 아니지만, 자본을 처분해야하기 때문에 매몰비용(sunk cost)[1] 이 발생한다. 자본을 처분하지 않고 자본을 유지하는 것이라고 할지라도 이 경우에는 재고비용이 발생한다. 이와 같이 생산요소의 대체에는 전환비용(switching costs)[2] 이 발생한다.

생산요소를 대체할 때 전환비용이 발생한다는 것은 어떤 경제적 의미를 가질까? 이것은 노동을 자본으로 대체하는 것이 제약을 받는다는 것을 의미한다. 전환비용이 아주 큰 경우에는 생산요소의 대체가 가능하지 않는 경우도 발생한다. 따라서 등생산량곡선의 형태도 원점에 볼록한 형태가 아니라 대체가능성이 없는 영역에서 수평 또는 수직선의 형태로 바뀌어야 한다.

신고전학파 생산이론의 또 다른 문제점은 노동의 완전 대체 가능성을 전제한다는 점이다. 노동을 자본으로 대체하는 현실의 예는 무인(無人)공장에

1) 매물비용은 이미 지출한 비용 중 회수할 수 없는 비용이다 (예, 광고비용)
2) 전환비용은 한 제품의 사용에서 다른 제품으로, 한 기술에서 다른 기술로 사용을 바꿀 때 발생하는 비용이다.

서 상품을 만드는 것이다. 생산의 모든 과정을 완전히 기계로 대체하는 현실의 예가 아주 없지는 않지만, 사실 이렇게 완전 무인공장으로 상품을 생산하는 단계까지 기술적으로 발전한 경우가 일반적이지는 않다. 사실, 노동의 완전자본 대체의 이상적인 모형은 식물의 녹말생산 모형이다. 식물의 녹말생산과정을 보면, 과학 원리를 이용해서 생산과정을 완전히 자동화하고 있다는 것을 알 수 있다. 예를 들면, 광합성에 필요한 물은 모세관현상이나 기압차를 이용해서 운반한다. 이와 같이, 식물의 녹말생산에서는 원료의 운반을 인간처럼 노동을 사용하는 것이 아니라 자연의 물리적인 힘을 이용한다. 인간의 생산방식은 원시시대부터 산업혁명을 거쳐 현재에 이르기 까지 모든 생산영역에서 생산요소인 노동을 자본(기계)으로 대체해가는 형태로 진행되고 있지만, 아직 식물의 녹말생산처럼 완전히 자동화된 시스템이 되어 완전자본대체 수준까지 발전한 것은 아니다. 생산요소인 노동을 자본으로 완전하게 대체하기 위해서는 지금보다 더 많은 새로운 과학지식이 발견되고, 그리고 이런 과학지식이 생산방법으로 구현되어야 한다. 생산이 이런 단계에 까지 이르러야지, 신고전학파가 상정한 노동과 자본의 완전대체가 가능한 생산함수의 등생산량곡선이 현실적 의미를 가질 수 있다.

3. 생산비용

2절의 생산함수의 설명에서 상품 또는 서비스의 생산이 무(無)에서 유(有)를 만드는 것이 아니라고 했다. 이것을 다르게 표현하면, 비용을 발생하지 않고는 아무것도 그리고 어떤 것도 생산할 수 없다는 것을 의미한다. 이런 통찰력으로부터, 생산과 비용은 동전의 앞, 뒷면처럼 동일한 물체를 다른 각도에서 보는 것과 같다. 즉, 위에서 설명한 생산함수의 특성과 비용함수의 특성은 방향만 반대이지 성질은 똑 같다. 그렇지만, 교환경제에서 비용은 생산보다 좀 더 포괄적으로 시장(생산요소시장과 상품/서비스 시장)과 연계되어 있고, 생산에 관한 의사결정에 직접적으로 영향을 미치므로 비용을 통해서 생산문제를 살펴보기로 하자.

우선, 비용의 정의부터 내려 보자. 비용은 '지출 한다'는 것을 의미한다. 예를 들어, 생산비용은 생산에 필요한 노동을 고용하고, 자본과 원료를 구입하는 것 등을 포함해서 생산에 들어가는 모든 지출을 의미한다. 생산비용은 다양한 관점에서 이해할 수 있다. 일반적으로 '회계'의 관점에서 보면, 생산비용은 생산을 위해서 지출된 화폐금액의 총합계를 의미한다. 그러나 '선택'의 관점에서 보면, 생산비용은 다른 곳에 지출할 수도 있는 돈을 쓰지 않고 생산을 위해 지출하는 기회비용을 의미한다. 이런 관점에서 보면, 생산비용은 다른 목적으로 사용할 수 있는 "기회를 포기한 가치(the value of sacrificed opportunities)"이기도 하다. 이와 같이 경제학에서 사용하는 생산비용은 기회비용의 개념이 포함되어 있다

생산비용을 '생산의 지속가능성'이라는 관점에서 생각해보는 것도 생산 활동의 본질을 파악하는데 도움이 된다. 이런 과점에서 생산비용을 살펴보자. 기업생산이 중단 없이 지속되기 위해서는 생산비용은 반드시 회수되어야 한다. 생산을 위해서 노동, 자본, 원료가 필요하고, 이러한 생산요소는 생산요소 시장에서 비용을 지불하고서 구입한다. 그런데, 생산요소를 사용해서 만들어 놓은 상품이 시장에서 팔리지 않아서 상품대금이 회수되지 않으면 어떻게 될까? 그러면 추가적인 생산을 위해서 필요한 생산요소를 구입할 자금이 확보되지 않으므로 생산이 중단된다. 따라서 생산물인 상품 또는 서비스

가 시장에서 팔려 생산비용이 바로 바로 회수되어야지, 지속적인 생산이 가능해지고 생산요소와 상품이 시장을 매개로 순조롭게 순환된다. 이론적으로는 이런 순환이 매끄럽게 일어나는 것으로 설명되지만, 현실에서는 순환을 방해하는 적지 않은 제약이 있다. 첫 번째 제약은 상품/서비스에 대한 필요와 그 필요를 수요로 전환시킬 수 있는 소득에 대한 제약이다. 만들어 놓은 상품이 시장에서 팔리기 위해서는 상품에 대한 필요가 있어야 하고, 그 필요를 소비로 연결시킬 수 있는 소비자들의 충분한 소득이 있어야 한다. 그렇지 않으면 상품이 시장에서 팔리지 않는다. "시장이 형성되지 않았다."라는 것은 이 두 가지 조건이 만족되지 않은 경우에 해당된다. 시장이 형성되지 않으면 상품 순환이 원활하게 일어나지 않는다. 둘째, 경쟁에 대한 제약이다. 상품이 시장으로 보내졌을 때 그 상품은 같거나 비슷한 상품을 만나게 된다. 그 상품은 대체재인 상품들과 비교되고 소비자로부터 선택을 받는다. 소비자의 선택기준은 일반적으로 "가격과 품질"이다. 상품의 가격과 품질이 대체할 수 있는 상품보다 못하다면 시장에서 소비자로부터 선택을 받질 못한다. 따라서 상품이 시장에 팔리기 위해서는 그 상품의 가격이 대체재 상품의 가격 보다 높지 않아야하고, 같은 가격이라면 대체상품의 품질보다 낮지 않아야 한다. 셋째, 불확실성으로부터의 제약이다. 불확실성은 생산 외부의 환경변화로부터 온다. 예기치 않는 기후변화로 원료가격이 올라갈 수도 있고, 경쟁자가 예기치 않게 나타날 수도 있고, 공장에서 화재가 날 수 있다. 이런 예기치 않은 일의 발생은 생산비용을 전부 또는 부분적으로 회수하지 못하게 하므로 지속적인 생산에 차질을 빚게 한다. 따라서 이런 불확실성에 대비해서 예비 자금을 준비하거나 보험을 드는 것과 같은 준비를 해야 한다. 이 모든 것이 비용을 발생시킨다. 지금까지, 이런 불확실성은 생산 활동과 독립적으로 발생하는 것으로 무작위 현상으로 간주되었다. 그러나 열역학의 제2법칙은 과거와 현재의 생산이 이러한 불확실성의 정도에 영향을 미친다고 한다(열역학 제2법칙과 불확실성에 대한 설명 〈부록〉 참조). 그렇다면, 불확실성은 시간흐름에 비례해서 적어도 줄어들지 않을 것이고, 그에 따라 불확실성에 따른 비용도 증가한다. 이 비용이 매우 커지면 가격이 올라가게 되어 수요를 제약해서 시장에서 거래가 줄어진다. 상품순환이 제약되고, 생산비용 회수가 어려워진다. 위에서 설명한 세 가지 제약이 모두 해결된다면, 상품은 시장에서 원활하게 순환된다. 그리고 순환 속도가 빨라지면 그에 비례해서 생산과 소비가 늘어나는 것이고, 순환의 속도가 늦어지면 생산과 소비가 줄어들게 된다. 상품 순환의 속도를 결정짓는 요소는 소비자와 생산자의 이익동기(profit incentive)이다. 거래(즉, 소비나 생산)로부터 기대되는 이익에 대한 민감도가 크면 클수록, 또 소비자와 생산자 모두에게 이익에 대한 크기가 크면 클수록 거래가 활발해져서 순환속도가 빨라진다. 반면에, 위에서 설명한 순환에 대한 제약이 크면 클수록 거래로부터 기대되는 이익이 작아져서 순환속도가 낮아지고, 경우에 따라서는 순환이 멈추게 된다.

(1) 비용최소화와 다양한 비용개념 - 총비용, 가변비용, 고정비용, 매몰비용

지속가능한 생산을 위한 두 번째 제약인 경쟁은 기업에게 비용최소화를 강제한다. 그렇게 하지 않으면 기업은 지속적으로 생산이 가능하지 않기 때문에 궁극적으로 공장 문을 닫아야 한다. 기업의 비용 최소화 결정 원리를 이해하기 위해서 먼저 다양한 비용개념을 이해해야 하는데, 하나씩 살펴보기로 한다.

생산과정에서 다양한 필요로 비용이 발생한다. 생산에 들어가는 모든 비용을 화폐로 나타낸 것이 총생산비용(total production costs)이다. 총생산비용 중에서 생산량이 증가하면 생산에 들어가는 원료, 노동, 자본의 사용이 증가하는 것과 비례해서 생산비용이 증가하는데, 이런 비용을 '가변(생산)비용(variable costs)'이라고 한다. 이 범주에는 생산관련 인건비, 원료구입비, 기계구입관련 이자비용, 공장가동을 위한 전기, 수도세 등이 포함된다. 그런데 총생산비용 중에는 생산량이 증가해도 비용이 늘어나지 않는 비용, 즉 생산량과 관계없이 지출하는 비용이 있다. 이런 비용을 '고정(생산)비용(fixed costs)'이라고 하는데 생산을 시작하기 전에 시설을 설치하거나 건물과 시설을 관리하는데 들어가는 비용이다. 이 범주에는 생산을 하기 위해 토지 또는 건물 구입비 또는 임대료, 시설관리비, 보험료, 시설이나 건물의 감가상각비, 연구개발비용이나 광고비용이 포함된다. 그런데 가변비용과 고정비용 개념은 지속적인 생산에 관한 의사결정 하는데 사용된다. 즉, 총생산비용 중에서 적어도 가변비용이 회수될 수 있다면 단기적으로 생산은 지속될 수 있다.

고정비용이나 가변비용과 관련된 또 하나의 개념이 경제학에서 사용하는 '장기(long-run)와 단기(short-run)'의 개념이다. 고정비용의 범주에 들어가는 생산설비는 설치하는데 적지 않은 시간이 든다. 극단적인 예이지만, 전력산업의 경우 발전설비를 설치하는데 3~5년이 들어간다. 전력수요가 갑자기 늘어나도 3~5년 동안에는 기존의 발전소를 가지고 최대의 전력을 생산해야지 그 이상으로 생산을 늘릴 별다른 방법이 없다. 이와 같이, 생산요소 중 생산설비를 생산요소로 사용하는 자본은 고정될 수밖에 없는 데, 이렇게 자본과 같은 생산요소가 고정되어 있어서 생산요소비용이 고정비용으로 처리되는 기간을 단기로 하고, 생산요소의 변동이 가능해서 모든 비용이 가변비용으로 처리되는 기간을 장기라고 한다.

총생산비용은 매몰비용(sunk cost)과 비-매몰비용(non-sunk cost)으로 구분할 수 있다. 생산시설 중에는 토지나 건물처럼 나중에 되팔아서 회수할 수 있는 비용도 있고, 호환이나 재생이 불가능한 기계처럼 다시 되팔려고 하면 원래가치를 거의 잃어버려 회수가 불가능한 비용이 있다. R&D 비용이나 광고비용도 지출하고 나면 회수할 수 없는 비용이다. 이와 같이 일단 비용을 지출하고 난 후에 회수가 불가능한 비용을 '매몰비용(sunk cost)'이라고 하고, 회수할 수 있는 비용을 '비-매몰비용'이라고 한다. 이렇게 회수 가능성의 관점에서 매몰비용을 정의하기도 하지만, 또 결정이 이미 되었는지 여부로 매몰비용과 비-매몰비용으로 구분하기도 한다. 즉, 아직 결정이 되지 않아서 언제라도 취소가 가능해서 비용지출을 피할 수 있으면 비-매몰비용으로 간주한다. 매몰비용은 시장진입과 퇴출을 결정할 때 유용한 개념이다. 고정비용 중 매몰비용이 크면 시장에 진입해서 실패할 경우 손실부분이 크기 때문에 시장진입을 꺼리게 되고, 시장진입 한 이후에도 매몰비용이 크면 퇴출을 결정해야 되는데도 쉽게 퇴출결정을 내리지 못한다. 어떤 업종에서 R&D 지출이 이미 많이 이루어지면 그 업종을 포기하지 못하고 계속 남아 있는 것이 좋은 예이다.

위에서 총생산비용, 가변비용, 고정비용에 대해서 정의를 하였다. 이제 이런 비용들의 특성을 살펴보자.

(2) 총생산비용의 특성

생산계획을 세운다고 해보자. 가장 필요한 정보는 주어진 생산량을 생산하기 위해서 얼마만큼의 비용이 들어갈 것인지에 관한 것이다. 이렇게 생산량에 대응해서 그 생산량을 생산하기 위해서 들어가는 모든 비용을 '총비용(total cost)'이라고 하였다. 그런데, 실증적으로 측정을 해보면 생산량에 따라서 총비용이 변하는데, 그 변화는 두 가지 특성으로 요약할 수 있다. 첫 번째 특성은 생산량이 늘어남에 따라 총비용은 증가한다는 것이다. 모든 생산범위에서 비용을 최소화하면서 생산한다면, 이것은 지극히 당연한 것이다. 생산량이 늘어남에 따라 소요되는 원료, 노동, 자본과 같은 생산(투입)요소가 늘어나기 때문에 총비용이 늘어나는 것은 당연하다. 두 번째 특성은 생산량이 늘어남에 따라 총비용이 늘어나는데 그 증가속도가 생산량에 따라 일정하지 않으며, 특히 일정수준을 벗어난 대용량의 생산부터 증가속도가 가속적으로 늘어난다. 이런 특성이 나타나는 것은 '생산의 수확체감 법칙' 때문이다. 생산(투입)요소인 노동과 자본의 가격인 임금과 이자율이 일정하다고 가정하고, 생산량을 늘려나가기 위해 노동과 자본을 계속투입하면 생산량이 처음에는 늘어나지만 일정 생산범위를 넘어가면 생산이 정체되어서 아무리 노동과 자본을 투입해도 생산이 늘어나지 않는다.

생산의 정체는 부분적으로는 공간의 제약에 따른 병목현상 때문에 발생하는 것이다. 생산요소의 투입 대비 생산량 정체는 비용의 관점에서 보면 '비용체증'으로 나타난다. 이와 같은 특징을 가진 총비용함수를 그래프로 나타내면 〈그림 2-2〉와 같다. 또, 총비용의 특성을 설명할 때 생산투입요소의 가격이 변하지 않는다고 가정했는데, 생산투입요소 가격이 오르거나 내리면 총비용함수가 수직으로 올라가거나 수직으로 내려가는 형태로 이동한다. 〈그림 2-2〉가 이것을 보여준다.

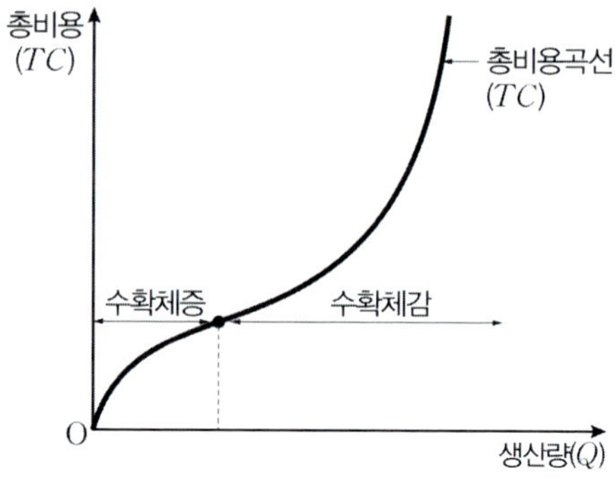

〈그림 2-2〉 총비용함수

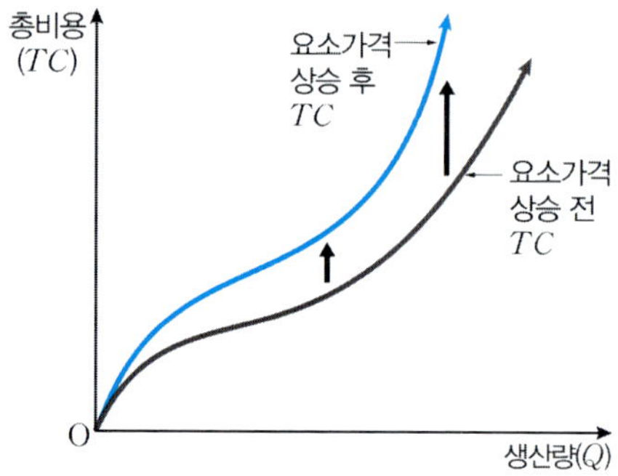

〈그림 2-3〉 생산요소가격변화와 총비용함수

또 총비용을 위에서 설명한 경제학의 장기와 단기 개념을 적용해서 장기 총비용곡선과 단기 총비용곡선의 모양을 그리면 〈그림 2-3〉과 같다. 단기에서는 자본이 고정되어 있기 때문에 생산량이 '0'일 때도 고정비용(F)이 들어가고, 생산량이 늘어남에 따라 늘어나는 총비용은 원료와 노동비용을 포함하는 가변비용이 늘어나는 것에 기인한다. 이 단기 총비용곡선이 〈그림 2-4〉에서 STC로 표기되었다. 장기 총비용곡선은 자본과 노동의 변화가 가능하기 때문에 생산량이 '0'일 때 총비용이 '0'이고, 생산량 변화에 따른 자본비용과 노동비용의 변화가 총비용변화에 포함된다. 장기 총비용곡선은

〈그림 2-4〉에서 STC 밑에 그려진 LTC로 표기된다. 이 그림에서 A점에서 STC와 LTC가 접하고 있다. A점 왼쪽에서 장기 총비용함수가 단기 총비용함수보다 아래에 있는 것은 생산 중에 사용되지 않는 자본(기계), 즉 유휴자본이 있기 때문이고, A점 오른쪽에서 장기 총비용함수가 단기 총비용함수보다 아래에 있는 것은 충분히 활용되지 않는 노동이 있기 때문이다. 장, 단기 총비용함수의 비교로부터 얻을 수 있는 교훈은 생산과정에서 생산요소의 활용여부가 비용최소화에 영향을 미치며, 이런 관점에서 경영자의 능력이 생산비용에 영향을 미친다는 것을 간접적으로 알 수 있다.

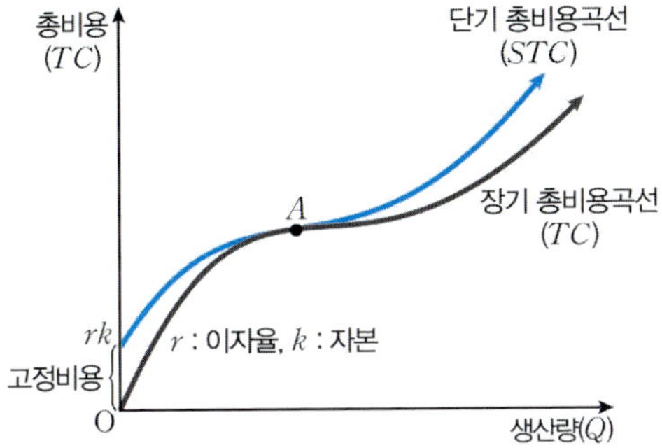

〈그림 2-4〉 장·단기 총비용함수

(3) 평균비용과 한계비용의 개념과 특성

최적 생산결정을 하기 위해서 총비용을 정보로 사용하기에는 불편한 점이 있다. 일상적으로 쉽게 접하는 정보는 상품 한 개 당 가격이고 이에 대응해서 상품 한 개 당 생산비용이 얼마나 드는 것인가를 더 알고 싶어 하기 때문이다. 특히, 총생산비용이 생산량에 따라 변하기 때문에, 생산 확장을 결정할 때 상품 한 단위당 비용이 어떻게 변하는지도 궁금한 정보이다. 그런데 이런 정보는 총비용으로부터 도출할 수 있다. 하나씩 살펴보자.

총비용을 총생산량으로 나누면 상품 한 개 당 생산비용이 계산된다. 이것을 평균(생산)비용(average cost: AC)이라고 하고, 수식으로 표현하면 다음과 같다.

AC(평균비용) = TC(총비용)/Q(총생산량)

그런데, 총비용은 위에서 설명한 고정비용(fixed cost: FC)과 가변비용(variable cost: VC)의 합이기 때문에 평균비용은 다음과 같이도 쓸 수도 있다.

AC(평균비용)=FC/Q(평균 고정비용)+VC/Q(평균 가변비용)

평균비용을 그래프로 나타내면 모양이 〈그림 2-5〉의 형태로 나타난다. 평균비용은 생산량과 총비용에 대한 데이터를 바탕으로 측정하면 U자 모형으로 나타난다(〈그림 2-5〉 참조). 여기서 궁금한 점은 "왜, 평균비용이 이런 모양을 가지는가?"에 관한 것이다. 즉, 그림에서 A점(그래프의 최저점 – 최저평균비용) 왼쪽에서는 생산량이 증가하면 왜 평균비용이 하락하고, A점 오른쪽에서는 생산량이 증가하면 왜 평균비용이 상승하는가에 관한 궁금증이다. 먼저 왼쪽의 모양은 위의 식으로부터 쉽게 이해할 수 있다. 평균고정비용은 생산량이 늘어나면 감소한다. 그 이유는 위에서 설명한 바와 같이 고정비용은 생산량에 관계없이 일정해서, 생산량이 늘어나면 상품 단위 당 고정비용이 감소한다. 반면에 평균가변비용은 생산량이 증가와 함께 늘어나지만 그 정도가 미약하다. 생산량 수준이 낮은 범위에서는 생산수확체증이 나타나서 평균가변비용이 올라가지만 그 정도가 크지는 않다. 반면에 생산량이 늘면서 단위당 고정비용이 크게 떨어지는 비용절감 효과는 크게 나타난다. A점의 왼쪽에서는 후자의 효과가 전자의 효과를 압도하기 때문에 평균비용이 감소한다. 그래서 〈그림 2-5〉에서 평균비용의 A점 왼쪽에서는 평균비용이 우하향하는 모양을 가진다. 물론, 업종에 따라 고정비용의 크기가 다르기 때문에, 철강, 자동차, 통신 등과 같이 고정비용이 큰 산업에서는 평균비용이 하락하는 속도가 커서 곡선의 기울기가 급격하다. 반면에 미용실, 비즈니스 컨설팅 등과 같은 서비스업에서는 고정비용이 작아 평균비용이 하락하는 속도가 완만해서 완만한 기울기의 평균비용을 갖는다. 반면에, A점의 오른쪽에서는 평균비용의 하락을 주도했던 평균고정비용의 하락의 효과가 거의 소진되어서 생산량을 늘려도 평균고정비용이 하락하는 정도가 미미하게 된다. 반면에 이 구간에서는 수확체감의 법칙이 작용해서 비용을 써서 노동과 자본을 늘려도 생산량이 크게 늘지 않아 평균가변비용이 급격하게 증가한다. 평균가변비용이 증가하는 정도가 평균고정비용이 떨어지는 효과를 압도해서 평균비용이 상승한다. 그래서 〈그림 2-5〉에서 평균비용의 A점 오른쪽에서는 평균비용이 우상향하는 모양을 가진다. 이런 모양은 업종에 관계없이 비슷하다.

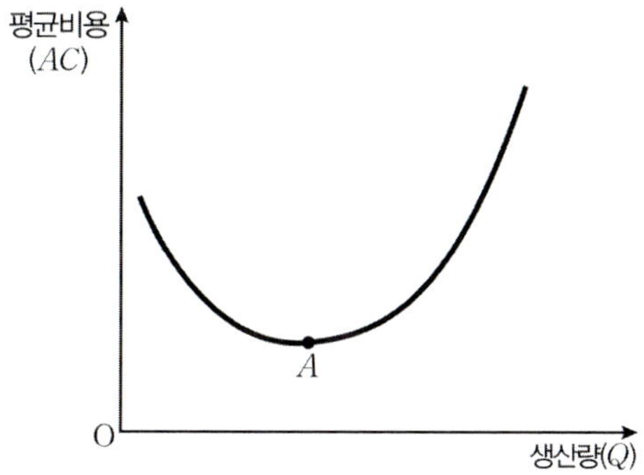

〈그림 2-5〉 평균비용곡선

생산량이 크면 고용해야 하는 근로자도 많아져야 하고, 기업의 크기도 커져야하기 때문에 생산량을 기업의 규모를 가늠 하는 변수로 취급한다. 이렇게 생산량을 (기업)규모로 대체해서, 생산량이 증가함에 따라 평균비용이 떨어지는 현상을 '규모의 경제(economies of scale)'라고 한다. 가격이 고정되어 있다면, 평균비용이 떨어지면 상품 한 단위당 수익(returns)이 증가하기 때문에 이런 현상을 '규모수익체증(increasing returns to scale)'이라고도 한다.

이제 〈그림 2-5〉의 A점의 오른쪽 부분을 설명해보자. 평균비용이 생산량을 늘려감에 따라 올라가는 것은 주로 '수확체감의 법칙' 때문이다. 이미 총비용곡선에서 설명하였듯이, 생산수준이 일정수준 이상으로 늘어나면 아무리 생산요소투입을 늘려도 생산량이 정체되어 있어서 총비용이 급격하게 증가하는데, 늘어나는 생산비용을 정체된 생산량으로 나누면 당연히 평균비용이 커질 수밖에 없다. A점의 오른쪽 부분에서 평균비용이 올라가는 것은 이렇게 생산요소투입 대비 산출되는 생산량의 정체 때문에 일어나는 현상이다. 이런 이유 이외에도, 기업조직관리 측면에서 보면, 기업규모가 커지면 생산요소, 특히 노동자에 대한 감시와 통제가 느슨해지고, 이런 환경을 이용해서 이기적인 노동자가 생산 활동에 열심히 참여하기보다는 개인의 편안함을 추구하기 때문에 생산성이 떨어지게 되는 일이 발생한다. 이런 '도덕적 해이' 때문에 발생하는 비용을 '대리인비용(agent cost)'이라고 하는데, 이 대리인 비용이 규모가 클 때가 규모가 작을 때보다 크기 때문에 A점의 오른쪽에서 평균비용 증가의 원인이 된다는 주장도 있다. 전체적으로, 규모가 커짐에 따라 평균비용이 올라가는 현상을 '규모의 비경제(dis-economies of scale)' 또는 '규모수익체감(decreasing returns to scale)'이라고 한다. 물론, A점처럼 생산량증가해도 평균비용이 변하지 않고 일정할 수 있는데, 이런 경우를 '규모수익불변(constant returns to scale)'이라고 한다.

평균비용에 대한 정보가 기업의 의사결정에 도움이 되는 경우는 다음과 같다. 첫째, 평균비용은 기업의 규모를 결정할 때 필요한 정보이다. 큰 비용이 들어가는 고정설비의 설치는 시간이 걸리기 때문에 기업을 시작할 때 설비규모(즉, 생산규모)를 결정해야 한다. 수요를 충분히 확보할 수 있다고 가정하면, 상품 단위당 최저비용으로 생산할 수 있는 설비수준을 기업규모로 정해야 한다. 〈그림 2-5〉의 평균비용 곡선을 보면 A점이 가장 낮은 평균비용으로 상품을 생산할 수 있는 생산규모이다. 이 A점을 '최소효율규모(minimum efficient scale: MES)'라고 한다. 이와 같이 평균비용 곡선으로부터 얻을 수 있는 '최소효율규모'에 대한 정보가 기업규모에 관한 결정에 사용될 수 있다. 둘째, 평균비용은 시장진입과 퇴출을 결정할 때 필요한 정보이다. 시장 진입 전에 평가한 예상 평균비용이 현재의 시장가격보다 높으면 생산비용을 회수할 수 없으니까 시장진입을 포기해야 한다. 반면에, 예상 평균비용이 현재 시장가격보다 낮으면 일단 이익실현 가능성이 있다고 판단할 수 있다. 그러나 이것이 이익을 보장하는 충분조건은 아니다. 시장에 있는 기존기업(incumbent)이 예상 평균비용보다 더 낮은 평균비용을 가지고 있다면 시장진입 후 가격을 예상 평균비용 보다 더 낮출 가능성을 배제할 수 없다. 물론 이렇게 하는 것이 기존기업의 이익이 되는지는 시장조건에 대한 더 구체적인 정보가 필요하다. 어쨌든, 진입기업의 예상 평균비용이 기존기업의 평균비용보다 높지 않아야 이익을 낼 수 있는 시장진입이 된다. 시장퇴출도 마찬가지로 평균비용과 시장가격의 비교로 결정된다. 장기적으로 예상되는 가격이 현재 평균비용보다 낮게 전망되면 시장퇴출을 결정해야 한다. 셋째, 평균비용은 기업의 가격경쟁력을 가늠하는 정보이다. 손해를 보지 않는다는 조건에서 가격을 낮출 수 있는 최저한계가 평균비용이다. 경쟁기업보다 평균비용이 낮다는 것은 가격을 평균비용까지 낮출 수 있기 때문에 경쟁기업 대비 가격경쟁력을 갖는다는 것을 의미한다. 이와 같이 평균비용은 가격경쟁력을 가늠하는 개념으로 사용할 수 있다.

총비용곡선으로부터 도출되는 또 하나의 유용한 비용개념이 한계비용(marginal cost: MC)이다. 한계비용은 생산량을 한 단위 증가시킴에 따라 늘어나는 총비용의 증가로 측정되고, 이것을 수식으로 다음과 같이 쓸 수 있다.

MC(한계비용)=△TC(총비용변화)/△Q(생산량변화)

한계비용이 단위 생산량변화에 대한 총비용의 변화인데, 이것을 그래프로 표현하면 총비용곡선의 각 지점에서의 기울기를 의미한다. 따라서 한계비용곡선의 모양은 총비용곡선으로부터 도출될 수 있다. 〈그림 2-2〉의 총비용곡선의 각 생산량에서 기울기를 측정하고, 이것을 x축–생산량과 y축–한계

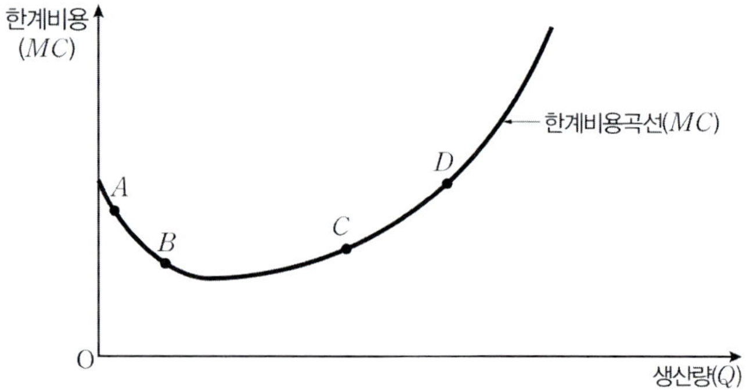

〈그림 2-6〉 한계비용곡선

비용의 좌표에 옮기면 〈그림 2-6〉과 같이 U자 형태의 모양이 나타난다.

한계비용은 기업현장에서 사용되는 개념이 아니다. 그러나 경제학에서는 굉장히 중요한 개념이다. 이 개념이 경제학에서 중요한 이유는 이 개념에 경제학이 전제로 하는 '자원의 희소성' 문제가 포함되어 있기 때문이다. 자원이 희소하기 때문에 무한한 욕망을 최대한 만족시키기 위해서 자원을 효율적으로 사용하고 관리해야 한다. 이렇게 하는 것을 '최적화'한다고 한다. '최적화'를 다르게 표현하면, 최소의 노력으로 최대의 효과를 얻는 것을 말한다. 최대의 효과를 얻기 위해서 찾아야 하는 최소의 노력이 어떤 수준인지를 찾는데 사용하는 개념이 한계비용이다. 한계비용의 활용을 이해하기 위해서, 생산 한 단위를 생산하는데 들어가는 비용과 그 비용을 써서 만든 상품을 팔아서 얻는 수입을 비교해보자. 비용이 수입보다 크면 당연히 생산을 하지 않는다. 그러나 그 반대면 생산으로부터 이익이 있으므로 생산을 한다. 첫 번째 상품생산에 드는 비용이 그 비용으로 만든 생산품의 판매로부터 오는 수입보다 작아서 생산을 했다고 해보자. 두 번째 상품생산을 위해 추가적으로 드는 비용(한계비용)과 그 비용을 써서 만든 상품을 팔아서 얻는 추가적인 수입(한계수입)을 비교해 보니 한계수입이 또 한계비용보다 커서 또 생산을 했다고 해보자. 그리고 세 번째, 네 번째, 다섯 번째, …. 이런 계산을 계속하다 보면 분명히 어떤 생산량에서 한계비용이 한계수입보다 커지는 경우가 발생한다. 그 이유는 한계생산체감의 법칙에 따라 일정 생산량을 넘어서서 생산을 계속하면 총비용이 급격하게 증가해서 한계비용이 크게 증가하고, 또 한계효용체감의 법칙에 따라 상품수요가 계속 늘어나면 상품수요자의 지출하고자 하는 가격이 떨어져서 한계수입이 감소하기 때문이다. 한계비용이 한계수입보다 크면 손해를 보기 때문에 더 이상 생산을 하는 것이 합리적이지 않다. 따라서 생산은 한계비용과 한계수입이 같아지는 생산량에서 중단한다. 첫 번째 생산으로부터 얻은 이익부터 생산으로부터 얻는 이익이 '0'이 되는 생산량까지의 이익을 더하면 총이익이 된다. 이 과정으로부터 총이익이 가장 크게 되는 생산량이 바로 한계비용과 한계수입이 같아지는 생산량이라는 것을 쉽게 이해할 수 있다. 즉, 이 생산량을 넘어서 추가적으로 생산하면 그 생산으로부터 손해가 발생해서 지금까지 축적된 총이익 줄어들기 시작한다. 지금까지의 설명을 일반화시켜서, '한계비용(MC)=한계수입(MR)'을 이익극대화를 위한 생산량 결정조건이라고 한다. 이와 같이, 한계비용은 이익을 최대로 낼 수 있는 생산량을 찾는데 유용하게 사용된다. 지금까지의 설명을 그래프로 나타내면, 〈그림 2-7〉과 같다.

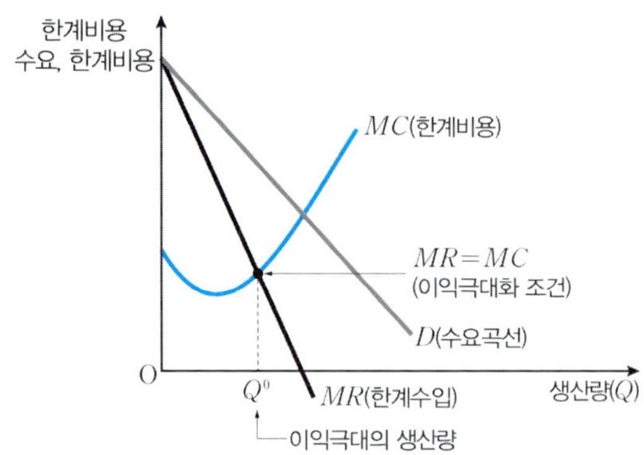

〈그림 2-7〉 한계비용과 이익극대화 조건

지금까지 총비용으로 도출된 평균비용과 한계비용을 설명하였다. 총비용, 평균비용과 한계비용의 도출을 기하학적으로 설명하면 다음과 같다. 평균비용은 원점에서 총비용까지 직선을 긋고, 그 직선의 기울기가 평균비용이고, 한계비용은 위에서 설명하였듯이 총비용곡선 위(A'점)에서의 기울기이다. 이 두 비용의 크기에 대한 관계는 〈그림 2-8〉과 같다.

한계비용이 평균비용보다 낮으면 추가적으로 한 단위 생산하는 데 들어가는 비용이 평균비용보다 낮기 때문에 평균비용 자체를 끌어 내린다. 반대로 한계비용이 평균비용보다 높으면 평균비용을 끌어 올린다. 이와 같은 논리가 〈그림 2-8〉의 그래프에서 한계비용 곡선이 A점(평균비용의 최저점)의 왼쪽에서는 평균비용보다 낮고, 오른쪽에서는 평균비용보다 높은 것으로 나타나고 있다. 물론, 한계비용은 평균비용의 최저점을 통과한다.

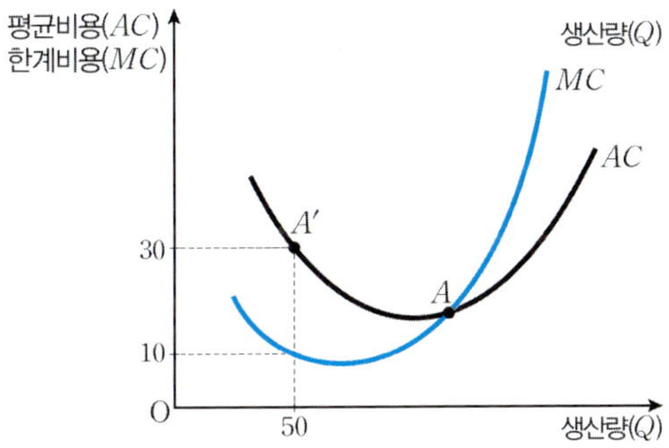

〈그림 2-8〉 한계비용과 평균비용과의 관계

(4) 장기적인 생산비용최소화 – 학습의 경제와 범위의 경제

평균비용과 한계비용을 통해서 기업규모를 최적으로 결정하거나, 최적 생산량을 결정할 수 있음을 알았다. 이외에도, 단기적으로 낭비를 줄이거나 생산투입요소를 적절하게 선택함으로써 생산비용을 줄일 수 있다. 그런데 장기적으로도 생산비용을 줄일 수 있는 방법들이 있다. 하나씩 살펴보기로 한다.

첫째, 학습의 경제(economies of learning)를 통해서 생산비용을 줄일 수 있다. 학습의 경제는 짧지 않은 시간에 걸쳐 생산을 반복적으로 수행하면서 얻은 경험을 통해서 생산비용을 낮추는 것이다. 학습경제가 현장에서 일어나는 일반적인 예는 숙련도가 높아짐에 따라 불량품이 줄어들거나 원가가 절감되는 것이다. 이 예에서와 같이 학습경제는 노동생산성을 증가시킴으로써 평균가변비용을 낮추는 것이다.

학습의 경제를 측정하는 방법으로 학습곡선(learning curve)을 사용한다. 학습곡선은 평균가변비용과 숙련도의 관계를 측정한다. 숙련도로서 일반적으로 축적생산량(cumulative output)을 사용한다. 이 곡선의 경사도[3]는 축적생산량이 두 배로 증가했을 때 처음의 평균가변비용의 몇 퍼센트가 줄어드는 지를 측정 한다. 예컨대 축적생산량이 두 배가 됨에 따라 평균가변비용이 만원이었던 것이 칠천 원으로 떨어지면 학습곡선의 경사도는 70%가 된다. 즉, 30%가 줄어든 것이다. 〈그림 2-9〉에서 보는 바와 같이 학습곡선의 경사도가 급할수록 퍼센트는 낮아진다. 그리고 숙련도가 어느 정도 달성이 되면, 즉 축적생산량이 일정 수준을 넘어서면 축적생산량이 증가해도 더 이상 평균가변비용이 떨어지지 않게 된다. 실증분석에 따르면, 산업마다 차

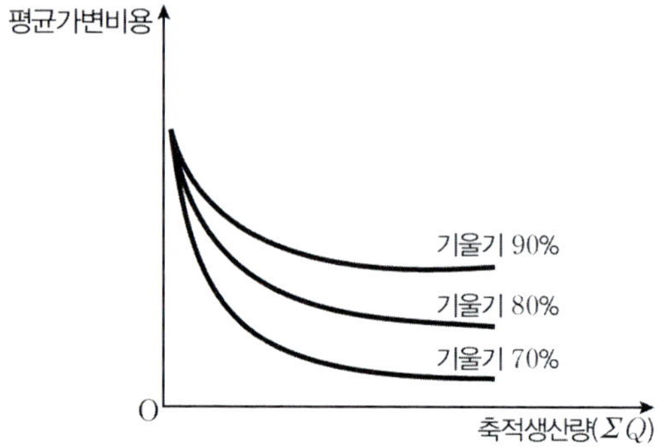

〈그림 2-9〉 학습경제곡선

3) 학습곡선의 경사도=AVC(2Q)/AVC(Q)이다. 여기서 AVC는 평균가변비용, Q는 생산량.

이는 있지만 일반적으로 학습곡선의 경사도가 80% 내외로 수렴하는 경향이 있다.

둘째, 범위의 경제(economies of scope)를 통해서 생산비용을 줄일 수 있다. 지금까지 이해를 돕기 위해 기업이 한 상품을 만드는 것으로 설명하고 있지만, 현실에서는 기업이 여러 종류의 상품을 만드는 것이 일반적이다. 기업이 여러 종류의 다른 상품을 만들 때 생산 공정이 전혀 달라서 생산비용에서 서로 아무런 연관성이 없는 것도 있지만, 생산 공정, 재료, 유통경로 등에서 공통부문이 있어서 여러 종류의 상품을 생산할 때 생산비용이 절감되는 경우도 있다. 범위의 경제는 생산과정에 공통부문이 있어서 서로 다른 종류의 상품을 같이 생산함으로써 단일 상품을 생산할 때보다 생산비용이 떨어지는 것을 의미한다. 이것을 기호를 써서 표현하면 아래와 같다.

$$TC(Q_1,Q_2) < TC(Q_1,0) + TC(0,Q_2)$$
$$TC(Q_1,Q_2) - TC(Q_1,0) < TC(0,Q_2) - TC(0,0)$$

여기서, TC는 총비용, Q_1, Q_2는 1과 2 상품의 생산량, TC(0, 0)=0.

범위의 경제에 대한 수학적 표현은 1과 2 상품을 각각 단독적으로 생산할 때 보다 1과 2 상품을 공동으로 생산하는 것이 1과 2 상품을 각각 생산하는 생산비용보다 더 적게 든다는 것을 보여주고 있다. 생산비용이 적게 드는 것은 이미 설명한 바와 같이 생산 공정 등에서 공통요소가 있기 때문이다. 예를 들면 고추장을 만드는 기업에서 쌈장을 만든다면 생산 공정이 같기 때문에 생산라인을 공유할 수 있어서 생산비용을 절약할 수 있고, 또

고추장이나 쌈장의 유통경로가 거의 같기 때문에 유통비용도 절약할 수 있다. 또 다른 예로는 여객운송을 하고 있는 철도청이 화물운송 서비스를 하게 되면 기존의 객차에 화물칸을 붙이기만 하면 되므로 화물운송만 독립적으로 할 때보다 기관사 임금도 절약할 수 있고, 연료비도 공유하면 되니까 연료비도 절약할 수 있다. 또 기존의 직원과 사무실을 공유할 수 있는 부분이 있어서 판매비용도 절약할 수 있다. 이런 이유 때문에 기업들이 범위의 경제가 있는 상품들에 대해서 복수상품을 생산하는 경우를 보게 된다.

셋째, 생산 공정의 기술혁신(process innovation)이 생산비용을 줄일 수 있다. 생산 공정의 기술혁신은 똑 같은 상품을 만드는데 전과 같은 양의 생산요소를 투입해서 더 많은 상품을 생산하게 하는 방법을 고안하는 것을 의미한다. 이것은 비용 측면에서 보면 똑 같은 상품을 더 적은 생산요소를 투입해서 생산할 수 있기 때문에 생산비용을 절감하는 것을 의미한다. 영국의 산업혁명은 생산 공정에 관한 획기적이고 집단적인 기술혁신이 일어난 것이고, 그 결과 생산비용 절감 또는 생산량의 획기적 증가를 이루어서 소득증가와 삶의 질에서 획기적인 변화를 일어나게 한 것이다. 생산 공정 기술혁신이 동일 양의 상품을 더 적은 양의 생산요소를 사용해서 만드는 것이라고 할 때, 생산 요소 중에 노동을 덜 쓰는 식으로 될 것인가 아니면 자본(기계)을 덜 쓰는 식으로 될 것인가에 따라 노동 절약형 기술혁신 또는 자본 절약형 기술혁신이라고 한다. 선진국 기준으로 보면 지금까지의 생산 공정의 기술혁신은 노동절약형으로 진행되어 왔다. 그 결과 생산과정에서 숙련도(skilled)가 높거나 지식이 높은(knowledged) 노동을 더 수요하게 되어서, 숙련 및 지식노동자와 비숙련 노동자 사이의 임금격차가 확대되어 왔다. 즉 기술혁신의 방향이 소득 양극화에 대한 하나의 원인으로 작용하였다.

〈부록〉

에너지 순환, 열역학 제2법칙과 불확실성

지구 생태계의 유지를 위해서 필요한 에너지가 우주로부터 와서 다시 우주로 돌아가는 에너지의 순환과정이 있다. 즉, 태양의 열에너지가 빛에너지의 형태로 식물에 전달되고, 이것이 식물 안에서 화학에너지로 전환되어 인간과 동물에게 먹이의 형태로 흡수되고, 동물과 인간은 이 화학에너지를 일(운동에너지)로 쓰고 일부는 열에너지의 형태로 우주로 다시 돌려보낸다. 결국 에너지는 우주로부터 와서 다시 우주로 돌아가게 된다. 이것이 에너지 순환구조이다.

우주에서 지구로 또 지구에서 우주로 순환되는 에너지 흐름에는 열역학 제 2법칙이 포함되어 있다. 우주에서 순환되는 에너지 중 지구에서 일어나는 부분을 보자. 의식주 획득 활동을 위해서 사용되는 에너지에 비례해서 외부(우주로)로 열에너지의 방출도 늘어난다. 이 방출된 열은 외부로 흩어져서 무질서한 형태로 퍼져나간다. 마치 잉크방울이 물에 떨어져 퍼져나갈 때처럼 일정한 방향을 가늠할 수 없이 무작위로 퍼져나간다. 열에너지가 이렇게 퍼져나가면 열을 쓰기가 어려워지니까 열효율이 급격히 떨어진다. 그래서 방출된 열은 쓸모없게 된다. 여기서 중요한 점은 물에 퍼져나간 잉크를 다시 수집해서 잉크방울로 만들 수 없는 것처럼 퍼져나간 열을 다시 수집해서 효율이 높은 열에너지로 쓸 수 없다는 것이다. 이런 것을 '비가역성'이라고 한다. 여기서 쓸모 있는 에너지가 쓸모없는 에너지로 되는 정도, 즉 에너지 질(質)의 상태를 '엔트로피'라고 한다. 엔트로피가 낮다는 것은 에너지가 질서 있는 상태로 있어서 에너지효율이 높은 상태를 의미하고, 엔트로피가 높다는 것은 에너지가 무질서 상태로 되어 있어 에너지 효율이 낮은 상태를 의미한다. 이러한 개념을 바탕으로 엔트로피는 다양한 형태로 해석되어 진다.

첫째, 열과 일 사이의 관계라는 관점에서 엔트로피는 '일에 대한 능력'을 나타내는 것으로 해석될 수 있다. 엔트로피가 낮으면 에너지가 질서 있는 상태에 있어서 에너지 효율이 높아 일을 잘 할 수 있는 환경이 된다. 엔트로피가 높으면 그 반대의 환경이 된다. 일상생활에서 머리가 산만하면 일을 집중할 수 없고, 머리가 정돈되어 있으면 집중력을 가지고 일을 잘 할 수 있는 것이 좋은 예이다.

둘째, 정보라는 관점에서 엔트로피는 '정보의 상태' 또는 '정보를 잃어버린 정도'를 나타낸다. 이런 해석의 관점에서 '정보'를 음의 엔트로피 또는 '네겐트로피'라고도 한다. 엔트로피에 대한 이러한 해석은 부연설명이 필요하다. 사물이 존재하고, 그 사물이 어떤 특성을 가지고 있다고 해보자. 그러면 이런 사물의 특성을 어떻게 알 수 있을까? 일반적으로, 관찰이나 측정을 통해서 알 수 있다. 사물의 특성에 대한 정보는 이렇게 관찰과 측정을 통해서 얻어진다. 그런데 이런 정보의 획득, 처리, 삭제 등 정보와 관련된 모든 문제들이 엔트로피와 관련성을 가진다. 엔트로피가 높아서 물질세계의 환경이 무질서한 상태에 있으면 사물에 대한 관찰과 측정이 부정확해지거나 어려워진다. 정보의 처리도 마찬가지이다. 경제학적으로 이야기하면, 엔트로피가 높아지면 정보획득 및 처리비용이 급격하게 증가한다는 것을 의미한다. 그래서 정보를 얻는 것이 이론적으로 불가능하지는 않지만 현실적으로 실현 가능성이 현저하게 낮아진다. 이렇게 엔트로피가 증가해서 정보를 잃어버리게 되면, 물질세계는 '확실성'에서 '불확실성'의 세계로 점점 바뀌게 된다. 이렇게 되면, 자연과 사물에 대한 해석은 통계적으로, 즉 확률로 할 수밖에 없게 된다. 물리학에서 통계역학이나 경제학에서 통계학이 점점 중요하게 되는 이유이기도 하다. 또한, 엔트로피가 높아져서 정보를 잃게 되면(즉, 불확실성이 존재하면), 에너지를 이용해서 일을 할 때 에너지를 100퍼센트 활용하지 못하기 때문에 일 효율이 떨어지게 된다. 경제에서 불확실성이 커질 때 성장률이 떨어지는 이유도 같은 이치이다.

■ 참고문헌

브라이언 아서, "복잡계 경제학1", 평범사, 1998.

3장 시장경쟁과 생물학의 생존경쟁

1. 개관 – 공감능력과 절제된 경쟁

> 아무리 인간이 이기적이더라도 인간의 본성에는 다른 사람의 행운과 불행에 관심을 갖게 하고 비록 다른 사람의 행복을 보는 즐거움을 누리는 것을 제외하면 얻는 것이 전혀 없음에도 불구하고 다름 사람의 행복을 원하는 감정이 있다는 것은 명백하다. 이런 감정이 정(pity) 또는 측은지심(compassion)이다. 우리는 다른 사람의 비참함을 볼 때 또는 아주 생생한 방법으로 그것을 상상할 때 우리는 그들에게 연민의 정과 측은지심을 갖는다. 다른 사람의 슬픔으로부터 우리가 슬픔을 느낀다는 사실은 너무나 명백한 사실의 문제이기 때문에 그것을 증명하기 위해 어떤 증거도 제시할 필요가 없다. 인간 본성의 다른 본질적인 감정(passion)과 마찬가지로 이러한 감정(sentiment)은 덕이 많고 자비심이 깊은 사람만이 가지고 있는 것은 아니다. 물론 덕이 많고 자비심이 깊은 사람은 아주 민감하게 이러한 감정을 느낄 수 있다고 할지라고, 가장 포악한 사람, 사회의 모든 법을 극단적으로 어기는 범법자도 이러한 감정을 가지고 있다.
>
> 〈Adam Smith(1759), 도덕감정론〉

이 글은 아담 스미스가 국부론을 출간하기 17년 전에 출간한 도덕감정론의 초반부에 나오는 내용이다. 그가 국부론에서 인간의 이기심에 바탕을 둔 자유로운 경쟁이 사회에 이익을 가져온다는 주장을 펴기 전에 인간이 이기심과 같은 본성이외에도 연민과 동정심과 같은 본성도 함께 가지고 있다고 주장한 글이다. 위의 글에 따르면 인간은 이기심을 가지고 자신의 이익을 추구하는 동시에 타인의 운명이나 처지에 관심을 가지고 그것에 대해서 어떠한 감정을 가진다는 것이다. 아담 스미스는 인간이 다른 사람의 감정을 느낄 수 있는 능력을 공감(sympathy or empathy)이라고 하였다. 그렇다면 인간이 이기심과 공감능력을 모두 소유하고 있다면, 이기심에 바탕을 둔 경쟁은 어떠한 형태가 될까? 아마도, 경쟁의 결과로 타인의 불행해지는 것에 전혀 개의치 않는 무자비하고 냉혈적인 이기심으로 경쟁을 하지 않을 것으로 추측된다. 즉, 자신의 이기심의 추구가 타인의 공감을 얻지 못하는 것이라면 그런 행동은 자제할 것이기 때문이다. 따라서 시장에서 행해지는 경쟁은 자신의 이익을 위한 무자비한 경쟁이기 보다는 타인으로부터 공감을 얻을 수 있는 절제된 경쟁일 가능성이 크다. 3장에서는 '경쟁'은 약육강식의 '피도 눈물도 없는' 무자비한 경쟁이기 보다는 타인의 공감을 전제하는 절제된 경쟁일 가능성을 염두에 두고 논의를 진행한다.

2. 시장의 기능과 자원배분의 효율성

1장과 2장에서 소비와 생산에 대해서 설명하였다. 소비와 생산이 일어나는 동기를 보면, 소비자는 필요나 욕망를 해결함으로써 만족감을 얻기 위해 소비를 하고, 생산자는 이익을 얻기 위해서 생산을 한다. 소비자든 생산자든 모두 자기 이익(self interests)을 위해서 소비와 생산 활동을 한다. 그래서 경제활동은 '자기이익 동기'를 빼고서는 설명이 되지 않는다. 그런데 소비가 실현되기 위해서 또는 지속적인 생산이 이루어지기 위해서는 소비자와 생산자가 서로 만나야 된다. 이렇게 소비자와 생산자가 만나는 곳을 시장으로 인식하고 있다. 그래서 전통적으로 시장이라고 하면 남대문시장, 방산시장과 같이 구체적인 '장소(場所)'를 떠 올린다. 물론, 상품시장과 같이 구체적인 장소도 시장에 포함되지만, 온라인 쇼핑몰, 홈쇼핑 등과 같이 소비자와 생산자가 구체적인 장소에서 만나지 않지만 소비자와 생산자가 가상공간에서 만나는 것도 시장에 포함된다. 특히, 선물, 외환과 같은 금융상품을 매매하는 금융시장이나 인력채용, 헤드헌터와 같은 노동을 매매하는 노동시장은 구체적인 장소가 아닌 경우가 많다. 시장은 이와 같이 장소라는 개념도 있지만 제도(institution)라는 다른 개념도 있다.

시장에서 소비자와 생산자가 만나는데 소비자가 1명이고 생산자의 다수인 경우(수요독점(monopsony))도 있고, 생산자가 1명이고 소비자가 다수인 경우(생산독점(monopoly))도 있다. 그러나 이런 경우는 매우 특수한 경우이고 아주 많은 소비자와 다소 많은 생산자가 시장에서 만나는 것이 일반적이다. 다수의 소비자와 다수의 생산자가 필요와 욕망의 해결이나 판매를 통한 이익실현과 같은 구체적인 목적을 가지고 만날 때 만남은 두 가지 과정으로 일어난다. 하나의 과정은 수적으로 더 많은 소비자가 주도적으로 자기의 필요와 욕망을 해결해 줄 생산자를 찾는 것이다. 물론 소비자에 의한 생산자 선택의 기준은 자기 이익(self interests)을 극대화하는 것이다. 이러한 소비자의 선택과정이 생산자들 사이에 경쟁을 하도록 유인한다. 가격을 터무니없이 올리지 못하도록 하고, 비용을 낮추어서 가격경쟁력을 갖추도록 한다. 또 이런 선택과정이 소비자 스스로의 필요(또는 욕망)에 대한 주관적 가치와 그것 채워줄 수단(상품)의 객관적 가치(가격)를 비교하게 함으로써 소비자의 희소한 자원(돈)을 낭비하지 않도록 한다. 시장 전체적으로 보면, 생산자의 상품이 그 상품에 대한 주관적 가치가 높은 소비자, 즉 그 상품에 대한 필요가 가장 큰 사람들에게 팔림으로써, 희소한 자원인 상품이 그것을 가장 원하는 사람에게 돌아가게 한다. 시장에서 자원이 이런 식으로 배분되는 것을 "자원배분의 효율성"이라고 하고, 아담 스미스는 시장의 '보지지 않는 손

(invisible hand)'이 이런 역할을 담당한다고 하였다.

또 다른 과정은 소비자가 거래를 할 생산자를 선택하는 과정이 이루어진 다음에 일어나는 것으로 소비자와 생산자가 '흥정'을 하는 과정이다. 신고전학파 경제이론에서는 기본적으로 소비자와 생산자의 거래를 한 장소에서 한 번 거래하는 경매거래(spot transaction)를 전제한다. 그래서 '흥정'이라는 단계를 생략한다. 그러나 지속적인 거래를 하는 경우에는 말할 것도 없고 한 번의 거래를 하는 경우에도 '흥정'의 과정이 포함되기도 한다. 이렇게 거래에 '흥정'이 포함되면 거래비용이 발생한다. 흥정과 함께 수반되는 소비자와 생산자의 거래에 '거래비용(transaction costs)'이 지나치게 높으면 거래자체를 회피하고, 소비자(또는 생산자)가 필요한 것을 직접 생산하는 경우도 발생한다. 노벨 경제학상 수상자인 R. Coase가 이런 내용을 1937년에 "The Nature of the Firm"이라는 제목으로 논문을 발표한 이래 '거래비용학파'가 형성되어, 관련 이론을 발전시키고 있다.

다수의 소비자와 다수의 생산자가 '소비자 선택'과 '흥정'을 거쳐서 이루어진 각각의 거래에 서 같은 상품들에 대해서 합의된 가격들이 서로 같지 않을 가능성이 있다. 시장에 이렇게 같은 상품에 대해서 서로 다른 가격들이 존재할까? 아담 스미스는 그의 책 '국부론'에서 물리학에서 사용하는 '평형(balance)'이라는 개념을 차용해서 생필품의 경우 소위 '자연가격(natural price)'이라는 중심가격으로 가격들이 수렴한다고 설명한다. 이런 현상을 시장에서 같은 상품에 대해서는 한 가지 가격(자연가격)만 존재한다는 '일물일가의 법칙'으로 설명한다. 이렇게 되는 이유는 생산자들이 파는 상품의 질이 같다면, '선택과 흥정'으로 결정한 가격이 이웃 생산자의 가격보다 비싸다면 그 결정을 취소할 것이므로, 가격은 생산자들과 소비자들 사이에 흥정된 가격들 중에서 가장 낮은 가격으로 수렴한다. 이렇게 수렴된 가격보다 더 낮은 가격이 없으면 소비자들도 이 가격 보다 높은 그 밖의 가격으로 갈 유인(incentive)도 없고, 생산자들도 이 가격에서 벗어나면 판매를 전혀 하지 못하므로 가격을 벗어날 유인이 없다. 따라서 시장에서 가격들이 이 가격으로 안정적으로 안착한다. 경제학에서는 이 가격을 '균형가격'(equilibrium price)이라고 한다. 경제학에서는 균형(equilibrium)에 도달하는 과정보다는 시장에서 '균형'이 도달된 상태를 분석한다.

요약하면, 시장은 수요와 공급이 만나는 곳이고, 희소한 자원인 상품이 가장 필요한 사람에게 공급되는 효율적 '자원배분 시스템'을 의미한다. 경쟁이 이런 자원배분을 가능하게 하는 수단이라는 의미에서 시장은 때때로 경쟁의 동의어로 쓰이고, 또 시장은 자원배분방법의 동의어로도 쓰인다. '시장주의'란 말은 정부나 개인이 자원배분을 결정하는 것에 반대되는 개념으로 시장이 자원배분을 결정하게 한다는 것을 의미한다.

3. 다윈의 진화론 – 자연선택과 생물학의 생존경쟁

1859년 11월 24일 다윈(Darwin)은 "자연선택에 의한 종의 기원에 대해"라는 책을 출간하였다. 이 책은 인류의 사고방식에 결정적인 영향을 미친 고전 중에 하나이다. 그런데 이 책에서 주장하는 진화론의 핵심이 되는 개념인 '자연선택', '적자생존', '생존경쟁'은 경제학에서 같은 종류의 상품을 만드는 기업들이 시장에서 경쟁하는 것과 비슷하게 종(species)이나 개체 사이의 경쟁을 함축하고 있다. 이런 진화론의 주장을 계승한 진화생물학(evolutionary biology)의 몇몇 개념은 경제학, 특히 게임이론에서도 차용하고 있다. 진화생물학에서 진화와 관련된 동물의 행동을 게임이론으로 분석하는 내용은 다음과 같다. 동물의 세포에 내장(hardwired)되어 있는 유전자들이 '생존'을 목표로 하는 전략을 가지고 있다. 각 유전자들이 선택한 전략의 결과로 어떤 동물들은 생존해서 성장하고, 어떤 동물들은 사라진다. 살아남아서 생존한 동물들이 안정적으로 주류를 형성한다. 이렇게 형성된 균형을 진화적으로 안정적인 균형(evolutionary stable equilibrium)이라고 한다. 그러다가 어느 시점에 또 소수의 돌연변이 유전자가 등장해서 생존전략을 가지고 기존 유전자의 전략과 경쟁해서 돌연변이 유전자의 전략이 승리해서 안정적으로 생존해나간다. 생물의 종은 이런 식으로 진화를 이루어 나간다.

진화생물학이 같은 종류의 동물들 사이의 생존경쟁을 게임이론으로 분석한 결론과 경제학의 경쟁과 비교했을 때 다음과 같은 차이점을 발견할 수 있다. 첫째, 진화적으로 안정적 균형, 즉 자연이 선택한 균형이 반드시 효율적이거나 바람직한 것은 아니다(물론, 경제학의 균형도 죄수의 고민균형(prisoners' dilemma equilibrium)과 같이 비효율적인 균형도 있지만, 경제학 균형은 대부분 효율적인 균형이다). 예를 들어보자. 개미들이 부락을 형성해서 거주하고 있는데, 외부에서 침입을 하면 함께 협력해서 끝까지 싸우는 전략을 가진 선한 유전자의 개미가 있고, 어느 수준까지 눈치를 보며 싸우는 척하다가 도망가는 전략을 가진 기회주진 유전자의 개미가 있다고 해보자. 외부의 침입이 있을 때, 선한 전략을 쓰는 개미는 싸우다 전멸해서 사라지고, 도망간 기회주의 전략의 개미만 살아남게 된다. 이것이 진화적으로 안정적인 균형이 되는데, 이기적인 유전자를 가진 개미가 힘을 합해서 싸우면 둘 다 생존할 가능성이 있다는 점에서 이런 균형은 효율적이지도 않고 바람직하지도 않은 진화균형이다. 둘째, 진화적으로 안정적인 균형은 상당히 많은 경우에 다중균형(multiple equilibria)으로 나타난다. 예를 들어보자. 코끼리바다표범의 짝짓기의 다중균형에 관한 것이다. 코끼리바다표범 중에 몸집이 매우 큰 코끼리바다표범이 자기보다 작거나 힘이 약한 코끼리바다표범을 모두 쫓아내고 여러 명의 암컷들과 짝짓기를 하는 일부다처제의 짝짓기가 처음에는 진화적으로 안정적인 균형으로 자리 잡는다. 그런데 시간 좀 지나면 일부다처제의 짝짓기가 유일한 균형이 아닌 것으로 드러난다. 수컷 코끼리바다표범 중에서 몸짓이 작고 암컷을 닮은 코끼리바다표범이 몰래 암컷 사이로 들어온다. 그리고 수컷 중 두목 코끼리바다표범은 이 침입자를 구별하지 못한다. 그리고 이 침입자가 몇몇의 암컷들과 들키지 않고 짝짓기를 하는데, 암컷 코끼리바다표범이 이것을 원하기 때문에 이런 짝짓기도 들키지 않고 안정적으로 정착되는 균형으로 존재한다. 이와 같이 코끼리바다표범의 짝짓기는 유일한 균형이 아니라 여러 개의 균형이 동시에 존재한다. 이와 같은 예는 생물의 종이 진화를 하더라도 단지 하나의 방향이 아니라 다양한 방향으로 진화를 한다는 것을 의미한다.

다윈의 '자연선택'이나 '생존경쟁'은 경쟁의 단위가 '종'이나 '개체'이다. 다른 종이나 개체 사이는 종의 적자생존이나 공동의 진화를 위해 '상호의존적 관계'를 유지하면서 협력해 나간다. 심지어는 포식자와 피포식자의 관계에서도 포식자는 먹이 중에서 가장 작고 약하거나 병든 개체를 잡아먹음으로써 피포식자로 하여금 잘 적응한 것만 살아남아 번식할 수 있도록 한다. 이렇게 개체수준에서는 경쟁을 하지만 서로 다른 개체들 수준에서는 협력을 한다. 이러한 예로 다음과 같은 것이 있다. 분홍조류가 산호초를 은신처로 삼아 보호를 받으며 살아가는데, 분홍조류는 석회질을 뿜어내어 산호초가 바다 밑에 단단히 붙어있도록 하는데 도움을 준다. 또 멍게에는 미세한 생물인 네프로마이세스가 붙어사는데, 이 것 안에 사는 특별한 세균이 멍게가 질소를 재활용하는 데 도움을 준다. 이와 같이 같은 개체들 사이에는 경쟁관계이지만 서로 다른 개체들 사이에는 상호의존적인 협력관계를 형성하면서 공동체를 이루어나가는 것을 '생태계'라고 한다. 이런 생태계의 가장 큰 특징은 협력관계에서 하부를 차지하는 약한 동물이 강한동물보다 생산성이 높아서 번식률이 높다. 그래서 강한 동물이 약한 동물을 먹이로 삼거나 해치는 약육강식이 일어나도 자연생태계는 균형을 유지한다.

다윈이 경제학자인 맬더스의 인구론을 읽고 진화론에 대한 통찰력을 얻었듯이, 지금은 경제학이 생물학의 진화론으로부터 통찰력을 얻고 있다. 생물학의 경쟁이 경제학에 통찰력을 주는 부분은 다음과 같다.

첫째, 경제학에서는 R&D 또는 특허경쟁(patent race), 표준화 경쟁 등과 같은 동태적인 경쟁모형이 논의되고 있지만, 일반적으로 경쟁은 정태적인 특성으로 논의되고 있다. 즉, 경제학에서는 경쟁과정이 얼마나 길던지 상관없이 경쟁 결과는 가장 낮은 생산비용의 기업이 생존하거나, 높은 품질 또는 차별된 상품을 가진 하나 또는 소수의 기업들이 살아남는다. 그 다음의 경쟁결과, 예컨대 새로운 기업들이 또 시장에 진입해서 기존의 기업들과 경쟁을 벌인 다음의 결과가 그 전에 일어났던 경쟁결과와 어떻게 다른지, 또는 어떤 관련성을 가지는지에 대한 설명이 존재하지 않는다. 한 경쟁 후에 시작하는 또 다른 경쟁은 독립된 사건으로 취급한다. 그러나 생물학의 경쟁은 분석이 정태적이었다고 하더라도 경쟁결과는 계속적인 생태계의 진화라는 방향성을 가지고 있다. 즉 생물학의 경쟁은 동태적인 함의를 포함하고 있다. 생물학의 이런 경쟁 결과는 사실 경제 현실에서 일어나는 상품경쟁 결과와 크게 다르지 않다. 그럼에도 불구하고, 경제학의 경쟁에서 상품의 진화라는 개념을 경쟁과정에 포함시키지 못했던 이유는 상품의 진화를 일으키는 기술혁신을 내생화시키지 못하고, 외생적으로 취급했기 때문이다. 이런 부분은 생물학의 도움으로 이론적으로 더 발전시킬 수 있는 부분이다.

둘째, 생물학 경쟁의 또 다른 영향인 다중균형은 경제학에서 그 동안 다루지 못했던 분야이지만, 게임이론의 도입으로 현재 이론적으로 많은 발전을 이루고 있다. 특히 사회관습의 형성에 대해서 의미 있는 연구결과들이 나오고 있다.

셋째, 생태계에서의 경쟁과 협력은 약한 동물 집단의 높은 생산성과 건강성을 전제로 한다. 그렇지 않으면 생태계 전체의 균형이 이루어지지 않는다. 이렇게 생태계가 균형을 이루기 위해서는 생태계 자체가 다른 개체들 사이에 교류와 협력을 용인하는 개방성을 가져야 한다. 그런데 기업의 생태계는 생산의 수직적 관계에서 강한 기업이 약한 기업을 지배하면서 강한기업의 생산성을 높이고 약한 기업의 생산성을 지속적으로 낮춰서 약한 기업이 장기적으로 존립기반을 잃어버리게 만드는 경우가 적지 않다. 이렇게 되면 궁극적으로 기업생태계[1] 자체가 붕괴할 수 있다. 이런 부분은 자연과 시장이 다르게 작동하는 것으로서 정부의 개입이 필요한 부분이다. 경쟁과 협력에 관련된 부분은 생물학의 통찰력을 바탕으로 경제학에서 연구가 더 되어야

1) 기업생태계라는 용어는 1993년 제임스 무가 처음으로 사용하였다.

할 분야이다.

4. 완전 경쟁시장과 경쟁의 효용성

인간이 교환이라는 아이디어를 생각해내고, 교환을 매개하는 장소로서 시장이 생긴 이후 시장에서 경쟁은 일상적인 일이 되었다. 그리고 경쟁을 경제학의 핵심적인 개념으로 사용한 것도 생물학의 생존경쟁 개념보다 훨씬 전의 일이다. 아담 스미스가 1776년에 출간한 국부론에서 사용한 경쟁의 개념은 당시 중상주의 아래서 전횡을 일삼던 상업자본의 독점 권력을 견제하는 수단으로 제시되었다. 그 이후 경제학에서 경쟁은 규범적으로 '선'으로 간주되었고, 실제로 공동체의 후생을 극대화하는 수단으로 인식되었다. 완전한 경쟁을 전제로 한 완전경쟁시장 모형은 1930년대에 완성되었는데, 모형에서 사용한 완전경쟁시장의 특징은 아래와 같다.

첫 번째 특징은 시장 참여자인 소비자와 생산자(기업)의 수가 너무 많아서 어떤 소비자나 생산자도 시장에 영향을 전혀 미치지 못한다. 감자시장을 예로 들어보자. 2010년 이후에 시장에서 거래된 감자의 총거래량은 연간 등락이 있지만 약 3억 3천만 톤 내외이다. 하루에 감자 100킬로그램을 소비하는 감자음식점의 수요나 평창에서 감자농사로 1 톤을 생산하는 감자농가나 모두 감자의 총 거래량과 비교해서 너무나 미미해서 이들이 감자시장에 들어오든 나가든 감자시장, 즉 감자가격에 영향을 미치지 못한다. 가격에 영향을 미치지 못한다는 것은 소비자도 시장에서 형성된 가격을 받아들이는 수밖에 없고, 생산자도 시장에 형성된 가격에 파는 수밖에 없다. 시장에서 소비자나 생산자의 결정은 주어진 가격을 받아들이느냐 마느냐에 관한 것만 있을 뿐이다. 이런 관점에서 완전경쟁에 참여하는 소비자들은 소비자들 사이에서, 생산자는 생산자들 사이에서 서로 상호작용은 없다.

두 번째 특징은 생산자들이 동일한 상품을 생산한다. 그래서 소비자들은 생산자들의 상품들을 똑같은 상품으로 인식한다. 상품들이 서로 완전히 같은 것을 완전대체재(perfect substitutes)라고 한다. 상품들이 같다면 소비자의 입장에서는 생산자를 구별할 필요가 없다.

세 번째 특징은 생산자들의 상품이 질적으로 동일하다는 것을 알고 있는 상태에서 소비자들은 생산자들의 상품가격에 대한 정보를 완전하게 알고 있다. 이것을 소비자가 상품 가격에 대해서 완전정보(perfect information)를 가지고 있다고 한다.

네 번째 특징은 잠재적 생산자들이 시장으로의 진입과 생산자들의 시장으로부터 퇴출이 자유롭다. 이것은 생산에 필요한 생산요소-원료, 노동, 자본, 기술, 자금에 대한 자유로운 시장접근이 보장되어 있다는 것을 의미한다. 다시 말해서, 다른 상품시장, 노동시장, 자본시장, 기술시장, 금융시장이 존재하고 그러한 시장들도 경쟁시장이라는 것을 의미한다.

위의 네 가지 특징을 모두 만족시키는 시장이 '완전경쟁시장(perfectly competitive market)이다. 그런데, 상식적으로 생각해 보면, 완정경쟁시장에 근접한 시장은 혹시 있을지도 모르겠지만 이런 시장이 현실에 존재할 것 같지는 않다. 그럼에도 불구하고 이런 모형을 설정한 것은 '경쟁'이 소비와 생산에 어떻게 작용하고, 어떤 결과를 가져오는가를 분석하기 위한 것이다. 이런 목적을 위해서 완전시장의 경쟁과정을 묘사해보자. 만두를 만드는 기업들의 평균생산비용이 하나의 확률분포를 이룬다고 해보자. 즉, 만두 하나에 100원에 만드는 기업이 수십 개, 101원에 만드는 기업이 수십 개, …, 120원에 만드는 기업이 수백 개, 122원에 만드는 기업 수십 개 등등이 있다고 할 수 있다. 기업들이 원료, 기술, 자본에 자유롭게 접근이 가능함에도 불구하고, 평균비용이 차이가 나는 것은 경험의 차이나 경영진의 경영능력의 차이 때문이라고 가정한다. 그리고 이들 기업들이 처음에 스스로 가격을 정한다고 해보자. 그러면, 각 기업들은 평균비용에 약간의 마진을 붙여 가격을 정한다. 그런데 완전경쟁시장의 세 번째 특징인 소비자 완전정보에 따라 기업들의 가격정보를 모두 알고 있는 소비자는 가장 낮은 가격의 기업들에게 몰릴 것이고, 가장 낮은 가격보다 높은 가격을 정한 기업들은 단 한 개의 만두도 팔 수 없게 된다. 기업들이 가격을 평균비용 보다 더 낮춘다는 것은 손해를 감수하는 것이기 때문에, 기존에 형성된 가장 낮은 가격보다 평균비용이 높은 기업들은 시장퇴출을 결정해야 한다. 이제 가격이 가장 낮은 그룹의 기업들 중에서 어떤 기업이 가격을 조금 낮추었다고 해보자. 그러면 이 기업은 만두수요를 모두 가져가고, 나머지 기업들은 한 개도 팔 수 없다. 따라서 나머지 기업들도 가격을 낮추어야 한다. 이렇게 가격을 낮추어가는 과정이 완전경쟁시장의 가격경쟁과정이고, 결국은 경쟁에서 살아남은 기업들은 가격을 평균비용까지 낮추게 된다. 어떤 기업도 가격을 평균비용 이하로 낮추면 손해가 나기 때문에 그렇게 하지 않는다. 동시에 어떤 기업도 가격을 평균비용 이상으로 높이면 한 개의 만두도 팔지 못하므로 그렇게 하지 않는다. 어떤 기업도 가격을 정확하게 평균비용에 정하면 그것으로부터 이탈하고 싶은 유인이 없기 때문에 "가격(P)=평균비용(AC)"에서 완전경쟁시장에서 균형(equilibrium)이 이루어진다. 이렇게, 기업들 사이의 경쟁 과정을 보면 기업들이 가능한 한 낮은 평균비용으로 가격이 수렴된다는 것을 알 수 있다. 따라서 기업들은 생산규모(생산량)를 평균비용을 가장 낮게 하는 수준에서 결정한다. 2장에서 평균비용과 한계비용 사이의 관계에서 이미 살펴보았듯이 가장 낮은 수준의 평균비용에서 평균비용과 한계비용이 같게 된다. 이러한 관계를 이용하면 완전경쟁시장의 균형에서 가격, 평균비용, 한계비용이 모두 같게 된다. 즉, 가격(P)=평균비용(AC)=한계비용(MC)이 된다.

지금까지 묘사한 경쟁과정을 통해 이루어지는 시장균형은 이해를 돕기 위해 경쟁이 긴 시간에 걸쳐 순차적으로 이루어지는 것처럼 되어 있지만, 완전정보라는 가정에서는 논리적으로 시장균형이 단 번에 이루어진다. 그 이유는 기업과 소비자가 생산비용, 가격, 상품의 품질 등에 대해서 완전정보를 가지고 있다면, 그들은 시장에서 형성되는 균형가격을 미리 알고 있기 때문이다. 소비자들이 가장 낮은 가격을 파는 기업들에 대한 정보를 알고 있고, 그들은 그 가격으로 상품을 사기위해서 대기를 하고 있다. 이러한 소비자들이 다수이기 때문에 이 가격에서 수요는 얼마든지 있다. 기업은 자기의 평균비용이 기업들 중 가장 낮은 평균비용보다 높으면 살아남을 수 없기 때문에 이런 기업들은 경쟁을 시작하기 전에 시장을 떠난다. 그리고 가장 낮은 평균비용으로 생산하는 기업은 그 평균비용과 일치하는 가격에서 얼마든지 팔 수 있다는 것을 안다. 그렇다고 이 기업이 생산량을 무한정으로 늘릴 수는 없다. 생산량이 증가함에 따라 평균비용이 올라가기 때문이다. 따라서 이 기업도 이익극대화를 위한 생산량 결정 법칙인 "한계수입(MR)=한계비용(MC)"[2] 에 따라서 생산량을 결정해야 한다. 그런데, 완전경쟁시장에서는 균형가격에서 대기하는 수요가 얼마든지 있기 때문에 열 개에서 한 개를 더 팔든 천 개에서 한 개를 더 팔든 하나를 더 팔아서 들어오는 수입은 언제나 똑같이 균형가격 만큼이다. 즉 한계수입이 가격하고 같다. 이것을 다른 식으로 해석하면, 완전경쟁시장의 수요곡선이 수평하다는 것을 의미한다. 그렇다면, 기업들이 이익을 극대화하는 생산량은 "가격(P)=한계비용(MC)"에서 결정된다. 지금까지의 내용을 요약하면 완전경쟁시장의 균형은 가장 낮은 평균비용으로 생산하는 기업들이 가격(P)=한계비용(MC)에서 생산량을 결정한다. 이 생산량에 상응하는 가격은 그 기업의 평균비용(AC)과 같다(가격(P)=평균비용(AC)). 이 가격에서 상품을 살 준비를 하고 있던 소비자들은 어떤 기업이든 관계없이 그 상품을 구입한다. 이것을 그래프로 나타내면 〈그림 3-1〉과 같다.

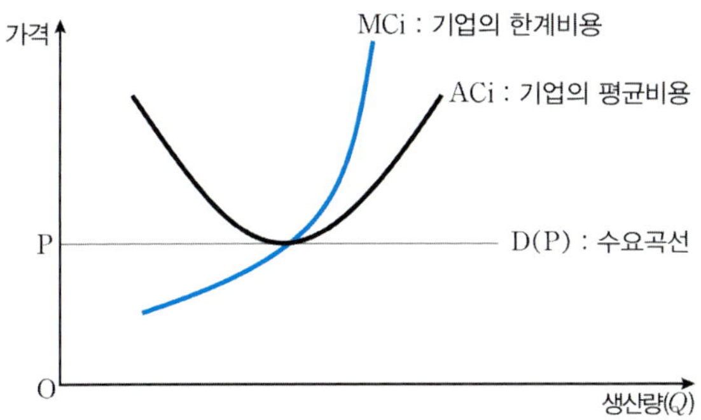

〈그림 3-1〉 완전경쟁시장의 균형

이제 완전경쟁시장에서 이루어진 균형의 특성에 대해서 살펴보자. 첫째, 완전경쟁시장에서 기업은 아무런 '이익'을 얻지 못한다고 생각할 수 있다. 시장균형에서 상품 한 개를 만들기 위해서 들어가는 (평균)비용과 같은 가

2) 이익극대화를 위한 생산량 결정에 대해서는 2장 생산과 비용을 참조하라.

격을 받기 때문에 기업에게는 남는 것이 아무것도 없다. 이렇게 생각하는 것은 회계적인 관점에서 생각하는 것이다. 그런데 경제학에서는 회계이익이 아니라 경제이익(economic profit)으로 계산하기 때문에 실제 이익은 회계이익보다 작을 수도 있고, 클 수도 있다. 예를 들어서, 일정량의 상품 판매수입이 십 만원인데 여기서 그 상품생산을 위한 총비용 지출이 십 만원이면 이익이 '0'이다. 이것이 바로 회계 상의 이익이다. 그런데, 비용을 회계 상의 비용이 아니라 기회비용으로 계산해서 십일 만원이 나오면 경제이익은 마이너스 일 만원으로 회계이익보다 적고, 기회비용으로 계산해서 비용이 구 만원이 나오면 경제이익은 일 만원으로 이익이 회계이익보다 크다. 이 개념으로부터, "이익을 하나도 내지 못하도록 되어 있는 완전경쟁시장에 있는 기업경영자가 골치 아픈 기업경영의 일을 왜 할까?"라는 의문에 대한 대답을 유추할 수 있다. 즉, 기회비용 관점에서 보면, 그래도 기업경영을 하는 것이 그 밖의 다른 선택(기회)보다도 더 적지 않은(같은) 이익을 주기 때문에 기업경영을 하는 것이다. 완전경쟁시장에서 기업이 버는 이익은 회계단위로 생각하는 '0'이 아니라, 기회비용으로 '0'이다. 기회비용관점에서 '0'이 되는 기업이익을 '정상이익(normal profit)'이라고 한다.

둘째, 완전경쟁시장에서 살아남은 기업은 가장 저렴한 비용으로 상품을 생산한다(P=AC). 경쟁과정에서 설명하였듯이 가격경쟁이 가장 낮은 (평균) 비용으로 생산하지 못하는 기업을 시장에서 퇴출시킨다. 시장에 생존한 기업은 낭비 없이 효율적으로 생산함으로써 최저비용을 유지한다. 이렇게 완전경쟁시장의 기업들이 가장 낮은 비용으로 생산하는 것을 '생산적 효율성(productive efficiency)'이 달성되었다고 한다.

셋째, 완전경쟁시장에서는 소비자가 상품을 가장 싼 가격에 구입한다(P=MC). 가격이 한계비용에서 결정된다는 것은 생산비용 중 고정비용을 제외하고 가격을 매기는 것이기 때문에 기업입장에서는 허용할 수 있는 최저가격이다. 가격이 허용할 수 있는 최저가격이라는 것은 소비자 입장에서는 살 수 있는 가격 중에서 가장 낮은 가격이다. 이것은 소비자 중에서 허용할 수 있는 한 최대의 소비자가 상품을 구입한다는 것을 의미한다. 이와 같은 가격설정(P=MC)을 통해서 소비자 들이 얻을 수 있는 최대한의 후생(효용)을 얻는 것을 '자원배분의 효율성(efficiency of resource allocation)'이라고 한다.

지금까지 완전경쟁시장의 균형에 대한 분석을 통해 배울 수 있는 것은 '경쟁의 효용성'이다. 즉, 완전경쟁시장 모형은 '경쟁'이 생산자에게는 '생산적 효율성'을 달성하게 하고, 소비자에게는 '자원배분의 효율성'을 달성하게 한다는 것을 보여준다. 그런데, 지금까지 보여준 분석은 사실 정태적인 분석이다. 다윈의 '생존경쟁'이 보여준 것과 같은 '경쟁'의 동태적 의미가 무엇인지도 살펴볼 필요가 있다.

아담 스미스의 국부론에 나오는 핀 공장을 예로 들어 설명해보자. 이해를 돕기 위해 아래 〈그림 3-2〉를 이용해서 설명한다. 열 명의 작업자들이 독립적으로 핀을 생산해오던 것을 핀 생산 공정을 열여덟 단계로 나누고 열 명의 작업자들을 각각의 공정에 투입하였다. 즉, 생산 공정에 관한 기술혁신을 단행한 것이다. 그 결과, 원료도 절감되고, 노동시간도 절감되어서 한계비용이 줄어들었고 동시에 평균비용도 줄어들었다. 이것은 〈그림 3-2〉에서 한계비용 MC_i와 평균비용 AC_i가 아래로 이동하여서 MC_i'와 AC_i'가 된 것으로 나타난다. 당연히 이 핀 공장의 생산이 늘어나고 ($q_i \rightarrow q_i^*$), 이 기업의 시장

균형도 변하게 된다(E → E′). 그런데 주목할 점은 이 핀 공장이 생산 공정에 관한 기술혁신의 결과로 이익이 정상이익에서 〈그림 3-2〉의 빗 금친 네모만큼의 이익을 남기게 되었다는 것이다. 그런데 완전경쟁의 네 번째 특징에서 기존의 기업이나 잠재적 기업 모두 시장에서 사용하는 기술(즉, 생산공정 기술), 자본, 노동 등에 자유롭게 접근할 수 있다고 했기 때문에 다른 모든 기업들도 핀을 만드는 방법을 공정 세분화를 통한 분업 방식으로 바꾸어 버린다. 그 결과, 핀을 생산하는 모든 기업들의 한계비용과 평균비용이 이 방법을 개발한 첫 번째 기업과 같게 된다. 시장에서 핀 생산은 늘어나게 돼서 시장 공급곡선이 우측으로 이동한다(S → S′). 위에서 설명한 완전경쟁시장에서의 가격경쟁이 이제 가격을 P에서 P′로 떨어뜨리고, 수평의 수요곡선은 같은 크기로 아래로 이동한다. 그 결과 시장의 균형수요 및 생산량도 늘어나게 된다. 생산 공정 혁신을 시도한 첫 번째 핀 공장의 이익이 모두 사라져서 다시 정상이익이 되었고, 나머지 기업들의 이익도 전과 같이 정상이익이 된다.

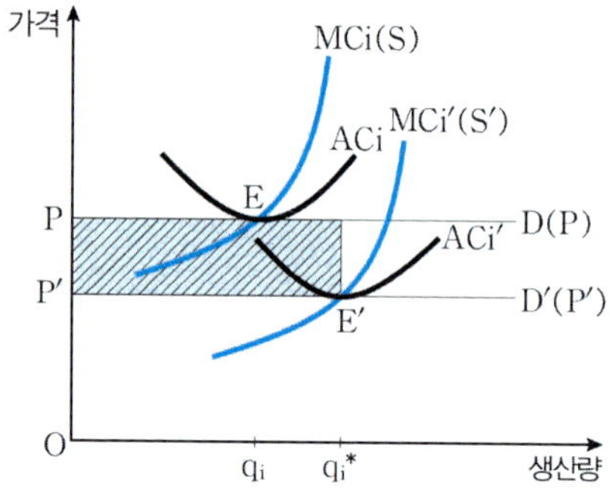

〈그림 3-2〉 완전경쟁시장의 동태적 경쟁

핀 공장 생산에 관한 설명은 완전경쟁의 동태적 특징을 잘 보여주고 있다. 분업 생산과 같은 기술혁신이나 희귀한 원료, 숙련기술자, 상업적 요충

지와 같은 희소한 생산요소가 만들어내는 어떤 독점적 이익[3] 도 그 기술이나 자원에 자유로운 접근, 즉 자유로운 경쟁(자유로운 기회)을 허용하면 그 이익은 사라지게 된다. 다시 말해서, 독점이익은 정태적으로는 가능할 수 있지만, 경쟁이 허용된다면 어떤 독점이익(rent)도 영원히(동태적으로) 지속되지 않는다. 경쟁은 이익을 나누어서 없애 버리는 기계이기 때문에 기업의 입장에서는 할 수만 있다면 경쟁을 피하고 싶어 한다. 기업은 경쟁을 피하기 위해서, 담합을 하기도 하고, 정부에 로비를 해서 규제의 장벽을 높이기도 하고, 생산품을 차별하기도 하고, 전략적으로 진입장벽을 세우기도 한다. 기업들의 전략적 행동 대부분은 경쟁을 피하기 위한 것이라고 해도 과장은 아니다.

마지막으로 이익(profit), 경제적 지대(economic rent), 생산자잉여(producer surplus)에 대한 개념을 설명해보자. 이 세 가지 개념들이 내용적으로 비슷해서 때때로 혼동을 일으킨다. 먼저 가장 익숙한 개념인 이익은 가장 보편적 것으로 총수입에서 총비용을 뺀 것이다. 경제적 지대는 생산요소의 관점에서 파악하는 것이 가장 이해하기가 쉽다. 사거리에 있는 상점(자본), 특별한 요리기술을 가진 요리사(노동), 새로운 기능을 하는 합금(원료)과 같은 생산요소는 기업에게 초과이익을 가져다 줄 수 있다. 그런데 기업에게 이런 초과이익을 가져다주는 이유는 기업이 이런 생산요소를 일반적인 거리에 있는 상점의 임대료, 일반적인 요리사의 임금, 일반적 용도로 쓰이는 합금의 가격을 지불하고 사서 생산에서 생산요소가격 보다 훨씬 큰 부가가치를 만들기 때문이다. 이렇게 만들어진 이익을 '경제적 지대(economic rent)'라고 한다. 그런데, 사거리 상점이 평균이상의 이익을 내는 것을 알면 상점 주인

3) 이것을 고전파 경제학자들은 지대(rent)라고 명명하였다.

은 '지대'를 '0'으로 만들 정도로 임대료를 올린다. 요리사의 경우 다른 식당에서 서로 데려가려고 임금을 올려 지대를 무효화 시킬 만큼 임금이 오른다. 또, 합금가격도 올라간다. 그 결과 경제적 지대는 곧 사라지게 된다. 이렇게 경제적 지대가 사라지는 데는 그 밑바닥에 '경쟁'이 자리 잡고 있다. 생산자 잉여는 상품의 시장가격에서 한계비용을 뺀 것이다. 한계비용이 기업의 공급곡선을 나타내기 때문에 시장가격에서 공급곡선의 아래 부분을 뺀 면적으로 나타내기도 한다. 일반적으로 이익과 생산자잉여가 일치하지 않는데, 그 차이는 이익의 계산에서는 고정비용을 집어넣지만, 생산자잉여에서는 고정비용을 집어넣지 않기 때문이다. 이것을 그래프로 나타내면 아래 〈그림 3-3과 같다〉

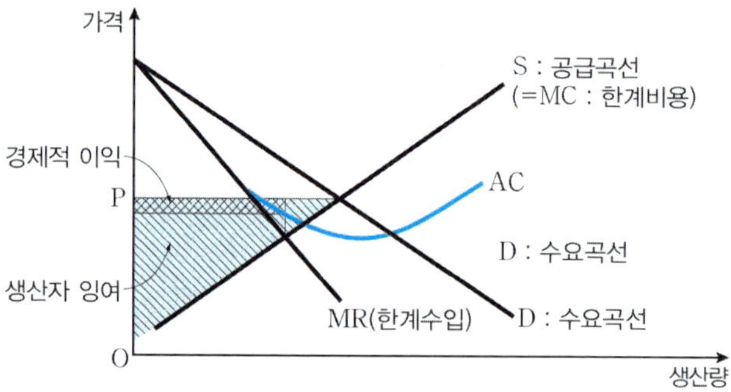

〈그림 3-3〉 생산자잉여와 경제적 이익

5. 완전경쟁시장 모형의 비판

완전경쟁시장 모형 분석으로부터 경쟁의 장점이 크다는 것을 알게 되었다. 그런데, 경쟁의 장점을 받아들이기 위해서는 완전경쟁시장 모형에서 예측하는 현상들, 즉 생산이 평균비용의 최저점에서 이루어지고, 가격이 한계비용에서 결정되는 것이 현실에서 일어나야 한다. 그런데, 현실에서는 이런 현상이 매우 드물게 일어난다. 그렇다면, 완전경쟁모형이 현실적이지 않은 이상적인 모형이라는 것을 의미한다. 완전경쟁시장 모형의 예측이 현실과 어떻게 다른지, 그리고 다른 결과가 나오는 원인이 무엇인지 살펴보자.

첫째, 현실에서는 똑 같은 상품의 가격이 상점마다 다른 경우를 종종 발견한다. 서울 신촌에 있는 상점에서 스탠드 가격이 4만 9천원인데 원주 남부시장의 상점에서는 동일한 브랜드의 동일한 상품이 5만 6천원으로 팔리고 있다. 이런 현상이 일어나는 중요한 원인은 소비자가 상품과 상품가격에 대한 불완전한 정보를 가지고 있기 때문이다. 소비자가 이렇게 상품가격에 대해 불완전 정보를 가지고 있으면 전국에서 제일 싸게 상품을 파는 곳에서 상품을 사는 것이 아니라 자기가 알고 있는 정보 안에서 제일 가격을 싸게 파는 곳에서 상품을 산다. 이렇게 소비자 불완전정보가 있으면 시장에서 '한 상품 한 가격이 아니라 한 상품 여러 가격' 현상이 일어난다. 주유소의 휘발유가격이 동네별로 제각기 다른 것이 좋은 예이다. 시장가격이 한계비용에 수렴한다는 완전시장경쟁 모형의 예측이 틀리게 되는 이유이다. 이렇게 불완전정보 때문에 경쟁이 제한되면 시장에서 가장 효율적이지 않은 기업, 즉 최저 평균비용보다 높은 기업도 시장에 생존하게 된다. 완전경쟁시장 모형의 생산적 효율성에 대한 예측도 틀리게 된다. 하지만, 소비자들의 상품에 대한 정보 탐색비용이 획기적으로 떨어진 온라인 시장은 역경매의 경우처럼 소비자가 상품에 대한 정보를 거의 완전하게 가지게 되어 완전경쟁시장 모형의 예측과 비슷한 형태로 가격이 수렴한다.

둘째, 현실에서는 기업들이 똑같은 품질의 상품을 만드는 것을 보기 어렵다. 기업들이 경쟁을 피하기 위해서 가능하면 경쟁기업들과 다른 상품을 만드는 것은 이익추구를 목적으로 하는 기업의 입장에서는 당연한 일이다. 이렇게 하는 것이 시장의 지배력을 높여서 가격을 스스로 결정하고 이익을 더 창출할 수 있게 한다. 따라서 어떤 기업의 상품이 경쟁기업의 상품보다 다르면 다를수록, 시장지배력이 커지고 가격은 한계비용보다 더 높아진다. 이런 결과는 완전경쟁시장 모형이 이론적으로는 정확한 모형이지만 현실은 기업들이 경쟁을 피하는 식으로 행동하기 때문에 현실 설명력은 거의 없는 모형이다.

셋째, 완전경쟁시장 모형에서는 시장거래 총량대비 소량구매 소비자도 다수이고, 소량생산 생산자도 다수이므로 소비자들 사이에, 또 생산자들 사이에 '상호작용'이 거의 없다고 가정한다. 그렇지만, 소비나 생산에서 소비자들이 다른 소비자가하는 것을 따라하는 편승효과(bandwagon effect)가 있거나 생산자도 다른 생산자에 의해서 영향을 받는다면, 그리고 이런 소비자들 사이의 또 생산자들 사이의 상호작용이 집단화되면 완전경쟁시장 모형에서 예측하는 '가격=한계비용', '최저평균비용'과는 다른 시장균형이 도출될 수 있다.

위에서 설명한 세 가지 문제는 완전경쟁시장 모형이 논리적인 결함이 있다는 것이 아니라 모형이 전제하고 있는 가정들이 현실과 동떨어져 있어서 모형의 현실 설명력이 떨어진다는 비판이다. 그렇지만, 현실이 모형대로 만들어진다면 생산적 효율성과 자원배분효율성이 달성될 수 있다는 점에서 완전경쟁 시장모형은 정책이 표준으로 삼아야할 하나의 '척도'로서 효용이 있다고 할 수 있다.

위에서 설명했던 비판과 다른 관점에서 전통적으로 완전경쟁시장 모형의 비판은 '분배'와 관련되어 있다. 신고전학파 경제학에서 분배는 생산요소의 한계생산물의 가치로 결정된다. 재산이 몸뚱이 밖에 없는 사람은 임금이 소득의 전부이지만, 자본을 가지고 있는 사람은 임금뿐만 아니라 주식배당, 이자 등의 소득을 가질 수 있다. 그리고 임금, 주식배당, 이자 등으로 소득이 높은 사람은 저축을 늘릴 수 있어 소득이 낮은 사람과 소득이 높은 사람 사이에 소득격차가 더 커져서 '빈익빈 부익부' 현상이 심화된다. 물론, 이런 현상은 정부의 소득재분배 정책과 같은 정부개입으로 완화될 수 있지만, 완전경쟁시장이 소득분배를 악화시킨다는 비판이 제시되어 왔다.

참고문헌

아담 스미스, "도덕감정론", 비봉출판사, 2009.

Coase, "The Nature of the Firm", Economica, Vol. 4, No. 16, pp. 386-405.

4장 상호작용: 전략적 경쟁 그리고 게임이론

1. 개관 – 몸의 운영원리로서 상호작용

> 몸은 하나의 지체로 되어 있는 것이 아니라 여러 지체로 되어 있습니다.
> …,
>
> 전체가 하나의 지체로 되어 있다면, 몸은 어디에 있습니까? 그런데 실은 지체는 여럿이지만 몸은 하나입니다. 그러므로 눈이 손에게 말하기를 "너는 내게 쓸데가 없다" 할 수가 없고, 머리가 발에게 말하기를 "너는 내게 쓸데가 없다" 할 수 없습니다. 그뿐만 아니라 몸의 지체 가운데서 비교적 더 약하게 보이는 지체들이 오히려 더 요긴합니다. 그리고 우리가 덜 명예스러운 것으로 여기는 지체들에게 더욱 풍성한 명예를 덧입히고, 볼품없는 지체들을 더욱더 아름답게 꾸며줍니다. 그러나 아름다운 지체들은 그럴 필요가 없습니다. 하나님께서 몸을 골고루 짜 맞추셔서 모자라는 지체에게 더 풍성한 명예를 주셨습니다. 그래서 몸에 분열이 생기지 않게 하시고 지체들이 서로 같이 걱정하게 하셨습니다. 한 지체가 고통을 당하면 모든 지체가 고통을 당합니다. 한 지체가 영광을 받으면 모든 지체가 함께 기뻐합니다. 여러분은 그리스도의 몸이요 따로 따로는 지체들입니다.
>
> 〈성경, 고린도전서 12장, 14절, 29-27절〉

위의 글은 성경에 나오는 내용으로 몸의 각 지체가 독립적으로 존재하는 것처럼 보여도 통일된 목적을 위해 기능적으로 서로 연결되어 상호작용을 하고 있어서 한 지체의 활동이 나머지 모든 지체의 복지(고통 또는 영광)에 영향을 미치고 있음을 은유적으로 묘사하고 있다. 성경에 나오는 내용이 우주 만물의 창조원리라고 한다면, 이러한 원리는 미시적인 몸뿐만 아니라 생태계나 그 아래 범주인 경제운영에도 그대로 적용할 수 있다. 4장에서는 몸의 각 지체들이 상호작용하는 원리를 경제운영에 적용하여 분석한다.

2. 상호작용과 경제

3장에서 살펴본 경쟁시장 모형에서는 시장거래에 참여하는 소비자들은 서로에게 어떤 영향을 미치지 않고, 생산자들 역시 서로에게 영향을 미치지 않는다. 이들은 시장에서 형성된 균형가격에 대해서 소비자는 그 가격에 상품을 사야할지 사지 말아야 할지를 결정하면 그뿐이고, 생산자는 그 가격에 상품을 만들어야 할지 만들지 않아야 할지를 결정하면 그뿐이다. 남의 눈치를 보지 않는다. 이렇게 소비자나 생산자의 행위가 독립적으로 일어나고 서로에게 어떤 영향도 미치지 않는 것을 경제학 용어로는 '외부경제(externality)가 없다'라고 한다.

거래에서 '외부경제'가 없다는 것이 현실을 잘 반영하는 주장 같지는 않다. 이웃 따라 시장에 가는 것처럼 소비를 결정할 때 남의 눈치를 보는 것이 현실을 더 정확하게 설명하는 것이다. 생산자들은 소비자보다 같은 상품을 만드는 다른 생산자의 행동에 대해서 더 궁금해 한다. 생산자들은 심지어 경쟁관계에 있는 생산자들의 행동을 연구하기도 한다. 물론, 소비자가 연예인이나 스포츠 스타이면 그들의 다른 소비자에 대한 영향력이 더 커지고, 생산자가 시장지배자이면 그들의 다른 기업들에 대한 영향력이 더 커진다. 이와 같이 경제활동에서는 구성원들 사이의 상호작용이 심각하게 존재한다. 경제의 구성원들 사이에 상호작용이 있다면 구성원들의 행동이 상호작용이 없을 때와는 달라진다. 즉, 내가 하는 행동이 상대방에게 영향을 미치면, 상대방은 내가 미치는 영향에 대응해서 행동을 할 것이고 이러한 행동은 또 나에게 영향을 미치게 된다. 그러면 결국 내가 한 행동으로 인해 내가 또 영향을 받는 것이 되니까 상호작용이 없을 때보다 이것저것 생각해서 조심스럽게 행동하게 된다. 즉, 상호작용이 없을 때와 비교해서 행동이 제약을 받게 된다. 극단적인 경우에는 상호작용이 없다면 당연히 했을 행동도 상호작용을 고려해서 행동을 하지 않는 일도 일어난다. 이와 같이 상호작용 때문에 행동이 변하는 것을 '전략적 효과(strategic effect)'라고 한다.

'전략적 효과'가 미미한 경우도 있지만, '전략적 효과'가 경제효과보다 훨씬 큰 경우도 있다. 편승효과(bandwagon effect)를 예로 들어 설명해보자. 소비자들이 다른 소비자들이 구입하는 상품이 하나의 트렌드가 된다고 생각하면 개인의 선호나 가격에 대한 고려와 무관하게 집단의 수요에 편승해서 소비대열에 참가한다. 일반적으로 패션산업에서 자주 볼 수 있는 경제현상이다. 이런 효과는 기존의 수요와 공급에 의해서 결정되는 균형가격을 완전히 무효화시켜서, 극단적인 경우에는 수요곡선이 우상향하는 현상, 즉 가격이 올라가면 수요가 더 늘어나는 것도 가능하게 된다. 이 경우는 '전략적 효과'가 경제 효과를 압도하는 경우이다. 이와 같이 경제 시스템 안에 존재하는 상호작용과 이로 인한 전략적 효과를 경제모형이나 경제 분석에 반영하느냐 그렇지 않느냐에 따라 경제 분석의 예측, 즉 시장균형이 전혀 다르게 나온다.

3. 물질세계의 상호작용 – 원자의 소립자에 작용하는 상호작용(힘)

물리학에서는 물질 사이에 상호작용이 존재한다고 주장한다. 그래서 물질의 존재나 자연현상을 이러한 상호작용으로 설명할 수 있다고 한다. 이러한 상호작용은 물질세계의 일부인 경제활동에도 당연히 적용된다고 추측할 수 있다. 물질세계에 작용하는 상호작용은 물질에 작용하는 힘의 크기와 관련된 문제이다. 예를 들면, 물체의 질량으로부터 발생하는 중력(重力) 또는 만유인력의 힘은 주위의 물체에 영향을 미치고, 또 주위물체의 질량으로부터의 중력 또는 만유인력도 그 물체에 영향을 미친다. 이 중력의 상호작용에 의해서 물체의 이동과 같은 변화가 일어난다. 이와 같이 물체에 작용하는 힘(상호작용)을 이해하기 위해서 우주전체를 대상으로 분석하는 것은 범위가 너무 넓다. 오히려, 모든 물질구성의 기본입자인 원자에 작용하는 힘(상호작용)을 분석하고, 그 힘으로부터 우주전체에 작용하는 힘을 유추하는 것이 경제적인 접근방법이다.

세상의 가장 근본적인 것이 무엇인가에 대한 문제는 고대 철학자들에게 중요한 관심의 대상이었다. 물, 불, 공기 등과 같이 기본적으로 생존에 필수불가결 한 것을 제시하는 철학자도 있었지만 그리스의 자연철학자 데모크리토스는 물질을 구성하는 가장 기본적인 것, 즉 개념적으로 물질을 쪼갰을 때 더 이상 쪼개지지 않는 입자인 원자(atom)가 가장 근본적인 것이라고 하였다. 그 후 역사에서 사라졌던 원자가 다시 태어난 것은 돌턴의 화학실험 때문이었다. 돌턴은 화합물의 성분을 분석하면서 화합물이 일정비율로 결합되어 있다는 것을 알게 되었다. 예컨대, 물은 수소와 산소가 항상 2:1의 비율로 결합되어 있다는 것을 알았다. 이러한 사실로부터 물질의 가장 기본적인 단위가 존재하지 않으면 화합물들이 일정한 비율로 결합될 수 없다는 것을 유추하고, 그렇다면 물질을 더 이상 쪼갤 수 없는 단위로 원자가 있을 수밖에 없다는 가설을 주장했다. 그러나 이후 원자가 물질의 가장 기본 입자가 아니고 더 세분화되어서 원자 안에는 양전기를 띄는 양성자와 음전자를 띄는 전자가 있다는 것이 발견되었다. 또, 그 후에 원자 안에 양전기를 띄는 양성자와 전기를 띄지 않는 중성자가 있고, 이 두 소자가 서로 꽉 붙어서 밀도가 큰 핵 안에 들어 있고, 음전기를 띈 전자들은 넓게 퍼져서 세 겹으로 된 궤도를 돌고 있다는 것이 확인되었다.

원자의 구조가 발견되는 과정에서 원자에 미치는 힘(상호작용)이라는 관점에서 몇 가지 질문이 제기되었다. 첫 번째 의문은 양성자가 양전기를 띄고 전자가 음전기를 띈다면 둘이 붙어야지, 전자가 왜 핵(양성자+중성자) 주위에 궤도를 형성하면서 돌고 있는가에 관한 것이다. 이런 질문은 전자와 양성자가 가지는 질량과 '만유인력'이라는 힘(상호작용)에 의해서 설명될 수 있다. 전자는 아주 가벼워서 양성자 질량의 약 1/1836 정도 밖에 되지 않는다. 그렇지만, 굉장히 가벼운 전자와 양성자가 서로 만유인력으로 당기니까 전자가 양성자로 끌려가면서도 당기는 힘에 의해 만들어진 가속도가 양성자에 붙게 하지 않고 일정거리에 궤도를 만드는 것이다. 태양과 지구, 지구와 달이 부딪히지 않고 궤도를 형성해서 도는 것도 같은 이치이다. 이 의문으로부터 원자에는 전자기력과 중력이라는 힘이 작용하고 있다는 것을 알 수 있다.

두 번째 질문은 중성자는 전기를 띄지 않으니까 양성자와 붙을 수가 없는데 어떻게 서로 떨어뜨릴 수 없을 정도로 강력하게 붙어 있을 수 있는가에 관한 것이다. 더군다나, 양성자가 두 개 이상 있으면 같은 전기를 띠는 양성자들끼리 반발력이 커서 중성자가 양성자와 붙기는 더 어려운 상황이 된다. 이런 질문이 물리학을 한 단계 더 발전시키는 발견으로 이어졌다. 이러한 질문은 양성자와 중성자보다 더 작은 단위의 입자가 있다는 것을 발견함으로써 해결되었는데, 이 입자의 이름을 '쿼크'라고 한다. 또한 이 발견과 함께 소립자는 반대전기를 띠는 반대입자를 가지고 있다는 것도 발견되었다. 양성자와 중성자는 모두 쿼크로 만들어지는데, 양성자는 +2/3의 전하를 띠는 위 쿼크 두 개와 -1/3의 전하를 띠는 아래 쿼크 하나로 만들어진다. 쿼크의 전하를 더하면 양성자가 +1의 전하, 즉 양전기를 띤다는 것을 알 수 있다. 중성자는 +2/3의 전하를 띠는 위 쿼크 하나와 -1/3의 전하를 띠는 아래 쿼크 두개로 이루어져서 전체적으로 전하 '0'이 되어 전기를 띠지 않는다. 그런데, 양성자의 위 쿼크 두 개와 중성자의 아래 쿼크 두 개가 서로 양과 음의 전기를 띠고, 또 양성자의 아래 쿼크 하나와 중성자의 위 쿼크 하나가 양과 음의 전기를 띠어서 이 두 소립자가 강력하게 붙어 버린다. 이렇게 위·아래 쿼크들 사이에 끌어당기는 힘을 핵력(核力)이라고 한다. 이 힘의 크기 얼마나 큰지는 핵을 깨뜨려 양성자와 중성자가 갈라지게 될 때 나오는 에너지로 핵폭탄이나 핵융합발전을 하게 되는데, 에너지보존의 법칙으로 해석하면 양성자와 중성자가 서로 결합되게 하는 핵력이 그만큼 크다는 것을 반증하는 것이다. 핵력이 없으면 양성자들이 반발력으로 서로 떨어져서 원자가 구성이 안 된다. 그렇게 되면 물질의 구성이 어렵게 되니까 인간을 포함해서 모든 물질이 이루어질 수 없다. 바로 이 핵력이 원자를 존재하게 하는 힘(상호작용), 즉 모든 물질구성의 힘(상호작용)이다.

그런데, 라듐이나 토륨과 같은 방사성원소와 같이 양성자와 중성자의 숫자가 지나치게 많은 경우는 핵 안의 양성자와 중성자의 결합이 불안정해서 원자핵이 안정되게 변화하려고 한다. 이렇게 변화하기 위해서는 양성자나 중성자의 숫자를 줄일 필요가 있고, 그래서 원자핵을 붕괴시켜 중성자를 없애면서 방사선을 뿜어내어 다른 물질로 변화한다. 이 경우와 같이 양성자와 중성자가 붕괴되는 것은 핵력이 약해서 일어나는 것이기 때문에 이렇게 작용하는 힘을 약한 핵력 또는 줄여서 약력이라고 한다.

정리하면, 원자 안에서 작용하는 기본적인 힘(상호작용)은 중력, 전자기력, 핵력, 약력이 있다. 핵력이나 약력은 사실 같은 종류의 힘이다. 그런데, 이 힘을 크기별로 구별하면, 핵력이 가장 힘이 크고, 다음이 전자기력이고, 그 다음이 약력, 가장 힘의 크기가 작은 것이 중력이다. 이것을 수치로 나타내면, 핵력이 1, 전자기력이 10^{-2}, 약력은 10^{-14}, 중력은 10^{-40}이다. 원자 안에 있는 소립자들이 이런 네 가지 힘으로 서로 영향을 미치는 '상호작용'을 통해 궤도를 도는 움직임을 만들고, 결합체를 만들고, 에너지를 만들어낸다. 다음 절에서는 물질을 구성하는 기본입자인 원자의 소립자들 사이의 상호작용과 경제 구성원 사이의 상호작용이 어떻게 비교되고, 서로 어떤 관련성이 있는지를 설명하기로 한다.

4. 기업의 상호작용: 기업조직, 전략적 경쟁 그리고 게임이론

4.1. 기업조직

원자를 구성하는 입자들인 전자, 양성자, 중성자 사이에 작용하는 다양한 힘들이 있고, 그 힘들 사이에 상호작용이 있는 것처럼 경제주체인 소비자,

기업, 정부 사이에도 서로 영향을 미치는 힘이 있고 그에 따르는 상호작용이 있다. 예컨대, 중성자와 양성자를 결합하도록 해서 원자라는 입자가 존재하게 하는 핵력은 기업이나 정부같이 어떤 조직이나 제도를 존재하게 하는 힘으로 비유될 수 있다. 기업의 경우를 예로 들어 설명해보자. 기업이라는 조직을 존재하게 하는 힘은 '이익창출능력'이다. 기업이라는 조직이나 제도가 기업 이외의 어떤 다른 형태의 조직이나 제도보다도 이익을 더 창출할 수 있으면 기업조직이 존재할 수 있지만, 그렇지 않으면 기업조직이나 제도는 해체된다. 이렇게 이익 창출을 가능하게 하는 '조직의 힘'을 '핵력'에 비유할 수 있다.

전통적으로, 기업조직이론은 크게 신고전학파 기업이론, 거래학파 기업이론, 불확실성학파 기업이론으로 구분할 수 있는데[1], 이러한 기업이론의 핵심은 기업이라는 조직을 존재하게 하는 힘으로서 '이익창출능력'을 서로 다른 관점에서 설명한 것으로 해석할 수 있다. 아래에서는 기존의 기업이론을 이익창출능력(힘)과 그에 상응하는 상호작용으로 설명하기로 한다.

신고전학파의 기업이론에 따르면, 가격이 고정되어 있다면(즉, 완전경쟁모형에서 수요곡선을 생각하라) 이익은 생산비용을 절감할 수 있는 정도에 따라 달라진다. 따라서 기업의 존재는 생산비용을 가장 많이 절감할 수 있느냐에 의존한다. 완전경쟁모형에서 살펴본 바와 같이, 가장 낮은 생산비용에서 생산할 수 없는 조직은 시장으로부터 퇴출된다. 신고전학파 기업이론에서는 이익을 창출할 수 있는 능력(힘)은 생산비용 절감능력이고, 그 능력에 영향

1) 기업이론에 대해서는 권명중(2010), "신산업조직론-기업과 경쟁", 시그마프레스를 참조하라.

을 미치는 기업규모(economies of scale), 경험(economies of learning), 사업범위(economies of scope), 생산공정혁신 등이 기업의 조직을 결정한다.

제도학파의 기업이론(Coase(1937), Williamson(1971, 1975, 1985))에 따르면, 이익을 창출할 수 있는 힘은 거래관계 있는 기업들 사이의 신뢰의 정도이다. 거래하는 기업들 사이에 신뢰가 없으면, 거래계약을 믿을 수가 없다. 그래서 계약위반 때문에 발생할 손실을 줄이기 위해 계약을 잘 쓰려하고, 계약을 감시하고, 계약을 어겼을 때의 소송비용 등으로 비용이 든다. 이런 비용을 거래비용(transaction costs)이라고 하는데, 이 비용이 거래로부터 발생할 수 있는 이익을 현저하게 줄이게 된다. 극단적인 경우에는 기업들이 필요한 것을 서로 거래를 하지 않고, 자기가 직접 필요한 것을 생산하는 방법을 택하기도 한다. 기업들 사이에 신뢰가 기업을 존재하게 하는 힘이다.

불확실성 학파의 기업이론(Knight(1921), Alchian and Demstz(1972))에 따르면, 이익을 창출할 수 있는 힘은 불확실성에 대응하는 사람의 성향이나 불확실성을 이용해서 무임승차를 하려는 성향을 억제할 수 있는 제도에 달려 있다. 수요가 불확실한 상황에서 생산에 대한 투자는 수요가 예측대로 실현되지 않으면 손실을 보게 된다. 극단적인 경우에는 투자한 돈을 한 푼도 건질 수 없을지도 모른다. 위험회피자는 이런 실패로부터 예상되는 위험을 회피한다. 세상에 이런 사람만 있으면 아무도 생산에 투자를 하지 않기 때문에 기업은 존재할 수 없다. 그런데 세상에는 위험회피자 뿐만 아니라 투자실패에 따르는 손실보다도 투자로부터 기대되는 이익을 더 선호하는 위험애호가도 있다. 이런 사람 때문에 기업이 존재한다. 위험 회피자(근로자)나 위험애호가(경영자)는 자기이익을 추구한다는 인간본성의 힘을 바탕으로 위험에 대응하는 서로 다른 성향으로 상호작용하면서 기업이라는 조직이 흩어지지 않고 결합하게 한다. 또, 생산 참여자의 생산기여 정도를 아무도 알 수 없을 때(불완전정보가 있을 때) 생산참여자들은 일반적으로 생산에 많이 기여한 사람의 헌신에 무임승차를 하려는 경향이 있다. 그런데, 생산에 참여한 사람들 모두가 이렇게 무임승차를 하려한다면, 생산량은 줄어들 것이고 결국 기업은 존재할 수 없다. 구소련의 집단농장이 없어진 것도 이런 이유 때문이다. 이 때 누군가 생산기여를 측정하고, 무임승차하는 사람을 가려내어 공정하게 보상해 줄 사람이 있다면 생산성이 회복될 것이고, 이익을 낼 수 있어 기업이 존재할 수 있다. 그것이 감시감독이든 인센티브 계약이든 이렇게 무임승차를 통제할 수 있는 제도가 기업을 존재하게 한다.

4.2. 전략적 경쟁

원자에 작용하는 또 다른 하나의 강력한 힘이 전자기력이다. 전자의 음전기와 양성자의 양전기의 서로 다른 전극의 전하가 인력(引力)을 만들어낸다. 경제에서 전자기력에 비유할 수 있는 것이 시장에서 소비자와 생산자 사이에 작용하는 힘이다. 소비자든 생산자든 자기이익을 위해 행동하는데, 소비자는 상품을 싸게 사는 것이 이익이 되고, 생산자는 상품을 비싸게 파는 것이 이익이 된다. 이렇게 소비자와 생산자는 이해관계가 상충된다. 마치 전자와 양전자의 전극이 서로 다른 것과 비슷하다. 그런데, 생산자들은 소비자들을 한 명이라도 더 많이 끌어 들이는 것이 이익을 늘리는 방법이다. 소비자를 더 많이 끌어 들이려면 소립자의 전하가 커야 하듯이 생산자의 인력(引力)이 커야한다. 이런 인력은 '싼 가격', '좋은 품질', '매력적인 브랜드'로 나타낼 수 있다. 그래서 생산자들은 싼 가격, 좋은 품질의 상품과 광고 등으로 소비자를 자기 쪽으로 끌어 오려고 하는데, 이 과정에서 '힘의 상호작용'

이 발생한다. 즉, A라는 생산자가 강한 인력(引力)으로 소비자들을 많이 끌어오면 A 이외의 다른 생산자들에게 남아 있는 소비자들이 없게 된다. 그러면 다른 생산자들도 소비자들을 뺏기지 않기 위해서 또는 뺏긴 소비자들을 찾아오기 위해서 인력을 높일 것이다. 이렇게 되면 A 생산자는 소비자들을 끌어 들이지 못하고 인력만 높이는 결과가 나올 수 있다. A 생산자가 처음부터 이런 사실을 안다면 인력을 높일 때 다른 생산자의 대응을 고려하지 않을 수 없게 된다. 이것은 A 생산자의 인력(引力)이 소비자를 매개로 다른 생산자에 영향을 미치고, A 이외의 생산자들의 인력(引力)이 소비자를 매개로 A 생산자에게 영향을 미치는 상호작용이 있는 상황이다. 이렇게 생산자들 사이에 상호작용 또는 상호의존성(interdependence)이 있는 상황을 '전략적 환경'이라고 한다.

상호작용이 있는 '전략적 환경'에서의 의사결정과 상호작용이 없는 '상호독립적 환경'의 의사결정은 완전히 달라야 한다. 상호 독립적 환경에서는 생산자의 의사결정이 다른 생산자에게 영향을 미치지 않으므로 의사결정 때 기대한 것과 의사결정의 결과가 크게 다르지 않다. 그러나 전략적 환경에서는 어떤 의사결정이 다른 생산자에게 영향을 미치고, 다른 생산자가 그에 대해 대응을 하므로 처음에 기대했던 효과와 다른 결과가 나온다. 따라서 전략적 환경에서는 일반적인 결정과 다른 형태로 의사결정을 해야 한다. 이런 원리는 경쟁에서도 적용된다. 시장이 완전경쟁시장이거나 독점시장일 경우에, 생산자들 사이에 소비자를 매개로한 상호작용이 미미하거나 아주 없어서 상호 독립적인 경쟁을 한다. 그러나 시장이 소수의 생산자가 경쟁하는 과점시장일 경우에는 소비자를 매개로 한 생산자들 사이의 상호작용(상호의존성)이 매우 커서 전략적 환경이 된다. 따라서 과점시장에서의 경쟁은 일반

경쟁과 다른 '전략적 경쟁'이 된다.

전략적 경쟁의 핵심은 생산자가 어떤 의사결정을 할 때, 그 결정에 대응해서 다른 생산자가 어떻게 대응할 것인가를 '추측(conjecture)'하는 것이다. 다른 생산자도 그들의 대응이 처음의 생산자에 의해 어떤 대응이 나올지에 대해서 '추측'해야 한다. 이런 추측과 추측이 모두 맞아 떨어져서 어떤 결과 나올지도 '추측'해야 한다. 과점시장에 관한 가장 고전적인 이론을 개발한 프랑스의 수학자 쿠르노(Cournot)는 이러한 '추측'을 미분개념을 통해서 다루었다. 즉, 쿠르노의 추측(Cournot's conjecture)이라는 것인데, 이것을 기호로 표현하면 다음과 같다: $\partial q_j / \partial q_i$, $i \neq j$. 이 기호는 i기업이 생산량(q_i)을 조금 늘릴 때 j기업이 그 자신의 생산량(q_j)으로 어떻게 대응하는지를 나타낸다. 즉, i기업과 j기업 사이에 생산량을 수단으로 상호작용하는 상황을 묘사하는 것으로서, 의사결정을 동시에 하기 때문에 상대방이 생산량 증가에 어떻게 대응할지 관찰을 할 수 없다. 따라서 서로 추측(conjecture)을 할 수 밖에 없는 상황이다. 그런데 쿠르노는 생산자들이 그 생산량을 정할 때 상대방이 최적의 생산량을 결정하고 그것을 어떤 경우에도 바꾸지 않을 것이라고 가정하고, 이 쿠르노의 추측을 '0'으로 처리하였다. 이것은 어떤 생산자의 생산량 변화에 경쟁관계에 있는 생산자들이 전혀 반응을 하지 않는다는 것으로, 전략적 경쟁의 상호작용을 생략해버리는 것과 같다. 이렇게 함으로써 쿠르노 과점 모형에서는 추측의 오류도 없애 버렸고, 어떻게 보면 여러 가지 추측 중에 단 하나의 추측, 즉 경쟁 상대가 반응을 하지 않는다는 추측을 가정함으로써 추측 자체를 없애버리는 결과를 만들어 버렸다.

전략적 경쟁을 분석하는 쿠르노의 과점모형이 경쟁의 상호작용을 만족할

만하게 설명을 하지 못했음에도 불구하고 그의 모형이 약 100년 동안 수정 없이 사용되었다. 그런데 1950년대부터 수학의 게임이론이 경제학에 응용되기 시작하면서부터 전략적 경쟁을 분석하는 이론이 발전하기 시작하였다. 다음 절에서는 전략적 경쟁을 분석하는 도구로서 게임이론을 간략하게 소개하기로 한다.

4.3. 전략적 경쟁과 게임이론

게임이론은 수학의 응용분야이다. 수학자인 폰 노이만(Von Neumann)이 1928 년쯤에 기초이론을 정립하려고 했지만 어느 정도 체계가 잡힌 이론은 1944년에 오스카 모겐스턴(Oskar Morgenstern)하고 쓴 "게임이론과 경제행동(Theory of Game and Economic Behaviour)"이 발표되고 나서야 정립이 되었다. 이 책에서 폰 노이만이 주로 게임이론을 썼고, 모겐스턴이 경제 분석을 하였다. 경제학에서 게임이론은 서로 대립적인 관계에 있으면서 상호의존성이 있는 경제상황을 분석하는 것인데, 기술적으로는 상호작용과정을 통해 도달하는 균형을 찾는 것이다. 그리고 이런 균형은 게임 참여자들(players)이 선택한 전략들의 집합으로 묘사된다.

게임이론을 제대로 이해하려면 책 한권 정도의 분량이 필요하다. 여기서는 실제로 몇 개의 게임을 통해서 게임이론의 가장 핵심적인 개념과 관련 이슈들을 설명하고자 한다. 먼저, 가장 단순한 게임인 "순수전략(pure strategy)-동시(simultaneous game)게임"으로 시작해보자. 게임의 구성요소를 이 단순한 게임과 함께 설명하기로 한다.

(1) 학점받기 게임

'학점받기 게임'을 설명해보자. 경제학 교수가 다음과 같은 규칙에 의해서 학점을 준다고 해보자. 수강생들 중에서 무작위로 두 명의 학생을 뽑아서 두 학생들이 모두 α 주제를 선택해서 리포트를 썼으면 둘 모두에게 B^- 학점을 준다. 두 학생들이 모두 β 주제를 선택해서 리포트를 썼으면 둘 모두에게 B^+를 준다. 둘 중에서 한 명이 α 주제로 리포트를 썼고 나머지 한 명이 β 주제로 리포트를 썼으면 α 주제로 리포트를 쓴 학생에게 A 학점을 주고, β 주제로 리포트를 쓴 학생에게는 C 학점을 준다.

이 게임에서 경제학을 수강하는 학생들이 게임 참가자(players)이다. 게임 참가자(players)가 없으면 게임이 안 되기 때문에, 게임 참가자는 게임의 구성요소 중에 하나이다. 그리고 학생들이 이 게임을 하는 목적은 학점을 얻는 것이다. 게임에 이기면 좋은 학점을 받는데, 이 좋은 학점이 게임에 대한 보수이다. 이와 같이, 게임을 하려면 분명한 목표가 있어야 하고, 그 목표를 성취함으로써 받는 보수가 있어야 한다. 그래서 보수(payoff)는 게임의 또 다른 구성요소이다. 게임 참가자들이 더 좋은 학점을 받기 위해서 노력을 하는데, 그 노력의 결과인 학점이 "나만의 노력에 의해서 결정되는 것이 아니라 나와 짝을 이루는 학생의 선택에 의해서도 결정"이 된다. 위에서 이러한 상황을 '전략적 상황'이라고 하였다. 이러한 전략적 상황에서 좋은 학점을 받기 위한 선택은 나 자신의 상황을 고려해야 할 뿐만 아니라, 내 짝의 선택을 고려해서 해야 한다. 즉 나의 선택은 내 짝의 선택에 대응해서 만들어 져야 하는데, 내 짝의 선택에 대한 가정적 상황(contingency)에 대응해서 만들어진 모든 나의 선택지들의 집합을 '전략(strategy)'이라고 한다. 이 전략은 나의 보수를 실현시키는 수단으로서 게임구성의 가장 중요한 요소이다.

지금까지 설명한 게임요소들을 가지고 위에서 설명한 '학점받기 게임'을 이해하기 쉽게 표로 만들 수 있는데, 이런 표를 보수행렬(payoff matrix)이라고 한다.

〈표 4-1〉 학점받기 게임의 보수행렬

		나	
		α	β
가	α	B^-, B^-	A, C
	β	C, A	B^+, B+

〈표 4-1〉에서 '가와 나'는 게임에 참가하는 학생들이고, α, β는 전략이고, (B^-, B^-), (A, C), (C, A), (B^+, B^+)는 전략으로부터 받게 될 보수이다. 그런데, 관행적으로 셀 안에 있는 보수들 중 앞에 있는 보수가 게임 참가자 '가'의 보수를 나타내고, 뒤에 있는 보수가 '나'의 보수를 나타낸다.

'가'와 '나'는 학점을 잘 받기 위해서 α와 β 중 어떤 주제로 리포트를 써야 할지를 동시에 결정해야 한다. 물론, 가와 나는 결정을 할 때 자기의 짝이 어떤 주제로 리포트 쓰는지 알 수 없다. 이런 관점에서 이 게임은 동시에 의사결정을 하는 불완전정보 게임이다.

그러면 '가'는 높은 학점을 받기 위해 어떤 주제로 리포트를 써야할까? '가'가 어떤 리포트를 쓰는가도 중요하지만 '나'가 어떤 리포트를 쓰는가도 '가'의 학점에 영향을 미친다. 그래서 '가'는 먼저 '나'의 선택을 점검해야 한다. '나'가 α를 선택한다면, '가'가 대응할 수 있는 수단은 α와 β 두 가지인데, α를 선택했을 때는 '가'가 받을 수 있는 학점이 B^-이고, β를 선택했을 때 받을 수 있는 학점이 C이다. 당연히, '나'가 α를 선택하면 '가'는 α를 선택하는 것이 더 높은 학점을 얻는다. 이제 '나'가 β를 선택한다고 해보자. 그러면 전과 같이 '가'는 자기가 선택할 수 있는 α와 β에 대해서 얻을 수 있는 학점을 따져봐야 된다. α를 선택하면 A, β를 선택하면 B^{+}이다. '가'는 '나'가 β를 선택할 때 α를 선택하는 것이 더 좋은 학점을 얻는다. '가'의 입장에서는 보수행렬을 분석해서 '나'가 α를 선택하거나 β를 선택하거나 관계없이 α를 선택하는 것이 학점을 가장 잘 받을 수 있다는 것을 알게 된다. '가'는 α를 할까, β를 할까 고민할 필요 없이 α를 선택할 수 있게 된다. 이와 같이 상대방의 전략에 관계없이 가장 높은 보수(payoff)를 보장해주는 전략을 우월전략(dominant strategy)이라고 한다. 학점받기 게임에서는 α가 우월전략이다. 그 반대되는 경우를 열등전략(dominated strategy)이라고 하고, 학점받기 게임에서는 β가 이에 해당된다.

지금까지 '가'의 분석만을 설명하였다. 그러면 '나'의 분석은 어떨까? 보수행렬이 대칭적으로 이루어져 있기 때문에 '나'도 '가'와 같이 똑 같은 분석을 하면 α가 우월전략이라는 것을 알게 된다. '가'와 '나'는 각각의 분석으로부터 α 주제로 리포트를 쓰기로 결정한다. 그 결과 둘이 짝이 되었을 때 각각 B^{-} 학점을 얻게 된다. '가'든 '나'든 α를 취소하고 β로 돌아설 어떤 유인이 없다. 왜냐하면, 그렇게 하면 C학점을 얻게 되는데, 그것은 α를 선택했을 때 받을 수 있는 학점인 B^{-}보다 낮은 학점이기 때문이다. 그래서 '가'와 '나' 모두 α 주제로 리포트를 쓰는 것이 최선의 선택인데, 이렇게 서로 최선의 전략을 선택해서 나온 균형을 '나쉬(Nash)' 균형이라고 한다.

나쉬(Nash) 균형은 게임이론에서 사용하는 가장 보편적인 균형개념으로 다음과 같은 특징을 가지고 있다. 첫째, 게임 참가자들이 이 균형에서 벗어나서 더 좋은 보수를 받을 수 없다는 것을 알고 있기 때문에 이 균형으로부터 벗어날 어떤 동기를 가지고 있지 않다. 둘째, 이 균형은 게임이 시작할 때 게임 참가자들이 상대방이 선택할 전략에 대해서 추측한 것이 그대로 실현된 결과이다. '학점받기' 게임에서 '가'는 '나'가 합리적이고 이기적인 본성을 가진 보편적 인간이기 때문에 α를 주제로 리포트를 쓰는 것이 그에게 가장 이익이 되는 일이라고 추측한다. '가'는 그냥 그럴 것이라고 믿는 것이다. '나'도 '가'가 합리적이고 이기적 본성을 가진 보편적 인간이기 때문에 α를 주제로 리포트를 쓸 것이라는 것을 역시 추측한다. '가'와 '나'가 상대방이 자기에게 갖는 믿음(또는 추측)과 다르게 행동하면 나쉬(Nash) 균형은 도달되지 않는다. 나쉬 균형에서는 '가'와 '나'가 상대방이 자기 자신에게 그럴 것이라고 믿는 대로 행동하고, 그 결과 게임 참가자들이 믿는 믿음대로 실현된다. 즉, '가'는 '나'가 α 주제로 리포트를 쓴다고 믿었는데, '나'는 그대로 행동했고, '나'는 '가'가 α 주제로 리포트를 쓴다고 믿었는데, '가'는 그대로 행동했다. 그 결과 '가'와 '나'가 모두 α에 관한 주제로 리포트를 써서 B^-의 학점을 받는다. 이렇게 각자의 믿음 (또는 추측)이 실현된 것이 나쉬 균형이다.

(2) 순수전략게임과 죄수의 고민 균형

학점받기 게임의 균형을 조금 더 살펴볼 필요가 있다. '가'와 '나', 두 학생이 서로 가장 높은 학점을 받기 위해서 최선을 다해서 게임을 했는데, 그 결과 둘 모두 B^-를 받았다. B^-도 좋은 학점이기는 한데, 그들의 노력에 비해서는 뭔가 아쉬운 점이 있다. 특히, "보수행렬을 보면 둘이 β로 리포트를 썼다면 B^+를 받을 수 있었을 텐데 …"라는 아쉬움이 있다. 그러면, 왜 두 학생은 β로 리포트를 쓰지 않았을까? 언뜻 보아서는 서로 소통(communication)이 안 된 것이 원인이라고 추측할 수 있다. '가'와 '나'가 의사결정을 하기 전에 서로 β 주제로 리포트를 쓰자고 합의를 하면 더 높은 학점을 받을 수 있었는데, 이런 소통과 합의를 하지 않았기 때문이라고 생각할 수 있다.[2] 과연 그럴까? 이런 생각이 잘못된 것이라는 것은 β를 쓰기로 합의한 것이 나쉬(Nash) 균형인지를 점검해 보면 쉽게 알 수 있다. '가'와 '나'가 서로 β 주제로 리포트를 쓰기로 합의했다고 해보자. 그리고 가와 나는 서로 보수행렬표를 보며 생각을 할 것이다. 합의는 했지만 β에서 α로 옮기기만 하면 A학점을 받을 수 있는데, 또는 약속을 지켜서 β로 리포트를 썼는데 상대방이 약속을 지키지 않고 α를 쓰면 내가 C를 받을 가능성에 대한 두려움으로(〈표 4-1〉의 보수행렬을 보면서 이해하라), 꼭 합의를 지킬 필요가 있을까 고민을 할 것이다. 합의를 지키지 않았을 때 양심의 가책만 빼면 별다른 벌이나 제재가 없기 때문에 이기적이지만 합리적인 학생인 '가'와 '나'는 α를 선택한다. 둘이 β로 쓰기로 합의를 했더라도 결국 균형은 원래의 균형인 α를 선택하는 균형으로 되돌아온다. 결론은 더 높은 학점을 받을 수 있는데도 불구하고 더 낮은 학점을 받는 결과(균형)가 일어난 것은 소통(communication)이 문제가 아니라는 것이다. 이런 균형을 '죄수의 고민(prisoners' dilemma)' 균형이라고 한다. 이런 '죄수의 고민 균형'이 나오는 경제현상은 대부분 '공동소유', '공동이익' 또는 '공동체이익'이 포함되어 있을 때이다. 예를 들면, 공해상의 어류, 맑은 공기, 깨끗한 환경과 같은 공유자원(common resource), 둘 이상 쓰는 기숙사의 생활과 같은 공동생활, 공동판매 등이다. 이런 문제는 서로 협력해서 자원을 아끼고, 오염을 줄이고, 기숙사 방을 청소하고, 판매노력을 함께 하는 것이 공동체에게 유익이 되는 더 좋은 균형인데, 실제로 일어나는 나쉬 균형은 어류를 남획하고, 기숙사 방을 서로 청소 안 하고, 판매노력을 안하는 더 나쁜 균형인 '죄수의 고민' 균형이 일어난다. 이런 문제

2) 이렇게 하는 것을 경제학 용어로 담합(collusion)이라고 한다.

를 해결하는 방법은 소통을 강화하는 것이 아니라 게임 참가자가 전략의 선택으로부터 얻을 수 있는 보수를 바꿔야 된다. 즉 채찍과 당근의 인센티브 제도의 도입이 해결책이다.

(3) 순수전략 게임과 복수의 균형 - 조정의 역할

'학점받기게임'의 경우에는 소통(communication)이나 조정(coordination)이 더 좋은 균형으로 이끌 수 없다고 하였다. 그런데, 소통과 조정이 더 좋은 균형을 이끄는 경제현상들이 있다. 이 문제를 이해하기 위해 '투자게임'을 소개해 보자. 투자자는 다수 이지만 이해를 돕기 투자게임에 참여하는 투자자는 '가'와 '나' 두 명이라고 해보자. 투자자들은 10원을 투자하거나, 투자하지 않거나 두 가지 전략을 가지고 있다. 투자로부터 얻는 보수(payoff)는 다음과 같다: 투자를 하지 않으면 보수는 0이다. 둘이 모두 투자를 하면 순수익 5원을 얻고, 둘 중 한 명만 투자를 하면 투자자는 투자한 금액 10원을 손해를 본다. 이러한 투자게임을 보수행렬로 나타내면 아래 〈표 4-2〉와 같다.

〈표 4-2〉 투자 게임의 보수행렬

		나	
가		투자안함	투자함
	투자안함	0, 0	0, −10
	투자 함	−10, 0	5, 5

이 게임은 '학점받기' 게임처럼 '가'는 '나'가 선택할 행동, 즉 투자할 것인가 아니면 투자하지 않을 것인가에 대해 각각 대응전략을 짠다. 즉, '나'가 투자를 안 한다면 '가'도 투자를 하지 않는 것이 이익이다. '나'가 투자를 하지 않는 데 '가'만 투자를 하면 '가'는 10원을 잃게 된다. '나'가 투자를 한다

면 '가'도 투자를 하는 것이 순수익 5원을 벌 수 있기 때문에 투자를 하는 것이 이익이다. '나'도 '가'와 같이 '가'의 행동에 대한 대응전략을 짜고, '가'와 같은 결론을 내릴 것이다. 즉, 상대방을 따라 하는 것이다. 즉, 상대방이 투자를 하면 투자를 하고, 상대방이 투자를 하지 않으면 투자를 하지 않는 것이다. 이런 현상을 '편승효과(bandwagon)'라고 한다. 그래서 이 투자 게임의 나쉬 균형은 (투자안함, 투자안함)과 (투자함, 투자함) 두 개의 균형이 나오고, 보수는 (0,0)과 (5,5)이다. 이 균형이 나쉬 균형인지를 점검해보자. 먼저 (투자함, 투자함) 균형에서는 '가'든 '나'든 투자안함으로 옮기면 보수가 5에서 0으로 줄어들기 때문에 옮길 이유가 없다. 또, (투자안함, 투자안함)에서 '가'든 '나'든 투자함으로 옮기면 보수가 0에서 −10이 되기 때문에 역시 옮길 이유가 없다. 따라서 (투자함, 투자함), (투자안함, 투자안함)이 나쉬 균형임이 틀림없다. 그런데 '가'와 '나'가 동시 선택을 하는데, '가'는 '나'가 투자할 것으로 추측하고 투자함을 선택했는데 '나'는 투자안함을 선택하면 어떻게 될까? '가'는 자기 추측이 틀렸음을 알아차리고 다음 번 게임에서는 수정해서 바로 투자안함을 선택해서 균형이 (투자안함, 투자안함)으로 수렴한다.

투자게임은 (투자함, 투자함)과 (투자안함, 투자안함) 두 개의 균형이 있음을 확인하였다. 그런데, (투자안함, 투자안함) 균형이 나왔을 때를 살펴보자. 이 균형은 분명히 (투자함, 투자함) 균형보다는 좋지 않은지는 '가'와 '나' 모두 알고 있지만, 둘 중에 하나가 움직였는데, 나머지 하나가 같이 움직이지 않으면 먼저 움직인 사람이 10원의 투자금액을 잃어 버릴까봐 (투자함, 투자함) 균형으로 옮기지 못하고 눈치를 보는 상황이다. 이때 누군가가 '소통'을 하고 '조정'을 하면 (투자안함, 투자안함) 균형에서 (투자함, 투자함) 균형으로 옮기게 된다. 그리고 일단 (투자함, 투자함) 균형에 도달하면, '죄수의 고민'게임과는 다르게 (투자안함, 투자안함) 균형으로 돌아가지 않는다. 그 이유는 (투자안함, 투자안함) 균형으로 돌아가 봤자 둘 다 더 적은 보수를 받기 때문이다. 이와 같이, 복수의 나쉬 균형이 존재할 때 조정(coordination)이 매우 중요한 역할을 한다. 그리고 이러한 '조정게임(coordination game)'은 위에서 설명한 바와 같이 '죄수의 고민' 균형처럼 보이지만, 실상 상당히 다른 게임이다. '죄수의 고민' 균형에서는 더 좋은 균형에 도달하는 좋은 전략을 포기하고 나쁜 전략으로 돌아가려는 인센티브가 있지만, 조정게임에서는 그런 인센티브가 없다.

투자게임으로 설명할 수 있는 경제 및 사회현상이 있다. 예를 들면, "네가 하면 나도 하고, 네가 하지 않으면 나도 하지 않는다"는 편승효과와 관련된 현상으로 패션상품이나 네트워크 효과가 있는 상품의 소비에서 이런 현상이 나타난다. 또 주식가격의 갑작스런 급등이나 급락, 은행의 신용이 의심스러울 때 예금인출사태 등도 편승효과로 설명할 수 있는 예들이다.

(4) 혼합전략 게임

'학점받기 게임'이나 '투자게임'은 균형이 존재하는 게임이다. 그런데 순수전략을 가지고서는 게임의 균형이 나오지 않는 경제 및 사회 현상들이 많이 있다. 쉽게 생각해볼 있는 경우가 '가위, 바위, 보' 게임이다. '가'와 '나'가 "가위, 바위, 보"게임을 한다고 해보자. 그리고 게임의 보수는 이기면 1원을 받고, 비기면 0원, 지면 1원을 준다고 해보자. 이 게임을 보수행렬로 나타내면 〈표 4-3〉과 같다.

〈표5-3〉 가위·바위·보 게임의 보수행렬

		나		
가		가위	바위	보
	가위	0, 0	−1, 1	1, −1
	바위	1, −1	0, 0	−1, 1
	보	−1, 1	1, −1	0, 0

'가'는 '나'의 전략에 대응해서 전략을 세운다. 예컨대 '나'가 가위를 낸다면 바위를, 바위를 낸다면 보를, 보를 낸다면 가위를 낸다는 전략을 짠다. '나'도 '가'와 같은 전략을 짠다. 그런데, '학점받기 게임'이나 '투자게임'의 경우 '가'는 '나'의 입장에서 '나'가 '가' 자신의 전략에 대응해서 어떻게 대응할지를 분석해서 '나'가 선택할 전략을 분명히 알 수 있었다. 그런데 '가위, 바위, 보' 게임에서는 '나'의 전략이 '가'의 전략에 대응해서 계속 순환하게 되어서 '나'의 선택을 예측할 수 없다. 즉, '가'가 가위를 낸다고 하면 '나'는 바위를 낼 것이라는 것을 '가'는 예측할 수 있다. 그러면 '가'는 '보'를 내야 이긴다. 그렇게 하면 '나'는 '가위'로 선택을 바꾼다. 그러면 '가'역시 바위로 바꿔야 한다. '나' 역시 가위에서 보로 바꾼다. 이렇게 '가'와 '나'의 전략이 균형으로 수렴하는 것이 아니라 계속 순환해서 안정된 균형으로 수렴하지 않는다. 이렇게 '가위, 바위, 보' 게임은 균형이 나오지 않는다. 그러면 어떻게 해야 할까? 이럴 때 일상에서 일어나는 일을 통해 해결점을 찾아보자. 보통 가위, 바위, 보 게임을 할 때 '학점받기' 게임 같이 어떤 전략을 사용하면 반드시 이기거나 또는 적어도 반드시 유리하다고 추측할 수 없다. 즉, 상대방이 가위, 바위, 보 중 무엇을 낼지 전혀 알 수 없다. 이런 상황에서 유일하게 알 수 있는 것은 가위, 바위, 보 중 어떤 것을 내어도 이길 확률은 1/3이라는 사실이다. 그래서 보통 가위, 바위, 보 중 아무 것이나 무작위로 결정하는 것이 가위,

바위, 보 게임의 일반적인 전략이다. 여기서 핵심적인 내용은 무엇을 낼 것인가를 무작위로 결정한다는 것이고, 이것은 게임 참가자 모두가 공통적으로 채택하고 있는 전략이라는 것이다. 따라서 '가위·바위·보' 게임에서 누가 이기는 것도 무작위로 결정된다. 이렇게 '순수전략(pure strategy)들' 중에서 무작위로 전략을 결정하는 것을 '혼합전략(mixed strategy)'이라고 한다.

순수전략으로 균형이 없을 때는 혼합전략을 쓰는데, 이렇게 했을 때 균형이 어떻게 도출되는지 알아보자. 혼합전략을 쓰는 상황은 순수전략으로는 어떤 하나의 전략을 선택할 수 없기 때문에 게임 참가자들이 상대방이 어떤 전략을 택할지 모르는 상황이다. 즉, 게임에서 상대방이 어떤 전략을 선택할지가 불완전 정보로 바뀌게 되는데, 이런 경우에 게임 참가자들은 추측을 할 수밖에 없다. 그리고 이런 추측은 확률분포를 이용한 확률로 나타낼 수 있다. 즉, '가위·바위·보' 게임에서 '가'는 '나'가 무엇을 낼지 모르는 상황에서 가위, 바위, 보를 낼 확률을 각각 1/3로 추측할 수 있다. 물론 '나'도 비슷하게 '가'가 가위, 바위, 보를 낼 확률을 1/3로 추측할 수도 있고, 나름대로 정보와 경험을 가지고 '가'가 가위, 바위, 보를 낼 확률을 5/1, 5/2, 5/2로 할 수도 있다.

여기서 게임 참가자가 왜, 혼합전략을 사용하는지를 잠깐 생각해보자. 게임 참가자가 이런 무작위 전략을 쓰는 이유는 순수전략 중에 어떤 전략을 선택하더라도 보수가 같기 때문이다. 만약, 순수전략 중 무작위로 선택한 어떤 전략이 다른 전략보다 보수가 높으면 바로 그 전략을 선택하지 무작위로 뽑은 전략을 선택하지 않을 것이다. 따라서 게임 참가자가 무작위로 선택하는 혼합전략을 사용한다는 것은 순수전략 중에 어떤 전략을 사용하더라도 기대보수가 같다는 믿음이 있기 때문이다. 혼합전략의 균형은 이런 사실을 이용해서 도출하게 된다.

위의 내용을 이용해서 '홀짝 게임' 에 대한 혼합전략의 균형을 찾아보자. '가'와 '나'가 홀짝 게임을 하는데 '가'가 홀 또는 짝을 낸 것을 '나'가 맞히면 '가'는 '나'에게 1원을 주고 틀리면 1원을 받는다. 이것을 보수행렬을 나타내면 〈표 4-4〉와 같다.

〈표 4-4〉 홀짝게임의 보수행렬

		나	
		홀	짝
가	홀	−1, 1	1, −1
	짝	1, −1	−1, 1

'가'는 '나'가 홀을 할지 짝을 할지 모르기 때문에, 홀을 할 확률을 q, 짝을 할 확률을 1−q로 추측한다고 해보자. '나'는 '가'가 홀을 할 확률을 p, 짝을 할 확률을 1−p로 추측한다. '가'는 무작위로 '홀' 또는 '짝'을 선택하는데, 이렇게 무작위로 전략을 결정하는 것은 홀과 짝에 대한 기대보수가 같다고 믿기 때문이라고 위에서 설명 하였다. 이제, '가'의 홀과 짝에 대한 기대보수를 구해보자.

가의 입장에서 '홀'의 기대보수: $q \times -1 + (1-q) \times 1 = 1-2q$

가의 입장에서 '짝'의 기대보수: $q \times 1 + (1-q) \times -1 = -1+2q$

홀의 기대보수=짝의 기대보수: $1-2q = -1+2q \rightarrow q^* = 1/2,\ (1-q^*) = 1/2$

'나'의 입장에서 '홀'과 '짝'의 기대보수를 같은 방법으로 풀면 $p^*=1/2$, $(1-p^*)=1/2$이 나온다. 이제 $P^*=1/2$와 $q^*=1/2$를 위의 식에 넣어서 기대보수를 계산하면 순수전략이든 혼합전략이든 어떤 경우에도 기대보수는 '0'이 나온다. 요약하면, 홀짝게임은 순수전략의 나쉬균형이 존재하지 않는다. 그래서 '가'가 홀을 선택할 확률 1/2, 짝을 선택할 확률 1/2 $[p, 1-p=(1/2,\ 1/2)]$로 홀 또는 짝을 선택하고, '나'도 홀을 선택할 확률 1/2, 짝을 선택할 확률 1/2 $[q, 1-q=(1/2,\ 1/2)]$로 홀 또는 짝을 선택해서, 기대보수 '0'이 나오는 균형이 존재하는 데, 이런 균형을 혼합전략 균형이라고 한다.

혼합전략 균형은 다음과 같은 특성을 가진다. 첫째, 혼합전략이 무작위로 결정되기 때문에 혼합전략으로 나올 수 있는 균형인 (홀, 홀), (홀, 짝), (짝, 홀), (짝, 짝)은 각각 1/4의 확률로 무작위로 결정된다. 둘째, 혼합전략 균형의 보수는 순수전략 균형의 보수와 같을 수 없다. 그 이유는 혼합전략의 보수는 순수전략을 사용해서 일어날 수 있는 모든 경우의 수를 고려해서 보수가 결정되기 때문이다. 셋째, 혼합전략의 균형은 게임 참가자가 모두가 상대방이 어떤 전략을 선택할 확률에 대한 추측이 실제로 실현된 상태이다. 위 게임에서 '가'는 '나'가 홀을 선택할 확률(q)을 1/2, 짝을 선택할 확률$(1-q)$을 1/2로 추측하였고, '나'도 '가'가 홀을 선택할 확률(p)을 1/2, 짝을 선택할 확률$(1-p)$을 1/2로 추측하였다. 그런데, 가와 나가 실제로 이런 확률로 홀, 짝을 선택하였고, 따라서 혼합전략 균형은 이런 추측이 실현된 것이다.

혼합전략은 상대방이 자신의 전략을 예측하지 못하게 하는 것이 자신에게 유리한 경우에 주로 사용된다. 위의 홀 · 짝 게임이 좋은 예이고, 일반적으로 상대가 있는 대부분의 스포츠에서도 혼합전략이 유효한 전략이다. 경제에서 혼합전략이 유용하게 사용되는 경우의 예를 들어보자. 탈세를 막기 위해서 세무조사를 하는 경우 전수를 조사를 하는 것은 비용이 크게 들어 시행하기가 어렵다. 이 경우에 세무 조사를 무작위로 선택해서 한다면, 탈세를 하려고 하는 사람도 자기가 걸릴 확률이 있기 때문에 탈세하려던 계획을 억제한다. 이와 같이 세무조사를 할 때 혼합전략을 사용하면 비용대비 효과가 높게 된다. 비슷한 맥락에서 테러범 검거의 경우도 모든 공항에 검색대를 설치하는 것은 비용이 많이 드니까 모의 검색대와 진품 검색대를 무작위로 설치하는 혼합전략도 테러 억제에 비용대비 효과적인 전략이다.

(5) 순차결정게임과 부분게임 완전균형

지금까지 설명한 게임들은 게임 참가자들이 그들이 선택할 전략을 동시에 결정하는 게임이다. 그런데, 화투나 포커게임과 같이 게임 참가자의 의사결정이 순차적으로 이루어지는 경우가 있고, 또 경제 및 사회현상에도 이와 비슷한 경우가 있다. 이제 의사결정이 순차적으로 이루어지는 경우를 '시장진입저지' 게임으로 설명해보자. 게임 참가자는 진입기업과 기존기업이다. 진입기업은 시장진입을 할 것인지 아니면 진입포기를 할 것인지 두 가지 전략을 가지고 있다. 기존기업은 진입기업이 시장에 들어오면 가격을 낮춰서 싸우는 것과 진입기업을 받아들여 시장을 나누어 가지는 두 가지 전략을 가지고 있다. 진입기업과 기존기업이 각각의 전략으로 얻을 수 있는 보수는 아래 〈표 4-5〉와 같다.

의사결정의 순서가 게임의 결과에 어떤 영향을 미치는 가를 알아보기 위해 먼저 〈표 4-5〉를 바탕으로 의사결정을 동시에 하는 경우의 나쉬 균형을 찾아보자. 진입기업이 진입을 하면 기존기업은 시장을 공유하고, 진입기업

〈표 4-5〉 시장진입저지 게임의 보수행렬

	기존기업		
진입기업		시장공유	싸움
	시장진입	40, 50	−10, 0
	진입포기	0, 100	0, 100

이 진입 포기를 하면 기존기업은 시장공유와 싸움을 하는 것에 차이가 없다는 것을 알 수 있다. 반대로, 기존기업이 시장공유를 하면 진입기업은 진입하고, 기존기업이 싸우겠다고 하면 진입기업은 시장진입을 취소한다. 따라서 이 게임의 나쉬 균형은 (시장진입, 시장공유), (진입포기, 싸움) 두 가지가 나온다.

이제 진입기업과 기존기업이 의사결정을 동시에 하는 것이 아니라 시간적으로 차이를 두고 한다고 해보자. 진입기업이 먼저 의사결정을 하고, 그것을 관찰한 다음에 기존기업이 의사결정을 한다고 해보자, 이와 같이, 의사결정에서 시간 차이가 나는 것을 보수행렬표로 설명하기에는 무리가 있다. 이런 어려움을 해소하기 위해, 순차선택게임(sequential game)의 경우 〈그림 4-6〉과 같이 게임을 전개형(extensive form)으로 나타낸다.

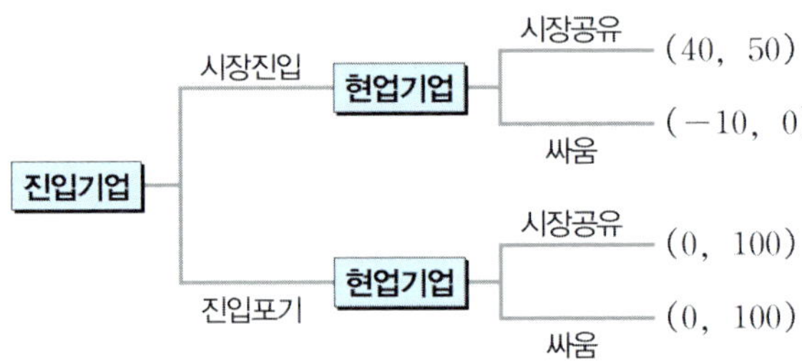

〈그림 4-6〉 시장진입저지 게임의 전개형 형태

의사결정의 순서는 그림의 가장 왼쪽부터 오른쪽으로 진행되고, 괄호 안에 있는 숫자는 보수(payoff)를 나타낸다. 첫 번째 숫자는 첫 번째 의사결정자의 보수를 나타내고, 두 번째 숫자는 두 번째 의사결정자의 보수를 나타낸다. 네모는 마디(node)라고 하는데, 이 마디가 게임 참가자가 어떤 전략을 선택할 것인가에 관해 의사결정을 내리는 지점이다. 즉, 마디에 적힌 기업이 선을 따라 표시되어 있는 전략들 중에 하나를 선택한다.

〈그림 4-6〉을 보면 현업기업은 진입기업의 선택을 보고 결정한다. 그러면, 진입기업은 어떻게 결정을 할까? 진입기업 입장에서는 현업기업이 자기의 선택을 보고 그 다음에 선택을 한다는 것을 알기 때문에 자신이 어떤 선택을 했을 때 그 선택에 대응해서 현업기업이 어떤 선택을 하는 가를 분석한 다음에 선택을 해야 한다. 즉, 〈그림 4-6〉에서 진입기업은 먼저 현업기업이 결정하는 마디(node)를 분석해서 현업기업이 어떻게 결정하는 지를 분석한다. 분석을 통해 현업기업은 시장을 공유할 때의 보수 50이 싸울 때의 보수 0보다 크기 때문에 시장을 공유하는 선택을 할 것이라는 것을 알게 된다. 이 사실을 알게 되면 진입기업은 자기가 시장진입을 선택하면 현업기업은 시장공유를 선택해 자기가 보수 40을 얻게 된다는 것을 알게 된다. 그러면 진입포기할 때의 보수 0보다 시장진입 보수 40이 크므로 당연히 시장진입을 선택한다. 이런 과정을 통해서 순차선택게임의 균형은 진입기업이 '시장진입'을 선택하고, 현업기업은 '시장공유'를 선택한다. 즉 나쉬 균형은 (시장진입, 시장공유)이다. 이 결과는 동시선택게임의 결과와 다르다. 다른 점들을 설명해보자. 첫째, 순차선택게임은 균형을 찾는 방법이 동시선택게임과 다르다. 의사결정을 먼저 해야 하는 진입기업이 의사결정을 하기 위해서 현업기업의 의사결정을 분석하였다. 그리고 그 분석의 바탕위에서 자신

의 의사결정을 하였다. 이것은 의사결정은 진입기업이 먼저 하지만 의사결정에 대한 분석은 반대로 해야 한다는 것을 의미한다. 즉 순차선택게임에서 의사결정은 전개형 그림의 왼쪽에서 오른쪽으로 진행되지만, 의사결정을 위한 분석은 거꾸로 오른쪽 끝에서 왼쪽으로 해야 한다는 것을 의미한다. 이런 식으로 분석의 마디(node)를 맨 끝에서 처음으로 해나가는 것을 역진귀납법(backward induction)이라고 한다. 순차선택게임의 나쉬 균형은 이 '역진귀납법'으로만 찾아진다.

둘째, 순차선택게임은 의사결정 순서가 게임의 결과에 결정적인 영향을 미친다는 것을 보여준다. 즉, 의사결정과 행동을 먼저 하는 선발자가 후발자보다 이점(first mover advantage)이 있다는 것을 보여준다. 시장진입저지 게임에서 진입기업이 시장진입을 먼저 해버리면 현업기업은 시장진입을 저지하기 위해서 쓸 수 있는 여러 가지 전략 중에서 몇몇은 쓸모없는 전략이 되어서, 사용할 수 있는 전략의 범위가 줄어든다. 예컨대, 현업기업이 진입기업이 시장에 들어왔을 때 실질적으로 불리하게 만들 수 있는 전문 인력이나 요지의 선점, 시설투자, 협박(bluffing) 등을 효과적으로 사용할 수 없게 된다. 이런 결과로 현업기업은 진입기업을 받아들여 시장을 공유할 수밖에 없게 된다. 반대로, 현업기업이 먼저 의사결정과 행동을 하고, 진입기업이 나중에 하게 되면 시장진입저지 게임의 결과는 바뀌게 된다. 현업기업이 시장진입을 저지하기 위해 생산의 필수요소를 선점해서 진입기업의 생산비용을 늘어나게 하는 조치를 먼저 취하면 나중에 결정을 하는 진입기업은 진입을 포기할 수밖에 없게 된다. 이와 같이 순차선택게임은 동시선택게임이 분석할 수 없는 선발자 이익을 보여준다.

셋째, 순차선택게임에서 사용하는 '부분게임 완전균형'은 동시선택게임에서 사용한 '나쉬 균형' 개념을 개선한 것으로, 동시선택게임의 나쉬 균형 중에서 '신빙성(credibility)'이 없는 균형을 무효화시킨다. 먼저, '부분게임 완전균형' 개념을 설명해 보자. 부분게임(subgame)은 전개형 게임의 일부로서 의사결정마디와 그 마디로부터 파생된 모든 후계 마디로 이루어진 게임이다. 〈그림 4-6〉에서 기존기업의 의사결정마디에 연결된 시장공유와 싸움의 선택지들이 하나의 부분게임이고, 또 진입기업의 의사결정마디와 연결된 시장진입과 진입포기의 선택지와 기존기업 의사결정마디 연결된 시장공유와 싸움의 선택지들이 하나의 부분게임이다. 부분게임 완전균형은 모든 부분게임의 나쉬 균형이 모두 포함된 균형을 의미한다. 역진귀납법으로 첫 번째 부분게임의 나쉬 균형은 (시장공유)이다. 두 번째 부분게임의 나쉬 균형은 (시장진입, 시장공유)이다. 모든 부분게임의 나쉬 균형을 모두 포함하는 부분게임 완전균형은 (시장진입, 시장공유)이다. 그런데 부분게임 완전균형은 동시선택게임의 나쉬 균형인 (시장진입, 시장공유)와 (진입포기, 싸움)과 비교하면 (진입포기, 싸움) 균형이 없는 것을 알 수 있다. 이것은 진입기업이 실제로 시장에 진입하면 현업기업 입장에서는 싸우는 전략이 그 자신의 이익에 부합하지 않기 때문에 결코 싸우지 않을 것이며, 싸우겠다는 전략은 '단지 믿을 수 없는 위협(incredible threat)'이라는 것을 알아차린다. 그래서 진입기업은 이러한 믿을 수 없는 전략을 무시하기 때문에 (진입포기, 싸움)은 부분게임 완전균형이 될 수 없다. 이렇게 부분게임 완전균형은 나쉬 균형을 이루는 전략들 중에 '신빙성(credibility)'이 없는 전략을 제거한다.

(6) 반복게임 - 암묵적 담합

지금까지 다룬 게임들은 의사결정이 동시에 이루어지든지 순차적으로 이루어지든지 모두 암묵적으로 1회 게임을 전제로 하였다. 그러나 현실에서는 기업들이 서로 수십 년 이상을 서로 경쟁관계를 유지하는 경우가 있다. 이런 경우들은 1회 게임으로는 설명할 수가 없다. 이런 문제를 해결하기 위해서 반복게임으로서 '속임과 협력게임'을 설명한다. '가'와 '나'가 유한 수의 게임을 반복해서 진행한다. '가'와 '나'는 각각 상대방을 속이는 것과 협력하는 것 두 가지의 전략을 가지고 있다. 각각의 전략으로부터 기대되는 보수는 〈표 4-7〉과 같다.

〈표 4-7〉 속임과 협력게임의 보수행렬

	나		
		속 임	협 력
가	속 임	5, 5	14, 1
	협 력	1, 14	10, 10

'가'와 '나'가 1회 게임을 한다고 해보자. 〈표 4-7〉의 표로부터 도출되는 나쉬 균형은 '가'와 '나'가 모두 우월전략으로 '속임'을 선택해서 각각 5원을 얻는 것이다. 여기서 '가'와 '나'가 똑같은 게임을 유한 수, 예컨대 100회 반복한다고 해보자. 그러면, '가'와 '나'의 전략이 바뀔 수 있다. 그 이유는 1회 게임을 할 때는 현재 상황만을 고려하지만 게임이 반복되면 현재의 상황과 앞으로 전개될 상황을 연계해서 생각하기 때문이다. 즉, 1회 게임에서는 '가'는 둘 다 협력을 선택하면 속임을 선택할 때 보다 두 배나 많은 보수를 얻을 수 있지만, 자기가 그렇게 했을 때 '나'가 협력을 하지 않으면 속임을 선택했을 때보다 4원을 손해를 보기 때문에 '나'가 협력을 선택한다는 보장이 없는 한 협력을 선택하지 않는다. 그러나 게임이 반복되면, '가'는 '나'가 합리적 계산자라는 믿음과 함께 4원의 손실을 볼 수 있는 위험을 감수하면서

'협력'을 선택할 수 있다. '가'는 그가 협력을 선택했을 때 그것에 대응해서 '나'가 속임과 협력을 선택했을 때의 보수를 각각 계산해보고 '가'와 '나'가 계속 협력을 선택하는 한 협력이 더 큰 보수를 얻게 한다는 것을 이해할 것이라고 추측한다. 사실, '나'는 '가'가 이미 협력을 선택했기 때문에 자기도 '협력'을 선택하면 '가'는 '나'의 선택을 협력의 신호로 받아들이고 다음 게임에서도 협력을 선택할 것이라고 추측한다. 그런데, '나'가 '가'가 이미 협력을 선택한 상황에서 속임을 선택하면 14의 보수를 얻어 협력을 선택했을 때보다 4를 더 얻게 되지만. 그 다음 게임에서 '가'가 다시 속임으로 돌아가기 때문에 다음게임에서 그의 보수는 전과 같이 5로 돌아간다는 것을 안다. 이렇게 '나'가 속임을 선택하면 협력을 선택해서 이번 게임과 다음 게임에서 모두 10의 보수를 받는 경우보다 보수가 1이 적게 된다. 즉 2라운드에서 '가'가 협력을 선택했을 때 '나'가 2라운드만 계산하면 '속임'을 선택하는 것이 가장 높은 보수를 보장하는 것이지만, 2, 3라운드 함께 생각하면 '협력'을 선택하는 것이 더 높은 보수를 보장하는 것이다. 게임은 반복해서 계속되는 것이기 때문에 '가'는 '나'가 2, 3라운드 그리고 그 이후를 모두 고려할 것이고 따라서 그 자신이 협력을 선택하면 '나'도 협력을 선택할 수밖에 없을 것이라는 것을 안다. '가'의 이런 기대대로 '나'도 협력을 선택해서 반복게임은 1회 게임과 다르게 '가'와 '나' 모두가 협력을 선택하는 것이 나쉬 균형이 된다. 이 균형은 '죄수의 고민' 균형과 비교해보면 죄수들이 사전에 모의를 하지 않았음에도 불구하고, 서로 죄를 고백하지 않는 담합균형에 도달한 것과 같다. 그래서 이와 같이 반복게임을 통해서 서로 명시적으로 만나서 담합을 협의하고 강제하는 절차를 거치지 않았더라도 담합과 똑같은 결과가 나오는 것을 '암묵적 담합(tacit collusion)'이라고 한다.

반복게임이 1회 게임과 다른 결과가 나온다는 것을 설명하기 위해서 '속임과 협조게임'을 단순하게 만들었지만, 현실적으로 고려해야만 하는 다양한 요소를 포함시키면 반복게임의 나쉬 균형이 반드시 1회 게임의 균형과 다르게 나오는 것은 아니다. 예컨대, 현재와 미래에 대한 주관적 가치, 상대방의 전략을 확실히 알 수 있는 환경, 게임의 반복정도 등이 영향을 미친다. 위의 게임은 미래 1원과 현재 1원의 가치가 같다는 가정을 암묵적으로 깔고 있다. 만약 미래의 1원이 현재 1원의 1/10 정도의 가치를 가지고 있고, 게임이 3회 정도 반복한다면 '가'가 협력을 선택했을 때 '나'는 속임을 선택하는 것이 더 높은 보수를 보장하기 때문에 '나'는 절대로 협력을 선택하지 않는다. '가'도 '나'가 협력을 선택하지 않을 것이라는 것을 알기 때문에 먼저 협력을 선택하지 않는다. 그래서 이런 반복게임의 나쉬 균형은 1회 게임의 균형과 같게 된다. 또, '가'와 '나' 모두가 서로 상대방의 선택을 확실히 분별하지 못하는 불완비정보나 불완전정보가 있을 때, 상대방이 협력을 선택했을 때 속임을 선택하더라도 바로 보복을 하는 선택으로 돌아가기 어렵기 때문에 속임을 선택하는 것으로부터의 이익이 커진다. 이 경우 게임의 반복 회수가 아주 긴 경우에는 게임 참가자들의 전략이 속임과 협조를 무작위로 반복하는 혼합전략 다중균형(multiple equilibria)이 나올 수 있고, 게임의 반복회수가 짧은 경우에는 1회 게임 균형과 같은 균형이 나올 수 있다.

지금까지 구성원 사이에 상호작용이 있고, 그래서 구성원 사이에 상호의존성(inter-dependence)이 있는 다양한 사회 및 경제현상에 대해서 게임이론에 맞게 모형을 구성하고, 그 모형을 분석하는 기본 개념과 방법을 설명하였다.

게임이론으로 분석할 수 있는 경제현상으로는 단순히 독과점 시장에서 일어나는 기업들 사이의 전략적 경쟁뿐만 아니라 도덕적 해이를 해결하기 위한 기업조직 디자인, 노사협상, 정부의 정책의 효율성 등 거의 모든 경제문제를 포괄한다. 더욱이, 게임이론은 생물학의 동물행동분석, 정치학과 국제관계학의 국제정치, 국가 사이의 군비경쟁, 사회학에서 사회병리현상 등에서도 사용된다. 이와 같은 사실은 상호작용이 있는 모든 현상에서 게임이론의 적용이 가능다다는 것을 의미한다.

참고문헌

Williamson, O, "Vertical Integration of Production: Market Failure Consideration", American Economic Review, 1971, pp. 112-123.

Williamson, O, "Market and Hierarchies", New York, Free Press, 1975.

Williamson, O, "The Economic Institution of Capitalism", New York, 1985.

Knight, F, "Risk, Uncertainty and Profit", Dover Publications, INC, 1921.

Alchian and Demsetz, "Production, Information Costs and Economic Organization", American Economic Review, vol. 62, 1972, pp. 779-795.

Neumann, J. V. and Morgenstern, O, "Theory of Games and Economic Behavior", Princeton University Press, 1944.

5장

규칙성, 불확실성 그리고 시장

1. 개관 – 규칙성과 무작위성

> "… 집값이 바닥을 쳤다고들 하는데, 3단지 레미안 슈르를 사야할지, 전세로 그대로 살아야 할지 고민입니다." 어느 까페에 올라온 글에 대한 댓글이 이렇게 달렸다. "… 집값이 오르고 내리는 것은 신도 알 수 없답니다."
>
> 〈○○ 카페에 실린 글〉

집 장만을 계획하고 있는 사람이 집값이 앞으로 더 내려갈지 올라갈지 알 수 없어서 고민하면서 과천지역 어느 카페에 올린 내용이다. 집값뿐만 아니라 물가나 경기 등과 같은 경제현상들도 앞으로 어떻게 될지를 잘 알 수 없다. 그렇지만 한국은행, KDI, 유수의 대기업 연구소들은 성장률이나 물가상승률 등과 같은 경제지표를 전망하고 예측한다. 이런 예측치 들이 꼭 맞는 것은 아니지만 그렇다고 터무니없이 틀리는 경우도 흔치 않다. 다시 말해서 경제를 구성하는 주체인 소비자, 기업이 어떤 원칙과 틀 안에서 움직이지 않는다면 이런 예측이 가능하지도 않고, 경제를 조율하려는 정부정책이라는 것이 존재할 수도 없을 것이다.

밤이 되면 곧 아침이 되는 것을 미리 알 수 있고, 겨울이 오면 얼마 있지 않으면 봄이 올 것이라는 것을 미리 알 수 있다. 밀물과 썰물, 동지와 하지, 계절풍의 방향들도 미리 알 수 있다. 이것은 자연이 어떤 법칙, 즉 자연법(the law of nature)에 따라 운영되지 않으면 이런 자연현상들을 예측할 수 없다. 그렇지만, 몇 개월 후 또는 몇 년 후에 태풍이 어떤 형태로 올지, 장마 비가 얼마나 내릴지, 지진이 어디서 일어날지 아무도 알 수 없다. 내일의 날씨가 맑을 것이라는 것은 기상청에서 예측할 수 있지만 맑은 날에 갑자기 소나기가 오거나 우박이 내리는 것은 맞추지 못한다. 자연이 자연법에 따라 움직이는 것 같지만 또 무작위로 움직이는 것도 적지 않다.

생명체들이 일정 온도의 체온을 가지고 있고, 몸속의 피도 행성이 궤도를 따라 도는 것처럼 일정하게 순환을 한다. 이와 같이 생명체의 몸 안에서 일어나는 작용이 일정한 규칙에 따라 움직이지 않는다면 의사가 검진을 통해 몸의 상태나 병을 진단하고 예측하는 것은 불가능하다. 그렇지만 심장의 부정맥이나 뇌파의 뇌전도와 같이 몸에도 무작위로 일어나는 현상이 있어서 예측할 수 없는 현상들이 있다.

이와 같이 사회, 자연, 생명계는 규칙성과 무작위성이 혼재되어 있다. 즉 사회, 자연, 생명계는 확실성과 불확실성이 공존한다. 자연현상, 사회현상, 생명현상에서 확실성과 관련된 주요 과제는 지금까지 알려지지 않은 규칙성을 찾아내고 규명하는 것이다. 여러 현상에 대해서 일단 규칙성이 밝혀지면, 모든 것이 예측 가능하게 된다. 이런 세계에서는 더 이상 위험이라든가 예측되지 않는 비용이 발생하지 않는다. 그러나 사회현상, 자연현상, 생명현상에서 불확실성과 관련져서 일어나는 중요한 경제과제는 알지 못해서 일어나는 손실, 즉 비용을 최소화하는 것이다. 아래의 논의에서는 불확실성이 수반하는 비용문제를 최소화하기 위해서 불확실성 하에서 어떻게 의사결정을 해야 하고, 또 불확실성으로부터 발생하는 비용을 최소화하기 위해 어떤 사회제도가 디자인 되는지를 설명한다.

2. 불확실성의 물리학 : 혼돈이론과 통계역학[1] - 아몰퍼스와 엔트로피

경제학에서는 확실성의 전제하에서 경제모형을 구축한다. 그리고 필요한 경우에 확실성 모형을 불확실성 모형으로 변형한다. 이 과정에서 불확실성이 어떤 원인으로 일어나는지, 불확실성의 본질이 무엇인지에 대한 설명은 없다. 단지 불확실한 상황이 외생적으로 주어지는 것으로 설정하고 모형을 구축한다. 그러나 현실세계가 불확실성에 의해서 지배받고 있고, 시간이 흐름에 따라 불확실성이 심화되고 있는 사실을 고려하면, 불확실성의 본질을 먼저 파악할 필요가 있다. 이런 관점에서 물리학의 설명을 통해서 불확실성의 본질을 먼저 탐구해보자.

물리학에서 다루는 가장 기본적인 대상은 물질이다. 물질을 구성하는 가장 기본 요소로서 분자와 원자가 있고, 또 이들을 구성하는 요소로서 양성자, 중성자, 전자, 쿼크 등의 소립자들이 있다. 물리학은 소립자들 사이에 작용하는 네 가지 서로 다른 힘, 즉 중력, 전자기력, 핵력, 약력의 상호작용으로부터 우리가 경험하는 자연현상이 나타난다고 설명한다. 이런 자연현상이 어떤 규칙성을 따른다는 생각이 보편화 된 것은 근대, 구체적으로 뉴턴의 고전역학이 성립된 이후부터이다. 지구를 포함하는 행성들이 규칙적으로 운동을 하고 있다는 것을 발견했고, 자연 상태의 초기조건과 힘, 즉 위치와 속도만 알면 그 자연 상태가 미래에 어떻게 변화하는지에 대한 궤적을 정확하게 예측할 수 있다고 믿었다. 이런 믿음은 우주가 정해진 규칙에 따라 운

1) 2절의 혼돈이론과 통계역학 관련 내용과 예시들은 "최무영 교수의 물리학강의" (2008)의 14장, 15장, 16장 내용을 참조하였다.

행되고, 우주만물이 처음과 미래가 정해져 있다는 '결정론'을 형성했다. 그런데, 이런 결정론은 우주만물의 행로가 이미 다 결정되어 있으므로 질서가 정연하고 예측 가능한 것인데, 날씨, 태풍, 지진과 같이 예측할 수 없는 수많은 자연현상을 목도하면서 근세에 들어서면서 고전역학의 설명에 의심을 가지기 시작한다. 그렇지만 물리학자들이 '혼돈현상'으로 일컬어지는 자연의 무질서 현상에 대해서 관심을 가지게 된 것은 1950년대 들어서이고 본격적으로 연구가 시작된 것은 1970년대 후반부터이다.

물리학에서 '혼돈현상'이란 것은 '예측할 수 없다는 것'을 의미한다. 왜, 예측할 수 없느냐 하면 자연현상이 비선형 운동을 하고, 그리고 이 운동이 주기적이지 않기 때문이라는 것이다. 그러면 "왜, 주기적이지 않느냐?", 즉 "왜 자연현상이 무작위하게 움직이느냐?"는 문제는 설명하기가 쉽지 않다. 그래서 예를 들어서 설명하기로 한다. 진자(예, 시계추)를 1초에 한 번씩 주기적으로 밀어준다. 그리고 1초당 궤도를 회전하는 각도를 잰다. 이것을 각속도라고 한다. 그 결과는 〈그림 5-1〉에서 보는 바와 같이 매초마다 각속도가 다르게 나온다. 즉 진자가 규칙적이지 않고 임의로 무질서하게 움직였다는 것을 보여준다. 이렇게 무질서한 움직임이 나오는 이유는 각 1초마다 움직임이 시작되는 회전궤도의 각 위치가 다르기 때문이다. 이것을 확인하기 위해서 처음 140도에서 시작했다가 140도의 60분의 1만 바꿔서 진자운동을 다시 시작해도 운동주기가 확연하게 달라지는 것을 알 수 있다(〈그림 5-1〉 참조). 운동을 처음 시작할 때의 위치(각도), 속도 등을 초기조건이라고 하는데, 물질의 어떤 운동이라고 하더라도 초기조건이 정확하게 같게 만들 수는 없다. 그 이유는 수의 체계로 설명할 수 있다. 자연과학에서는 자연의 상태를 수를 가지고 측정한다. 예컨대, 위치의 좌표나 속도, 질량, 밀도 등과 같은 물질의 기본성질을 모두 숫자로 나타낸다. 이렇게 기술하는 수를 포괄하는 것이 실수(實數: real number)인데, 실수로 표현할 수 없는 아주 미세한 정도의 오차가 존재할 수 있다. 실수로 표현할 수 없는 오차가 있다는 것은 논리적으로 창조주가 초기조건을 한 번 설정해 놓으면 그것과 똑 같은 초기조건을 다시는 만들지 못한다는 것을 의미한다. 이와 같이 초기조건에서 실수로 표현할 수 없는 정도의 오차가 나면 운동은 전혀 다른 움직임을 따른다. 위의 진자운동에서 각속도가 매초마다 다르게 나오는 것도 매초 마다 초기조건이 다르게 되어서 움직임이 다르게 나오는 것이다. 그런데, 진자운동은 뉴턴의 운동방정식을 따르기 때문에 결정론적으로 움직일 수 있다. 즉, 초기조건을 똑같이 만들 수만 있으면 진자운동의 각속도를 똑같은 형태로 반복시킬 수 있고, 진자운동의 움직임을 정확하게 예측할 수 있다. 그렇지만 초기조건을 똑같이 만들 수 없기 때문에 진자의 각속도를 예측할 수 없게 된다. 이와 같이, 물질의 운동이 결정론적인 고전역학의 규칙을 따르지만 초기조건을 똑같이 복사할 수 없기 때문에 무작위로 움직이고 예측할 수

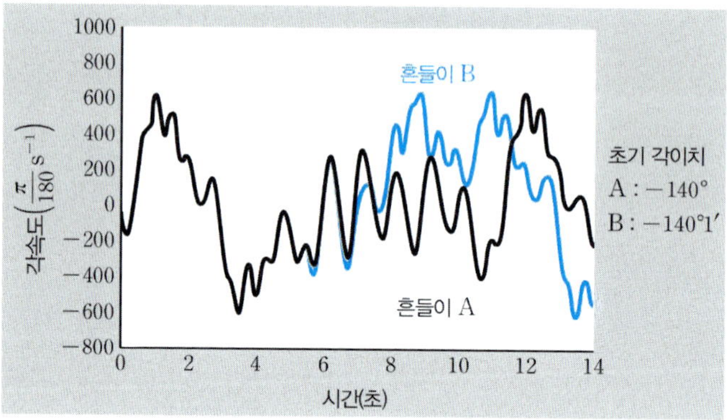

〈그림 5-1〉[2] 진자의 각속도 측정

2) 이 그림은 최무영의 "최무영 교수의 물리학강의" 책 306페이지에서 발췌하였다.

없게 되는 것을 '결정론적 혼돈'이라고 한다.

그러면 '결정론적 혼돈' 과 '순수한 혼돈'은 어떻게 다른가? 진자를 1초에 한 번씩 주기적으로 밀어주는데 강풍이 불거나 지진 등과 같은 외부의 영향으로 진자운동이 영향을 받았다고 해보자. 그러면 각속도는 전과는 다른 형태의 더 큰 진폭으로 움직인다. 이런 운동은 '결정론적 혼돈'과는 다른 순수한 무질서 현상이다. 이와 같이 움직임이 처음부터 끝까지 무작위하게 움직이는 것을 '순수한 혼돈', 즉 무질서 현상이라고 한다. 자연현상이든 사회현상이든 움직임을 모형으로 설명할 수 있지만 초기조건의 변화 때문에 무작위 현상이 나타나는 것이 '결정론적 혼돈'이라면, 모형에 따르는 움직임이 외생적 변수의 영향에 민감해서 처음부터 끝까지 무질서한 형태로 움직이는 것은 순순한 무작위 운동이다.

'결정론적 혼돈'이 물질의 미시적인 구성요소인 분자 또는 원자의 운동에 기인한다는 것을 보여주는 좋은 예가 '아몰퍼스'라는 물질을 만드는 과정이다. 대부분의 물질을 구성하는 원자는 규칙적으로 배열되어 있는데 아몰퍼스는 물질 내의 원자배열이 불규칙하게 배열된 고체를 말한다. 그래서 원자배열이 규칙적인 결정과 대비된다는 점에서 아몰퍼스는 비결정 고체라고도 한다. 그런데 원자배열이 규칙성을 가진 물질도 아몰퍼스로 만들 수 있다. 즉, 결정인 물질에 열을 가해서 에너지가 높은 상태가 되면 원자들이 결정이었을 때의 질서를 잃고 무규칙한(random) 배열로 변하게 된다. 이렇게 무질서하게 배열된 원자들이 다시 규칙적으로 배열로 될 시간적인 틈을 주지 않고 급속하게 냉각시키면 아몰퍼스라는 물질이 만들어진다. 반도체나 광섬유 등이 이렇게 만들어진 아몰퍼스이다. 그런데 원자들이 무작위하게 배열된 아몰퍼스 물질의 특성을 분석해보면 똑같은 무질서 현상이 지배하는 랜덤계, 즉 무질서한 세계의 특성을 유추할 수 있다. 이런 목적을 가지고 아몰퍼스의 물질적 특성을 살펴보자. 첫째, 원자배열이 무질서하게 변하게 되면 원자와 원자 사이에 넓은 공간이 만들어 지는 경우가 발생할 수 있는데, 이런 공간이 생기면 물질에 빛이나 전기 같은 에너지가 전달될 때 흡수효율을 높인다. 둘째, 물질이 원자배열이 규칙적이면 두 종류의 물질을 섞을 때 고정비율로 섞어야 되지만 아몰퍼스의 경우에는 원자 배열이 무작위로 되어 있어서 어떤 비율로도 섞을 수 있다. 그래서 아몰퍼스와 합성된 물질은 다양한 성질을 가질 수 있다. 이 두 가지 특징으로부터 유추할 수 있는 사실은 원자배열의 무질서가 물질계의 유연성과 다양성을 증가시킨다는 것이다. 이러한 랜덤계의 미시적인 특성은 우주와 같은 거시적 세계나 인간사회에도 똑같이 적용될 수 있다. 우주만물의 활동이 규칙적이고 질서 있게 진행되어서 모든 것이 예측가능하다면 세상은 공장에서 기계가 돌아가는 것처럼 될 것이다. 이런 세상이 안정적일지는 몰라도 획일적이고 경직되어서 재미없는 세상이 될 것이다. 그러나 무질서가 있다는 것은 아몰퍼스가 다양한 물질을 만들어 내고 또 물질의 유연성도 높이는 것과 같이 다양성을 높인다. 무질서가 만들어내는 다양성은 상이한 인간의 선호들을 더 많이 만족시킬 수 있다는 점에서 후생을 증가시킨다.

지금까지 물질세계의 무질서한 현상을 분자와 원자의 운동으로 설명하였다. 분자하나 원자하나는 초기조건만 주어지면 뉴턴의 방정식에 따라 그 움직임의 궤적을 정확하게 묘사할 수 있다. 그러나 한 공간 안에 있는 수십조 개의 분자나 원자의 상태와 상호작용으로부터 나오는 집단적 움직임을 예측한다는 것은 현재의 정보처리 능력으로는 불가능하다. 따라서 분자집단이나 원자집단의 상태나 움직임은 뉴턴의 고전역학과 다른 방법으로 파악해야 한다. 하나의 대안은 부피, 압력, 온도 등과 같은 분자나 원자의 집단성질을 초기조건으로 묘사하고, 그 바탕위에서 집단의 움직임을 예측하는 것이다. 이와 같이 분자나 원자 하나의 미시적인 관점이 아니라 분자집단 또는 원자집단의 거시적 상태로부터 물질과 자연현상을 분석하는 것을 통계역학이라고 한다.

그러면 거시적인 관점에서 물질세계의 무질서 현상은 어떻게 이해되고 있을까? 이것을 이해하기 위해서는 미시적인 상태와 거시적인 상태의 관계를 먼저 정립해야 한다. 집단성질인 하나의 거시상태는 여러 형태의 미시 상태로부터 도달될 수 있기 때문에 거시상태와 미시 상태를 1 대 1 대응관계, 즉 식 (1)과 같은 함수형태로 표현할 수 있다.

$$S = \log W \tag{1}$$

여기서, S는 양으로 측정되는 어떤 특정의 거시상태로 '엔트로피'라고 하며, W는 어떤 엔트로피, S에 도달하게 하는 수많은 미시 상태를 의미하며, 이를 접근가능상태라고 한다. 어떤 거시상태, S에 이르는 접근가능상태가 무수하게 많아서, 그 수가 엄청나게 큰 수이기 때문에 로그(log)를 붙여서 편리하게 다룬다. 거시상태의 물질세계를 측정하는 것이 '엔트로피'인데, 이 엔트로피는 '0'에 가까울수록 물질세계가 질서상태인 것을 나타내고, '0'과 반대방향의 큰 수로 갈수록 물질세계가 더욱더 무질서를 나타낸다. 식 (1)에서 엔트로피가 '0'에 가깝다는 것은 접근가능상태수가 아주 작다는 것을 의미한다. 따라서 거시상태가 일어날 수 있는 미시적인 경우의 수가 한정되어 있어서 거시상태의 예측이 가능하다. 예측이 가능하다는 것은 질서정연한 상태라고 할 수 있다. 반면에 엔트로피가 큰 수라는 것은 접근가능상태 수가 크다는 것으로, 그 상태에 대응하는 미시 상태가 너무 많아서 어떤 미시 상태가 그러한 거시상태를 일으켰는지를 예측하기 힘들다. 즉, 예측이 맞을 확률이 낮다. 엔트로피가 클수록 예측이 맞을 확률이 더 낮아지고, 엔트로피가 아주 크면 예측할 수 없는 확률이 된다. 이런 상태가 바로 무질서의 상태를 의미한다.

식 (1)은 물질세계가 질서나 무질서로 고정되어 있는 것이 아니라 질서와 무질서 사이에서 변할 수 있음을 의미한다. 그러면, 무엇이 물질세계의 질서와 무질서의 상태변화를 유인 할까? 이런 의문에 대한 대답이 "열역학 제2법칙"이다. 열역학 제2법칙의 첫 번째 내용은 분자집단 또는 원자집단의 상태는 시간적으로 비가역적인 성질을 가진다는 것으로, 담배연기가 한 번 퍼져나가면 다시 그 연기가 처음 상태로 다시 돌아오지 못하는 것처럼 거시상태가 질서 상태에서 무질서의 상태로, 또는 무질서의 상태에서 더욱 심한 무질서의 상태로 변하면 이미 변한 상태를 처음상태로 되돌릴 수 없다는 것이다. 두 번째 내용은 물질세계의 거시상태 변화를 유인하는 것은 에너지이다. 물질세계의 에너지 상태가 변하면 물질세계의 거시상태를 나타내는 엔트로피(무질서의 정도)도 변한다. 예컨대 화석연료를 태워서 열에너지를 만들고 이것을 이용해서 모터를 돌려(운동에너지) 저수지 물을 퍼냈다고 해보자. 그러면 화석연료가 가지고 있는 에너지가 물을 퍼내는 일로 에너지의 일부가 사용되고 나머지 에너지는 일을 하는 과정에서 열에너지로 외부(우주)로 배출된다. 이렇게 배출된 열에너지는 쓸모없는 에너지가 되어서 물질세계의 외부환경에 대한 거시상태를 전보다 더 무질서하게 만들어서 '엔트로피'를 커지게 한다. 이것을 식으로 표시하면 아래와 같다.

$$\Delta S = dS/dE \cdot \Delta E = 1/T \cdot \Delta E \qquad (2)$$

여기서 △와 d는 변화량, E는 에너지, T는 절대온도를 각각 나타낸다.

식 (2)는 엔트로피의 변화는 기존의 에너지양의 변화와 양의 비례관계가 있는 것을 나타낸다. 즉 기존의 에너지를 사용해서 쓸모 있는 에너지양이 줄어드는 것만큼, 에너지 보존의 법칙에 따라 쓸모없는 에너지도 늘어나 엔트로피가 증가한다는 것을 보여준다. 에너지의 사용과 함께 거시상태의 무질서가 심화된다는 것을 의미한다. 이것은 경제가 발전함에 따라 에너지 사용량이 늘어나고, 따라서 거시상태가 질서상태에서 심화된 무질서상태로 계속해서 변화하고 있다는 것을 의미한다.

식 (1)과 (2)로부터 엔트로피와 정보의 관계를 설명해보자. 정보는 이해하거나 분석하려는 대상에 대한 지식이나 자료이다. 일반적으로 지식이나 정보가 그것을 구하는 사람에게 완벽하게 전해진다고 가정되지만, 실제로는 지식이나 정보가 얻어지는데 비용(시간과 노력)이 들고, 정보가 얻어진 다음에도 이해되어지기 위해서 두뇌 안에서 정보가 저장되고 정리되는 과정이 요구된다. 정보가 얻어지고, 처리되고, 정리되는 과정 전체가 비용 없이 이루어지지도 않고, 두뇌의 한계 때문에 완벽하게 이해되거나 처리되지도 않는다. 이러한 상황을 제한적 합리성(bounded rationality)라고도 한다. 현실적으로 정보가 완벽하게 이해되어 전달되기에는 제약이 있다. 정보 수용자의 이런 한계로 인해 정보습득의 효율성과 엔트로피 사이에는 보통 음의 관계가 존재한다. 엔트로피가 커지면 수집하고, 정리하고, 처리해야 할 정보의 양이 많아지는데, 정보처리능력은 제한되어 있기 때문에 엔트로피가 커지기 전과 비교해서 잃어버리는 정보가 많아지게 된다. 즉, 정보습득의 효율성이 떨어지게 된다.

요약하면, 물리학에서 불확실성은 미시적으로는 혼돈이론으로 거시적으로는 통계역학으로 설명한다. 혼돈이론은 "물질세계가 질서의 상태에 있지만 물질의 초기조건을 정확하게 복사하지 못하기 때문에 물질상태의 변화를 예측할 수 없는 결정론적 혼돈(무질서)"으로 설명한다. 또 물질상태가 외부환경의 영향에 민감하게 반응하는 경우에 물질상태가 순수한 무질서의 상태가 될 수 있다고 설명한다. 한편, 통계역학은 물질세계의 거시상태 변화를 에너지흐름으로 설명하는데, 에너지의 사용이 증가함에 따라 물질세계의 외부환경이 질서에서 점점 더 심한 무질서의 상태로 변하고 있다고 설명한다.

3. 불확실성의 경제학: 불확실성, 위험 그리고 정보

'확실하다'와 '불확실하다'의 차이는 무엇이고, 구체적으로 '불확실하다'는 것은 무엇을 의미할까? '확실'과 '불확실'에 대한 의미는 다양한 관점에서 제시될 수 있지만, 의사결정 주체의 관점에서 보면 확실성과 불확실성의 차이는 "의사결정 또는 그에 따르는 행동의 결과가 어떻게 될지 아는 것과 알지 못하는 것의 차이이다." 이런 상식적인 개념을 바탕으로 경제학에서는 불확실성을 "선택(행동)에 따르는 결과를 알지 못하는 것"으로 정의한다.

불확실성에 대한 정의와 연관시켜서 일상생활에서 흔히 접할 수 있는 불확실성에 대한 예를 생각해보자. 복권을 살 때 당첨 될 수 있는지 없는지 그 결과를 알 수 없다. 즉, 복권구입은 불확실성이 있는 상황이다. 그런데 이 경우 당첨 될 수 있는지는 모르지만 적어도 객관적으로 어느 정도의 가능성이 있는지는 짐작할 수 있다. 복권의 당첨이 1부터 99까지 숫자 중 하나의 숫자를 뽑아서 그 숫자와 같은 번호를 가지고 있는 복권에 상금을 주는 것이라고 해보자. 그러면 당첨될 확률이 99분의 1, 약 1%의 가능성이 있다는 것은 알 수 있다. 이렇게 당첨 가능성을 확률로 표현할 수 있을 정도면 불확실성을 객관화시킬 수 있다. 예컨대, 당첨확률을 바탕으로 기댓값을 계산할 수 있고, 복권가격과 복권의 기댓값을 비교해서 복권구입을 결정할 수 있다. 즉, 지금 지불하는 복권가격에 비해 복권의 기댓값이 매우 낮다면 복권구입을 하지 않고, 그 반대면 복권을 구입하는 것이다. 이와 같이 불확실성이 있을 때 수치화된 확률로 측정할 수 있는 경우를 객관적 불확실성(objective probability)이라고 하고, F. Knight(1921, p. 233)는 이런 불확실성을 위험(risk)이라고 명명하였다.

객관적 불확실성, 즉 위험은 측정할 수 있다는 것을 전제로 하였다. 그러면 불확실성의 정도는 어떻게 측정할까? 불확실성을 확률로 표현한다면, 불확실성의 정도에 대한 측정도 확률을 이용해서 해야 한다. 즉, 불확실성의 대상, 즉 행동의 결과가 여러 가지로 나타난다면, 행동의 결과를 확률분포로 만들 수 있다. 행동의 결과가 한 가지만 나온다면 확률분포는 수직선이 된다. 또 행동의 결과가 무한대로 나오고, 그리고 결과가 나올 확률이 비슷하다면 확률분포는 수평선이 될 것이다. 그러나 현실적으로 행동의 결과는 몇 개부터 몇 백 또는 몇 천 개 사이에 분포할 것이고, 확률분포는 종 모항을 가진다(〈그림 5-2 참조〉). 행동의 결과가 하나만 나온다는 것은 결과를 알 수 있다는 것이기 때문에 확실성을 의미한다. 반대로 결과가 무한대가 나온다는 것은 결과를 전혀 예측할 수 없기 때문에 완전한 불확실성을 의미한다. 결과가 적정 범위 내에서 나온다면 확률적으로 어느 정도 예측이 가능하다는 것을 의미한다. 이와 같은 사실은 확률분포의 퍼짐 정도가 불확실성 또는 위험의 정도를 측정할 수 있음을 암시한다. 즉, 확률분포가 넓게 퍼져있으면 상대적으로 불확실성이 높은 것이고, 좁게 퍼져 있으면 상대적으로 불확실성이 낮은 것이다. 불확실성의 퍼짐정도를 측정할 수 있는 통계적 방법으로 확률분포의 분산(variance)과 표준편차(standard deviation)가 있기 때문에 이 지표를 불확실성의 측정도구로 사용한다. 또한, 확률분포의 평균은 불확실성을 직접적으로 측정하는 지표는 아니지만 확률분포가 비대칭 일 경우 불확실성에 대한 추가적인 정보를 얻을 수 있는 보조수단으로 이용된다.

객관적 불확실성과 그 정도를 확률분포로 측정한다. 이러한 측정은 의사결정을 하는데 있어서 통계적 추론(즉, 불확실성 하에서 의사결정)을 하는데 사용된다. 예를 들면, 복권의 당첨 가능성을 바탕으로 복권을 사는 것이 이익이 되는지 안 되는지를 판단하는 자료로 사용된다. 그런데, 이런 확률측정 방법이 신뢰할 수 있을 정도의 정확성과 객관성을 담보할 수 있느냐에 대해서는 이론적으로 의문이 있다. 복권의 경우 주사위를 던져서 결정하든 공에 숫자를 쓴 것을 뽑아서 결정하든 특정한 숫자가 나오는 확률이 시행할 때 마다 달라서는 안 된다. 이렇게 시행한 결과가 한 치의 오차도 없이 같기 위해서는 시행할 때 초기조건이 같아야 한다. 주사위의 경우 어떤 높이에서 어떤 속도로 어떤 각도로 던지는가가 초기조건이다. 또 주사위도 정확하게 똑같은 주사위로 던져야 한다. 2절에서 자세히 설명한 바와 같이 미세한 차이가 있어도 똑같은 값이 나올 수 없다. 어떤 초기조건으로 던져서 3이 나왔다면, 똑 같은 초기조건으로 던지면 3이 나와야 한다. 그런데 매번 주사위를 던질 때마다 초기조건을 똑 같게 만드는 것은 거의 불가능하다. 이런 이유 때문에 주사위를 던질 때마다 다른 숫자가 나오는 것이다. 이렇게 시행할 때마다 시행조건의 동질성(homogeneity)이 담보되지 않으면 확률분포에 의한 불확실성 측정을 통계적 추론의 근거로 사용할 때 해석에서 주의를 해야 한다(F. Knight(1921), p. 215-216, p. 224-225).

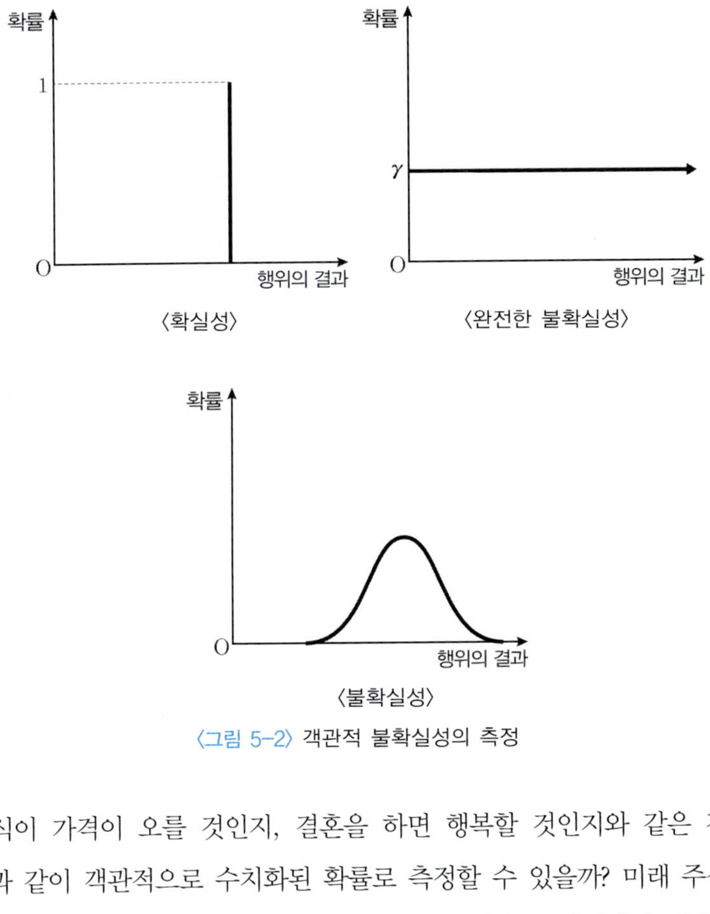

〈그림 5-2〉 객관적 불확실성의 측정

주식이 가격이 오를 것인지, 결혼을 하면 행복할 것인지와 같은 경우를 복권과 같이 객관적으로 수치화된 확률로 측정할 수 있을까? 미래 주식가격의 등락문제를 안다면 주식을 사서 손해 보는 경우는 일어나지 않을 것이고, 또 결혼을 하면 반드시 행복할 것이라는 것을 안다면 이혼은 일어나지 않을 것이다. 다시 말해서 주식이나 결혼의 결과를 알 수 없다는 점에서 이 문제도 불확실성이 있는 경우이다. 그런데 이 문제들은 그 결과가 복권처럼 객관화 시킬 수 없다. 왜냐하면, 주식가격변화나 결혼생활은 무한하게 다양하고 통제할 수 없는 외부환경의 영향을 받아서 사건이 무작위로 일어나기 때문이다. 그래서 이 문제들은 복권같이 객관적으로 정보화 시킬 수 있는 정도가 제한되어 있다. 따라서 주식가격이나 결혼과 같은 문제들은 객관적 확률로 측정하거나 표현할 수가 없다. 즉 주식가격이나 결혼과 같은 문제들은 인간의 정보소화능력이나 지적능력의 한계 밖에 있는 영역이다. 그렇지만, 사람들은 때때로 주가가 오를 것이라는 확신을 가지고 있고, 결혼하면 반드시 행복할 것이라는 확신을 가지고 있다. 사실 이런 확신이 없으면 주식을 사지도 않을 것이고 결혼도 하지 않을 것이다. 그러면 확신이라는 것은 '어떤 결과'가 나올 확률이 높다는 믿음을 가지고 있다는 것인데, 왜 이런 확신은 객관적 확률로 표현할 수 없는 것일까? 그것은 이런 확신이 대부분 주관적 경험에 근거하고 있기 때문이다. 이 경험은 양적이기 보다는 질적인 것이기 때문에 객관화하기가 어렵다. 어떤 남녀가 교제를 하면서 상대방의 정직성, 성실성, 능력 등을 판단할 수 있는 경험을 축적하게 된다. 이런 경험으로부터 형성된 상대방에 대한 주관적 판단은 상대방에 대한 정보가 되고 결혼을 결정할 때 주관적 확률로 역할을 한다. 주식의 경우도 마찬가지이다. 주식투자를 계속하면서 얻은 실패와 성공에 대한 경험이 개인적으로 주식투자에 대한 정보가 되고, 주식투자를 할 때한 주관적 확률로 역할을 하게 한다. 이와 같이 양적인 측정이 어려운 불확실성을 주관적 불확실성(subjective uncertainty)라고 하고, 위험과 구별해서 '불확실성'이라고 한다. 주관적 불확실성의 경우 경험이 계속 쌓이게 됨에 따라 새로운 정보가 더해져서 기존의 주관적 확률을 갱신하게 된다. 따라서 정보가 계속 축적됨에 따라 주관적 확률, 즉 불확실성도 변하게 된다.

이제 불확실성과 정보사이의 관련성을 살펴보자. 불확실성이 결과에 대해 알지 못하는 상황이기 때문에 잠재적인 결과와 관련된 지식과 정보가 늘어날수록 불확실성이 줄어든다. 현실적으로는 불가능하지만, 어떤 행동으로부터 일어날 수 있는 모든 경우의 수에 대한 정보를 가지고 있다고 해보자. 이런 상황을 완전정보(perfect information)가 있는 상황이라고 한다. 이렇게 완전정보를 가지고 있으면 어떤 행동에 대한 결과를 알 수 있으므로 불확실성이 있다고 하더라도 확실성과 같은 상황으로 간주한다. 이러한 사실로부터 유추할 수 있는 사실은 정보와 불확실성은 반비례 관계가 있다는 것이다. 따라서 정보에 대한 가치는 불확실성 해소에 따르는 경제적 이익으로 나타낼 수 있다.

물리학의 혼돈이론, 특히 결정론적 혼돈이론은 경제학의 불확실성이론 형성에 영향을 미쳤다. 그렇지만 통계역학이 전제하는 불확실성이 시간의 함수로서 변화하는 문제는 경제학의 불확실성 이론에서 아직까지 심각하게 다루는 문제가 아니다. 또한 불확실성이 만들어내는 다양성과 관련된 문제, 불확실성의 전략적 사용 등의 문제도 경제학에서 더 탐구해야 하는 문제이다. 4절부터 경제학의 불확실성 이론을 설명하기로 한다.

4. 불확실성하에서 의사결정

경제학에서 불확실성이 있을 때의 의사결정을 하는 방법에 대한 연구는 크게 두 가지로 진행되어 왔다. 하나는 객관적 불확실성, 즉 불확실성을 확률로 측정이 가능할 때의 의사결정 방법으로 Von Neumann-Morgenstern 모형으로 분석되어 왔다. 또 하나는 주관적 불확실성, 즉 불확실성을 객관적 확률로 측정하기 어려운 경우의 의사결정 방법으로 Savage 모형으로 분석되어 왔다. 아래에서는 각각의 모형을 하나씩 설명하기로 한다.

일상적인 예화로 설명해보자. 구직 중인 김만득씨가 두 회사로부터 입사 제안을 받았다고 해보자. 하나는 은행인데 고정급으로 연봉 오천만 원을 주는 것이고, 또 다른 하나는 벤처기업회사인데 기본급으로 천만 원을 주고, 주가 500 이상이 되면 보너스로 팔천만 원을 더 주고, 주가가 500 이하가 되면 기본급만 주는 것이다. 벤처기업이 코스닥에 상장한 이래 월별 주가평균으로부터 계산한 벤처회사의 주가가 500 이상 될 확률은 1/2이고, 500 미만으로 될 확률은 1/2이다.

김만득씨의 회사선택에 관한 의사결정 문제는 벤처기업의 주가변동을 객관적 확률로 측정할 수 있다면 객관적 불확실성에서의 의사결정 문제이다. 그 동안의 자료로 주가의 500 이상 상승의 가능성과 500 미만으로 하락의 가능성을 각각 1/2의 확률로 측정할 수 있다고 가정하고 의사결정을 아래 〈그림 5-3〉과 같이 의사결정나무(decision tree)로 나타낼 수 있다.

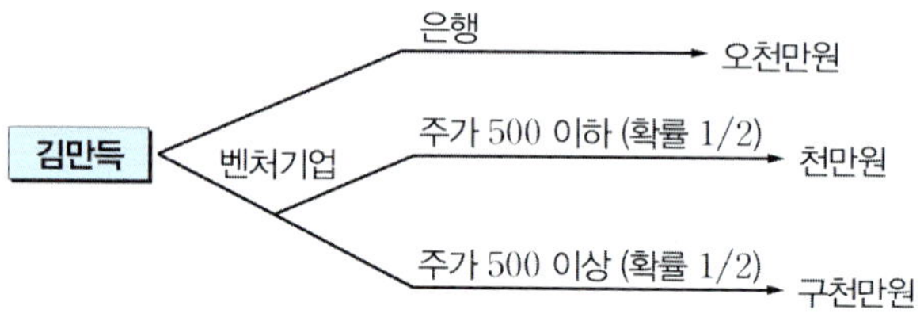

〈그림 5-3〉 객관적 불확실성과 의사결정

그림에서 보는 바와 같이 의사결정시점에서 기대할 수 있는 연봉은 세 가지이다: 오천만원, 천만원, 구천만원. 이 세 가지 중 어떤 연봉을 받을 수 있는 가는 벤처기업의 주가가 어떻게 실현되는가에 달려있다. 그런데 의사결정 시점에서 A는 벤처기업의 주가를 알 수 없는 상황이다. 이런 상황에서 김만득씨가 의사결정을 하기 위해서 할 수 있는 일은 주어진 정보를 이용해서 연봉에 대한 기댓값을 계산해보는 것이다. 은행의 연봉은 확실하게 보장된 오천만 원이고, 벤처기업의 연봉은 기본급 천만 원에 보너스는 없거나 팔천만 원까지 받을 수 있다. 보너스를 기댓값으로 계산하면 사천만 원이 된다: 1/2(주가 500 미만의 확률)× 0(보너스 없음)+1/2(주가 500 이상의 확률)× 팔천만 원 = 사천만 원. 벤처기업을 선택했을 때의 기본급과 보너스를 포함한 김만득씨의 연봉은 최저 천만 원을 받을 수도 있고, 최고 구천만 원을 받을 수 있다. 기댓값으로 계산하면 벤처기업의 연봉도 은행과 같이 오천만 원이다. 얼핏 금액으로만 보면, 은행과 벤처기업의 연봉이 같다고도 할 수 있다. 그런데, 사람들에게 이 두 회사를 선택하라고 하면 다양한 선택이 나온다. 어떤 사람은 은행을 선택하고, 어떤 사람은 벤처기업을 선택하고, 어떤 사람은 동전을 던져서 은행 또는 벤처기업을 선택한다. 왜, 이렇게 사람마다 선택이 다를까? 그 이유는 사람들이 선택에 따르는 불확실한 결과에 대해서 서로 다른 선호(가치)를 가지고 있기 때문이다. 예컨대, 어떤 사람들은 미래가 불확실한 상황에서 일어날 일 중에서 최악의 경우를 너무 염려해서 이런 불확실성을 혐오한다. 벤처기업의 경우 주가가 500 미만으로 떨어지는 경우를 지나치게 염려하는 경우이다. 또 어떤 사람들은 미래에 일어날 일 중에서 최고의 가치가 실현될 경우에 더 흥분하고, 만족감을 나타낸다. 즉, 벤처기업의 주가가 500 이상 올라갈 경우에 더 큰 가치를 둔다. 또 어떤 사람은 확실한 연봉 오천만 원과 기댓값 오천만 원 중 어느 것을 선택해도 가치에 차이가 나지 않는다. 이런 사람들은 은행과 벤처기업을 선택하라고 하면 둘 사이에 차이를 느끼지 않기 때문에 동전을 던져서 결정해

버린다. 첫 번째 경우처럼 최악의 상황이 되는 것을 지나치게 우려하는 사람을 위험 회피적인 사람(risk averter)이라고 하고, 두 번째 경우처럼 최선의 상황에서 받게 될 보수(payoff)의 가치가 최악의 상황에서 받게 될 보수의 가치보다 훨씬 큰 사람을 위험 애호가(risk lover)라고 하고, 세 번째 경우처럼 확실성의 가치와 불확실성의 다양한 결과의 평균값에 대해 무차별한 사람을 위험 중립(risk neutral)자라고 한다. 위험 회피나 위험 애호도 사람마다 정도의 차이가 있을 수 있는데, 개인마다 위험에 대해서 느끼는 가치의 차이는 효용함수(utility function)로 나타낼 수 있다. 즉, '결과를 알 수 없는 선택에 대한 소비자들의 선호'로부터 효용함수를 도출한 von Neumann and Morgenstern의 '기대효용함수(expected utility function)'를 통해서 위험에 대응하는 개인별 차이를 나타낼 수 있다. 이것을 〈그림 5-4〉를 통해서 설명해 보자.

〈그림 5-4〉에 있는 효용함수들 중에 김만득씨의 효용함수가 오목함수(concavity function)라고 해보자. 이 오목 효용함수에서 은행에서 확실히 보장된 임금 오천만 원을 받을 때의 지점은 C이고, 그 때의 효용은 C′이다. 그런데 벤처기업으로부터 천만 원을 받을 때의 효용, A′와 구천만 원을 받을 때의 효용, B′에 각각이 나올 확률 1/2을 곱한 기댓값의 효용은 D′이다. 그런데 D'는 천만 원과 구천 만원의 기댓값인 오천 만원의 효용, D와 일치하는 것을 알 수 있다. 또한, 오목 효용함수를 가진 사람에게는 확실하게 받는 오천 만원에 대한 효용인 C′가 기댓값 오천 만원에 대한 효용인 D′보다 높다는 것을 알 수 있다. 이러한 사실은 위에서 설명한 위험회피 성향을 가진 사람의 특징이고, 따라서 위험회피 성향을 가진 사람의 효용함수가 오목함수의 형태를 가진다는 것을 유추할 수 있다. 또한, 위험회피 성향이 클수

록 함수의 곡면이 더 급격하게 휘어진다는 사실을 〈그림 5-4〉를 이용해서 설명해보자. 똑같은 오목함수라도 확실한 오천 만원에 대한 효용이 각각 다른 F 와 C인 점을 지나는 함수들을 비교해보면 F점을 지나는 함수가 C점을 지나는 함수보다 확실성에 대해 더 높은 효용을 나타낸다. 그런데 F점을 지나는 함수의 곡면(curvature)이 훨씬 급하게 휘어져 있다는 것을 알 수 있다. 이런 사실로부터 오목함수의 곡면이 급경사일수록 위험회피 성향이 더 크다는 것을 알 수 있다.

위험애호나 위험중립의 효용함수의 형태도 같은 논리로 설명할 수 있다. 위험애호의 경우는 효용함수가 볼록함수이다. 이 경우, 그림에서 보는바와 같이, 볼록 효용함수에서는 확실한 오천 만원에 대한 효용은 E′이고 천만 원과 구천 만원의 효용인 A′와 B′의 기댓값에 대한 효용은 D′이다. 불확실하지만 구천만 원을 받을 수 있는 가능성을 포함한 선택에 대한 효용, D′가 확실하지만 항상 오천 만원을 받는 효용, E′보다 높게 나타난다. 이 사실로부터 위험애호가의 효용함수는 볼록함수 형태를 가진다는 것을 알 수 있다. 한편 위험중립의 경우는 효용함수가 선형함수이다. 이 경우, 확실하게 받는 오천 만원의 효용과 천만 원과 구천 만원의 기댓값인 오천 만원에 대한 기대효용이 모두 D′로 나타나는 것을 알 수 있다. 이 사실로부터 위험 중립인 사람의 효용함수는 선형함수임을 알 수 있다.

요약하면, 불확실한 상태에 대한 사람들의 서로 다른 선호가 불확실성에서의 의사결정에 영향을 미친다. 즉, 벤처기업의 주가가 미래에 어떻게 될지 모르는 상황에서 확실한 연봉을 주는 은행과 미래의 주가에 연봉이 연동된 벤처기업을 선택하는 상황에서 김만득씨가 위험회피 성향을 가지고 있다면 은행과 벤처기업의 직업 중에서 은행을 선택할 것이고, 위험애호 성향을 가지고 있다면 벤처기업을 선택할 것이고, 위험중립이면 동전을 던져 직업을 선택할 것이다. 이와 같이, 객관적 불확실성이 있을 때 의사결정은 예측되는 가능한 결과들에 대한 객관적 확률로부터 각각의 결과에 대한 기대보수(expected payoff)를 계산하고 기대보수가 가장 높은 것을 선택한다. 물론, 이런 선택에서 개인의 불확실한 결과에 대한 선호가 영향을 미친다. 위험회피적인 김만득씨의 벤처기업의 기대연봉은 오천 만원이지만, 은행의 확실한 보수는 오천 만원의 이상을 가치를 가진다. 즉, 은행의 확실한 오천 만원의 연봉을 기대연봉으로 환산하면 칠천 만원이 된다. 이렇게 되는 이치는 〈그림 5-5〉에서 나타난 바와 같이, 확실한 값(오천 만원)에 대한 효용(C점)과 같은 효용(G점)을 가지게 하는 기댓값(칠천 만원)을 찾으면 된다. 이렇게 은행의 기대연봉이 칠천 만원이고, 벤처기업의 기대연봉이 오천 만원이기 때문에 김만득씨는 은행을 선택한다. 만약에 벤처기업이 김만득씨가 은행을 포기하고 벤처 기업을 선택하게 하려면 적어도 기대연봉을 이천만 원 이상 올

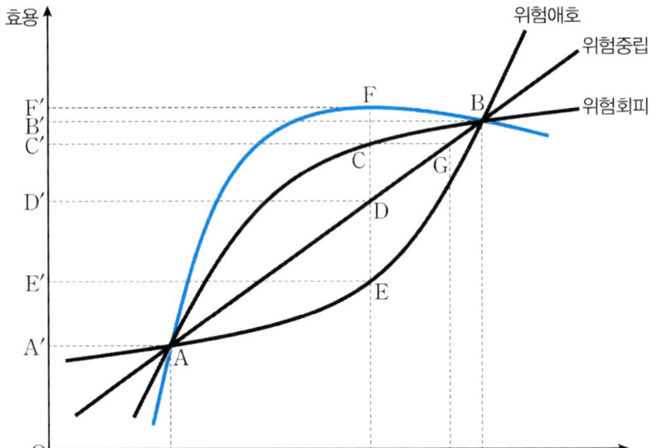

〈그림 5-4〉 기대효용함수와 위험에 대한 태도

려주어야 한다. 이렇게 위험을 포함하는 기대연봉을 확실한 연봉과 동일한 가치로 받아들이도록 하기 위해서 지불하는 최소금액, 즉 이천만 원을 '위험 프리미엄(risk premium)'이라고 하고 〈그림 5-5〉에서 CG로 나타낸다.

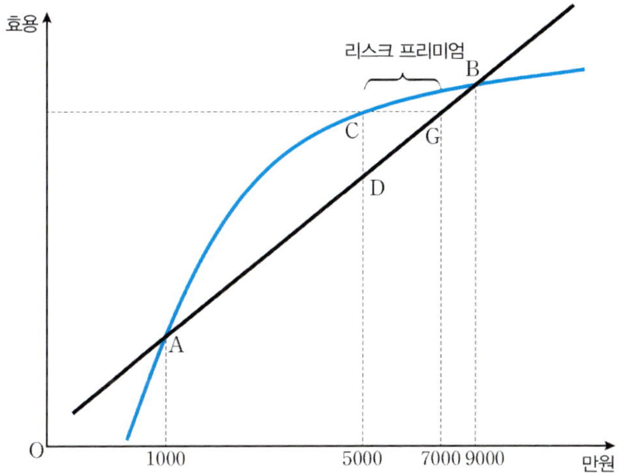

〈그림 5-5〉 위험(risk) 프리미엄

지금까지 객관적 불확실성이 있을 때 어떻게 의사결정을 하는 지를 설명하였다. 그러나 의사결정 시점에서 미래 일어날 가능성들에 대해서 객관적 확률을 측정할 수 없거나 객관적 확률을 알 수 없을 경우에는 어떻게 의사결정을 해야 할까? 이러한 상황을 주관적 불확실성이 있는 상황으로 정의하였다. 이제 주관적 불확실성이 있을 때의 의사결정을 설명해보자.

주관적 불확실성에서의 의사결정을 다루는 Savage 모형은 객관적 불확실성에서의 의사결정을 다루는 von Neumann and Morgenstern 모형과 크게 다르지 않다. 선택의 결과가 불확실한 상태에서 예측되는 각각의 사건들에 대해서 객관적 확률을 부과하는 것이 아니라 주관적 확률을 부과하는 것만이 다르다. 미래에 일어날 수 있는 사건들에 대해서 주관적 확률을 부과하고, 그것으로부터 기대보수를 계산해서 기대보수가 가장 높은 경우를 선택한다. 따라서 객관적 불확실성과 주관적 불확실성 사이의 차이는 확률의 결정과정이다. 주관적 확률의 결정은 개인적인 경험이나 직관에 의존한다. 따라서 불확실한 결과를 포함하는 선택에 대한 선호가 개인들 사이의 주관적 확률에 따라 달라질 수 있고, 그 결과 다른 선택이 일어날 수 있다.

주관적 확률을 결정하는데 경험이나 직관이 없는 경우는 어떻게 할까? 이 경우는 기대보수를 계산할 수 없게 된다. 이런 상황에서는 선택을 주사위를 던지거나 동전을 던지는 것과 같은 무작위(randomization)로 결정한다. 사실, 일상생활에서 이외로 많은 결정들이 무작위하게 일어나는데, 이 경우는 정보부족으로 기대보수를 짐작하기 어려운 경우이다.

5. 불확실성 관련시장 – 보험시장과 경매시장

(1) 보험시장

대부분의 사람들은 위험을 회피하려고 한다. 위험회피에 대한 필요가 있는 한 이런 필요를 공급하는 시장이 나타난다. 이런 시장이 처음 나타난 것이 18세기 영국의 보험 상품 시장이다. 당시 전 세계를 대상으로 무역을 하는 영국 상인들은 해적과 태풍으로 물건을 실은 선박을 잃고 파산할 위험에 늘 직면해 있었다. 그들은 할 수만 있다면 이런 위험을 회피하고 싶어 했다. 그 때 이런 필요를 해결할 수 있는 '해결책'이 고안된다. 즉, 돈 많은 투자자들이 상인들에게 수수료를 선불로 받고 그들의 위험을 사는 '상품'거래에 뛰어든 것이다. 투자자들이 상인들로부터 사는 위험이라는 것은 '배가 침몰이 되면 잃게 되는 배와 물건 값'이었다. 무역거래를 하는 상인들의 모든 배가 침몰하는 것이 아니기 때문에 '어떤 조건'만 맞게 되면 이 상품 거래가 성사될 수 있었다. 결국 많은 투자자들은 거래에 참여 하였다. 이 거래의 내용이 바로 '보험 상품'이다. 이후 보험은 무역 과정에서 발생하는 손실위험 뿐만 아니라 화재위험, 상해위험, 교통사고 위험 등과 같이 수많은 불확실성이 수반하는 위험을 거래대상으로 포함하였다.

보험 상품에 대한 시장이 형성되려면 수요도 있어야 하고, 공급도 있어야 한다. 그런데 보험의 경우 수요와 공급이 존재하기 위해서 충족해야 할 조건이 있다. 수요가 있기 위한 조건을 설명하기 위해 (4)절의 김만득씨의 예를 다시 사용해보자. 벤처기업으로부터 제의를 받고, 소득안정보험[3] 을 들었다고 해보자. 이 보험은 기업의 주가가 500 미만으로 떨어져서 임금을 천만원 받으면 사천만원을 보상해주어서 연봉 오천만원을 만들어주는 대신 연간 보험료로 연중 아무 때나 이천만원을 일시불로 내야 하는 보험이다. 이렇게 보험금의 기댓값과 보험료가 같은 보험을 공정보험(fair insurance)이라고 하는데, 김만득씨는 이 고용안정보험에 가입할까? 이 질문에 대답은 '그렇다'이다. 이유는 한계효용체감의 법칙 때문이다. 천만 원에서 추가적으로 얻은 만원에 대한 효용은 상대적으로 돈이 넉넉한 구천만 원에서 추가적으로 얻은 만원에 비해 효용이 높다. 이렇게 추가적으로 얻은 만원에 대한 효용은 돈이 많아질수록 감소하는데, 이렇게 되는 것은 연봉(소득)에 대한 한계효용 체감의 법칙 때문이다. 〈그림 5-6〉에서 보는 바와 같이 보험을 들지 않으면, 천만 원을 받았을 때 A 만큼의 효용을 얻고, 구천 만원을 받았을

3) 이 보험은 설명을 위해 가상적으로 설정한 보험이다.

때 C 만큼의 효용을 얻는다. 그런데 보험을 들면 연봉으로부터 보험료 이천 만원을 내고 실제로 쓸 수 있는 연봉은 주가가 500 미만이었을 때 삼천 만 원이거나 주가가 500 이상이었을 때 칠천 만원이다. 각각의 경우에서 얻을 수 있는 효용은 B와 D이다. 보험을 들어서 연봉으로부터 얻을 수 있는 효용이 증가한 부분은 BA이고, 효용이 감소한 부분은 CD이다. 한계효용 체감의 법칙에 따라 BA 구간에서 한계효용 A′B′가 CD 구간에서 한계효용 D′C′보다 높다. 따라서 보험을 들어서 증가하는 총효용은 A′B′ 아래의 면적이고, 감소하는 총효용은 D′C′ 아래의 면적이다. 명확히, A′B′ 아래의 면적이 D′C′ 아래의 면적보다 큰 것을 알 수 있다. 이것은 보험을 드는 것이 전체적으로 효용을 증가시키므로, 보험에 대한 수요가 존재한다는 것을 의

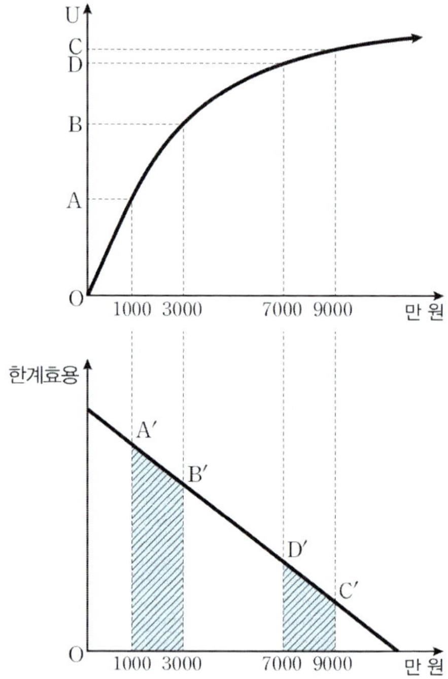

〈그림 5-6〉 보험수요와 소득의 한계효용체감의 법칙

미한다. 그런데, 〈그림 5-6〉의 총효용 함수의 곡선과 〈그림 5-4〉의 von Neumann and Morgenstern 기대효용 함수 중 위험회피의 기대효용 함수가 같은 모양임을 알 수 있다. 이것은 위험회피 정도가 클수록 보험으로부터 얻는 이익이 크고 따라서 보험의 수요가 주로 위험회피 성향의 사람으로부터 나온다고 유추할 수 있다.

이제 보험을 공급하기 위한 조건을 살펴보자. 보험을 공급하기 위해서는 보험이 최소한의 이익을 낼 수 있어야 한다. 보험이 이익을 낼 수 있는 이유는 보험가입자들이 위험을 공유화(pooling)하기 때문이다. 위에서 예로 든 '소득안정보험'이 시장에 공급되기 위해서는 김만득씨와 같은 형태로 연봉계약을 하는 벤처기업들의 직원들의 위험을 공유화(pooling)하는 것이다. 수천 개의 벤처기업의 주가에 관한 자료를 대상으로 주가가 연평균 기준으로 일정수준 떨어지는 기업들의 비율을 구할 수 있다. 이 수치를 근거로 총보상액을 계산하고, 그 보상액과 보험회사 운영경비와 수익을 더한 값을 보험가입자수로 나누어서 보험료를 계산한다. 이 보험료가 대부분의 보험수요자들이 받아들일 수 있는 수준이면 보험은 공급될 수 있다. 따라서 보험이 공급되기 위한 조건은 보험가입자 대비 보험 보상비율이 일정수준 보다 크지 않아야 된다. 이것을 통계용어로 설명하면, 보험가입자들이 직면하고 있는 위험들이 서로 독립사건이어야 한다. 위의 소득안정보험의 예로 설명하면 벤처기업들이 서로 다른 업종이어야 한다. 보험가입자들의 위험이 서로 독립적이지 않으면 보험가입자 모두가 보상을 받는 경우도 일어날 수 있다. 예를 들면, 미국의 플로리다지역과 같이 매년 허리케인의 오는 지역 주민을 대상으로 농작물피해나 건물피해에 관한 보험을 팔면 대형 허리케인이 오는 해에는 보험가입자 대부분에게 보상을 해주어야 한다. 이 경우 보험료 총액이 보상액 총액에 미치지 못하기 때문에 보험회사가 파산할 수밖에 없다. 따라서 보험이 공급되기 위해서는 보험의 대상이 되는 위험이 독립사건이어야 한다.

보험을 공급하는 원리를 이해하면 일반투자에서도 위험을 줄일 수 있는 지혜를 얻을 수 있다. 즉, 투자액수를 적게 나누어서 투자를 분산시키는 것이다. 그러면 공유화(pooling)의 원리처럼 각각의 투자가 독립사건이 되어 투자로부터 기대되는 손실을 줄일 있다. 이렇게 투자하는 방법을 포트폴리오(portfolio)라고 한다.

요약하면, 보험은 현재 직면하고 있는 위험을 사후적으로(ex post) 제 3자에게 이전하는 것이다(risk shifting). 이렇게 위험을 이전하는 대가로 사전에(ex ante) 일정금액의 가격을 지불해야 한다. 이런 위험이전(risk shifting)에 대한 거래가 이루어지기 위해서는 위험을 사는 사람도 있어야 하고, 위험을 파는 사람도 있어야 한다. 위험을 사는 사람이 있기 위해서는 구입하는 위험들이 서로 관련성이 없어야 하고, 위험을 파는 사람이 있기 위해서는 파는 사람의 위험에 대한 선호가 위험회피적이어야 한다. 이런 조건이 만족되면 위험이전에 대한 거래가 이루어지는 보험시장이 성립한다. 보험시장은 위험을 가장 혐오하는 선호를 가진 사람들로부터 위험에 대한 혐오가 적은 사람들로 위험을 이전시켜서 사회에서 위험에 대한 배분을 가장 효율적으로 한다는 점에서 사회의 후생을 증가시키는 역할을 한다.

보험시장이 위험을 효율적으로 배분하는 역할을 하는데 가장 방해되는 요소가 정보의 비대칭(asymmetric information) 문제이다. 정보의 비대칭이란

(거래 관계에 있는) 두 당사자 가운데 한 쪽은 정보를 가지고 있는데 다른 한 쪽은 정보를 가지고 있지 않은 상황을 말한다. 보험시장에서 두 가지 종류의 비대칭 정보 문제가 있는데 하나씩 설명해보자. 보험 가입자는 자기가 하는 행동을 알고 있는데 (즉 자기 자신에 대한 정보를 가지고 있는데) 보험회사는 이 보험 가입자의 행동을 알지 못 한다(보험가입자 행동의 내용에 관한 정보가 없다). 이런 정보의 비대칭 문제가 생기는 이유는 보험회사와 보험가입자 사이의 거리 때문에 보험회사가 보험가입자를 관찰할 수 없기 때문이다. 이런 상황에서, 자동차 사고, 분실, 훼손의 위험에 대해 완전한 보험이 주어진다고 해보자. 그러면 보험 가입자가 차를 새것으로 바꾸기 위해서, 자신의 차를 길거리에 키를 꼽아 둔 채로 문을 열어 놓은 채 방치하면서 도둑의 위험을 높이는 행동을 할 수 있다. 이렇게 해서 차가 도둑을 맞게 되면 보상금을 받아 새 차를 구입할 수 있다. 이렇게 하는 행동을 '도덕적 해이(moral hazard)'라고 한다. 보험회사가 이런 행동을 관찰을 하지는 못하지만 예견은 할 수 있기 때문에, 대책을 세운다. 대책 중에 하나가 100% 보상을 해주지 않는 공제조항(deductible)을 계약에 포함시키는 것이다. 즉 보험가입자가 새 차로 바꾸려고 보이지 않는 행동(hidden action)을 해서 차가 도둑을 맞았다면 손실 금액 중에 일정부분을 보험가입자가 부담하게 하는 제도이다. 이렇게 함으로써 부분적이기는 하지만 보험가입자가 도덕적 해이의 보이지 않는 행동을 바꾸려는 동기를 유인할 수 있다. 즉 공제조항이 30%라고 하고, 차의 가치가 새 차의 90%라고 하면 차를 잃어버리고 새 차를 사려면 차 가격의 20%는 손실을 보기 때문에 도둑을 맞지 않기 위해서 정상적으로 행동하게 된다. 그렇지만, 보험시장 전체로 보면 비대칭 정보로 인해 도덕적 해이와 같은 '보이지 않는 행동(hidden action)' 때문에 완전한 보험을 제공하지 못함으로 보험시장의 자원배분이 왜곡되는 현상이

발생한다.

또 다른 비대칭 정보는 보험가입자는 자기 자신에 관한 사적인 정보를 가지고 있는데(hidden information) 보험회사는 이런 정보를 가지고 있지 못한 상황이다. 예를 들면, 중고차를 가지고 있는 주인은 자기 차의 성능과 문제점을 알고 있지만 중고차의 구매자는 그런 정보를 모르고 있는 것과 건강상태를 자기 자신을 잘 알고 있지만 보험회사는 그런 정보를 모르고 있다. 이와 같이 보험가입자가 보험회사는 모르는 감춰진 정보(hidden information)를 가지고 있는 상황에서 보험회사는 피보험자가 병이 나면 100% 보험, 즉 완전보험 상품을 출시했다고 해보자. 그러면 자기 자신이 아플 확률이 높은 사람이 건강한 사람보다 보험으로부터 얻는 이익이 크니까 이런 사람들이 건강한 사람보다 많이 보험에 가입할 것이다. 구체적인 정보가 없는 보험회사가 상정한 일정비율의 발병(發病)비율 보다 더 높은 비율의 사람들이 보험금을 받아가니까 적자가 발생한다. 보험회사는 적자를 보전하기 위해 보험료를 올린다. 그러면 건강해서 혜택을 받을 확률이 낮으면서 돈만 더 내야하는 사람들은 이런 보험을 들지 않게 된다. 결과적으로 건강보험에는 아플 가능성이 높은 사람들만 모이게 된다. 이와 같이 비대칭 정보 때문에 불량품만 보험에 모이게 되는 현상을 역선택(adverse selection)이라고 한다.

역선택을 완전하게 극복할 수 없기 때문에 보험회사들은 건강보험 제공을 꺼리게 되어서 국가가 이 시장의 기능을 떠맡고 있다. 그렇지만 부분적으로는 비대칭 정보 상황을 극복하기 위한 다양한 방법들이 제시되거나 실행되고 있다. 하나는 주어진 정보를 이용해서 추론을 통해 불량품을 선별(screening)하는 방법이다. 예를 들면, 건강보험을 들려면 건강상태에 관한 서류를 제출받아 아플 가능성이 높은 사람을 선별해서 보험제공을 거부하는 것이다. 또 다른 방법은 신호(signaling)이나 평판(reputation)을 이용하는 방법이다. 예를 들면, 보험 가입자들이 불량품이 아니라는 신호를 보여주기 위해서 중고차의 경우 1년 안에 고장이 나면 무상 수리를 해주겠다고 하거나 좋은 평판을 가지기 위해 노력하는 것이다. 이와 같은 방법들이 부분적으로는 비대칭 정보의 상황을 개선해서 보험 제공을 가능하게 하지만, 전체적으로는 비대칭 정보가 보험시장을 위축시킨다.

(2) 경매시장(Auctions Market)

불확실성 상황에서 의사 결정하는 데 있어서 일어나는 문제 중에 하나는 독점적 위치에 있는 판매자 또는 구매자가 얼마의 가격으로 상품을 사거나 팔아야 하는지를 모르는 상태에서 가격을 정하는 것이다. 이런 문제가 일어나는 이유는 독점 판매자(또는 독점 구매자)가 가지고 있는 상품이 골동품과 같이 독특해서 시장가격이 형성되어 있지 않아 시장가치를 알 수 없기 때문이다. 즉 상품의 가치에 대해서 불확실성이 있는 상황이다. 이런 상황에서 독점판매자 또는 독점구매자가 독점지위를 이용해서 구매자 사이에 경쟁을 시키고 이를 통해 정보를 얻어서 판매가격을 결정하는 것이 '경매(auction)'이다.

경매는 네 가지 형태가 있다. 영국경매(english auctions)라고 일컫는 공개 오름경매, 네덜란드경매(dutch auctions)라고 일컫는 공개내림경매, 최고가격봉인경매(sealed-bid first-price auction), 그리고 차점가격 봉인경매(sealed-bid second-price auction)이다. 영국경매는 영화에서 자주 보는 것처럼 골동품을 경매할 때 구매 희망자가 낮은 가격부터 시작해서 높은 가격으로 입찰 가격을 높여가는 것이다. 네덜란드 경매는 영국경매의 반대로 판매자가 높은 가격으로부터 낮은 가격으로 가격을 낮추어갈 때 구매자가 그 가격을 받아들이면 처음으로 손을 든 사람에게 판매를 하는 것이다. 보통 수산물 경매시장에서 사용된다. 이 두 가지 형태는 경매참가자들이 본인의 구매 희망가격에 대한 정보를 공개한다. 최고가격 봉인경매와 차점가격 봉인경매는 구매 희망자가 구매가격을 적어서 봉인된 봉투에 넣어 제출하면 판매자가 가장 높은 가격을 제시하는 사람에게 팔든가 두 번째로 높은 가격을 제시하는 사람에게 파는 것이다. 이 두 형태는 구매 희망자의 구매 희망가격을 공개하지 않는다.

판매자들은 경매를 통해 구매 희망가격에 대한 불확실성을 어느 정도 해소하지만, 구매 희망자들은 구매에 당첨되기 위해서 가격을 얼마를 써야할지는 그 자신의 가격뿐만 아니라 구매 경쟁자들의 가격도 알아야 하는데, 경쟁자들의 가격을 모르기 때문에 낙찰가격에 대한 불확실성이 있다. 따라서 구매자의 경매응찰과정은 불확실성과 전략적 경쟁을 포함한다. 그래서 전략적 상호과정을 포함하는 경매에 대한 분석은 4장에서 설명한 게임이론이 이용된다. 아래에서는 경매형태별로 경매시장에서 Nash 균형이 어떻게 이루어지는지 살펴보기로 한다.

먼저 일반적으로 가장 잘 알려진 영국경매의 Nash 균형을 살펴보자. 구매 희망자가 경매 상품에 대해 개인적으로 평가하는 가치가 있다고 하자. 구매 희망자들은 낮은 가격부터 시작해서 가격을 제시하는데, 이러한 경매응찰과정에서 경쟁자의 제시가격에 대한 정보를 알게 된다. 구매 희망자들이 만원씩 제시가격을 높인다고 해보자. 구매 상품에 대한 개인평가 가치가 높은 사람이 계속 만원씩 높여감에 따라 그 보다 개인평가 가치가 낮은 사람이 하나씩 탈락하고 두 번째로 평가가치가 높은 사람의 평가가치보다 만원을 더 올리면 그 사람에게 낙찰이 된다. 결국, 낙찰 경매가격은 구매 희망자들 중에서 개인평가가치가 두 번째로 높은 사람의 가격보다 만원 높은 가격에서 결정된다. 이러한 경매응찰과정을 일반화시키면, 영국경매의 낙찰가격은 구매희망자의 제시가격 중 두 번째로 높은 가격보다 아주 조금 높게 결정된다. 이것이 영국경매의 Nash 균형이다. 이러한 Nash 균형을 이해하는 구매 희망자는 낙찰이 되는 차점제시가격이 어느 정도인가를 추측해야 하고, 그것보다 조금 높은 가격을 제시한다.

영국경매의 Nash균형과 비슷한 결과가 나오는 것이 차점가격 봉인경매이다. 이 경매에서는 차점가격이 낙찰가격이기 때문에 구매 희망자들이 응찰가격을 자신들의 평가가격보다 낮게 쓸 유인이 없다. 모든 구매 희망자들이 자신들의 평가가격을 제시가격으로 써내면 두 번째로 높은 제시가격이 낙찰가격이 된다.

이제 최고가격 봉인경매의 Nash 균형을 살펴보자. 이 경매에서 구매 희망자들은 자신들의 평가가격이 가장 높다고 믿어야 한다. 그렇지 않다면, 경매에서 탈락되기 때문에 경매전략을 짜고 실행하는 것이 의미가 없어진다. 이제, 구매 희망자들의 의사결정 문제는 그 자신의 평가가격을 제시가격으로 쓸 것이냐에 관한 것이다. 그렇게 하면, 당첨 확률은 높아지지만, 경매로부터 얻을 수 있는 소비자잉여(consumer surplus)는 거의 없게 된다. 제시가격을 평가가격보다 낮추면 경매의 소비자잉여는 올라가지만 당첨확률은 떨어진다. 즉, 경매의 소비자 잉여와 당첨확률 사이에 상충관계가 있다. 이 상황에서 당첨확률과 소비자잉여 모두를 고려해서 효용을 극대화하는 최적의 제시가격을 찾는 것이 의사결정의 핵심과제이다. 최적의 제시가격은 제시가격과 당첨확률 사이의 관계, 즉 경쟁자들의 제시가격에 대한 분포에 의해 결정된다. 예를 들어 설명해보자. 골동품 탁자에 대한 제시가격 분포가 0원에서 600만원 사의의 균등분포를 이룬다고 해보자. 그리고 아주 간단한 경우로 구매 희망자가 둘이라고 해보자. 자신의 평가가격인 400만원이 최고가격이라고 생각하는 구매희망자는 경쟁자의 제시가격이 0부터 400만원 사이에 있을 것이라고 추정한다. 여기서 0원을 쓰면 당첨확률은 0이지만 소비자잉여는 400만원이 되고, 400만원을 쓰면 당첨확률은 1이지만, 소비자잉여는 0이다. 최적의 제시가격은 당첨확률과 소비자잉여를 모두 고려해서 200만원을 써서 당첨확률을 1/2로 만들고, 소비자잉여도 200만원을 얻는 것이다. 이제 구매 희망자를 둘에서 셋으로 늘려보자. 제시가격 분포가 균등분포이기 때문에 제시가격을 (1/3)·400만원을 쓰면 당첨확률이 1/3이고, (2/3)·400만원을 쓰면 당첨확률이 3/2이다. 위에서 설명한 바와 같이, 0원[=(0/3)·400만원]과 400만원[=(3/3)·400만원]이 합리적인 최적제시가격이 아니고, 경매경쟁자 많아지면 제시가격이 올라가므로 당첨확률 1/3과 2/3 중에서 2/3을 선택하는 것이 합리적이다. 따라서 세 명이 경매에 참여했을 때의 최적 제시가격은 (2/3)·400만원이다. 경매 참가자가 넷이 참여하면, 위에서 설명한 것과 같은 논리로 최적 제시가격은 (3/4)·400만원이다. 일반화시켜서, n명이 경매에 참여한다고 하면, 최적제시가격은 (n−1/n)·400만원이다. 이 공식이 최고가격 봉인경매에서 Nash 균형의 가격이다.

네덜란드 경매의 Nash 균형도 최고가격 봉인경매의 Nash 균형과 비슷하다. 네덜란드 경매는 독점 판매자가 최고가격부터 낮은 가격으로 낙찰가격을 제시할 때 구매 희망자가 자기가 적절하다고 판단한 최적가격에 구매의사를 표시해서 낙찰을 받는 제도이다. 최고평가가격을 가진 구매 희망자는 낙찰제시가격이 그의 평가가격에 제시되었을 때 구매의사를 나타내지 않을 것이다. 그의 평가가격 보다 조금이라도 낮은 가격에 구매의사를 나타내야 소비자잉여가 남기 때문이다. 그는 다른 구매 희망자의 평가가격을 모르기 때문에 얼마나 낮은 가격에서 구매의사를 나타내야 할지를 모른다. 그래서 다른 구매 경쟁자들의 평가가격에 대한 추측을 하고, 그 추측으로부터 최적 구매제시가격을 결정해야 한다. 그런데 이런 결정과정이 최고가격 봉인경매에서 최적제시가격을 결정할 때와 같다. 그래서 네덜란드 경매의 Nash 균형가격도 최고가격 봉인경매에서와 같이 (n−1/n) · 최고 평가가격이 된다.

이제 영국경매, 네덜란드경매와 최고가격봉인경매와 차점가격봉인경매의 불확실성의 차이점을 생각해보자. 영국경매와 네덜란드경매는 구매 희망자들이 구매하고자 하는 상품에 대한 개인적으로 평가하는 가치, 즉 예약가격(reservation price)을 정확하게 알고 있지만 경쟁 구매자들의 예약가격을 알지 못한다. 그러나 경매응찰과정에서 경쟁 구매자들의 예약가격을 추측할 수는 있다. 반면에 최고가격봉인경매와 차점가격봉인경매는 구매하고자 하는 상품에 대한 객관적 가치에 대해서 구매 희망자들 모두가 알지 못한다. 예를 들면, 뉴욕시의 공공택시 운영권에 대한 경매가 이루어진다고 해보자. 공공택시를 운영해서 얻을 수 있는 총매출액과 총운영비를 경매에 참여하는 구매 희망자 모두 경매에 참여하는 시점에서는 알지 못한다. 따라서 구매 희망자 모두 뉴욕시의 공공택시 운영권에 대한 평가가격이 다르고 제시가격이 다를 수 있다. 이런 특성 때문에 최고의 제시가격이 구매상품의 실제 가치보다 높아서 낙찰자가 손해를 보는 경우가 발생할 수 있다. 이런 경우를 승자의 저주(the winner's curse)라고 한다.

지금까지 살펴 본 경매는 판매자가 구매자의 예약가격을 알지 못하는 불확실성이 있을 때 경매응찰과정을 통해 예약가격이 가장 높은 사람에게 자원이 배분되게 하는 제도이다. 따라서 경매시장은 구매가격에 대한 불확실성이 있을 때 희소한 자원이 예약가격이 가장 높은 구매자에게 배분되게 한다는 점에서 자원배분의 효율성을 높이는 제도이다.

■ 참고문헌

Knight, F, "Risk, Uncertainty and Profit", Dover Publication, INC, 1921.

II

Technology Economy
기술경제

| 권 명 중 |

6장 기술혁신의 경제*

* 6장은 '기술혁신의 경영과 경제', (권명중, 신론사)의 내용 중 일부를 발췌하였다.

1. 개관 - 사례를 통한 기술혁신의 이해

모브의 탄생

인위적으로 생활용품에 염색을 하기 시작한 것은 B.C. 2000년경까지 거슬러 올라간다. 생활용품에 색을 내는 데 쓰이는 것을 염료라고 하는데, 고대 이래로 새로운 염료는 우연히 발견되는 경우가 많았다. 예를 들면, 개가 해변가를 걸어가다가 연체동물을 깨물었는데 피가 응고된 듯한 색으로 혀가 물들고 말았다. 이로부터 연체동물의 피가 붉은색을 내는 염료로 사용되었으며, 이 염료 때문에 B.C. 1500년경 티루스는 큰 경제적 번영을 이루었다. 또, 이탈리아 해변에는 뮤렉스 브란다리스라는 연체동물이 있는데 이 연체동물의 점액이 보라색의 염료로 사용되었다. 또 조개들을 짜내어 소금물에 3일 동안 담가 두었다가 열 번 끓이면 색깔이 나오는데 그 색은 연한 보라부터 푸른색, 검은색 등 여러 가지 색을 내었다. 이런 염료에 꿀이나 물을 섞어 다른 색을 만들어 내기도 하였다. 동물염료 중 가장 유행한 것은 '코치닐 염료'이다. 이 염료는 진홍색을 내는 염료인데, 이것은 선인장 벌레에서 추출되었다. 동물염료 이외에 식물염료도 널리 사용되었다. 예컨대 옷감에 고동색을 넣기 위해서 덜 익은 생감을 따서 씨를 빼고 즙을 내서 옷감에 문지른 후 옷감을 건조시켜서 색을 내었다. 초록색을 내기 위해서는 느티나무 꽃을 따서 즙을 만들고 이 즙을 사용해서 초록색을 내었다. 또 남색을 내기 위해서 천연식물 인디고나 관목의 뿌리와 대나무를 사용하였고, 주황색(매더)을 내기 위해서 유럽과 아시아에서 발견된 식물 35종을 사용하였다. 이와 같이 동물, 식물이나 광물로부터 천연염료를 만들어 내고 이 천연염료를 사용해서 염색을 하는 것이 전통적으로 색을 물들이는 방법이었다. 그런데 이런 천연염료를 사용하는 데는 문제점이 있었다. 첫째 문제는 천연염료를 사용할 경우 색조가 선명하지 않고, 건조하는 과정에서 색이 바래지고 똑같은 색을 복사해 낼 수 없다는 사실이다. 둘째 문제는 염료를 얻을 수 있는 식물은 특별한 지역에만 있기 때문에 대량의 천연염료를 확보하는 일이 거의 불가능한 일이었다. 예컨대 뮤렉스 브란다리스 한 마리로부터 가는 실 같은 소량의 점액이 나오는데 이 색으로 옷 한 벌을 물들이기 위해서 뮤렉스 브란다리스 수천 마리가 필요했다. 따라서 옷감에 물을 들이는 일은 비용이 많이 드는 일이었고, 색깔이 있는 옷이나 생활용품은 왕실이나 소수 상류계층만이 사용할 수 있었다.

퍼킨은 1853년 런던 칼리지 화학과에 입학한 후 2년 동안 기초과정을 마치고 1856년에는 호프만의 최연소 조교로 임명되어 연구과정을 시작하게 된다. 연구과정을 시작한 퍼킨은 연구과제로 그의 스승 호프만 교수가 관심을 가지고 있던 인조 키니네 합성을 선택하기로 결심한다. 1856년 부활절 휴가기간 동안 호프만 교수는 잠시 독일로 돌아갔고, 퍼킨은 부활절 기간 동안 연구주제인 키니네를 만들려고 런던 이스트 엔드에 있는 자기 집 꼭대기 실험실에 칩거하고 있었다. 콜타르에 나프타를 가해서 생긴 침전물은 무색의 키니네가 아니라 붉은 빛을 띤 가루가 나왔다. 어떻게 이런 특이한 물질이 나오는지 알고 싶어서 실험을 계속하였는데 이번에는 검은색 물질을 얻었다. 이것이 바로 염료로 색상을 내는 물질로 알려진 아닐린이었다. 이것을 정제하고 건조시켜 와인의 주정과 함께 증해하자 모브라고 일컫는 보라색의 염료가 나타났다. 대부분의 화학자들은 실험 중 이와 같은 염료를 발견했지만 염료의 발견을 과학 업적으로 꼽지 않았으므로 이러한 염료를 그대로 없애 버렸다. 하지만 퍼킨은 달랐다. 그는 이 염료를 사용하여 실크 옷감을 물들여 보았다. 옷감에 물들여진 색은 기대 이상이었다. 밝으면서도 광택이 도는 염색을 해낸 것이었다. 빛에 오래도록 노출시켜도, 물로 씻어내도 색이 지워지지 않는다는 사실을 알게 되었다. 퍼킨은 형의 도움을 받아 여러 번 모브 염료를 만들어냈는데 그 때마다 색상은 점점 더 순화되고 뚜렷해졌다. 1856년 6월, 스코틀랜드에 살고 있는 성공한 염색업자인 형의 친구에게 물들인 옷감 견본과 함께 새로운 인조염료에 관한 편지를 보냈다. 이 편지를 받은 로버트 풀러라는 사람은 퍼킨에게 장문의 편지를 보내왔다. "당신이 발견한 물질은 제품생산 비용이 너무 많이 들지만 않는다면 지금까지 나온 어떤 것보다도 가치 있는 발견이 될 것입니다. …… 하지만 실크뿐만 아니라 면직물도 물들일 수 있어야 하고, 염료가 공기에 노출된 후 얼마나 색이 바래지는지 실험을 해봐야 하니까요 ……" 이 편지를 친구인 아서 처치에게 보여주자 처치는 특허신청을 내라고 격려해 주었다. 그래서 1856년 8월말 18세가 되던 해 특허를 신청하였다. 안정된 화학자의 길을 포기하고 사업가의 길을 선택하는 문제로 고민하던 퍼킨은 모브 염료를 상업화시키기로 결심하고 1856년 초겨울 로버트 풀러가 있는 스코틀랜드 퍼스를 방문한다. 스코틀랜드 염색공장을 돌아다니면서 모브 염료를 상업화시키기 위해 풀어야 할 문제가 많이 있다는 것을 발견한다. 모브 염료는 착색료 없이는 면직물에 염색이 되지 않는다는 것을 발견하였다. 또 생산비용이 턱없이 비싸다는 사실을 알게 되었다. 즉 모브 덩어리 28그램(1온스)을 생산하기 위해서 최소 3파운드가 들었는데 당시 백금 28그램(1온스)이 1파운드가 조금 넘었었다. 또 모브 1온스를 만드는데 석탄 200킬로그램 정도가 필요하다는 것도 문제였다. 더욱이 글래스고에서 만난 보수적인 염색업자들의 모브를 통한 염색에 대한 비관적인 태도도 기운 빠지는 일이었다. 유리한 점이 있다면 모브가 스코틀랜드 염색업자나 인쇄업자들이 보았던 어떤 색보다도 선명했다는 사실이다. 이렇게 되자 퍼킨에게 사업의 타당성을 열렬히 옹호했던 로버트 풀러조차도 사업의 가능성에 대해 흔들리게 되었다.

런던으로 돌아온 후 퍼킨은 풀러의 도움을 받아 면직물에 모브를 염색할 수 있는 타닌산 착색료를 발견한다. 이 타닌산 착색료를 사용해 모브로 염색한 면직물은 물이나 빛에도 버틸 수 있었다. 착색료를 발견한 퍼킨은 사업을 추진하기 위해 자금을 투자할 투자자를 찾기 시작하였다. 투자를 계속 권유했지만 거듭 거절을 당하자 퍼킨의 아버지가 모든 재산을 투자하고 그의 형은 공부하던 건축사 과정을 포기하고 공장설립을 돕는다. '퍼킨과 아들들'이라는 회사를 만들고 공장부지를 찾기 시작했다. 공장부지도 확보하기 쉽지 않았다. 화학공장은 유해가스와 강물을 오염시킨다는 이유로 공장부지 사용이 지역당국으로부터 거절되었다. 결국 북쪽으로 부지를 물색하던 중 런던 북서부인 그린퍼드 그린에 공장 터를 잡았다. 퍼킨은 공장 부지를 물색한 후 모브의 생산비용을 낮추는 방법을 모색하였다. 처음 모브를 발견했던 방법으로 모브를 생산한다면 극소량의 모브를 만들기 위해서 연료가 몇 톤이나 들어가기 때문이다. 그래서 모브를 만들었던 처음의 방법을 포기하고 콜타르에서 추출해낸 니트로벤젠으로 아닐린을 만드는 방법을 발견했다. 이 방법을 발견한 후에 또 다른 문제가 발생하였다. 그것은 새로운 방법으로 아닐린을 생산하기 위해서는 새로운 기계가 필요하다는 것이다. 퍼킨 형제는 자체적으로 이 기계를 제작했다. 이런 방식으로 모브를 만들었을 때 석탄 50킬로그램으로부터 약 5킬로그램의 콜타르를 추출하고 이로부터 63그램의 아닐린을 만들어내고, 이로부터 7그램의 모브를 만들어 낼 수 있었다. 그리고 모브 450그램으로 면직물 90킬로그램의 면직물을 염색할 수 있었다. 공장을 완성할 즈음, 퍼킨의 인조합성 염료인 모브에 대한 수요가 크게 일어날 수 있는 두 가지 사건이 영국과 프랑스에서 일어났다. 하나는 빅토리아 여왕이 딸의 웨딩드레스에 모브 색을 쓴 것이고 또 다른 하나는 프랑스의 왕후가 모브 색을 선호해서 그 색의 의상을 즐겨 입었다는 것이다. 1857년 후반기 파리에서 프랑스 왕후로부터 시작한 모브 색에 대한 유행은 다음 해에는 런던으로 이어졌다. 모브 색 의상에 대한 유행은 모브 염료의 수요를 일으켰지만 당시 모브 색은 연체동물이나 돌곳(일종의 이끼)에서 나온 천연염료를 사용하여 염색을 하였다. 바로 이때 인조 합성염료가 나온 것이었다. 퍼킨은 독점을 유지하기 위해 서둘러 프랑스에 특허를 출원했다. 그러나 런던에서 특허를 낸 지 20개월이 넘었다는 이유로 특허등록이 거절되었다. 최대 6개월을 넘어서는 안 된다는 법규가 있었다. 영국에서 모브의 유행이 시작되었지만 그때까지도 염색업자들은 인조합성염료에 반응하지 않고 식물성 염료로만 작업을 하고 있었다. 그래서 퍼킨은 자신의 공장과 실험실을 떠나 한 번에 몇 주씩 '기술지원'을 다녔고, 또 모브로 옥양목이나 종이를 염색할 수 있는 염료 고정제를 만들어냈다. 이러는 사이에 모브염료는 염색업자들 사이에 퍼져갔고, 인조합성염료에 대한 수요는 폭발적으로 증가하였다. 이러한 모브에 대한 유행은 1861년까지 진행되었다. 모브의 성공과 함께 유럽에 28개의 염색회사가 생겨났다; 영국에 8개, 프랑스에 12개, 독일과 오스트리아에 7개, 스위스에 1개사이다. 그런데 이때부터 인조합성염료의 획기적인 발전을 이룰 수 있는 사건이 일어난다. 호프만과 그의 제자인 니콜슨은 아닐린 염료의 분자구성을 분석하여 아닐린 염료의 숨겨진 구조를 밝혀냈다. 이런 발견으로부터 가능한 많은 색들이 인조합성염료로 만들어 낼 수 있게 되었다. 퍼킨은 아닐린 염료의 주도권을 빼앗겼음을 깨닫고, 바이올렛 색과 마젠타 색을 만들어냈다. 그러나 마젠타 색을 만들기 위해서 사용하는 수은이 직원들의 건강을 악화시키는 것을 알고 생산을 중단하기도 했다. 이와 같은 인조합성염료의 발전은 천연염료의 수요를 감소시켰고, 염료회사들은 화학자들을 많이 고용하게 되었다. 이로부터 산학협동이 이루어져서 염료를 개발하는 과정에서 의약, 향수, 사진 등에 대한 새로운 발견이 이루어졌다. 또 회사들은 인기 있는 색들을 사용한 덕에 많은 돈을 벌었으나 특허권 분쟁은 치러야 할 하나의 의례였다. 법정에서의 문제는 색상이 너무나 똑같은 경우가 많다는 데 기인한다. 특허를 얻은 방법을 모방한 염색업자 중 기술이 뛰어난 사람의 경우에는 원래 색상과 구분한다는 것이 좀처럼 쉽지 않았다. 약간 다른 제조방법으로 만들어진 같은 색상이 특허침해인지에 대해 끊임없는 논란이 있었다. 또 염색업자들이 많이 늘어나자 1863에는 주도적인 염색회사들 사이에 다국적 합병이 일어났다.

1869년쯤에는 모브 색에 대한 유행이 완전히 사라졌다. 퍼킨은 그의 사업의 마지막 도박을 시작한다. 모브 색과 같은 색은 유행을 타는 색이지만 붉은색(매더)이나 파란색과 같은 원색은 유행을 타지 않을 뿐만 아니라, 그 용도도 광범위해서 수요량이 일반 다른 색보다 크다. 퍼킨은 매더에 대한 인공합성염료 개발에 착수한다. 1868년까지 모든 붉은색 염색의 반은 매더라는 식물에 의한 천연염료로 염색되고 있었다. 퍼킨은 매더 뿌리에 열을 가한 뒤 다양한 종류의 산과 가성 칼륨들을 넣어 보았더니 노란색 증기가 생기면서 밝은 붉은색 결정체 무리가 나타났다. 바로 이 물질을 알리자린이라고 명명했는데 이것이 붉은색 염료가 된다. 알리자린을 인조합성염료로 만들기 위해서는 알리자린에 대한 분자 구성식을 알아야 하는데, 그레베와 리베르만이 분자 구성식을 알아내고 인조합성염료 알리자린을 만들어내고 특허를 얻었다. 그런데 그들이 만들어낸 인조합성염료 알리자린을 만드는 방법이 매우 복잡하고 엄청나게 비싼 원료와 휘발성 액체인 브롬을 사용하여야만 했다. 퍼킨은 그레베와 리베르만이 특허를 낸지 1년 안에 브롬을 사용하지 않고, 비용이 들지 않는 방법으로 인조합성염료 알리자린을 만드는 방법을 발견해 낸다. 그러나 모브를 발견하고 생산에 들어갔을 때와 같이 여러 가지 난관에 봉착하게 된다. 첫 번째 문제는 새로운 생산설비를 고안하는 것이었고 두 번째는 천연염료 매더의 생산비용보다 더 낮은 비용으로 생산단가를 낮추는 문제였다. 이런 문제이외에도 다른 문제에 봉착하게 되는데, 그것은 특허에 대한 문제였다. 처음 알리자린 생산과정 특허는 1869년 6월 26일에 승인되었다. 하지만 아주 유사한 방법의 특허가 이미 며칠 전에 그레베와 리베르만, 하인리히 카로에 의해 베를린에 출원된 것이다. 퍼킨은 망연자실했다. 더군다나 카로는 그의 친구이었다. 베를린 특허청에서는 6월 15일에 이미 승인이 났다. 사실 퍼킨이 출원한 특허는 1869년 6월 26일 이전이었지만 행정직원의 처리 지연으로 승인이 늦어진 것이었다. 베를린의 BASF 특허는 하루 일찍 등록되었지만 도장은 퍼킨이 처음 찍었다. 이 문제를 해결하기 위해 법적인 방법을 선택하지 않고 퍼킨은 카로를 그린퍼드 그린에 초대했고, 두 사람은 시장을 분할하는 데 합의했다. '퍼킨과 아들들'이 몇 년 동안 영국을 독점하는 동안 BASF는 유럽본토와 미국시장에 진출한다는 내용이었다. 퍼킨은 알리자린을 생산하기 시작했고 생산량은 1871년 220톤, 1872년 300톤, 1873년 435톤으로 증가하였다. 가격은 1톤당 거의 2백만 파운드에 거래하였고, 1870년대 말에는 1톤당 150파운드로 떨어졌다. 윌리엄 퍼킨의 재산은 거의 10만 파운드에 달했다.

1870년대 들어 인조합성염료로 염색한 옷, 벽지, 색료품에 대한 문제가 발생하기 시작하였다. 인조합성염료로 염색한 옷에서 위험할 정도의 비소가 나왔다는 연구결과들이 나오기 시작했고, 그런 옷을 입은 사람들 가운데 피부병을 호소하는 사람들이 늘어나기 시작하였다. 이와 같은 사실들에 대한 신문보도에 대해 소비자들이 영향을 받기 시작하였다. 이런 와중에 1873년 퍼킨은 '퍼킨과 아들들' 회사를 정리할 결심을 한다. 그가 회사를 정리하려고 결심한 데는 몇 가지 이유가 있었다. 첫째는 다른 회사와 경쟁하기에는 그의 회사 규모가 너무 작았다. 회사를 확장하기 위해서는 좀 더 많은 화학자들을 고용할 필요가 있었지만, 영국에는 화학자가 많지 않았기 때문에 독일에서 사람을 모집해야 했는데 그 일이 쉽지 않았다. 둘째는 그는 신앙심이 깊었기 때문에 직원들을 위험한 화학물질에 계속 노출시킬 수 없었다. 셋째 특허권 분쟁에 끊임없이 시달렸지만 적절히 대응하지 못했고 소송으로 무의미하게 시간을 보내고 싶지 않았다. 마지막으로 독일 등은 엄격한 보호주의를 통해 자국시장을 보호했지만 영국은 그렇지 못했고 따라서 영국에서 산업에 대한 미래가 보이지 않았다. 퍼킨 형제는 처음 회사를 BASF에 팔려고 하였지만 성사가 되지 않았고 영국 '부르크, 심프슨, 스필러'에 특허를 포함해서 10만 5천 파운드에 공장을 팔았다. 산업적인 요구에서 자유로워진 퍼킨은 이제까지 쌓은 지식을 순수 실험연구에 이용하기 시작했고, 그 결과 1874년부터 1907년 세상을 떠날 때까지 60여 편의 과학 논문을 발표했다.

〈권명중, "기술혁신의 경영과 경제(2006)" pp. 16-23〉

천이나 옷의 색, 자동차나 가전기기의 색, 음료수나 식품에서의 색!! 다양한 상품에 색이 없다면 소비자가 상품에 어떻게 반응을 할까? 색이 없다면 매우 삭막한 세상이 되지 않을까? 위의 사례는 색을 입힐 수 있는 인공염료를 처음으로 만든 기술혁신에 관한 이야기이다. 이 사례는 기술혁신에 관해서 일반화시킬 수 있는 거의 모든 요소를 포함하고 있다. 기술혁신은 "시간이 많이 소요"되는 장기 프로젝트다. 위의 사례를 보면 우연히 발견된 염료에 대한 아이디어(발명 및 고안: invention)가 판매할 수 있는 염료라는 상품이 되어 시장에 나오기 까지 4년이 걸렸고, 시장에 나온 모브라는 보라색 염료가 시장을 통해서 확산이 거의 완료될 때까지 또 8년이 걸렸다. 염료를 개발하기 위해서 들어간 투자금액을 회수하고 큰 수익을 내기까지 약 12년의 세월이 걸렸다. 그래도 이 사례는 성공한 경우이다. 그 동안의 기술혁신에 대한 연구는 기술혁신을 시도한 모든 경우들 중에 약 5%도 안 되는 정도만 성공을 한다는 사실을 보여준다. 기술혁신이 성공하기 어려운 이유는 '불확실성'으로 설명된다. 발명과 고안(invention)의 단계에서 불확실성이 있다. 영국에서 일어난 1차 산업혁명에서 기술혁신은 대부분 기술자들이 현장에서 일을 하면서 우연히 또는 문제의식을 가지고 탐구를 하면서 이루어졌다. 독일과 미국에서 주도한 2차 산업혁명, 그리고 정보통신혁명이라고 일컫는 3차 산업혁명 이후에는 기술혁신이 특별한 문제의식과 목적을 가지고 응용과학자, 기술자 또는 과학자와 기술자와의 협업으로 이루어졌다. 특히, 패러다임을 바꾸는 기술혁신은 개인보다는 연구소차원에서 이루어졌다. 그런데 기술혁신의 처음 단계인 발명 및 고안의 단계에서 얻어진 아이디어가 실제로 사용 가능한 기술로 전환될 수 있는지는 누구도 알 수 없다. 기술로 전환될 수도 있고, 그렇지 못한 경우도 많다. 이런 불확실성을 "기술적 불확실성(technological uncertainty)"이라고 한다. 아이디어를 사용한 가능한 상품으로 만드는 데 필요한 핵심기술을 개발하는데 성공했다고 하더라도 부수적으로 따르는 수많은 문제를 해결하는데 필요한 기술들을 개발해야 한다. 이 단계를 개발단계라고 한다. 이 단계에서 문제의 대부분은 생산비용을 낮추거나 소비자 편리성을 높이는데 필요한 기술을 개발하는 것이다. 위의 사례에서 염료로 면직물을 염색하기 위해서 착색료를 개발해야 하는 문제라든지, 가격을 염색업자가 수용할 수 있는 수준으로 낮추기 위해서 새로운 생산방법을 찾아야 하는 것 등이다. 기술혁신 중에서 생산비용을 낮추는 '경제성'이나 소비자가 사용하는데 불편함을 없애는 '편리성'을 확보하기 위한 보조적인 기술개발을 위해서 적지 않은 시간을 허비한다. 이런 노력에도 불구하고 이런 부수적인 기술개발을 하지 못해서 기술혁신에 실패한 경우도 많다. 이런 불확실성을 '경제적 불확실성(economic uncertainty)'이라고 한다. 보조적인 기술개발에 성공하면 시제품을 만들고, 그 후 여러 가지 테스트를 거쳐 상품이 출시된다. 상품이 시장에 나온다고 일시에 소비자들이 이 상품을 구입하는 것이 아니다. 대부분의 소비자는 이 상품의 존재조차 알지 못하고, 이 상품의 존재를 안다고 할지라도 이 상품의 가격, 품질, 본인 필요에 대한 적합성 등을 알지 못한다. 뿐만 아니라 이 상품은 대체상품과 경쟁에 직면해야 하고, 곧 비슷하면서도 가격이 저렴한 복제상품을 만날 수도 있다. 그래서 시장에 출시된 상품의 95% 이상이 시장에서 확산도 되기 전에 소비자의 외면으로 시장에서 퇴출된다. 따라서 새로운 상품이 시장에 출시된다고 하더라도 이 상품이 시간이 지남에 따라 잠재적 소비자들로부터 구매될 수 있는지는 아무도 알지 못한다. 이러한 불확실성을 '상업적 불확실성(commercial uncertainty)'이라고 한다. 기술혁신은 이와 같이, 기술적, 경제적, 상업적 불확실성이 존재하는 프로젝트 이므로, 성공확률이 매우 낮다. 즉 위험이 매우 높은 프로젝트이다.

실패 확률이 높은 기술혁신 프로젝트에 왜 투자를 할까? 그것은 실패확률이 높지만 기술혁신에 대한 투자의 수익이 높기 때문이다. 기술혁신투자는 높은 위험을 감수하는 대가로 수익이 보통 일반투자에 비해 적게는 2~3배 많게는 5~6배 보다 높다. 그런데 기술혁신투자가 수익을 내는데 방해하는 요소가 있다. 그것은 복제나 모방이다. 복제나 모방을 하게 되면 발명 및 고안단계와 개발단계에서 소요되는 연구개발투자를 절약할 수 있고, 무엇보다도 기술적, 경제적 불확실성이 사라진다. 따라서 최초 기술혁신에 성공한 기업보다도 비슷한 상품을 더 저렴하게 출시할 수 있다. 이런 사실을 개인이나 모든 기업이 안 다면 누구도 기술혁신투자를 하기 보다는 누군가가 수행한 기술혁신을 모방하거나 복제하기 위해서 기다리는 전략을 사용한다. 그 결과 사회적으로는 기술혁신이 바람직한 수준보다 적게 일어나는 일이 발생한다. 이것은 일종의 시장실패이다. 이런 시장실패를 보완하고 바람직한 기술혁신이 일어나게 하기 위해서 고안한 제도가 특허제도이다. 이 제도는 1474년 이탈리아 북부에 있는 도시국가 베니스가 모직물 공업 발전을 위해 최초발명자에게 독점권을 주는 것으로부터 시작하였는데, 17세기 프랑스에서 '공업소유권제도'로 틀을 갖추어 오다가 내용이 다양해지면서 산업재산권제도로 개편된다. 20세계 들어서 급속한 기술변화와 함께 산업의 중심이 공업으로부터 서비스업과 하이테크 지식산업으로 옮겨감에 따라 공업소유권 이외에도 무형자산에 대한 재산권 보호가 더욱 중요하게 되었다. 이러한 상황을 반영해서 공업소유권의 내용에 저작권과 컴퓨터 프로그램과 같은 산업저작권, 첨단생명공학기술, 첨단정보기술을 포함하는 첨단산업재산권, 영업비밀, 데이터베이스와 같은 정보재산권, 비즈니스 포맷 프랜차이즈과 같은 영업재산권을 포함해서 포괄적 개념의 지적재산권제도가 확립되었다. 물론 이런 제도가 최초의 기술혁신을 완벽하게 보호해주지는 못하지만 모방과 복제를 어는 정도 억제시키는 역할을 하기도 한다. 6장에서는 위 사례에서 이미 보여준 기술혁신과 관련된 다양한 문제와 이에 관련된 경제이론을 소개하기로 한다.

2. 기술혁신의 기초개념과 기초이론

(1) 기술혁신경제학의 기초개념

1) 생산과정, 기술, 기술변화

어떤 상품 또는 서비스를 생산하기 위해서는 많은 투입물이 필요로 된다. 예컨대, 원료, 연료, 중간재, 비숙련 노동, 숙련 노동, 설비 자본, 운영 자본 등이 생산을 위해서 투입된다. 이러한 투입물들을 조합해서 최종재로 만드는 과정을 생산과정이라고 한다. 그런데, 투입요소들을 조합하는 방법은 기업이 처해있는 입지조건, 재정상황, 시장여건에 따라 다르게 결정된다. 예컨대 노동이 풍부해서 인건비가 저렴한 시장여건이면 제품을 만드는데 노동이 많이 사용되고 상대적으로 자본이 적게 사용되는 방법이 선택된다. 이런 생산방법이 최소의 비용으로 제품을 만드는 방법이 된다. 이렇게 투입요소를 조합해서 제품을 만드는 한 가지 방법을 생산기법(technique)라고 한다. 그리고 어떤 시점에서 기업이 제품을 만드는 데 이용한 가능한 모든 생산기법들의 집합을 기술(technology)라고 한다. 기술의 범주에는 생산기법이외에 생산과정을 운영하는 경영기법도 포함시킨다.

기술에 대한 정의로부터 기술변화에 대한 정의를 쉽게 유추할 수 있다. 기술변화는 협의의 의미로는 이용될 수 있는 생산기법들의 수가 늘어나서 기술의 영역이 확대되었을 때 기술변화가 일어났다고 한다. Schumpeter (1934)에 따르면, 새로운 원료나 새로운 중간재가 사용된다든지, 새로운 경영기법이 사용된다면 궁극적으로는 생산기법이 달라져야 하고, 이를 통해 새로운 제품이 생산된다든지 또는 기존의 제품이 더 싼 가격으로 생산되는데, 이것을 기술변화라고 정의한다. 이와 같이 생산기법의 변화를 가능하게 하는 모든 변화와 생산기법의 변화를 통해 제품이 변화되는 변화를 기술변화라고 정의한다. 광의의 의미로서 기술변화는 시장개척도 포함시킨다.

2) 기술혁신의 종류: 상품혁신(product innovation), 생산공정혁신(process innovation), 그리고 서비스혁신(service innovation)

일반적으로 기술 경제학에서는 기술혁신을 두 가지로 나누어서 설명한다. 하나는 상품에 관한 기술혁신이고, 또 다른 하나는 생산공정에 관한 기술혁신이다. 일반인들은 이러한 혁신에 대해서 새로운 상품이 만들어지거나 또는 새로운 생산공정이 개발되는 것으로 이해한다. 그러나 학문적으로는 상품과 생산공정 혁신을 정의할 때 조건이 전제된다. 상품혁신부터 하나씩 설명해보자. 상품혁신은 상품을 만드는 제조과정에서는 아무런 변화가 일어나지 않았지만 새로운 상품이 나왔다면 상품에 관한 기술혁신(product innovation)이라고 정의한다. 예를 들어서, 유선 전화기를 만드는 데 필요한 모든 제조기술을 가지고 무선 전화기를 만들었다면 이것은 상품에 관한 기술혁신이 일어난 것이다. 그러면 유·무선 전화기를 만들던 기업이 스마트 폰을 만든 것은 상품혁신이라고 할 수 있을까? 스마트 폰은 기존에 없던 새로운 생산공정으로 새로운 상품을 만드는 것이므로 상품혁신이라고 하지 않는다. 구지 이런 경우를 묘사한다면 '혁신(innovation)'이라는 포괄적 용어를 사용한다.

상품혁신과 같은 맥락에서 생산공정혁신은 기존의 상품을 만드는데 기존에 사용하던 생산공정과 다른 새로운 생산공정으로 그 상품을 만든다면 이것을 생산공정혁신(process innovation)이라고 한다. 예를 들어서 자동차 엔진을 만들 때 수동식 공작 기계를 사용하다가 자동화된 공작기계를 사용해서 똑같은 엔진을 만들었다면 생산공정혁신이 일어난 것이다.

위의 정의를 보면 상품혁신과 생산공정혁신은 기존의 상품과 기존의 생산공정을 전제로 새로운 생산방법이나 새로운 상품을 고안하고 개발하는 것을 의미한다. 그러면 기존 서비스를 전제로 새로운 생산방법을 사용하거나 기존의 생산방법을 전제로 새로운 서비스를 공급하는 것을 상품혁신과 생산공정혁신이라고 해야 할까? 이 질문에 대한 대답을 명확하게 할 수 없다. 그 이유는 서비스를 공급하는 생산공정을 바꾸면 일반적으로 서비스가 새로운 서비스가 되고, 새로운 서비스를 공급하려면 기존과는 다른 생산조직으로 바뀌어야 하기 때문이다. 예를 들어 설명해보자. 호텔 청소로 서비스 기술혁신 상을 받은 어떤 아줌마에 대한 이야기이다. 속초에 있는 어떤 호텔에 청소부로 취직한 이 아주머니는 제일 처음 청소하는 일이 매우 서툴렀다. 손님들이 방을 나간 후 또 손님을 받기 전까지 짧은 시간 안에 청소를 마쳐야 하는데 일이 서툴다 보니 청소가 아주 말끔하게 될 리가 없었다. 그래서 이 아줌마가 청소하는 일의 공정을 세세하게 나누어서 거리 이동을 최소화하는 형태로 청소순서를 정해서 청소를 하기 시작하였다. 이런 식으로 청소를 하니까 우선 청소가 빠짐없이 될 뿐만 아니라 시간도 반 이상 절약되었다. 이와 같은 기술혁신은 우선 청소를 하는 과정을 세분화시켜서 청소시간을 단축시켰으니까 분명히 생산공정에 관한 기술혁신이다. 그런데, 청소과정을 세분화시키고 순서를 정해서 청소를 함으로써 빠진 곳이 없이 청소가 되기 때문에 전보다 깨끗한 청소가 된다. 따라서 그전의 서비스보다는 훨씬 개선된 서비스이다. 다시 말해서 새로운 형태의 상품인 것이다. 그렇다면 이것은 상품 기술혁신도 된다. 이와 같이 서비스 기술혁신은 생산공정에 대한 기술혁신이면서 동시에 상품에 대한 기술혁신이다. 엄격히 말하면 생산공정을 혁신해야지만 상품혁신이 이루어지는 것이 서비스 기술혁신이다. 따라서 서비스 기술혁신을 상품 기술혁신의 범주에 포함시키기보다는 다른 범주의 기술혁신으로 간주하는 것이 논리적으로 맞다. 이런 관점에서 기존의 서비스를 공급하는 과정에서 새로운 서비스 또는 새로운 생산공정이 포함되면 서비스혁신으로 정의한다.

여기서, 서비스혁신의 범주를 확정하기 위해서 슘페터의 주장을 살펴볼 필요가 있다. 그는 경제발전이론(1912)이라는 저서에서 상품이나 생산 공정에 관한 기술혁신 못지않게 배달, 수송, 전송에 관한 기술혁신도 중요하다고 지적하였다. 생산자와 소비자를 연결해 주는 서비스가 가장 중요한 서비스 중 하나이기 때문에 슘페터가 지적한 배달, 수송, 전송에서 일어나는 혁신 또한 서비스혁신의 범주 속에 포함시킨다.

3) 기술변화의 3단계

슘페터는 기술변화를 3단계로 나누어서 설명하였다(The Schumpeterian Trilogy). 첫 단계는 발명 및 고안품(Invention)이 창안되는 단계이고, 두 번째 단계는 발명품 및 고안품들을 발전시켜서 상품화시키는 단계이고(Innovation), 세 번째 단계는 이러한 새로운 상품 또는 새로운 생산공정이 시장에 출시되어 확산되는 단계이다(Diffusion). 3단계에서 기술변화가 경제에 구체적인 변화를 유인한다.

〈그림 6-1〉 슘페터의 기술변화 3단계설

기술변화의 3단계에서 주목해야 될 첫 번째 사항은 한 단계에서 다른 단계로 넘어갈 때 선택 과정이 포함된다는 것이다. 다시 말해서 모든 발명품 및 고안품들이 모두 상품화되는 것이 아니라, 몇 가지 품목만이 성공적으로 상품화 되고, 상품화 된 것 중에서 또 몇 가지 상품만이 성공적으로 경제에 확산된다는 것이다. 이것은 1절 개관에서 설명한 바와 같이 기술변화에는 기술적, 경제적, 상업적 불확실성으로 인해 위험이 내포되어 있다는 것을 의미한다.

슘페터는 기술변화의 3단계 중에서 기술혁신의 상품화단계를 상세하게 설명하였다. 특히 이 단계에서 기업가의 역할(entrepreneurial function)을 강조 하였다, 여기서 기업가의 역할을 설명하기 전에 기업가에 대한 정의를 설명할 필요가 있다. 일상생활에서 기업가와 경영자는 동의어로 혼용되고 있다. 그러나 학술적인 의미에서 기업가와 경영자는 같은 의미가 아니다. 경제학의 창시자 아담 스미스(Adam Smith)는 기업가를 일종의 금융자본의 공급자(supplier of financial capital)로 정의하였다. 아마도 아담 스미스 시대의 산업상황을 반영하는 정의로 해석된다. 고전학파를 잇는 신고전학파는 시장이 개방되어 있고 시장에서 정보가 자유롭게 흐르기 때문에 합리적인 기업 운영자의 의사결정은 기계적으로 계산하는 형태로 이루어지는 상황을 상정한다. 따라서 신고전학파에서 기업가는 '기업을 관리하는 사람'으로 해석한다. 즉, 신고전학파의 기업가는 '관리자'나 '경영자'라는 개념에 더 가깝다고 할 수 있다. 이런점을 반영해서 신고전학파의 창시자인 알프레드 마샬(Alfred Marshall)과 존 스튜어트 밀(John Stuart Mill)은 기업가를 생산의 관리자(a manager of production)로 정의하였다.

비주류 경제학자들은 기업가와 경영자(manager)에 대해 명확한 구분을 가지고 있다. 예컨대 경영자들이 기업운영에 관한 일상적인 의사결정과 업무처리를 하는 사람이라면 기업가는 새로운 상품개발처럼 새로운 사업을 개척하는 창의적인 일을 하는 사람이다. 이와 같이 경영자와 기업가를 구별하는 경제학자로서 프랑크 나이트(Frank Knight)는 기업가는 다른 사람들이 회피하는 위험을 택하고 관리하는 사람이라고 정의했고, 세이(Jean Baptiste Say)는 기업가는 자원을 낮은 생산성의 산업으로부터 높은 생산성의 산업으로 이동시키는 변화를 유인하는 사람으로 정의하였다. 기술 경제학의 창시자라고 할 수 있는 조셉 슘페터(Joseph Schumpeter)는 기업가는 기술이나 상품을 고안(invent)하는 것이 아니라 고안된 발명품들 가운데에 생명을 불어넣어 상품화시키는 사람으로서 옛 질서를 파괴하고 새로운 질서를 창조하는 사람으로 정의하였다. 커즈너(Israel Kirzner) 역시 기업가는 어떻게 소비자 수요가 이동하는가를 직감적으로 파악하고, 상품을 더 싸게 생산할 수 있는 방법을 발견하는 사람이라고 정의하였다. 이상의 경제학자들이 정의한 기업가를 요약해서 다시 정의한다면, 기업가는 일반적으로 포착되지 않은 사업기회를 포착하고 지도력(leadership)을 바탕으로 상업화에 필요한 재정을 충당하고 위험을 충분히 감수하면서 기존의 아이디어 중에서 새로운 상품을 만들어 내는 인물이라고 할 수 있다.

기업가에 대한 정의를 했으므로 이제 다시 기업가가 기술변화의 3단계 중에서 기술혁신의 상품화 단계에서 하는 역할을 설명해보자. 기업가는 발명 및 고안 단계에서 확인된 기술혁신에 관한 아이디어와 그것을 실현할 수 있는 기술적 가능성을 바탕으로 이 아이디어의 상품화를 진행시킬 것인가를 결정한다. 즉 상업적 불가능성 하에서 위험을 감수하는 의사결정을 하는 것이다. 프랑크 나이트는 기업가의 이러한 역할의 중요성을 강조하였다. 이것이 기술혁신의 상품화 단계의 첫 번째 일어나는 과정이다. 다음의 과정은 기업가가 성공이 불확실한 기술의 상품화를 위해서 얼마만큼의 자금을 투여할지를 결정한다. 기업가는 투자에 들어가는 재정을 확보하는 역할을 해야 한다. 이 과정이 끝나면 상품화되기까지 발명 및 고안단계에서 확인된 가능성을 바탕으로 소비자가 사용가능한 현실적인 상품을 만들기 위한 개발과정을 거치게 된다. 이 과정에서 여러 가지 시행착오를 겪게 되며 발명 및 고안 단계에서 제시된 원칙들이 수정되고 완성되게 된다. 이와 같은 세 가지 과정이 기술혁신의 상품화 단계에서 일어난다. 이 모든 과정에서 기업가는 기술에 대한 아이디어를 상품화할지를 결정하고, 기술혁신의 상품화에 대한 과정을 조직하고, 관리하고, 재정을 확보하고, 시장을 개척하는 역할을 수행한다.

기술변화의 3단계와 관련져서 주목해야 하는 또 다른 사항은 한 단계에서 또다른 단계로 넘어가는 데에 많은 시간이 필요로 되며, 이러한 시간이 내생변수라는 것이다. 다시 말해서, 상품화되고 확산되는 기간이 기업가와 경제 상황에 의해서 결정된다는 것을 의미한다. 상품의 종류에 따라 많은 차이가 있지만 Stonman(1983)의 연구에 따르면 일반적으로 발명 및 고안의 단계로부터 기술혁신의 단계까지 넘어가는데 평균 13년이 걸리고, 새로운 상품이 소개된 시점부터 경제의 95% 이상이 그 상품을 사용하는데 걸리는 시간은 약 5년에서 길게는 50년 정도 걸린다고 한다. 그러나 정보통신혁명으로 일컫는 3차 산업혁명을 통해 세계가 인터넷으로 연결되고 정보습득비용이 현저하게 낮아지면서 기술변화에 걸리는 시간이 현저하게 단축되고 있다.

4) 기술변화의 방향

인공지능(AI), 로봇기술, 감지기술(remote sensors) 등의 첨단기술로 대표되는 4차 산업혁명이 진행됨에 따라 1차 산업혁명이후 단순노동을 기계로 대체한 것 이상으로 세무사, 회계사, 변호사, 약사와 같은 지식노동자의 직무도 기계가 대체할 것으로 예상되고 있다. 이에 따라 현재 진행되고 있는 높은 실업 이상으로 만성적인 대량실업이 올 가능성에 대한 염려가 나오고 있다. 그런데 이와 같은 우려는 정보통신기술의 발달에 의한 3차 산업혁명이 진행될 때도 있었고, 지금부터 약 200년 전에 영국에서 1차 산업혁명이 진행될 때 경제학자 Ricardo도 똑같은 우려를 표했던 사안이다. 어쨌든 기술변화의 방향이 어떤 형태로 진행되느냐는 우리 생활에 직접적인 영향을 미친다.

기술변화의 방향에 대한 이론을 신고전학파 모형을 중심으로 설명해 보

자. 신고전학파 모형의 기업은 주어진 제품을 생산하기 위해서 생산에 필요한 요소들, 다시 말해서 노동 및 자본을 조합해서 제품을 만드는데, 이 만드는 방법들 중에서 가장 싸게 만드는 생산기법을 택한다. 따라서 최저 비용으로 제품을 생산할 때 들어가는 요소들의 양과 생산된 제품의 양과는 일정한 형태의 함수 관계로 나타난다. 제품의 가격이 경쟁시장에서 결정되므로 기업들은 주어진 가격에서 최소의 생산 비용으로 가장 값싸게 만드는 것이 이윤을 제일 많이 남기는 방법이다. 생산기술의 변화라고 하는 것은 지금보다 더 싸게 만들 수 있는 방법이 나왔거나 소비자의 해결되지 않은 필요나 욕망을 해결할 수 있는 새로운 상품이 나왔다는 것을 의미한다. 신고전학파 모형에서는 제품을 더 싸게 만들 수 있는 방법이나 소비자의 필요나 욕망을 해결하는 새로운 제품들이 시간이 지남에 따라 나타나기 때문에, 시간이 지남에 따라 똑같은 양의 요소를 투입했을 때 더 많은 산출량을 생산하거나 새로운 산출량을 생산할 수 있다고 한다. 지금까지 설명한 내용을 함수의 형태로 표현해 보자. 원료를 무시하고, 생산량(Q)이 자본(K)과 노동(L)에 의해서만 결정된다고 하자. 이때, 기업이 최소의 요소투입으로 최대의 생산량을 산출하는 생산기법을 사용한다면, 이들의 관계는 다음과 같이 표현할 수 있다.

① $Q=F(K, L)$, 여기서 Q는 상품의 생산량, K는 자본, L은 노동을 나타낸다.

위의 식은 요소 투입량과 생산량과의 정태적인 관계를 묘사한 것이다. 자본량과 노동량이 변하지 않았음에도 시간(t)이 지남에 따라 생산량(Q)이 증가할 때, 신고전학파에서는 이것이 기술변화에 의해서 이루어졌다고 해석하는데, 아래의 생산함수에서 t가 이러한 기술변화를 나타내게 된다. 이와 같이 't'로 대표되는 기술진보를 포괄적 기술진보(disembodied technological advancement)라 일컫는다.

② $Q = F(K, L, t)$, 여기서 t는 시간

위와 같은 신고전학파의 해석은 기술변화의 방향을 예측하는 데 몇 가지 문제점을 야기 시킨다. 첫째로, 위의 해석은 기업이 구체적인 형태의 신기술을 구입했는지의 여부에 관계없이 시간이 지나면 기술이 향상돼서 생산성이 증가되고 생산량이 증가된다는 것을 의미하기 때문이다. 둘째로, 기술진보가 어떻게 이루어지는지에 대한 구체적인 설명이 존재하지 않는다. 이런 단점들에도 불구하고, 1960년대 전후 신고전학파의 생산 이론에 근거한 기술진보에 대한 많은 이론이 쏟아져 나왔다. 이들 중에서 기술변화의 방향과 관련된 연구를 소개해 보자. 먼저 이론을 이해하기 위해서는 중립성(neutrality)이라는 개념을 이해할 필요가 있다. 중립적인 기술변화라는 것은 현재의 생산 함수에서 생산 요소 비율의 변화를 유인하지 않는 기술변화를 의미한다. 거시모델에서는, 전체 국민소득 중에서 자본 또는 노동이 차지하는 비율이 변하지 않는 경우도 중립성으로 정의하기도 한다. Hicks는 1931년에 발표한 임금론(the theory of wage)에서 임금과 이자의 비율이 변하지 않을 때, 기존의 생산함수에서 노동 대 자본의 비율은 변하지 않을 것이고, 이때 생산 기술에 대한 변화가 일어나면, 생산요소의 비율은 변하게 하지 않으면서 생산량이 증가하게 되는데 이를 Hicks의 기술 중립성이라 한다. 기술변화가 이런 형태로 진행될 경우 소득분배의 형태는 변하지 않게 된다. 그런데 현실에서 기술변화가 이런 형태로 일어날 가능성은 크지 않다.

Harrod는 Hicks와는 달리 이자율이 변하지 않는다고 가정한다. 이런 경우에 생산함수에서 자본의 수요가 변하지 않게 되기 때문에 전체 생산요소 중 자본이 차지하는 비율도 변하지 않게 된다. 이때 기술진보에 의해 생산의 증가가 일어나면 노동이 증가해야 한다. 이와 같이 자본의 생산성이 일정하게 고정되어 있을 때, 기술진보가 일어난다면 노동을 증가시키는 형태로 진행될 것이며, 따라서 기술변화는 노동을 더 쓰는 형태로 진행될 것이다. 이런 형태의 기술변화를 Harrod의 기술 중립성이라고 한다.

Solow는 임금이 변하지 않는다고 가정한다. 다시 말해서 노동 생산성이 변하지 않는다고 했을 때, 생산의 증가는 자본의 증가를 통해서 가능하게 되고, 이럴 경우에 시간의 경과에 따른 기술진보는 자본을 증가시키는 형태로 진행될 것이다. 따라서 기술변화는 자본을 더 쓰는 행태로 진행되며, 이런 형태의 기술변화를 Solow의 기술 중립성이라고 한다.

4차 산업혁명이 진전됨에 따라 '노동력의 위기'라고 일컫는 대량실업이 올 것인지에 대한 문제는 기술변화가 Horrod 중립성으로 진행되느냐 또는 Solow 중립성으로 진행되느냐에 달려있다. 즉 4차 산업혁명이 진행되면서 노동생산성이 자본생산성보다 상대적으로 높게 유지할 수 있느냐가 관건이 된다.

3. 연구개발(R&D)의 경영과 경제

(1) 연구개발(R&D)의 정의, 분류, 동기

연구개발은 과학의 진보와 기술발전을 결정짓는 요소이다. 따라서 그 개념을 명확히 할 필요가 있다. 연구(research activities)는 과학적 법칙을 발견하거나 과학적 모델들을 개발하거나, 검증하고 발전시키는 행위를 말한다. 연구는 기초연구(basic research)와 응용연구(applied research)로 나뉘는데, 응용연구는 전략적 연구와 비전략적 연구로 구별된다. 기초 연구는 보통 대학이나 정부연구기관에서 과학자들에 의해서 행해지는데, 이들의 연구는 학술 잡지 등의 출판을 통해서 일반에게 공개되며, 이들의 목적은 금전적인 보상이 아니라 학술적인 업적의 성취이다. 따라서 그들의 연구는 반드시 시장화를 목표로 하고 있지는 않다. 각 나라마다 차이는 있지만, 연구개발비 중에서 이런 기초 연구에 사용되는 비율은 평균 3% 내외이다. 반면, 응용연구 또는 개발(development)은 발명 및 고안의 단계에서 창출된 아이디어를 상품화시키는 연구를 의미한다. 응용연구와 개발은 과학자(scientist)도 수행하지만 대부분 기술자(technologist)에 의해서 행해진다. 이런 연구들의 대부분은 금전적 보상을 목적으로 행해지는데, 각 나라마다 차이는 있지만 연구개발비 중에서 약 22%가 응용연구를 위해서 사용되고 75%가 개발비로 사용된다.

과학이 기술진보를 위한 기초를 제공한다는 점에서, 과학과 기술 사이에는 연계가 있다. 하지만, 과학자들이 기술자들이 원하거나 요구하는 연구를 하지도 않고, 기술자들이 과학자들의 연구 결과를 그대로 쓰지도 않는다. 더욱이 과학자들의 연구를 위한 재정적 지원은 대부분 정부에 의해서 지원되고, 상업적 이익을 목적으로 하는 민간 기업이 이런 기초과학에 대한 재정적 지원을 하려고도 하지 않는다. 이렇게 과학과 기술 사이의 느슨한 관계를 조율하고, 과학과 기술사이의 관계를 심화시키는 것이 과학기술정책의 과제이다.

일반적으로 연구는 대학에서 행하고 개발은 기업에서 주로 행해진다. 이와 같은 경향 때문에 기업이 연구개발을 한다고 하면 단순히 기업이 새로운 상품이나 새로운 생산공정을 만들어서 상품화시킬 목적으로 연구개발을하는 것으로 인식한다. 그러나 현실적으로는 기업이 연구개발 부서를 기업 안에 조직하고 연구개발에 대한 투자를 행할 때는 단순히 새로운 상품이나 새로운 생산공정을 개발해서 상품화시키기 위해서만 연구개발을 하는 것은 아니다. 대부분의 기업들은 본래적 의미의 연구개발 이외에 기업의 기술능력(technological capability)을 향상시키기 위해서 연구개발 부서를 조직하고 연구개발투자를 한다. 기업의 기술능력이라는 것은 낮은 단계로서는 기업 밖에서 일어나는 다양한 기술발전을 이해할 수 있는 능력, 기술과 관련된 정보를 해석할 수 있는 능력을 의미하고, 높은 단계로서는 당장은 아니지만 새로운 상품이나 새로운 생산공정을 개발할 기회가 주어지면 언제라도 그러한 기술개발을 할 수 있는 능력을 의미한다. 따라서 기업에서는 새로운 기술개발 프로젝트가 없는데도 불구하고 기술이해능력이나 기술 잠재력 배양을위해 연구소 또는 연구 부서를 설치하고 운영한다. 이런 관점에서 기업의 연구개발부서는 기업의 대내외 기술 환경변화에 대한 학습(learning)을 담당하고 있는 부서로 간주된다.

(2) 연구개발의 특성 – 불확실성, 학습의 경제, 외부성

연구개발의 투입요소는 연구원과 연구기자재이고 산출물은 '지식(knowledge)'이다. 따라서 연구개발은 투입물과 산출물인 지식과의 함수관계를 형성하는 지식생산함수로부터 그 특성을 추론할 수 있다. 지식생산함수의 특성은 세 가지로 요약할 수 있다. 첫째, 일반생산함수와 다르게 생산요소를 투입해도 반드시 산출물이 나온다는 보장이 없다. 그리고 산출물이 언제 나올지도 정확하게 알 수 없다. 따라서 연구개발의 지식생산함수는 불확실성을 전제로 하는 확률분포함수로 표현할 수 있다. 산출물인 지식의 난이도가 높을수록 그 지식이 생산될 확률이 낮아진다. 이것은 난이도가 높은 지식을 생산하기 위해서는 연구규모가 난이도 증가율보다 더 커야한다는 것을 의미한다. 따라서 지식의 난이도가 높을수록 연구개발 투입비용은 체증적으로 증가한다. 이것은 아주 난이도가 높은 지식의 생산은 이론적으로 가능하지만 그 비용이 천문학적으로 증가하므로 경제적으로 불가능하다는 것을 의미한다. 즉, 연구개발이 어떤 지식도 생산할 수 있는 것은 아니라는 것이다.

둘째, 연구개발의 산출물인 지식은 공공재와 같은 비경합성의 특성을 가진다. 즉, 지식은 비물질 특성을 가지므로 자기 자신 또는 타인이 사용한다고 하더라도 자기 자신의 몫이 줄어들지 않는다. 이와 같은 비경합성으로 인해 연구개발로 통해 얻어진 지식을 다음의 연구개발을 위해서 사용할 수 있다. 이것은 연구개발이 축적되면 될수록 경험과 지식이 축적되어 그 다음 연구개발 프로젝트의 지식생산 확률이 높아지고, 그 프로젝트에 투입되는 비용은 줄어든다는 것을 의미한다. 연구개발의 이러한 특성은 기업간 연구개발경쟁에서 선발자이익(first mover advantage)이 있다는 것을 암시한다. 즉, 어떤 지식생산 분야의 연구개발에 먼저 뛰어들은 선점자를 후발자가 따라 잡을 수 없다. 이와 같이 학습의 경제가 축적생산량이 늘어날수록 생산비용이 절감되는 것처럼 연구개발도 축적연구개발이 커지면 커질수록 연구개발비용이 절감된다.

셋째, 연구개발의 산출물인 지식은 공공재의 또 다른 특성인 비배제성의 특성을 가진다. 즉, 지식은 비물질이므로 타인의 사용을 배제할 수 없는 특성을 가진다. 다시 말해서, 다른 기업들이 비용을 지불하지 않고서 연구개발의 결과를 사용할 수 있다는 것을 의미한다. 이런 특성 때문에 연구개발의 결과가 경쟁기업이나 다른 기업에게 자연스럽게 흘러들어 가는데 이것을 연구개발의 외부효과(spillover effect) 또는 외부성이라고 한다. 이러한 연구개발의 외부성이 존재한다는 사실은 기업이 자기 자신의 연구개발투자로부터 뿐만 아니라 기업 자신이 속해있는 산업에서 축적된 여러 새로운 지식 또는 기술 등을 통해서 생산성이나 수익이 증가될 수 있다는 것을 의미한다. 실제로 연구개발 외부성에 관한 다양한 연구는 자기 자신의 연구개발투자 이외에 다른 기업의 연구개발투자의 외부효과에 의해서 증가되는 수익이 자기 자신의 연구개발투자로부터 발생하는 수익보다 크다는 사실을 보여준다.

연구개발투자의 외부성에 의해서 기업의 수익성이 개선되는 경로를 Griliches(1991)는 두 가지 형태로 설명하고 있다. 첫 번째 형태는 중간재를 생산하는 기업이 연구개발투자를 함으로써 가격이 낮아지거나 품질이 개선되었지만 가격이 품질개선 대비 충분히 오르지 않아 그 중간재를 사용하는 기업이 이익을 누리는 경우이다. 이런 경우를 순수독점 이익외부효과(pure rent spillover)라고 한다. 미국의 CPU 제조회사가 연구개발 활동을 통해 CPU 성능을 향상시켰지만 가격은 오히려 낮아져 컴퓨터 제조회사들의 수익성이 개선된 사례가 이 경우에 해당된다. 두 번째 형태는 어떤 기업이 수행한 연구개발 활동의 결과로 창출된 지식이 전파되어 연구개발 활동을 수행하지 않은 기업이 그 지식을 입수하고 활용함으로써 이익을 누리는 경우이다. 이런 경우를 순수 지식외부효과(pure knowledge spillover)라고 하는데, 미국의 Qualcomm사가 개발한 CDMA 방식의 이동통신기술을 한국의 휴대폰 제조업자가 도입하여 막대한 이익을 얻은 사례가 이 경우에 해당된다.

(3) 연구개발투자 결정과 수익성

1) 기초연구에 대한 연구개발투자 결정

위에서 설명한 바와 같이, 연구는 기초연구(basic research)와 응용연구(applied research)로 나누어서 설명할 수 있다. 기초연구가 새로운 지식(knowledge)을 탐구하는 것이라면, 응용연구는 개발을 할 때 요구되는 실제적인 문제를 풀기 위한 연구(problem-solving research)를 말한다. 기초연구는 그 연구 결과를 얻을 가능성이 응용연구보다 훨씬 불확실하고, 또 연구 결과물이 바로 상업적으로 쓰일 수 있는 것이 아니기 때문에 사회적으로 요구되는 수준에 못 미치는 투자가 되는 것이 일반적이다. 그러면, 왜 기초연구 투자가 이루어지지 않는지, 사회적으로 바람직한 기초연구 투자 수준은 어떻게 결정되는지 등에 대해서 분석한다.

기업은 이윤을 추구하는 조직체이다. 기업이 기초연구 또는 응용연구에 얼마간의 돈을 '투자'했다고 하면 이 투자로부터 기대되는 수익이 적어도 이 금액의 돈이 어떤 다른 목적에 쓰였을 때 얻을 수 있는 기대 수익보다도 적지 않을 것이라는 확신이 있기 때문일 것이다. 다시 말해서, 기업이 연구개발에 투자를 할 때 연구개발 그 자체에 내재하는 불확실성 즉 투자의 위험성과 연구 개발의 결과로서 얻게 될 기대수익에 대한 고려를 하게 된다. 따라서 기초연구에 대한 기업의 투자 수준을 알아보려면, 기업들이 이러한 투자를 할 때 고려하는 요소들, 위험성(불확실성)과 기대수익 등에 대한 검토부터 시작해야 한다. 일반적인 투자를 결정하는데 영향을 미치는 요소가 상업적인 불확실성이라고 한다면, 연구개발 투자에 수반되는 불확실성은 이러한 상업적인 불확실성 이외에도 기술적인 불확실성이 더하게 된다. 이 기술적인 불확실성은 단지 구체적으로 '주어진' 기술적인 문제를 해결하려는 응용연구에서보다 폭넓은 새로운 '지식'을 탐구하는 기초연구에서 훨씬 크다. 응용연구에서는 연구의 목적, 즉 풀어야 할 문제가 무엇인지 명확하고 또 이러한 문제를 해결하기 위해서 요구되는 과학 지식에 대한 존재 여부도 확실하기 때문에 투자되는 비용도 상대적으로 확실하고 목적하는 결과를 얻을 확률도 상당히 높다. 하지만, 기초연구는 성취하고자 하는 목적이 상대적으로 광범위해서, 기초연구에 소요되는 비용도 연구 진행에 따라 변할 수 있고, 그 성취 가능성도 낮기 때문에 상대적으로 높은 불확실성이 포함된다. 이런 이유 때문에 기업들은 기초연구의 경제적 가치를 낮게 평가하고 따라서 투자하기를 꺼리게 된다. 그런데 주목할 점은 연구의 형태상 '기초연구'가 획기적이고 중요한 연구 결과를 이루어 낼 수 있는 확률이 높다는 것이다. 기초연구는 기본적으로 새로운 지식을 목적으로 하기 때문에 연구를 수행하면서 흔히 일어나는 연구 방향 변화에 유연하게 대처할 수 있고, 그 결과로 예기치 않았던 많은 획기적인 새로운 발견들을 이루어내게 된다. 이러한 발견으로부터 얻어진 새로운 지식들은 응용연구를 할 때 필요로 되는 지식의 사용을 넓혀 주게 되고, 따라서 응용연구에 들어가게 되는 연구개발 비용을 낮추어 줄 뿐만 아니라 응용연구의 기술적 불확실성을 낮추어 주어서 새로운 응용연구를 유인하게 된다. 이런 점에서 기초연구는 기업들에게는 경제적 가치가 덜하겠지만 사회적으로는 경제적 가치가 높다.

이제 '기초투자' 수준이 어떻게 결정되는지를 분석해보자. 사회적으로 바람직한 기초투자 수준은 경제 분석에서 보편적으로 적용하는 '최적성(Optimality)'을 찾는 원칙을 응용함으로써 알 수가 있다.

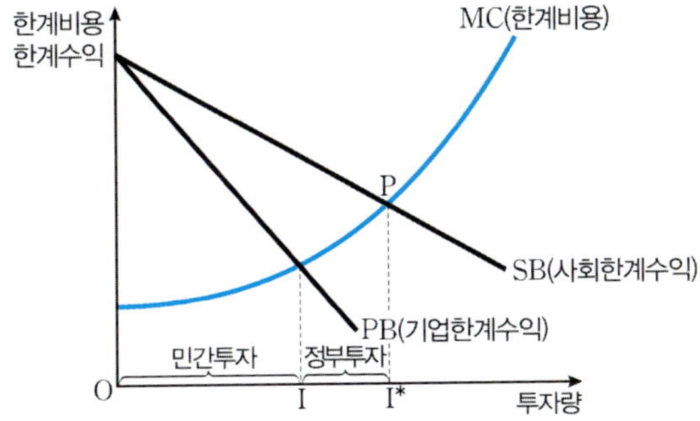

〈그림 6-2〉 최적 기초연구투자

위의 그래프에서 보는 바와 같이 기초연구에 한 단위 투자함으로써 얻게 되는 사회의 추가적인 수익, 즉 한계수익은 투자량을 늘림에 따라 감소하게 된다. 사회의 한계수익이 감소하는 이유는 다음과 같이 설명할 수 있다. 투자할 수 있는 돈이 제한되어 있다고 하자. 이때 주어진 돈으로 투자를 한다면, 우선 사회적으로 제일 높은 가치를 실현할 수 있는 연구에 투자를 할 것이고, 자금의 여유가 있게 되면 사회적 수익성이 다음으로 높은 프로젝트에 투자를 할 것이다. 이런 이유로 기초 연구에서 사회의 한계수익은 투자 액수를 늘림에 따라 감소하게 된다. 한편, 기초연구에 투자되는 한계비용은 그 투자 액수를 늘림에 따라 여러 형태로 변할 수 있는데, 편의상 증가한다고 하자. 변하지 않거나, 감소한다고 해도 결론은 크게 변하지 않는다. 구지 한계비용이 증가하는 이유를 들자면, 연구의 비용 중에 가장 큰 부분을 차지하는 것이 연구원 인건비이다. 그런데 가장 유능한 연구원을 먼저 고용하고, 능력이 낮은 순으로 고용하게 된다. 연구개발투자가 늘어나면 새로 고용하게 되는 연구원의 능력은 떨어지는 데 임금은 똑 같이 주어야 한다. 이것은 첫 번째 연구원만큼의 능력을 발휘하게 하려면 똑 같은 임금으로 더 많은 연구원을 뽑아야 한다는 것을 의미한다. 이런 이유로 연구개발투자량이 늘어날수록 연구개발에 들어가는 한계비용은 증가한다.

연구개발투자의 한계수익과 한계비용을 이용해서 사회적으로 바람직한 투자 수준이 어떻게 결정되는가 알아보자. 처음 일정 액수의 돈을 투자했다고 해보자. 그로부터 얻게 되는 한계수익이 한계비용보다 크다면, 기초연구의 투자로부터 순수익을 얻게 될 것이다. 계속 투자 액수를 늘린다고 생각해 보자. 계속해서 한계수익이 한계비용보다 크다면 투자로부터 순수익이 계속 있는 것이므로 계속 투자하는 것이 순수익을 증가시키는 것이다. 투자를 늘려감에 따라 한계수익과 한계비용이 일치하는 점(그래프에서 P점)이 있다. 이 점보다 투자를 더하게 되면, 투자로부터 얻는 한계이익이 한계비용보다 적게 되기 때문에 순손실이 발생하게 된다. 따라서 투자는 투자로부터 얻게 되는 한계수익과 한계비용이 일치되는 점에서 결정될 때 투자의 총수익이 극대화 된다. 다시 말해서, 그래프에서 '0I* '만큼의 투자량이 바로 투자의 총수익을 극대화시키는 투자량을 나타내며, '0I* '가 사회적으로 바람직한 수준의 투자량이 된다.

기초연구를 시장기능, 다시 말해서 오로지 기업에게 맡겨 두었을 때, 기초연구에 대한 투자가 어떻게 될까? 위에서 설명한 바와 같이 기초연구투자에 대한 기업이 평가한 가치가 사회적 가치보다 낮기 때문에 기초연구 한 단위 투자로부터 기대되는 기업의 한계수익은 사회의 한계수익보다 낮게 되고, 그래프에서 기초연구투자의 기업의 한계수익선(PB)은 사회의 한계수익선(SB) 아래에 놓이게 된다. 위에서 적용한 '최적성'의 법칙에 따라서 기업들의 최적 투자량은 '0I'에서 결정된다. 따라서 기초 투자를 단순히 시장 기능에 맡겨 두었을때, 기초투자는 '0I'에서 결정되고 이는 사회에서 바람직한 수준('0I*')에 훨씬 못 미치게 된다. 이렇게 부족한 량의 기초 연구에 대한 투자량('0I*' – '0I')이 정부 연구기관 또는 대학 연구소들과 같은 정부 부문에서 떠맡아야 되는 투자 액수이다.

2) 연구개발투자의 수익성

기초연구에 대한 투자가 사회적으로 바람직한 수준만큼 일어나지 않는 가장 큰 이유 중의 하나가 기초연구투자에 대한 수익성이 충분히 보장되지 않기 때문이다. 그러면 기초연구나 응용연구 투자의 수익성은 어느 정도 될까? 이 질문에 대한 대답은 수익성이 기업의 수익성인지 또는 사회전체의 수익성인지에 따라, 수익성을 어떻게 측정하느냐에 따라 다르게 나온다. 이와 관련된 연구들 중에서 사례연구를 통해서 측정한 실증사례를 소개한다. 사회에 의미있는 기여를 한 신 생산공정 또는 신상품들에 대한 사회수익 및 민간수익에 대한 실증 연구는 1958년에 Zvi Griliches가 '잡종 콩' 및 '잡종수수'의 사회수익 및 민간수익을 측정한 것이 그 효시가 된다. 이후 1977년에 Mansfield, Rapoport, Wagner와 Beardsley가 17개의 주요 생산공정 및 상품에 대한 민간 수익 및 사회 수익을 측정한 것이 이 분야에서 중요한 연구 결과로 간주된다. 이들이 사용한 17개의 신 생산공정과 신상품이 대표되는 신 생산공정과 신 상품도 아니고 성공한 경우만을 측정했다는 비평이 있지만 이 연구결과를 소개한다.

〈표 6-1〉에서 나타난 결과의 주요 특징들을 요약해 보면, 첫째로, 신 생산공정 및 신상품에 대한 사회 수익률이 상당히 높다. 특히 Mansfield 등이 측정한 17개 사례에 대한 평균(메디안) 수익률은 56%에 이르고 있다. 이것은 Zvi Griliches가 잡종 콩 및 잡종수수에 대해서 측정한 37%를 훨씬 웃도는 것인데, 이것이 의미하는 바는 농업에서보다도 제조업에서의 기술혁신

〈표 6-1〉 신생산공정 및 신상품의 사회 및 민간 수익률

기술혁신	수익률(%)		기술혁신	수익률(%)	
	사회	민간		사회	민간
금속	17	18	전자기계	–	–
공작기계	83	35	화학제품	71	9
제어기계의 부품	29	7	화학공정제품 I	32	25
건설 재료	96	9	화학공정제품 II	13	4
드릴의 재료	54	16	주요화학공정	56	31
설계 기구	92	47	가정용 청소기	209	214
용 지	82	42	얼룩지우개	116	4
실	307	27	세척제	45	46
문통제 제어기계	27	37			
Median	56	25			

* 자료 : E. Mansfield etl. Social and Private Rates of Return from Industrial Innovations, Quarterly Journal of Economics, 1977

이 훨씬 높은 사회 수익을 발생시킨다. 둘째로, 대부분 사회 수익이 민간 수익을 능가한다. 사회 수익이 평균 56%인데 비해 기업들의 수익은 25%에 불과하다. 셋째로, Mansfield가 연구한 17개의 사례 중 30%에 해당하는 경우가 기업 수익이 너무 낮아서 만약 기업들이 이러한 결과를 미리 알았더라면 전혀 투자를 하지 않았을 수도 있는 경우이다. 하지만 이 경우들에 있어서 사회 수익은 매우 높아서 사회적으로 가치 있는 기술혁신이었다.

(4) 연구개발투자와 시장구조

1) 슘페터가설 : 연구개발투자에 대한 대기업과 독점시장구조의 우위성

슘페터가 기술변화를 유인하는 환경으로 "대기업과 독점시장구조"를 옹호했다는 주장은 널리 알려져 있다. 이러한 주장을 좀 더 잘 이해하기 위해서는 그가 이러한 주장을 한 그의 저서 '자본주의, 사회주의와 민주주의

(Capitalism, Socialism and Democracy)'를 자세히 살펴볼 필요가 있다. 슘페터는 위의 저서에서 다음의 세 가지를 주장했다. 첫째는 자본주의가 경제의 진보를 가능하게 하는 가장 효율적인 체제이며, 둘째는 이러한 체제에서 기업가 혁신이 사회의 풍요로움을 가지고 오는 원동력이며, 셋째는 이러한 자본주의 체제가 사회주의로 이전을 가능하게 하는 단계임을 주장하였다. 슘페터가 주장하는 사회주의가 사회민주주의라는 형태로 북유럽과 같은 유럽의 일부에서 실현되었다고 할 수 있으며, 그의 저서 5장부터 11장까지에서 보여준 자본주의 본질에 대한 분석은 아직도 유효하다고 할 수 있다. 그는 자본주의와 시장경제의 본질을 신고전학파가 주장하는 바와 같이 시장의 '조절하는 기능'(예, 상품의 수요와 공급의 균형을 이루어내는 것)에 있는 것이 아니라, 동태적으로 경제 발전을 가능하게 하는 추진력에 있다고 주장한다. 이러한 그의 주장은 20세기 초부터 약 반세기 동안 미국의 실질국민소득이 두 배 가까이 증가한 역사적 사실에 대한 관찰에 기인하는 것이다. 이렇게 경제발전을 가능하게 하는 원동력을 슘페터는 기술진보(Technological Progress)로 설명했는데, 이러한 기술진보를 일으키는 '주체'와 '환경'에 대한 입장은 1912년에 쓴 '경제발전이론(The Theory of Economic Development)'과 1942년에 쓴 '자본주의, 사회주의와 민주주의' 사이에 큰 변화를 보인다. 1912년에 쓴 책에서는 기술혁신은 기존의 기업들에 의해서가 아니라 창의적인 중소기업의 출현에 의해서 이루어지며, 이러한 기업들이 기술혁신의 결과로서 대기업으로 발전한다고 주장하였다. 그런데, 1942년의 저서에서 그는 기술혁신(=연구개발투자)의 주체를 이러한 창의적인 벤처 기업이 아니라 독점력을 가지고 있는 대기업이라고 입장을 바꾼다. 그는 독점력을 가지고 있는 대기업이 기술혁신에 유리할 수밖에 없는 이유를 ① 우수 인력을 확보할 수 있고, ② 재정 확보에 유리할 뿐만 아

니라, ③ 시장지배력을 통해서 기술혁신에 필수적으로 내재하는 위험을 쉽게 분산시킬 수 있기 때문이라고 설명한다. 이러한 그의 주장에서 주목할 것은 독점시장구조에 대한 그의 견해이다. 그는 기술혁신의 결과로서 당연히 얻어야 되는 이익을 보장해줘야 한다는 차원에서 독점을 옹호했을 뿐 아니라, 독점시장구조 자체가 시장지배력을 통해서 기술혁신에 내재하는 불확실성을 내재화시킬 수 있다는 점에서 독점을 옹호했다는 점이다. 더욱이 그는 독점이 가져오는 자원배분의 비효율성의 문제를 독점을 통해서 얻게 되는 기술혁신이 기존의 시장 질서를 완전히 파괴하고 새로운 질서를 창조한다는 점(창조적 파괴)에서 유효성이 없다고 주장했다.

2) 애로우(Arrow) 모형 : 연구개발투자에 대한 경쟁시장구조의 우위성

애로우는 1962년에 '기술진보를 위해서는 독점시장구조가 필요하다'는 슘페터의 주장을 뒤엎는 논문을 발표하였다. 그의 주장을 자세히 살펴보자. 그는 새로운 생산공정(innovation)을 경쟁시장구조, 독점시장구조와 정부의 공기업[1] 에서 각각 사용했을 때, 어느 시장구조가 가장 많은 이익을 기술혁신자에게 주는가, 다시 말해서 어느 시장구조가 기술혁신(=연구개발투자)을 이루게 하는 가장 큰 물질적 동기를 주는가를 계산함으로써 슘페터의 가설을 검증하였다.

검증방법은 이외로 간단하다. 독점시장의 기업 A와 경쟁시장의 기업B가 있다고 해보자. A는 5억의 독점이익을 벌고 있고, B는 정상이익, 즉 이익이 '0'이다. 이 상황에서 새로운 생산공정에 대한 기술혁신을 A, B 모두가 성공

1) 애로우의 논문에서는 공기업이 아니라 사회적으로 통제되는 시장(socially managed market), 즉 사회주의 경제를 상정했으나 현시점에서 내용을 손상하지 않으면서 시의성을 살리기 위해 필자가 공기업으로 그 내용을 수정해서 소개한다.

했다고 해보자. 그리고 새로운 생산공정을 통해서 A, B 모두 독점기업이 되고 모두 10억씩의 이익을 벌 수 있다고 해보자. A와 B 중 어느 기업이 새로운 생산공정의 개발로부터 더 많은 이익을 얻는가? 기회비용의 관점에서 보면, A는 새로운 생산공정으로 생산방법을 바꾸면 기존의 생산방법을 포기해야 하므로 새로운 생산공정으로 부터 얻는 10억의 이익에서 현재 벌고 있는 5억을 빼야 한다. 그래서 새로운 생산공정 혁신으로부터 5억의 이익을 번다. 똑같은 논리로, B도 새로운 생산공정으로 부터 얻는 10억에서 현재 사업으로부터 얻는 이익을 포기해야 한다. 그런데 현재 사업에서 이익이 '0'이므로, B는 새로운 생산공정의 개발로부터 10억의 이익을 얻는다. 결론적으로, 경쟁시장에 있는 B 기업이 독점시장에 있는 A 기업보다 똑같은 기술혁신을 했을 때 얻는 이익이 더 크다. 따라서 경쟁시장이 기술혁신으로부터 얻는 물질적 보상이 독점시장 보다 크므로 경쟁시장이 독점시장보다 기술혁신을 더 유인할 수 있다.

애로우가 슘페터의 가설을 모형을 통해서 검증했다는 점에서 그의 주장이 가지는 논리성을 높이 평가할 수 있으나 다음의 몇 가지 단점을 지적할 수 있다. 첫째로, 애로우는 새로운 생산공정이 개발됐다는 가정 하에서 이 새로운 공정이 각각의 시장구조 하에서 얼마만큼의 이익을 가져다 줄 수 있는지를 계산하였다. 하지만 새로운 공정이 개발되는 과정을 포함시켜서 각각의 시장구조 하에서 기술개발을 위해서 들어가는 비용을 함께 고려한다면, 즉 기술개발로부터 얻게 되는 총이익이 아니라 순이익을 계산한다면 위의 결론이 바뀔 수도 있다. 둘째로, 애로우는 시장구조와 기술개발 사이를 '인과관계(causality)'의 형태로 한정시키고 분석을 행하였다. 다시 말해서 독점시장 또는 경쟁시장은 변할 수 없는 고정적인 것이고 그러한 상태에서 기술

개발이 일어나는 것을 분석한 것인데, 실제로는 기술혁신이 되면 그 결과로서 시장구조가 변화하게 되고, 따라서 시장구조와 기술혁신과의 관계는 인과관계가 아니라 서로 영향을 미치고 영향을 받는 관계가 되는 것이다. 셋째, 기술혁신을 일으키게 하는 요소가 연구개발투자라고 하면, 연구개발투자는 기업들 간의 전략적인 경쟁관계에서 이루어지게 되므로 이러한 분석이 고려되어야 한다.

3) 다스굽타(Dasgupta)와 스티글리츠(Stiglitz) 모형 : 시장구조의 내생성 가정 하에서 연구개발투자

다스굽타와 스티글리츠(1980) 모형은 슘페터와 애로우가 다루었던 문제들을 포함하면서 시장구조와 연구개발투자 관계에서 그 동안 놓치고 있었던 중요한 통찰력 몇 가지를 제공한다. 다스굽타와 스티글리츠는 슘페터와 애로우와 다르게 첫째 시장구조가 외생적으로 주어지는 것이 아니라 시장진입과 퇴출을 통해 변할 수 있다고 설정하고, 둘째 연구개발투자를 결정하는데 있어서 기업 사이의 전략적 경쟁상황을 고려하고, 셋째 연구개발투자의 목적이 생산비용을 절감하는 생산공정혁신으로 한정하여 시장구조와 연구개발투자 사이의 관계를 분석하였다.

그들의 모형에 대한 소개는 생략하고, 모형으로부터 도출된 결과를 요약하면 다음과 같다.

① 집중된 시장구조가 연구개발투자를 더 많이 유인하고 동시에 더 많은 연구개발투자가 더 집중된 시장구조를 유인한다. ② 시장이 내생적으로 결정된다고 했을 때, 다시 말해서 시장구조가 가변적이라고 했을 때 연구개발투자는 시장의 집중도와 같은 시장구조보다는 수요탄력성과 같은 수요조건이나 기술진보를 나타내는 공급조건에 의해서 결정된다. ③ 과점시장에 서

는 경쟁 때문에 산업 연구개발투자는 과잉으로 투자되지만 중복투자 때문에 사회적으로 바람직한 만큼의 기술혁신은 이루어지지 않는다. ④ 시장진입을 허용하는 것이 기술혁신에는 도움이 되지 않지만 기술혁신을 이루는 속도를 증가시킨다.

다스굽타와 스티글리츠의 연구결과는 연구개발투자와 시장구조에 관한 애로우와 슘페터의 서로 다른 주장 중에서 슘페터의 손을 들어준다. 그러나 이후 연구개발투자와 시장구조에 관한 수많은 실증분석은 분석방법이나 사용하는 자료에 따라 상이한 결과가 나온다. 즉, 실증분석은 애로우와 슘페터 주장 중 어느 한쪽으로 기울지 않는 결과를 보여준다.

4. 특허와 지적재산권

(1) 특허 및 지적재산권 제도

일반인에게 익숙한 용어인 특허제도의 출발점은 1474년 이탈리아 북부에 있는 도시국가 베니스가 모직물 공업 발전을 위해 최초발명자에게 독점권을 주는 것으로부터 시작하였는데, 17세기 프랑스에서 '공업소유권제도'로 틀을 갖추어 오다가 특허의 내용이 다양해지면서 산업재산권제도로 개편된다. 특허제도는 20세게 들어서 급속한 기술변화와 함께 산업의 중심이 공업으로부터 서비스업과 첨단지식산업으로 옮겨감에 따라 공업소유권 이외에도 무형자산에 대한 재산권 보호가 더욱 중요하게 되었다. 이러한 상황을 반영해서 공업소유권의 내용에 저작권과 컴퓨터 프로그램과 같은 산업저작권, 첨단생명공학기술, 첨단정보기술을 포함하는 첨단산업재산권, 영업비밀, 데이터베이스와 같은 정보재산권, 비즈니스 포맷 프랜차이즈과 같은 영업재산권 등을 포함해서 포괄적 개념의 지적재산권제도가 확립되었다. 따라서 특허권 이외의 지적재산권이 구체적으로 어떤 지적재산을 보호하는 것인지에 대해

〈표 7-2〉 지적재산권의 분류

<table>
<tr><td rowspan="10">산업재산권</td><td rowspan="7">특허권</td><td rowspan="4">物</td><td rowspan="2">생물</td><td>식물</td></tr>
<tr><td>동물</td></tr>
<tr><td rowspan="2">무생물</td><td>물건</td></tr>
<tr><td>물질</td></tr>
<tr><td rowspan="3">方法</td><td colspan="2">사용</td></tr>
<tr><td colspan="2">취급</td></tr>
<tr><td colspan="2">용도</td></tr>
<tr><td colspan="4">실용신안권</td></tr>
<tr><td colspan="4">의장권</td></tr>
<tr><td colspan="4">상표권</td></tr>
<tr><td rowspan="3">저작권</td><td colspan="4">저작재산권</td></tr>
<tr><td colspan="4">저작인격권</td></tr>
<tr><td colspan="4">저작인접권</td></tr>
<tr><td rowspan="13">신 지적재산권</td><td rowspan="2">산업저작권</td><td colspan="3">컴퓨터 프로그램</td></tr>
<tr><td colspan="3">반도체칩 회로배치설계</td></tr>
<tr><td rowspan="6">첨단산업
재산권</td><td rowspan="2">첨단정보기술</td><td colspan="2">위성통신</td></tr>
<tr><td colspan="2">cable TV</td></tr>
<tr><td rowspan="4">첨단생명공학
기술</td><td colspan="2">생물 신품종</td></tr>
<tr><td colspan="2">DNA 조작기술</td></tr>
<tr><td colspan="2">동식물 세포의 산업이용기술</td></tr>
<tr><td colspan="2">생명공학의 산업이용기술</td></tr>
<tr><td rowspan="3">정보재산권</td><td colspan="3">영업비밀</td></tr>
<tr><td colspan="3">뉴미디어</td></tr>
<tr><td colspan="3">데이터베이스</td></tr>
<tr><td rowspan="2">영업방법
특허</td><td colspan="3">역경매</td></tr>
<tr><td colspan="3">금융 비즈니스방법</td></tr>
</table>

서 간단하게 설명해보자.

1) 산업재산권

① 실용신안권/디자인권

실용신안은 새로운 기술적 발명이라는 점에서 특허와 같으나 발명의 고도성을 요구하지 않는 점에서 차이가 있다. 일반적으로 실용신안으로 등록 가능한 것은 어떠한 새로운 방법이 아닌 새로운 물품이기만 해도 되고, 특허로 가능한 것은 새로운 물품이면서 동시에 새로운 방법이 포함되어야 한다. 실용신안은 특허를 주는 과정에서 소발명이 경시되어 독점권이 부여되지 않는 경우를 보완하기 위해서 마련되었다. 디자인권은 상품의 형상이나 모양, 색체 또는 이들의 결합으로 시각적으로 미감을 일으키는 디자인을 대상으로 그 디자인을 등록받은 자에 게 독점적 사용권이 주어진다. 유행성이 강하고 라이프 사이클이 짧은 식품류, 의복류, 잡화류 등은 디자인에 대해서 무심사 등록출원 한다. 실용신안권은 특허기간이 출원 후 10년이고, 디자인권은 특허기간이 특허청 등록일로부터 15년이다.

② 의장권

물품의 독창적 모양이나 형태 등 외형의 형태에 대해서 독점적 사용권을 주는 것이다. 의장등록을 얻는 방법은 위의 특허의 경우와 같다.

③ 상표권

상표권은 어떤 상품을 다른 상품과 구별하기 위하여 사용된 문자, 도형, 기호, 색채 등의 결합으로 표현된 상징에 대한 독점적 사용권이다. 상표권은 실용신안권이나 의장권과 같이 새로운 고안을 보호하기 위한 것이 아니라 영업상의 신용을 보호하고 기업들 간의 부정경쟁을 방지하기 위한 것이다. 상표권은 상표법에 의해 규율되지만 다른 산업재산권과 마찬가지로 특허청에서 관할한다. 상표권은 등록을 함으로써 독점적 사용권을 가지는데 등록절차는 대체로 특허와 같다.

2) 저작권

저작권은 학술, 문예, 미술, 음악 등에 관한 사상 또는 감정의 창작적인 '표현'에 대한 독점적 사용권을 부여하는 것이다. 예컨대, 학술서, 사상서, 각종설계서, 도면, 컴퓨터 프로그램 등은 학술적 사상을 창작적으로 표현한 것이고, 사진, 필름, 회화, 조각, 악보, 음반, 테이프, CD 등은 사상 또는 감정을 창작적으로 표현한 저작물인데 이러한 저작물의 저작권자는 자기의 저작물에 대한 출판, 복제, 방송, 전시(연주, 공연) 등을 독점적이고 배타적으로 사용할 수 있는 권한을 가지게 된다. 저작권의 보호기간은 저작자의 생존기간과 사후 50년까지인데, 이 기간 안에 저작권자의 저작물을 무단 복제하면 손해배상을 청구할 수 있다.

저작권은 저작인격권, 저작재산권, 저작인접권 등 세 가지 개념으로 구성된다. 저작인격권은 저작자의 인격적 권리를 나타내는 것으로 성명표시권, 공표권, 동일성유지권을 포함하고, 저작재산권은 저작물의 소유권을 나타내는 개념으로 복제권, 공연권, 방송권, 전시권, 배포권, 2차적 저작물 작성권으로 양도할 수 있는 권리를 포함한다. 저작인접권은 실연의 경우 실연자의 연주녹음, 녹화권, 실연방송권을 포함하고, 음반의 경우 음반제작자의 복제, 배포권을 포함하고, 방송의 경우 방송사업자의 복제 및 동시중계권을 포함한다.

산업재산권과 저작권과의 차이점은 산업재산권은 신기술, 디자인, 의장,

형태 등에 대해서 아이디어나 기술 등 실질적 내용을 보호하는 것인 데 반해, 저작권은 표현만을 보호하고 아이디어나 기술과 같은 내용은 보호대상으로 간주하지 않는다. 예컨대, 새로운 기술을 만들어 낼 수 있는 방법에 관한 학술논문이 발표되어서 이 논문을 특허 출원했다고 해보자. 이 경우 논문에서 취급하고 있는 신기술 제조방법은 특허로 보호 받을 수 있지만 이 논문에서 사용된 문장, 논문의 구성 등은 보호 받을 수 없다. 문장, 논문의 구성과 같은 '표현'에 대해서 보호받기 위해서는 저작권을 신청해야 한다. 저작권과 관련된 법안들로서는 저작권법, 컴퓨터프로그램 보호법, 음반 및 비디오물에 관한 법이 있는데, 저작권을 다루는 주무부서는 특허청이 아니라 문화체육관광부이다.

3) 신 지적재산권

신 지적재산권은 과거의 전통적 산업재산권에서 논의되던 것과는 전혀 다른 물질과 기술들이 나옴에 따라 과거의 산업재산권의 적용이 더 이상 적절하지 않게 됨으로써 생겨난 것이다. 이러한 신기술들은 그 창작이나 개발에 막대한 시간, 노력, 비용이 드는 반면 복제가 매우 쉬운 특성 때문에 새로운 형태의 보호가 필요하게 되었다. 신 지적재산권은 산업저작권, 첨단산업재산권, 정보재산권, 영업재산권으로 나눌 수 있다. 각각의 개념에 대해 간단하게 설명한다.

④ 산업저작권

산업저작권은 산업재산권과 저작권을 모두 적용할 수 있는 경우를 대상으로 한다. 이와 같은 대표적인 경우가 컴퓨터 프로그램과 반도체 집적회로 배치 설계에 관한 것이다. 컴퓨터 프로그램은 컴퓨터 언어로 써진 논리체계이기 때문에 복제가 가능한 저작물의 성격을 가지고 있고 또 이러한 컴퓨터 프로그램은 컴퓨터의 하드웨어를 움직이게 하는 산업적 기능을 가지고 있다. 반도체 집적회로 배치설계도도 설계자체가 산업적 기능을 목적으로 하고 있고, 또 설계내용도 하나의 표현양식이다. 컴퓨터 프로그램과 반도체 집적회로 배치설계는 산업적 기능을 포함한다는 점에서 산업재산권을 적용할 수도 있고, 이들의 복제 가능한 표현양식을 쓰고 있다는 점에서 저작권을 적용할 수도 있다.

⑤ 첨단산업재산권

첨단산업재산권은 첨단기술에 의해 탄생된 신기술에 대한 독점적 사용권을 보장해 주는 것이다. 첨단산업재산권의 적용대상은 주로 생명공학, 전자 및 정보기술에 관한 것으로 구체적으로 위성통신, cable TV, 생물 신품종, DNA 조작기술, 동식물세포의 산업이용, 생명공학의 산업이용에 관련된 기술이다. 첨단산업재산권을 관할하고 있는 부처는 첨단정보기술의 경우 산업통상자원부이고, 첨단생명공학기술의 경우 농림축산식품부이다.

⑥ 정보재산권

정보재산권은 상품의 제조, 판매, 영업, 기획 분야에서 상품화될 수 있는 정보와 이의 전달에 관한 독점적 사용권이다. 정보재산권의 적용대상에는 영업비밀, 뉴미디어, 데이터베이스가 있다.

⑦ 영업방법(business method) 특허

영업 방법(BM) 특허란 컴퓨터 및 네트워크 등의 통신기술과 사업 아이디어가 결합된 영업 방법 발명에 대해 주어지는 독점사용권이다. 역경매나 금융 비즈니스 방법 등이 영업방법 특허에 해당된다.

〈표 6-2〉가 보여주는 바와 같이 지적재산권제도가 포괄적이어서 아래에서는 특허제도를 중심으로 설명한다. 특허제도의 틀이 지적재산권제도에 거

의 그대로 적용되기 때문에 지적재산권 제도의 설명을 위해 특허제도의 설명에 덧붙일 내용은 거의 없다. 특허제도는 '새로운' 발명을 했을 경우 이러한 발명을 처음으로 한 사람에게 그 발명을 독점적으로 이용할 수 있는 법적인 권리를 부여하는 제도이다. 그런데, 발명을 처음으로 한 사람에 대한 해석과 적용에 있어서 두 가지로 구분되어 특허제도가 운영되고 있다. 하나는 '선발명주의(first-to-invent rule)'로서 문자 그대로 발명을 처음 한 사람에게 특허권을 부여하는 것이다. 이 제도는 미국, 캐나다, 필리핀 세 개 나라에서만 시행을 하고 있다. 또 다른 하나는 '선출원주의(first-to-file rule)'로서 특허를 먼저 출원 한 사람을 발명자로 인정해서 특허권을 부여하는 것이다. 이 제도는 우리나라를 포함해서 위의 세 나라를 제외한 대부분의 나라에서 시행하고 있다. '선발명주의'가 진짜 발명자를 보호하고, 그 발명자에게 독점권을 준다는 점에서 특허제도의 기본취지에 부합됨에도 불구하고 대부분의 나라에서 이 제도를 시행하지 못하는 이유는 이 제도를 시행했을 때 발생하는 행정비용 때문이다. 어떤 사람이 출원을 해서 특허권을 가지고 있는데 이 후에 더 먼저 발명을 했다는 사람이 나타나게 되면 소송을 해야 한다. 이 과정에서 발생하는 여러 가지 문제(특히, 이미 특허권을 가지고 있는 사람이 특허를 상품화해서 수익을 내고 있는 경우)로 인한 행정 및 소송비용이 적지 않기 때문에 첫 번째로 출원한 사람에게 특허권을 주는 '선출원주의'를 채택하고 있다.

우리나라에서 특허권을 신청하는 절차는 다음과 같다. 특허신청양식에 맞추어 특허청에 특허신청을 한다. 발명자 또는 그 대리인이 특허를 신청하게 되면 특허청의 심사관이 특허신청이 주어진 절차에 맞게 신청됐는지를 심사한다. 특허신청을 기각할 이유가 없는 경우 특허청은 '다음과 같은 특허신청이 있음'을 특허공보에 공고하게 된다. 이와 같이 특허의 출원공고가 있게 되면 법적으로 그때부터 특허신청자는 특허권을 갖게 된다. 특허공보에 특허신청이 있음을 알리는 행위는 다른 어떤 사람이 주어진 특허신청에 대한 이의신청을 받기 위한 것이다. 특허청이 특허 신청된 모든 기술의 속성이나 특징을 알 수도 없고, 또 전에 신청한 특허와 비슷한 기술에 대해 특허를 주었는지, 주었다면 현재 신청한 기술과 어떻게 다른지 등에 대해서도 알 수가 없다. 따라서 특허출원공고를 통해 출원된 신기술과 같거나 비슷한 신기술에 대해서 이미 특허를 받은 사람이 이의신청을 하게하고 이를 통해 출원된 기술이 정말로 '새로운' 기술인가를 검증하는 절차인 것이다. 출원공고 후 이의신청이 있을 때는 이에 대해서 특허신청자가 답변을 하게하고, 이의신청이 없을 때는 발명의 사실에 대한 확인을 하게 된다. 확인이 끝나게 되면 특허청장은 특허증을 발급하게 된다.

특허권은 특허출원 공고일로부터 20년간 주어진다. 특허기간이 1995년 이전에 미국은 17년, 일본은 15년이었는데 이후 미국과 일본 모두 20년으로 통일되었고, 우리나라도 1999년 이전에 15년이었던 것이 이후 미국과 일본과 같이 20년이 되었다. 특허권이 소멸되는 경우는 기간이 만료되거나, 상속인이 없거나 법적으로 무효판결이 나거나 특허료를 납부하지 않았을 때이다. 지금까지 지적재산권 중 산업재산권의 하나인 특허권에 대해서만 설명을 하였다. 지적재산권의 신청절차, 권한, 의무 등은 특허권과 대동소이 하다.

특허는 특허를 신청한 국가에서만 보호를 받기 때문에 외국의 특허제도에 대해서도 정보를 가지고 있을 필요가 있다. 미국, 일본, 유럽연합 등의 특허제도에 대해서 간단하게 살펴보면 다음과 같다. 위에서 이미 살펴본 바와 같이 미국은 선발명주의를 택하고 있고, 일본과 유럽연합은 선출원주의를 택하고 있다. 특허가 등록된 시점 이전에 특허가 일반에게 알려진 경우, 이 특허가 '새로운 것(novelty)'인가에 관한 해석이 사람에 따라 다를 수가 있다. 이 경우 특허등록 전 몇 개월 전까지는 특허에 관한 내용이 일반에게 알려지더라도 특허로 인정할 수 있는 제도를 특허유예기간이라고 하는데, 미국은 이 유예기간을 12개월로 하고 있고, 일본과 유럽연합은 6개월로 하고 있다. 특허출원 사실을 공개해야 하는 제도는 미국에는 없으나 일본과 유럽연합은 이러한 제도를 가지고 있다. 또한, 출원한 특허에 대해서 심사를 청구하는 제도는 미국에는 없으나 일본과 유럽연합은 이러한 제도를 가지고 있다. 일본은 우리나라와 같이 특허 제공 전에 제 3자가 해당특허에 이의신청을 통해 특허부여를 반대할 수 있고, 유럽연합은 관행적으로 특허부여 후에 이의신청을 통해 특허부여를 반대할 수 있다. 미국은 특허권부여 전에 이의신청을 통해 특허부여를 반대할 수 있고, 특허권 부여 후에는 재심사제도를 통해 특허권부여를 반대할 수 있다(김정홍, 1998).

(2) 특허제도의 필요성과 상충성(trade-off)문제

2절의 애로우 모형에 따르면, 기술개발로부터 얻을 수 있는 수익성의 크기가 연구개발투자를 유인하는 '인센티브'이다. 연구개발투자의 결과는 지식으로 비경합성과 비배제성의 특성을 가지고 있다. 그래서 이 지식은 다른 기업에 의해서 비용을 지불하지 않고도 쉽게 사용될 수 있다. 즉, 연구개발을 통해서 얻어진 지식으로 만들어진 상품이 다른 기업들에 의해서 쉽게 복제될 수 있다. 기술개발로부터 얻을 수 있는 수익성은 개발된 기술이 쉽게 복제될 수 있는 정도에 의해 크게 침해를 받는다. 첫 번째 기술개발자의 수익이 어떻게 침해를 받는지를 제약산업의 예를 들어 설명해보자.

A 제약회사가 영지버섯으로 만든 강장제인 '영x천'이라는 신제품을 처음 시장에 내놓은 후 얼마 동안은 상당한 독점이익을 얻고 있었다. 얼마 후 또 다른 제약회사 B가 이미 시장에 나온 영x천의 성분을 분석해서 이러한 강장제를 만드는데 필요한 지식과 정보를 습득하였다. 이렇게 지식을 얻는 비용은 A 회사의 영x천 연구개발비용의 10분의1도 들지 않았다. B 회사는 곧 영x천과 비슷한 상품인 영x원을 시장에 출시하였다. B 회사는 후발자로 시장점유를 높이기 위해 A 회사 제품보다 15% 낮은 가격으로 영x원을 출시하였다. B 회사가 영x원을 출시한 후에, C 회사가 똑 같은 방법으로 시장에 진입하였다. C 회사는 비슷한 상품을 영y천이라는 상표로 시장에 들어왔는데 가격은 B의 상품보다 15% 낮았다. A 회사는 경쟁을 하기 위해서 가격을 처음 출시가격보다 30% 낮출 수밖에 없었다. 이 가격으로는 영x천 개발위해 들어간 고정비용인 연구개발비를 회수할 수 없다. 반면에 B와 C 회사는 연구개발투자 비용이 거의 들어가지 않았기 때문에 회수할 고정비용이 거의 없다. 그래서 어느 정도 이익을 낼 수 있다. 즉, A는 손해를 보고, B와 C는 이익을 보는 구조가 된다.

위의 사례는 전형적인 후발자이익(second mover advantage)이 있는 상황이다. A 회사가 강장제를 개발할 때 그 자신의 상품이 쉽게 복제될 가능성을 염두에 둔다면 절대로 연구개발투자를 하지 않는다. A 회사도 B 또는 C 회사처럼 다른 기업이 강장제를 개발할 때까지 기다리면서 복제를 통해서 시장을 진입하는 전략을 선택하는 것이 더 이익이 나는 전략이기 때문이다. 기업들이 모두 B와 C기업 같이 기다리면서 복제하는 전략을 사용하면 어떻게 될까? 영지버섯으로 만든 최초의 강장제는 시장에 나올 수 없었을 것이다. 영지버섯 강장제가 소비자들의 필요나 욕망을 해결할 수 있는 한, 이 상품이 시장에 나오는 것은 사회적으로 바람직하다. 그러나 아무런 제재 없이 복제가 사회적으로 허용된다면 어떤 개인이나 기업도 신상품이나 신생산공정 개발을 위한 연구개발투자를 하지 않을 것이다. 이러한 고민을 해결하는 방안이 특허제도이다. 특허는 신상품이나 신생산공정과 같은 신기술의 첫 번째 개발자에게 그 신기술을 일정기간 동안 독점적으로 사용할 수 있는 법적권리를 부여하는 제도이다. 이런 권리를 침해하는 사람에게는 손해배상을 청구할 권리도 당연히 갖는다. 특허제도는 첫 번째 기술개발자가 연구개발투자를 회수할 수 있게 할뿐만 아니라 독점이익도 누릴 수 있도록 해준다. 특허제도를 통해서 보장된 독점이익이 크면 클수록 더 많은 연구개발투자를 유인한다.

그런데 특허제도가 사회적으로 연구개발투자를 유인하다는 점에서는 동태적으로 사회에 유익하지만 정태적으로는 바람직하지 않은 점도 있다. 특허제도는 첫 번째 개발자에게 독점을 주는 제도이다. 첫 번째 개발자는 그 자신의 이익을 위해 상품가격을 독점가격으로 정한다. 이 독점가격은 이 상품을 구입하기를 원하는 적지 않은 소비자가 소비를 포기하게 만듦으로서 자원배분의 효율성을 저해한다. 위의 사례에서 영x원과 영y천이 복제를 통해서 시장에 들어와 영x원과 경쟁함으로써 강장제 가격이 떨어져서 그렇지 않았다면 강장제를 소비하지 못했을 소비자도 강장제를 소비하게 한다. 이것은 특허제도가 있다면 가능한 일이 아니다. 이와 같이 특허제도는 동태적으로는 연구개발투자를 유인해서 시장에 신기술을 공급할 수 있게 하지만 동시에 독점으로 인해 정태적으로 자원배분의 효율성을 저해하는 상충성(trade-off)을 가진다.

특허제도의 상충성문제를 해결하는 방법으로 특허의 기간과 범위를 제한하거나 특허의 라이센스(license) 등이 사용되어왔다. 영x천에 대한 특허가 나온 후에 영x원이나 영y천이 시장에 나올 수 있던 이유도 영x천에 주어진 특허의 범위가 좁아서 영x천과 약간 다르게 상품을 만들어도 그 상품이 특허를 침해하지 않았다고 간주되기 때문이다. 특허의 상충성 문제의 관점에서 아래에서 특허의 기간과 범위를 설명한다.

(3) 특허의 기간과 범위

특허제도가 부여하는 '배타적 사용권'이 독점을 허용해서 자원배분의 효율성을 왜곡시킨다. 특허제도가 주는 연구개발투자에 대한 '인센티브'를 저해하지 않으면서 이러한 문제점을 최소화하는 방안 중에 하나가 '특허기간'을 설정하는 것이다. 즉, 시장의 수요 및 개발된 기술에 대해 완전정보를 가지고 있다고 하면, 기술개발을 위해 투여된 연구개발투자 금액과 투자에 대한 적정한 이익을 회수할 수 있는 기간까지만 독점권을 허용하고 그 이후부터는 모든 사람에게 대가 없이 특허기술을 사용하도록 하는 것이다. 이렇게 하면, 기술개발에 들어간 투자비용과 적정한 투자이익의 회수를 보장해주면서 가능한 한 많은 소비자에게 특허기술로부터의 효용을 누릴 수 있도록 할 수 있다. 아래에서는 '최적특허 기간' 설정에 관한 최초의 연구인 노두하우스(Nordhaus) 모형(1969)의 결과를 소개한다.

특허기간은 단순히 기술개발자의 수익성을 조절하는 문제 이상을 포함하고 있다. 특허기간은 비용절감이 큰 생산공정이나 소비자 효용이 큰 상품개발과 같은 기술혁신의 질에 영향을 미친다. 그 이유는 질이 높은 기술혁신은 자금이 많이 들어가는 연구개발투자를 요구하는데 이런 투자를 가능하게 하기 위해서는 총수익이 커야하고 이런 총수익이 특허기간에 의해서 결정되기 때문이다. 노드하우스의 연구에 따르면, 특허기간이 길수록 질이 높은 기술개발이 이루어진다. 특허 기간이 개발되는 기술의 질을 결정한다면, 높은 질의 신기술을 개발하도록 하기 위해 무한 기간의 특허를 주어야 하지 않을까? 현실적으로 그렇게 하지 않는 이유는 두 가지로 답할 수 있다. 첫째는 특허가 갖는 자원배분의 왜곡(즉 독점을 통한 사중손실) 때문이고, 둘째는 특허기간이 무한으로 주어졌을 때 수여하는 막대한 독점이익이 기업들간의 특허경쟁을 불러 일으켜 막대한 중복투자를 유발해 사회적 낭비를 초래하기 때문이다. 이제 원래의 문제로 돌아가서 '기술혁신의 질'의 문제를 포함해서 '배타적 사용'과 '독점으로 인한 비효율적 자원배분' 사이의 상충성을 해결하기 위한 '최적 특허기간'의 설정방법을 설명해 보자. 이해를 쉽게 하기 위해서 기술혁신의 질을 생산단위당 생산비용절감의 크기라고 해보자. 그리고 특허기간이 1년씩 길어진다고 해보자. 그러면 개발된 기술의 질이 높아져 비용절감의 크기가 커지는데 이것은 기존의 생산비용과 절감된 생산비용의 차이로 나타낼 수 있다. 이 차이가 특허기간의 연장과 함께 커지므로 기술개발자의 이익은 증가된다. 그러면 이렇게 특허기간을 1년 연장시키는 것이 소비자에게는 어떤 손실을 가져올까? 독점으로 인한 높은 가격 때문에 상품을 사지 못하는 소비자들의 손실된 소비자 잉여가 더 커진다. 이렇게 되는 이유는 독점이 아니었다면 특허기간연장으로 인해 떨어진 생산비용만큼 가격이 더 떨어질 수 있기 때문이다. 지금까지 논리를 정리하면 특허기간을 1년 연장하면 기업의 수익도 올라가지만 동시에 소비자 잉여도 동시에 떨어진다. 특허기간을 계속해서 1년씩 늘려가면서 추가적으로 늘어나는 기업의 수익과 줄어드는 소비자 잉여를 비교하면서 그 크기가 같아지는 특허기간을 최적특허기간으로 정한다. 노드하우스는 이와 같이 특허기간을

1년씩 늘려가면서 늘어나는 기업의 한계수익과 한계비용(소비자의 잉여 손실)의 비교를 통해 최적특허기간을 정할 때 사회후생이 극대화 된다고 하였다. 그런데 특허기간 연장과 함께 늘어나고 줄어나는 한계수익과 한계비용이 수요곡선의 탄력성에 의해서 영향을 받는다. 수요곡선의 탄력성이 커지면 기업의 수익보다 소비자잉여의 손실이 커지므로, 수요의 탄력성이 큰 상품일수록 특허기간이 짧아야 한다고 주장한다.

특허기간에 대한 현실을 보면 노드하우스 모형이 제시하는 것과 다르게 개발된 기술마다 특허기간이 같다. 이렇게 특허기간이 일률적으로 정해지는 이유는 불가능에 가까운 행정비용이 들어가기 때문이다. 즉, 1년에 출원되는 종류나 특성이 다른 엄청난 수의 새로운 기술에 대해서 각각의 기대수익을 계산하는 것만으로도 감당할 수 없는 비용을 수반한다. 이렇게 특허기간은 모든 출원에 대해서 같은 기간이 주어지지만, 기간 자체는 12년, 15년, 20년으로 늘어가는 추세이다. 이것은 기술의 질을 높이려는 필요를 반영한다고 할 수 있다.

특허의 기간뿐만 아니라 특허의 범위도 기업의 수익과 독점의 시장지배력에 영향을 미친다. 특허를 주는 범위가 좁으면 기업 또는 잠재기업들이 모방 또는 우회개발(invent around)을 통해 특허가 보호해주는 배타적 사용권을 합법적으로 침해하면서 특허기업과 비슷한 상품을 만들 수 있다. 그러면 특허를 받은 기업의 독점력이 많이 약화된다. 반대로, 특허를 주는 범위가 넓으면 기업들의 모방 또는 우회개발이 어렵다. 특허를 받은 기업은 확고한 독점력을 가질 수 있고, 따라서 기술개발의 수익성이 높아진다.

특허의 범위가 개발되는 기술의 질(quality)에 미치는 영향을 좀 더 자세히 살펴보자. 특허의 범위는 원천 기술개발(first generation technology)과 파생기술 개발(개발된 기술의 연속적인 개선)에 영향을 미친다. 모든 신기술이 처음부터 완벽하게 개발돼서 나오는 것은 아니다. 원천기술이 제 1세대 기술이라고 하면, 이를 바탕으로 끊임없는 부분적인 개발이 이루어져서 제 2세대 기술, 제 3세대 기술들이 나오게 된다. 다시 말해서, 기술개발에는 원천기술로부터 정(+)의 외부효과가 있다. 이런 전제 하에서, 특허의 범위가 아주 협소하게 주어서, 제조방법이나 제품의 기능에서 약간의 차이만 있어도 새로운 기술로 인정해서 특허를 부여한다고 해보자. 이 경우에는, 위에서 설명한 바와 같이 모든 기업들이 기술개발의 후발자가 되어 선발자의 기술을 모방하려는 무임승차문제(Free-rider Problem)가 일어난다. 그 결과 기술개발이 일어나지 않거나 기술개발이 일어나더라도 독점력을 가질 수 없기 때문에 수익성이 낮아 기술의 질이 높은 획기적인 기술, 소위 원천기술에 대한 개발이 일어나지 않는다. 반대로, 특허의 범위가 아주 넓게 준다고 해보자. 그래서 어떤 파생된 기술 개발도 원천기술을 침해하는 것으로 판정될 수 있다고 해보자. 이 경우 두 가지 문제가 일어날 가능성이 있다. 첫째, 파생 기술에 대한 개발이 일어나지 않을 수 있다. 둘째, 동일한 기술개발에 참여하는 기업들이 많아서 중복투자가 일어날 수 있다. 연구개발투자 경쟁이 내포하는 특성 중에 하나는 어떤 기업이 연구개발투자를 늘린다는 것은 경쟁기업들이 특허를 얻을 확률을 낮추는 대가로 자기 자신의 특허 얻을 확률을 높이는 것이다. 특허의 범위가 아주 넓게 설정됐을 때, 이것이 가져다주는 잠재적 이익이 막대하기 때문에 서로 간에 특허를 먼저 얻기 위해 연구개발경쟁이 일어나 중복투자를 유발하게 된다.

특허범위를 좁게 설정할지 아니면 넓게 설정할지는 과학기술수준이나 경제발전단계에 따라 다를 수 있다. 일반적으로 원천기술에 대한 수요가 큰 선진국은 특허범위를 넓게 설정하고, 모방기술의 확산에 대한 수요가 큰 후진국은 특허범위를 좁게 설정하는 경향이 있다. 특허 범위는 특허 출원을 할 때 특허청구범위를 기재하는데 청구항을 한 개만을 쓰도록 하는 단항제는 특허범위를 좁게 주는 경우이고 청구항 개수를 제한 없이 쓰도록 하는 다항제는 특허범위를 넓게 주는 경우이다. 우리나라는 처음에는 단항제를 시행하였으나 현재는 다항제를 시행하고 있다.

(4) 특허의 라이센스(license)와 공동연구개발투자(joint R&D)

특허범위를 넓게 주면 원천기술개발 유인에는 유리하지만 중복투자나 사중손실과 같은 사회후생 손실이 발생한다. 이런 문제를 극복하는 방법으로서 라이센스 제도와 공동 R&D 제도가 제시된다.

라이센스는 원천기술에 대한 특허 취득자가 그 기술을 이용해서 파생기술을 개발하려는 사람 또는 제3자에게 원천기술 사용을 허락하는 제도이다. 그러나 이 제도가 문제를 근본적으로 해결하는 것은 아니다. 예컨대, 라이센스를 주는 과정에서 협상력의 우위를 가지고 있는 원천기술 특허 취득자는 파생기술 개발자가 얻을 수 있는 신기술로부터의 모든 이익을 로열티의 형태로 빼앗아 갈 수 있다. 파생기술 개발자가 기술개발을 위해 이미 어느 정도의 투자를 해 놓았다면, 어쩔 수 없이 높은 로열티를 지불할 수밖에 없다. 이러한 사실을 파생기술 개발자가 예견한다면, 라이센스 제도가 존재함에도 불구하고, 파생기술 개발을 하려 하지 않는다. 특허의 범위를 넓게 주어서 원천기술 개발에 대한 동기를 충분히 부여하면서 동시에 파생기술개발을 유인할 수 있는 방안이 스카치머(Scotchmer)(1991)에 의해서 제시되었다. 그녀는 '사전적 계약(prior agreements)' 또는 '공동연구(research joint ventures)투자'를 제시한다. 이것이 의미하는 바는 파생 기술 개발자가 연구개발을 착수하기 전에 특허 취득자에게 파생기술개발을 공동으로 착수하자고 제안하고 특허 취득자가 파생기술개발에 공동 투자하고 참여한 후 개발된 기술에 대해 파생기술 개발자에게 면허를 주도록 계약하는 것이다. 이러한 계약이 파생 기술개발에 대한 동기를 유발할 수 있다는 점 외에도 규모의 경제를 이용하고 기술적 노하우를 공유함으로써 파생기술개발에 대한 투자 효율성을 높이고 또 특허를 얻기 위한 경쟁을 막아서 중복투자를 사전적으로 방지할 수 있다는 이점이 있다.

이제 라이센스(license)를 제3자에게 사용할 수 있도록 하는 경우를 살펴보자. 이 문제의 핵심논점은 특허보유자가 제3자에게 자기의 특허를 빌려줄 어떤 동기(incentive)가 있느냐이다. 특허권을 보유한 기업이 자기의 특허를 제3자에게 특허기술 사용을 허락할지의 여부는 특허기술이 어떤 종류의 기술인지와, 특허보유기업의 기술력, 참여하는 시장의 범위에 달려있다. 우선, 특허를 사용하는 제3자 기업이 ① 특허보유기업의 영업범위(시장범위) 밖에서 영업을 하거나 ② 특허보유기업보다 기술 활용에서 탁월성을 보여준다면 특허를 받은 기술이 어떤 형태(혁신기술이든지 개선기술이든지)이든지 특허보유기업은 '라이센스'를 줄 충분한 동기를 갖는다. 그 이유는 특허보유기업은 특허 사용에 대한 대가로 사용료를 받는데, 위의 경우는 라이센스로부터 발생하는 사용료가 부가적인 수입이 되기 때문이다. 그러나 특허 사용자가 특허를 이용해서 사업하는 영역이 특허보유자의 사업영역과 중복된다면 내용은 달라진다. 특허보유자가 보유하는 특허기술을 경쟁기업에게 라이센스로 주어서 그 자신과 경쟁구조를 만들 기업은 없기 때문이다. 특히 특허기술이 혁신기술이어서 그 기술을 이용해서 시장을 독점화시킬 수 있다면 특허보유자는 라이센스를 주지 않는다. 그러나 특허기술이 개선기술(non-drastic orincremental innovation)이라면 라이센스를 주는 기업과 라이센스를 받는 기업이 어떤 경쟁을 하느냐에 따라 라이센스를 줄 동기가 달라진다. 두 기업이 Bertland(베르트랑)경쟁, 즉 과점시장에서 동일상품으로 가격경쟁을 한다고 해 보자. 이 경우 특허보유기업이 라이센스를 주는 것과 라이센스를 주지 않는 것과 금전상에서 차이가 없다. 이유는 다음과 같다. 생산비용을 낮추는 특허기술을 보유한 기업은 기존의 가격보다 약간만 가격을 낮추더라도 시장을 독점화할 수 있고, 따라서 라이센스를 주지 않는 경우에 특허를 통해 독점이익을 획득한다. 그런데 이 기업이 경쟁기업에게 라이센스를 준다고 가정해보자. 그러면 특허보유기업은 생산단위 당 라이센스 사용료를 비용을 낮춘 만큼 부과하고 라이센스를 받은 기업과 시장을 공유한다. 이 경우 시장이 반분되는데 특허보유기업은 생산비용을 낮춘 만큼의 이익을 시장점유율 50%로부터 얻고 나머지 50%는 라이센스 수입으로 얻는다. 라이센스를 받은 제3자 기업은 신기술로 사용으로부터 얻은 총이익을 모두 라이센스 사용료로 지불하기 때문에 이익이 없다. 이제 두 기업이 Cournot(쿠르노) 경쟁, 즉 과점시장에서 생산량으로 경쟁을 한다고 해 보자. 이 경우 두 기업이 같은 시장에서 경쟁을 한다고 하더라도 특허보유기업은 라이센스를 줄 충분한 동기를 갖는다(Katz and Shapiro(1985)). 그 이유는 Bertland 경쟁과 달리 Cournot 경쟁에서는 특허보유자가 자신이 가지고 있는 특허를 경쟁기업에게 라이센스를 주지 않더라도 제3자 기업이 살아남아서 계속 특허보유기업과 경쟁할 수 있다는 사실에 있다. 물론 제3자 기업은 특허기술을 가진 기업과 생산비용에서 경쟁력을 잃기 때문에 시장점유율을 잃고 이익도 줄어들지만 시장에서 퇴출되지는 않는다. 특허를 보유하지 않은 기업이 시장에서 계속 경쟁관계에 있다면 특허보유기업은 경쟁기업에게 라이센스를 주어서 산업생산량을 늘리고, 라이센스 사용료를 챙기는 것이 라이센스를 주지 않을 때보다 전체 이익이 늘어나게 된다. 그래서 기업들이 Cournot경쟁을 하는 한, 기업들이 같은 시장에서 경쟁을 하더라도 특허보유기업은 경쟁기업에게 라이센스를 줄 충분한 동기를 갖게 된다.

위에서는 기업들이 자발적으로 라이센스 허락여부를 결정하는 경우를 살펴보았다. 이제 제도적으로 라이센스를 강제하는 경우를 살펴보기로 하자. 파리협약에서는 사용하지 않는 특허(sleeping patent), 다른 특허와 연계된 특허, 공익상 필요한 특허의 경우 특허보유자의 의사와 관계없이 행정처분에 의해 제 3자에게 특허를 라이센스로 주어야 한다고 규정하고 있다. 일본과 중국에서는 다른 기업의 발명을 개선하여 특허를 보유한 기업은 발명기업에게 라이센스를 주어야 하고, 호혜적으로 발명기업도 발명을 개선한 기업에게 원기술에 대한 라이센스를 주어야 한다고 규정하고 있다.

(5) 기술시장(new technology market)

1) 기술시장의 수요와 공급

기술시장에 대한 법적인 정의는 기술공급자와 기술수요자 사이에 기술거래가 이루어지는 곳이다. 그러나 학문적으로는 기술의 소유권에 대한 매매를 넘어서서 기술 활용이라는 관점에서 기술거래가 이루지는 곳으로 기술시장이 정의되기도 하고, 기술이 체화된 제품의 거래를 기술거래에 포함한다.

기술공급자는 공공부문에서는 대학의 교수, 공공연구소의 연구원이고 민간부문에서는 기업이다. 공공부문은 교수 및 연구원이 개발한 연구 성과를 발굴하고, 수요기업을 탐색하여 기술이전을 추진한다. 경우에 따라서는 교수나 연구자 본인이 직접 기술수요자를 탐색하여 기술이전을 추진하기도 하고, 기술거래기관에 소정의 비용을 지불하고 기술판매를 위탁한다.

기술수요자는 기술 또는 제품의 혁신이 필요한 기업이다, 이런 기술수요자는 직접 기술공급자를 찾아 원하는 기술을 구매하거나 기술거래기관에 위탁하여 기술을 구매한다.

기술시장은 거래대상이 기술이기 때문에 일반시장하고는 다른 특성을 가지고 있다. 즉, 거래 기술이 하나 밖에 없는 고유한 특성을 가지고 있기 때문에 골동품처럼 시장가격이 없다. 또한 이 기술이 제품을 통해 미래가치가 실현되기 때문에 정확하게 가치를 평가할 수 없다. 따라서 거래를 주선하는 기술거래기관이 기술시장의 역할을 한다. 그런데 이 기관은 기술거래를 위탁하는 주체(기술수요자 또는 기술공급자)의 이익을 일방적으로 대변하는 것이 일반적이며, 거래규모에 비례하는 수수료를 대가로 징수한다. 보통은 위탁자의 영업비밀 보호를 위해 비밀유지를 서약한다.

기술시장의 독특한 성격 때문에 대부분의 나라에서는 기술시장이 형성되어 있지 않거나 성숙되지 않은 상태에 있다. 우리나라도 예외는 아니다[예, 2008년과 2009년 연간 기술거래(매매+라이센스+M&A 포함)가 101건, 181건에 불과 함]. 기술시장을 성숙시키기기 위해서는 무엇보다도 기술거래가격 결정에 필요한 기술가치 평가방법 개발과 보급이 필요하고, 거래될 기술에 대한 정보를 유통시키는 시스템 확립도 필요하다. 특히 기술거래는 상당한 전문성이 필요하므로 전문 인력의 양성도 필요하다.

2) 기술거래 관련 이슈와 국내 기술시장의 개선점

해외 기술거래 전문기관이 다루는 비즈니스 영역을 중심으로 현장에 있는 기업들이 기술거래와 관련해서 어떤 문제에 직면하고 있는지, 그 문제와 관련해서 어떤 부분을 준비해야 하는지를 추론해보자.

① 지적재산권 경영에 대한 문제 : 기업들은 지적재산권을 신상품이나 신생산공정의 상품화만을 위해서 보유하지 않는다. 기업은 지적재산권을 기술거래, 경쟁기업과의 상호라이센스 교환, 개발도상국으로의 시장진출, 특허소송대비 등과 같이 다양한 전략적 목적으로 지적재산권을 보유한다. 이러한 전략적 목적에 따라 지적재산권의 가치를 평가하고, 지적재산권 침해를 감시하고, 최적의 지적재산권 포트폴리오 구성하는 것 등이 지적재산권 관리의 영역에 포함된다.

② 지적재산권 거래에 대한 문제 : 기술거래를 염두에 있는 기업들은 현재 시장에서 필요로 되는 기술을 탐색하고, 또한 현재 자신이 보유하고 있는 기술의 가치를 평가할 수 있어야 한다. 기술거래 후 파생기술개발을 위한 연구개발계획을 세우는 것도 지적재산권 거래의 영역에 포함된다.

③ 특허분쟁에 대비하는 문제 : 미국을 중심으로 특허괴물(patent troll)로 불리는 전문적으로 특허소송을 통해서 수입을 올리는 기업들이 있고, 이런 기업들에 자금을 공급하는 펀드도 성행하고 있다. 특허괴물은 많은 범용성이 높은 기술에 대한 특허를 사들이고, 이를 침해한 회사들을 조사해서 소송을 제기하여 배상금을 받는 식으로 수익을 창출한다. 이런 특허괴물들은 400명 이상의 엔지니어와 특허변호사를 고용해서 해마다 수만 건의 특허를 분석해 약 3만 5천개 이상의 특허를 확보하고 특허소송을 통해서 연간 20

억 달러 이상의 수익을 올리고 있다. 삼성이나 LG같은 우리나라 전자산업이나 의료기기산업의 기업들이 특허괴물의 주요 목표가 되어 특허소송에 걸려있다. 이런 특허분쟁에 대비하기 위해서는 분쟁이 예상되는 특허를 분석하고, 분쟁발생 위험을 낮추고 배상금 규모를 최소화할 수 있도록 준비하는 영역이다.

④ 지적재산권 관련 자금조달 문제 : 연구개발투자는 개발단계에 자금이 투입되고 투입된 자금은 상품화 이후에 오랜 기간에 걸쳐 회수된다. 특히 생명공학 같이 투자의 회수기간이 오래 걸리는 산업에서는 연구개발 자금확보가 연구개발 성패의 관건이 된다. 연구개발투자 관련 자금조달은 기업의 사내유보금, 은행대출, 채권발행, 정부정책자금 등 다양한 방법이 있다. 이런 방법 이외에도 기존의 지식재산권을 담보로 자금을 대출 받거나 지적재산권의 라이센스를 통해 자금을 조달하는 방법도 있다. 이와 같이 지식재산권을 연계해서 연구개발 자금을 조달하는 것도 지적재산권 관리의 중요한 영역이다.

기술거래와 관련해서 기업들이 다루어야 할 다양한 이슈가 있음에도 불구하고 국내 기술시장은 아직 형성 초기단계에 있다고 평가할 수 있다. 이렇게 기술시장이 형성이 지지부진한 이유를 먼저 수요측면에서 살펴보자. 기술을 얻는 방법은 자체기술개발, 매매, 라이센스 취득, M&A 등이다. 그런데 우리나라 기업들은 자체기술개발 이외에 매매, 라이센스, M&A와 같이, 시장거래를 통해서 기술을 얻으려는 시도자체가 상대적으로 적은 것으로 분석된다. 그 이유로는 기술시장에 나온 기술의 평가에 대한 신뢰부족이나 기술거래 시 협상능력의 부족 등이 제시된다. 공급측면에서는 기술의 주요 공급처인 공공부문 즉, 대학이나 공공연구소로부터 나오는 기술이 실제로 기업에서 필요로 하는 기술과 거리가 멀다. 이러한 현실을 보여주는 하나의 예로 발명진흥회의 특허기술 장터에 나온 34,000건의 기술 중에서 실제로 거래가 된 것은 168건이다. 다른 기술거래 관련 자료에서도 비슷한 경향을 보인다. 이와 같은 사실은 공공부분의 연구가 사업성이나 기술의 효용성을 고려하지 않고 특허출원을 하는 데에 집중하기 때문이다. 또한 민간부문에서 기술거래를 하기 위해서 연구개발을 하는 경우는 아직 미미한 실정이다. 이와 같이 수요와 공급이 절대적으로 부족한 상황이기 때문에 기술시장이 아직 형성되지 않고 있다. 기술거래 관련 지적재산권 경영에 관한 문제는 아직까지는 일부 대기업에 해당되는 사안이다.

(6) 특허의 지적재산보호에 대한 가능성

특허가 배타적 사용권을 실질적으로 보장할까? 지금까지 특허제도가 개발된 신기술의 배타적 사용권을 부여함으로써 연구개발투자로부터 얻을 수 있는 가능한 모든 수익을 보장해 줄 수 있는 것처럼 이해되었을 수도 있다. 그러나 이 제도가 의도된 바와 같이 지적재산을 보호하는 기능을 하는지의 여부, 기능하지 않는다면 어떤 원인이 있는지, 특허제도가 기능하지 않을 때 기술개발자는 기술개발로부터의 이익을 보호하기 위해 어떤 다른 수단을 이용하는지 등을 살펴볼 필요가 있다. 아래에서 소개되는 실증 결과는 Yale 대학과 Columbia대학 교수들인 Richard Levin, Alvin Kelevorick, Richard Nelson과 Sidney Winter가 미국 제조업체에 종사하는 650여명의 연구 개발 담당 책임자들을 대상으로 방문 조사를 통해 얻은 설문지 결과에 바탕을 둔 것이다(이 결과들이 1987년 Brooking Papers on Economic Activity의 특별호에 게재되었다).

첫 번째 관심 사항은 "특허제도가 신제품 또는 신 생산공정의 복제를 효과적으로 막을 수 있는가"에 관한 것이다. 이러한 관심 사항을 신제품 또는 신 생산공정의 복제를 막을 수 있는 특허 이외의 다른 대안들과 비교해서 평가하였다. 설문지에서 '가장 비효과적이다'를 1로 하고 '가장 효과적이다'를 7로 해서 각 대안들의 평균치들을 구해 보았다. 신 생산공정의 경우 특허가 복제를 막는데 가장 '비효과적'이라고 평가를 내리고 있으며, 이러한 사실은 신제품의 경우도 크게 다르지 않다. 신 생산공정을 복제로부터 가장 잘 보호해주는 방법은 '복제를 못하도록 제품을 복잡하게 만드는 것'이고, 신제품의 경우는 신제품의 이점들을 판매 노력을 통해 부각시켜서 선점자의 명성을 쌓고 이를 통해 복제품이 시장화를 시도해도 충분한 수요를 갖지 못하도록 하는 방법이 가장 효과적이다. 신제품의 경우 아래에서 살펴보겠지만 제품분해(reverse engineering)를 통해 신제품에 관한 정보를 얻고 이를 바탕으로 복제품을 얻기 때문에, 신제품의 경우도 복제품을 쉽게 만들지 못하도록 제품을 복잡하게 만드는 것이 효과적인 방법이다.

요약하면, 특허제도가 개발된 신기술에 대해 현실적으로 배타적 사용을 강제하지 못하며 따라서 독점이익을 보장해주지 못한다는 결론을 내리게 한다. 그러면, 왜 기업들이 '특허'를 출원하는가? 여기에 대해 설문에 응답한 650명의 연구 책임자들은 다음과 같은 대답을 주었다. 첫째, 특허 출원이 연구소 연구원들의 업적을 평가하는 수단으로 사용되기 때문이다. 연구원들의 업적을 평가하는 수단이 없는 상황에서 특허 출원 건수가 연구원 또는 연구소를 평가하는 하나의 기준이 될 수 있다는 것이다. 둘째, 시장개척을 위해서이다. 개발도상국들의 시장을 접근할 때 이들 국가들은 국내시장을 외국기업에 개방하는 대가로 기술이전을 요구하는데, 기술을 이전해 주기 위해서는 관련된 기술에 대해 특허권을 가지고 있을 필요가 있다는 것이다. 셋째, 경쟁기업과 상호 기술사용 라에센스(cross license)를 얻기 위해서는 자기가 가지고 있는 기술에 대해 특허를 확보할 필요가 있다. 다시 말해서 기업의 전략적 대응을 위해서 특허를 보유한다는 것이다. 넷째, 우리나라의 경우에 한정되는 것이기는 하지만, 특허가 정부의 정책자금을 얻기 위한 수단으로 사용된다. 우리나라에서는 특허가 있으면 벤처기업으로 등록되고, 정부의 정책자금을 얻을 수 있는 기회가 주어진다.

두 번째 관심사항은, 특허제도가 '배타적 사용의 강제'라는 기능을 하지 못한다면 그 이유는 무엇에 기인하는 것일까에 관한 것이다. 이러한 물음에 설문 응답자들은 신 생산공정, 신제품 할 것 없이 경쟁 기업들이 특허 침해를 기술적으로 피해서 유사제품을 개발하는 데 있다는 것을 가장 중요한 이유로 들었다. 앞에서 살펴보았듯이 특허의 범위를 무한정 넓게 할 수 없기 때문에, 이 범위를 기술적으로 피해서 기술 개발을 하면 원천 기술개발 상품과 경쟁하는 상품을 만들 수 있다. 신 생산공정과 관련해서 주목할 점은 특허를 얻는 과정에서의 문제점이다. 나라마다 차이점이 있지만 특허를 얻는 과정에서 기술개발자가 기술개발에 관련된 모든 정보를 특허청에 보고해서 비밀정보를 유출해야 되는 점이 기술 개발자에게는 특허가 배타적 사용권을 완전히 보장해 주지 못하는 현실적 상황에서는 부담이 될 수밖에 없다.

특허가 제 기능을 하지 못하는 가장 큰 이유는 경쟁기업이 기술적으로 특허를 침해하지 않으면서 제품을 개발하는 것이라는 사실이 밝혀졌다. 그러면 경쟁기업들이 어떻게 신제품 또는 신 생산공정에 대한 정보를 얻는가가 관심의 대상일 수가 있다. 설문 응답자들은 경쟁기업들이 신제품 또는 신 생산공정에 대해 정보를 얻는 가장 효율적인 방법으로 독립적인 연구 개발이라고 답을 하였다. 같은 종류의 제품을 만든다고 할 때, 제품 개발에 필요한 정보는 비슷한 연구 개발을 통해 충분히 추론할 수 있기 때문이다. 주목할 점은 신 생산공정이 '면허' 또는 '독립적인 연구개발'과 같이 정보를 얻기 위해 자원을 투여해야 하는 것이라면, 신제품은 제품의 분해를 통해서 정보를 상대적으로 쉽게 얻을 수 있다는 점이다. 어떤 형태이든지, 독립적인 연구 또는 라이센스 등이 정보를 얻는 데 효율적인 수단인 것을 감안하면, 기술 개발자가 쉽게 정보를 유출하지 않으려는 노력이 있다는 행간의 의미를 파악할 필요가 있다.

지금까지 내용을 요약하면 특허가 지적재산을 보호하는 본래의 기능을 하지 못하는 것으로 판단된다. 그렇다면, 현실적으로 신기술을 복제로부터 보호해서 독점이익을 보장해주는 요인은 신기술을 복제하는 데 걸리는 '시간'과 '비용'이다. Mansfield, Schwartz, 그리고 Wagner가 1981년 Economic Journal에 발표한 논문에 따르면, 화학, 제약, 전자 및 기계 산업의 48개 신기술을 대상으로 측정한 연구에서, 평균 복제 시간은 신기술이 나오는 시간의 65% 소요되고, 평균 복제 비용은 신기술 연구개발 및 생산비의 70% 든다. 이들 연구는 이 표본을 대상으로 성공한 신기술의 60%가 4년 안에 복제되었다는 사실을 보고하고 있다. 또 이 논문은 특허제도의 효과를 측정하기 위해 특허제도가 복제 비용을 얼마만큼 증가시켰는가를 조사했는데, 특허제도가 평균 11%의 복제 비용을 증가시켰으며, 산업별로는 제약 30%, 화학 10%, 전기 및 기계 산업에서는 7%의 복제비용을 증가시켰다고 한다. 위의 설문조사도 대체적으로 Mansfield 등의 연구결과를 확인해 주고 있다.

마지막으로, 특허제도의 효율성(배타적 사용의 강제 정도에 있어서)을 650명의 응답자들이 속한 산업별로 측정해 보았다. 특허의 효율성이 산업별로 편차를 보이고 있다. 대체적으로, 신 생산공정에 대해서 화학, 제약, 정유 산업에서는 특허가 효과적인 보호수단인 반면, 펄프, 제지, 합판 및 자동차 산업에서는 특허가 효과적인 보호수단이 되지 못한다. 실질적으로 자동차 산업에서는 신기술을 개발하면 특허를 출원하지 않는 경우가 많다고 한다. 신제품에 대해서, 유기 화학, 제약, 플라스틱 재료, 철강 제품 산업 등에서 특허가 효율적이고, 펄프, 제지, 합판 및 통신 장비 산업에서는 반대이다. 이와 같은 결과는 기술 경제학에서 가져온 오래된 의문점, 즉 "왜 어떤 산업에서는 연구 개발 투자가 많이 이루어지고, 왜 어떤 산업에서는 그렇지 못한가"에 대한 새로운 통찰력을 제공한다. 위의 질문에 대해 기술 경제학에서는 그 이유를 시장구조와 기업의 크기에 한정해서 설명하려고 하였다. 하지만, 산업별로 연구개발투자에 대한 수익을 전유(專有)하는 정도가 특허제도의 기능 차이에 따라 다를 수 있다면, 바로 이 점 때문에 연구개발투자를 유인하는 정도가 다를 수 있고, 그 결과로 산업별 연구개발투자의 차이를 결과 지을 수도 있을 것이다. 실제로 위의 설문 조사를 통해 얻은 데이터를 변수로 넣어서 계량분석을 한 결과, 연구 개발투자 수익의 전유성(專有性)정도가 연구개발투자에 영향을 미친다는 결과가 나온다.

■ 참고문헌

Schumpeter, J, "The Theory of Economic Development", Harvard University Press, 1912.

Schumpeter, J, "Capitalism, Socialism, and Democracy," Harper, 1942.

Stonman, P, "The Economics of Technological Change," Oxford University Press. 1983.

Griliches, Z, "The Search for R&D Spillovers," National bureau of Economic Research, pp. 251-268, 1991.

Dasgupta and Stiglitz, "Industrial Structure and the Nature of Innovative Activity," Economic Journal, vol. 90, 1980, pp. 266-293.

Nordhaus, "Invention, Growth, and Welfare," MIT Press, 1969.

Scotchmer, S, "Standing on the Shoulders of Giants : Cumulative Research and Patent Law," Journal of Economic Perspective, 1991, pp. 29-41.

Katz and Shapiro, "On the Licensing of Innovations," Rand Journal of Economics, 1985, pp. 504-520.

Mansfield, Schwartz and Wagner, "Imitation Costs and Patents: An Empirical Study," Economics Journal, 91, 1981, pp. 907-918.

7장

연구개발 R&D 경쟁, 특허경주 Patent Race, 신기술 선택 technology adoption 경쟁, 표준화 경쟁 standard competition*

* 7장은 '신산업조직론-기업과 경쟁', (권명중, 시그마프레스)의 내용 중 일부를 발췌하였다.

1. 개관

비디오시장의 표준화경쟁 사례

VHS vs Betamax, Blue-Ray vs HD-DVD

1970년대 중반과 2007년에 비디오 레코더 기술 역사에서 길이 남을 표준화 경쟁이 일어났다. 첫 번째 경쟁은 VHS와 Betamax 사이에서 비디오 시장을 석권하기 위해 일어난 경쟁이고, 두 번째 경쟁은 DVD 시장을 석권하기 위해서 Blu-Ray와 HD-DVD 사이에서 일어난 경쟁이다.

Betamax와 VHS 사이의 표준화 경쟁은 이미 잘 알려진 사례이다. Betamax는 당시 가전제품의 지배기업이었고 고품질의 상품을 만드는 것으로 유명한 Sony가 만든 비디오이고, VHS는 당시 가전제품 시장에서는 상대적으로 덜 알려졌고 규모가 Sony 보다 훨씬 작은 기업이었던 JVC가 만든 비디오이다. 두 비디오는 서로 호환이 되지 않았다. 비디오 테이프의 크기도 틀렸고, 비디오의 모양도 틀렸다. 1970년대 중반 VHS, Betamax, Philips 세 기업이 비디오 시장을 장악하기 위해서 경쟁을 벌였는데, 전문가들은 Sony의 Betamax로 표준화가 될 것이라고 전망했다. 그런데, 그들의 전망은 보기 좋게 빗나갔고 VHS가 시장을 장악하였다.

지금까지 VHS가 비디오 시장을 장악할 수 있었던 이유에 대해 널리 알려진 설명은 JVC의 사용자 네트워크 선점을 들고 있다. 시장에 먼저 진입한 JVC가 더 큰 사용자 네트워크를 만들었고, 그로 인해 영화사가 영화를 만들거나 TV 방송국이 TV 프로그램 녹화 필름을 만들 때 Betamax포맷보다는 JVC 포맷에 호환되게 만들게 되었다. 이로 인해 소비자 입장에서는

JVC 비디오를 사야지 시청할 수 있는 영화나 TV 프로그램의 선택이 넓어지므로 소비자는 JVC를 선택하게 되었다. 즉, 기술적으로 더 우수한 제품인 Betamax가 기술적으로 열등한 VHS를 따라 잡을 수 없었다.

위의 결론은 몇 가지 부정확한 사실에 근거하고 있다는 주장이 있다. 예컨대, 첫째, 시장에 처음 나온 비디오는 VHS가 아니라 Betamax 이다. 둘째, 화면의 질에서는 Betamax가 VHS 보다 우수하지만, 테이프의 길이(프로그램을 녹화할 수 있는 시간)에서는 VHS가 Betamax보다 길다. 셋째, 네트워크 효과에 있어서 VHS가 Betamax를 압도한 것은 아니다. 그러면 VHS가 성공한 이유는 무엇일까? 그 이유를 기술표준 공개정책으로 설명한다. Sony는 Betamax를 만드는 기술을 공개하지 않았다. 그러나 JVC는 작은 회사이기 때문에 그 스스로 시장을 장악할 수 없다는 것을 알고 VHS 기술을 다른 가전 제조업체에게 라이센스를 주는 형태로 공개하였다. 많은 가전 제조업체들이 JVC로부터 전수받은 기술을 이용해서 그들 브랜드의 비디오 레코더를 만들었지만 그들이 만든 비디오 레코더는 VHS와 같은 방식이었다. 즉, VHS와 호환되는 비디오였다. 그 결과 VHS 방식의 비디오 레코더에 대한 공급자 및 사용자 네트워크가 확대되었다.

VHS의 성공이유에 대한 위의 두 설명의 차이는 네트워크를 늘리는 결정적인 요인이 시장선점이냐 기술공개정책이냐에 있지, 두 설명 모두 사용자 네트워크의 크기가 궁극적으로 표준화 경쟁의 승자를 결정한다는 사실을 부인하는 것은 아니다. 표준화 경쟁의 결과 Sony는 막대한 손해를 보았고, Betamax를 구입했던 소비자들은 David (1985) 표현대로 '갈 곳이 없는 고아'가 되어 다시 비디오 레코더를 사야하는 처지가 되었다. 이런 이유 때문에 경제학자들은 기업들이 표준화 경쟁을 하기 보다는 서로의 상품이 호환이 되도록 만드는 선택을 하라고 권고한다. 이런 권고에도 불구하고 2007년 High definition DVD 시장을 두고 또 다른 표준화 경쟁이 일어났다. NEC, Toshiba, Microsoft의 지원을 받는 HD-DVD와 Sony와 그 추종기업의 지원을 받는 Blu-Ray와의 경쟁이다. 이 두 기업은 서로 호환이 되는 DVD를 만들기를 거부하고, 서로 다른 기술을 고집했다. 두 기술 모두 서로 장점을 가지고 있다. HD-DVD는 기술적인 연속성이 장점이어서 과거 버전의 DVD를 새로 나온 DVD로도 계속 사용할 수 있고, Blu-Ray는 용량이 커서 고화질의 영화를 보기에 유리하고, 또 영화를 보는 이외의 다양한 기능을 포함하고 있다. HD-DVD는 Blu-Ray보다 시장에 먼저 들어와, 낮은 제조비용으로 후방-호환성을 장점으로 시장을 공략했다. 반면에, Blu-ray는 영화제작사와 비슷한 기술을 사용하려는 가전 제조업체의 지원을 받고 있다. 미국의 대규모 소매체인점이 Wal-mart가 Sony의 Blu-ray만을 배타적으로 판매하겠다고 선언했고, 또 영화제작자인 Warner Brothers와 다른 DVD 생산자들도 Blu-ray 기술을 선택하겠다고 선언했다. 그러자 HD-DVD를 지원했던 Toshiba가 백기를 들었고, 2008년 2월부터 HD-DVD의 생산이 중단되었었다. 이번에는 Sony가 네트워크 크기를 늘리는데 성공해서 표준화 경쟁에서 이겼다.

〈권명중, "신산업조직론 – 기업과 경쟁", pp. 324–325의 사례연구 참고〉

시장에서 기업들의 경쟁은 크게 가격경쟁과 품질경쟁으로 나눌 수 있다. 가격은 기업들이 짧은 시간 안에 상대적으로 쉽게 바꿀 수 있다는 점에서 가격경쟁은 단기경쟁이다. 위의 사례는 기업들이 품질로 경쟁하는 장기경쟁에 관한 내용을 담고 있다. 품질을 바꾸는 것은 기존의 품질을 개선하는 것이나 기존의 품질을 대체하는 것까지를 포함하는데 이렇게 하기위해서는 연구(research)와 개발(development)에 투자가 이루어져야 하고 또 생산시설에 대한 투자가 이루어져야 한다. 이렇게 품질경쟁은 시간에 따라 진행되는 동태적 경쟁(dynamic competition)이고 장기경쟁이다.

품질을 결정짓는 연구개발과 그 결과로서 얻은 신기술은 특허로 이어진다. 6장에서 살펴보았듯이 특허는 연구개발을 통해 처음으로 새로운 상품이나 생산공정을 만든 기업에게 그 상품이나 생산공정에 대해서 일정기간(20년) 동안 독점적 사업권을 보장하는 제도이다. 즉, 연구개발에 내재하는 불확실성과 위험에도 불구하고 선발자(first mover)로 연구개발을 수행한 것에 대한 보상을 주는 것이다. 특허제도 도입과 함께 연구개발경쟁은 특허경쟁으로 그 성격이 바뀌게 된다. 그런데, 특허경쟁은 1등이 모든 상금을 다가져가고 2등 이하는 연구개발을 위해서 들어간 투자를 모두 잃게 되는 경쟁이다. 즉, 승자독식 경쟁이다. 따라서 특허경쟁에서는 무조건 1등을 해야 하기 때문에 최적의 연구개발수준은 연구개발의 비용과 편익에 의해서 영향을 받지만 무엇보다도 경쟁기업의 연구개발수준에 의해서 크게 영향을 받게 된다. 즉, 아무리 합리적으로 연구개발수준을 결정해도 경쟁기업이 먼저 연구개발에 성공해서 특허를 내면 합리적으로 수행한 연구개발이 아무런 쓸모가 없게 된다. 따라서 연구개발에 얼마만큼 투자를 해야 하는 가의 문제는 경쟁기업의 연구개발이 나보다 얼마만큼 앞서거나 뒤처져 있는가가 의사결정의 중요한 요소이고, 경쟁기업의 연구개발 수준 또한 나의 연구개발 수준에 의해서 똑같이 영향을 받게 된다. 이와 같이 연구개발경쟁은 경제학에서 일반적으로 다루고 있는 경쟁과 다른 특성을 가진다. 7장에서는 연구개발을 포함해서 기술변화과정에서 일어나는 모든 경쟁을 기술경쟁으로 명명하고, 그 기술경쟁과 관련된 경제이슈들을 소개한다.

위에서 소개한 비디오 레코더 사례는 동일한 기능의 제품을 서로 다른 기술적인 방법으로 만들었을 때 어떤 기술방법이 최종적으로 소비자에게 선택되는 가를 소개한 것이다. 이런 기술경쟁을 표준화경쟁이라고 하는데, 표준화 경쟁의 승자는 그 제품을 사용하는 소비자군의 크기에 의해서 궁극적으로 결정된다. 이와 같이, 기술경쟁은 기술변화과정의 각 단계에서 다양한 이슈를 포함하고 있다. 기술경쟁을 기술혁신단계와 기술확산단계로 나누어서 설명해 보자. 기술혁신 단계에서는 정태적인 관점에서 현재 시장에 있는 기술을 대체하는 경우에 현재 사업을 하는 기업들 사이에 또는 이런 기업들과 시장진입을 고려하는 기업 사이에 연구개발경쟁을 한다면 누가 유리한가에 관한 이슈가 있다. 또 다른 이슈는 동태적인 관점에서 동일 제품을 개발하는 연구개발에서 누가 먼저 연구개발에 성공할 것인가에 관한 것이다. 특허경주(patent race)로 명명된 이 분석은 연구개발경쟁에서 연구개발의 선점이 특허경주의 승자를 결정짓는다는 것을 보여준다. 기술확산단계에서 이슈는 생산공정에 대한 연구개발의 결과로서 생산비용을 줄이는 신기술이 시장에 나오면 왜, 이 기술을 먼저 채택하는 기업과 나중에 채택하는 기업이 생겨서 기술이 시간을 두고 확산하는 현상이 발생하는 것에 관한 것이다. 그 이유는 불완전 정보, 기업의 특성, 또는 전략적 경쟁 등으로 설명된다. 마지막 이슈는 위의 비디오 레코더 사례에서 설명한 바와 같이, 주로 정보통신제품에서 일어나는 현상인데 상품이 시장에 출시된 이후에 서로 대체적인 기술 중에서 어떤 기술이 시장에서 표준화된 기술로 선택되는 가에 관한 것이다. 7장에서는 기술경쟁과 관련된 각각의 이슈를 설명하기로 한다.

2. 정태적인 연구개발 경쟁: 대체효과와 효율성효과

애로우(Arrow)가 1962년에 발표한 "Economic welfare and the allocation

of resources for inventions"라는 논문은 6장에서 이미 설명하였다. 이 논문은 슘페터의 기술혁신에 대한 가설, 즉 「독점시장이 기술혁신을 더 유인한다」는 것을 반박하기 위한 것이다. 그런데 이 논문의 분석은 시장을 지배하는 대기업과 시장 지배력이 없는 소기업 사이의 연구개발경쟁에도 적용할 수 있다. 그 내용을 다시 간략하게 요약해서 설명해보자.

새로운 기술을 개발하는데 들어가는 연구개발비용은 대기업과 소기업 사이에 차이가 없다. 그리고 어느 기업이 더 먼저 새로운 기술을 개발 할 수 있는지는 상품이 가져다주는 기대이익의 크기, 즉 물질적 보상의 크기가 결정적인 유인(incentive)으로 작용한다고 가정한다. 애로우는 연구개발을 통해서 현 시장의 지배기업(대기업)이 새로운 상품시장의 지배기업(대기업)으로 대체될 때 발생하는 기회비용 때문에 지배기업보다 주변기업(소기업)이 연구개발경쟁에 유리하다고 분석하였다. 즉, 새로운 기술개발로 인해 새로운 시장의 지배기업이 될 때 잃게 되는 이익(기회비용)이 소기업보다 대기업이 크다. 이것은 상품개발로부터 기대되는 이익이 대기업보다 소기업이 더 크다는 것을 의미하므로 소기업이 상품개발을 위한 연구개발에 더 많은 비용을 쏟아 부어 대기업 보다 먼저 상품을 개발하게 된다. 애로우의 분석에서 현재의 기업이 또 다른 시장의 지배기업으로 대체될 때 발생하는 이익차이를 '대체효과(replacement effect)'라고 하고, 이 대체효과가 소기업이 크기 때문에 소기업이 연구개발경쟁에서 유리하다.

애로우 모형에서 설명하는 '대체효과(replacement effect)'는 시장에 있는 기업들이 연구개발경쟁을 할 때 승자결정요인 중의 하나이다. 그런데 연구개발경쟁은 시장에서 현재 사업을 하는 현업기업들 사이에서만 일어나는 것이 아니다. 현업기업과 잠재적으로 새로운 기술을 가지고 시장에 진입하려고 하는 진입기업들 사이에서도 일어날 수 있다. Reinganum(1985)이 설명하였듯이 연구개발의 내용이 기존의 상품을 완전히 쓸모없게 만드는 파라다임 혁신적 기술을 개발하는 것이라면 현업기업보다 현재 시장밖에 있는 잠재적 진입기업이 더 흥미를 느낄 수 있다. 그 이유는 잠재적 진입기업이 현업기업이 현재 생산하고 있는 상품을 가지고 시장에 진입하면 아무래도 기득권을 가지고 있는 현업기업과의 경쟁에서 유리할 것이 없지만, 전혀 새로운 상품을 가지고 시장에 진입하면 불리한 점 없이 현업기업과 경쟁할 수 있기 때문이다. Gilbert and Newbery(1982)가 현업기업과 잠재적 진입기업 사이의 특허제도 하에서 연구개발경쟁을 분석하였다.

Gilbert and Newbery의 모형은 다음과 같다. 현업 기업인 A 기업과 잠재적 진입기업인 B 기업이 A 기업 상품, x의 대체재 상품, y의 개발(완전대체재가 아님)을 위해 연구개발을 한다고 해보자. 연구개발에 성공한 첫 번째 기업에게 특허가 주어진다. 일단 대체재 상품, y에 대한 특허가 주어지면 다른 기업은 그 상품을 제조해서 상업적으로 판매할 수 없다. 그리고 현업기업은 진입기업에 앞서서 y상품을 개발할 것인지에 대한 의사결정과 투자를 진행할 수 있다. 현업기업과 진입기업과의 연구개발경쟁의 핵심은 현업기업이 y상품을 개발할 것인지의 여부이다. 현업기업이 y상품을 개발을 하면 진입기업이 시장진입을 통해 얻을 수 있는 이익은 기존의 x상품으로 현업기업과 경쟁하는 것으로부터 발생한다. x상품시장은 현업기업이 장악하고 있기 때문에 그 이익은 크지 않다. 현업기업이 y상품을 개발하지 않으면 진입기업은 y상품을 개발해서 시장진입을 한다. 그러면 진입기업은 y상품시장을 장악하게 되고 y가 x상품의 대체재이기 때문에 x상품시장의 상당부분도 잠식된다. 현업기업의 입장에서 y상품을 개발하기 전에 이와 같은 상황을 상정하고 y상품개발의 이해득실을 따져본다. y상품을 개발하면 특허를 내어 잠자는 특허(sleeping patent)로 놔둔다고 하더라도 x상품시장의 대부분을 장악할 수 있다. 반면에 y상품을 개발하지 않으면 x상품시장의 대부분이 잠식당한다. 현업기업은 y상품을 먼저 개발하는 것이 x상품시장을 보호하고 현재의 이익을 지키는 것이므로 y상품을 개발한다.

이 모형이 의미하는 것은 연구개발을 통해 독점기업이 되어 y시장에서 경쟁을 배제하는 것이 연구개발을 하지 않고 x 시장에서 경쟁을 하는 것보다 더 많은 이익이 보장된다는 것인데, 이것을 효율성효과(efficient effect)라고 한다. 이런 결과로 인해 현업기업인 A 기업이 진입기업인 B 기업과의 연구개발경쟁에서 이기게 된다. 이런 효율성 효과로 인해 현업기업이 진입기업과의 연구개발 경쟁에서 이기게 된다.

3. 동태적 연구개발경쟁 : 특허경주(patent race)

특허제도 하에서 연구개발경쟁은 한 번 겨루어서 승자가 결정되는 경쟁이 아니라 여러 번의 도약 단계를 거쳐 최종도착점에 첫 번째 도달하는 사람이 승자가 되는 경쟁이다. 따라서 특허제도 하에서 연구개발경쟁은 경쟁이라기보다는 경주에 가깝다. 그래서 특허경주(patent race)라고 명명한다. 특허경주는 '불확실성'과 '상호의존성'이 지배하는 경쟁이다. 경주과정에서 도약을 이루기 위해서 연구개발 노력(연구개발을 위한 지출)을 하지만, 이것이 얼마만큼의 도약을 이루게 할지, 또 도약을 기대한 대로 이루더라도 최종도착점에 가장 먼저 도착할지 알 수 없다. 즉, 불확실성이 지배한다. 최종도착지에 제일 먼저 도착한 사람에게만 상을 주기 때문에, 경주과정에서 매번 내가 얼마만큼의 도약을 이루었는가도 중요하지만 경쟁상대가 얼마나 앞서있는지 또는 뒤처져 있는지가 더 중요하다. 따라서 의사결정을 할 때 나의 결정에 경쟁상대가 어떻게 대응할 것인지를 염두에 두고 결정을 해야 한다. 즉, 의사결정에서 상호의존성이 지배한다.

수 많은 특허경주 모형 중에서 불확실성을 중점적으로 반영한 모형이 있고(예, Loury(1979), Lee and Wilde(1980), Reinganum(1981, 1982)), 전략적 경쟁의 특성을 반영한 모형이 있다(Fudenberg et. al(1983), Harris and Vickers(1985), Grossman and Shapiro(1987)). 각각의 모형이 설정이 모두 다르고, 동태성(dynamics)을 모형에 반영하다보니 모형이 매우 복잡하고 이해하기가 어렵다. 그렇지만 모형의 결과는 서로 크게 다르지 않다. 따라서 아래에서는 Harris and Vickers(1985) 모형을 기본모형으로 하고 그 밖의 모형의 특징을 포함시켜서 특허경주의 특징을 설명하도록 한다. 복잡한 모형을 그대로 옮기기 보다는 모형을 단순화 시켜 직관적으로 설명한다.

A, B 두 기업이 특허경주에 참여한다고 해보자. A, B 두 기업 중에서 연구개발에 먼저 성공해서 특허를 먼저 출원한 기업에게 특허권을 수여한다. 특허권은 독점사업권이기 때문에 일종의 상금이다. 이 상금의 가치는 A, B의 처한 상황에 따라 다르다. 예컨대, A, B 기업이 독점(지배)기업인지, 진입기업인지, 경쟁(주변)기업인지에 따라 정태적 연구개발경쟁모형에서 설명했던 '대체효과'와 '효율성효과'가 다르게 나타나고 그 결과로 특허의 가치가 다르게 나타난다.

경주가 시작되면 A, B 기업이 각 단계에서 연구개발지출을 얼마를 할지를 결정하는데, 이 연구개발지출이 연구개발속도(즉 최종종착점까지의 남은거리)를 결정한다. 연구개발지출은 다음과 같은 특성이 있다: ① 연구개발지출의 결과로 지식이 생산된다. 이 지식이 축적되면 더 적은 지출로도 지식이 생산된다. 연구개발지출의 이러한 특성은 특허경주의 종착점에 가까워 질수록 똑 같은 지식을 생산하기 위해서 점점 더 적은 연구개발지출이 요구된다는 것을 의미한다. ② 연구개발속도를 증가시키기 위해서는 연구개발지출이 체증적으로 증가해야 한다. 이런 관계가 성립하는 이유는 능력있는 연구원이나 연구기자재 등이 희소한 자원이기 때문이다. 연구개발속도를 내기 위해서는 더 많은 연구원과 연구기자재가 투입되어야 하는데, 능력있는 연구원들이 이미 투입되어 있으면 능력 없는 연구원들의 수를 늘려야 능력있는 연구원들의 생산성이 나오기 때문에 연구개발지출이 더 늘어나게 된다. 이것은 특허경주에서 앞서가는 경쟁상대를 따라잡기 위해서 연구개발속도를 더 내려면 거기에 들어가는 비용이 체증적으로 더 투입되어야 한다는 것을 의미한다.

이제 특허경주의 규칙을 설명해보자. 경주가 시작되면 A, B 기업은 순차적으로 연구개발지출을 결정한다. 즉, A가 먼저하고, B가 바로 다음에 하고, 그리고 다시 A가 하고 ,,,, 이런 식으로 진행된다. 모든 연구개발 지출은 매몰비용이고, 할인율은 1이다. 즉, 오늘의 가치와 내일의 가치가 같다고 가정한다. 이 경주에서의 전략은 매번 얼마만큼의 연구개발지출(도약의 정도)을 할 것인 가이고, A 기업과 B 기업은 상대방의 전략과 움직임에 대해 완전정보를 가지고 있다.

특허경주에서 누가 승자가 되는지를 찾는 방법은 게임이론에서 사용하는 부분게임 완전균형(sub-game perfect equilibrium)이다. 즉, 특허경주가 한 번에 결정되는 게임이 아니라 여러 번의 단계에 걸쳐서 결정된다면 각각의 단계에서의 나쉬균형을 찾고 전체균형은 모든 단계의 나쉬균형을 포함해서 설명한다. 다만, 나쉬균형을 분석하는 순서는 게임의 마지막단계부터 역순으로 진행한다. 이런 방법을 사용하기 위해서 특허경주를 시간의 추이에 따라 단계를 두 단계로 나누어 보자. 종착점을 기준으로 한 번의 도약으로 종착점을 통과할 수 있는 선까지를 두 번째 단계로 하고, 출발선으로부터 바로 두 번째 단계를 시작하는 선까지를 첫 번째 단계라고 해보자. 첫 번째 단계에서 두 번째 단계를 바로 뛰어넘어 종착점을 통과할 수는 없다. 두 번째 단계의 부분균형을 구해보자. A 기업과 B 기업이 모두 두 번째 단계에 도달 해 있다고 생각해 보자. 두 번째 단계에 A 기업이 B 기업 보다 앞서 있을 수도 있고, B 기업이 A 기업 보다 앞서 있을 수도 있다. 혹은 A 기업과 B 기업이 똑 같은 선에 서 있을 수 있다. 이제 한 번의 도약으로 종착점을 통과할 수 있기 때문에 두 번째 단계에서는 A와 B 사이의 우위가 아무런 의미가 없다. 두 번째 단계에서는 A든 B든 먼저 움직이는 기업이 승자가 된다. 그런데, 게임의 규칙에서는 A와 B가 교대로 움직인다고 했기 때문에 두 번째 단계에서 순서가 먼저 온 기업이 이기게 된다. 그러면 두 기업이 경주를 할 때 두 번째 단계에서 어떤 기업에게 첫 번째로 움직이는 순서가 주어질까? 당연히 두 번째 단계에 먼저 도착한 기업이다. 따라서 두 번째 단계에 A 기업과 B 기업 모두 도달해 있는 경우 최종승자는 두 번째 단계에 먼저 도달한 기업이 승자가 된다. 이것이 두 번째 단계의 부분균형이다. 이제 첫 번째 단계의 부분균형을 찾아보자. 첫 번째 단계에서는 기업들 사이에 여러 번의 도약이 가능하다. Harris and Vickers(1985)는 첫 번째 단계에서 경주를 할 때 A, B 기업이 모두 출발점에서 경주를 시작할 필요가 없다고 가정했다. 그들은 그 이유를 이렇게 설명한다. Fudenberg et al 모형에서는 A 기업과 B 기업이 모든 면에서 동일한 기업이지만, 이것은 현실에 부합하지 않다는 것이다. 현실에서는 기업들이 특허권에 대해 부여하는 가치가 서로 다르고, 연구개발경영 능력이 다르고, 또 과거 연구개발로부터 축적된 경험이 다르기 때문에 A 기업과 B 기업이 특허경주에 참여할 때 출발점이 다를 수 있다고 주장한다. A 기업과 B 기업의 출발점이 어디든지 상관없이 첫 번째 단계에서 A 기업과 B 기업이 경주를 할 때 어떤 이유로든 처음으로 경제적으로 의미 있는 차이를 만들면서 앞서나가는 기업이 두 번째 단계에 첫 번째로 도달하는 기업이 된다. 그 이유는 연구개발지출에 대한 특성으로 설명할 수 있다(Reinganum(1985)). A 기업이든 B 기업이든 특허권에 대한 그들 스스로 부과한 가치는 특허경주 내내 바뀌지 않는다. 그러나 특허경주가 진행되면서 여러 단계의 도약이 이루어지면 지식이 누적적으로 축적되어서 종착점에 가까워질수록 단위 지식획득 당 연구개발지출비용이 줄어들어서 특허권의 순가치, 즉 상금의 크기가 점점 커지게 된다. 연구개발 노력이 상금의 크기에 비례한다면, 어떤 이유로든 첫 번째 단계에서 선두를 획득한 기업은 특허권의 순가치 증대효과에 의해 뒤처진 기업에 비해 연구개발 노력을 더 하게 된다. 그 결과 처음 선두를 획득한 기업은 그 선두를 뺏기지 않게 된다. 첫 번째 단계에서 부분균형은 어떤 이유로든 처음 선두를 차지한 기업이 두 번째 단계에 첫 번째로 도달한다.

이제, 첫 번째 단계와 두 번째 단계의 부분균형으로부터 특허경주 전체게임의 균형을 찾아보자. 특허경주의 최종승자는 첫 번째 단계에서 처음으로 선두를 획득한 기업이 두 번째 단계에 먼저 도착해서 최종도착점에 제일 먼저 도착하는 것이 전체게임의 균형이다. 매우 단순한 모형으로부터 도출한 이러한 결과는 특허경주를 분석한 Fudenberg et. al 모형, Harris and Vickers 모형, Grossman and Shapiro 모형의 결과와 크게 다르지 않다. 이제 이 균형의 경제적 의미를 음미해보자.

이 균형을 단순하게 표현하면 특허경주에 참여하는 어떤 기업이든 처음 선두를 차지하면 실질적으로 경주가 끝나게 된다. 중장거리 육상경기에서 pace maker가 우승하는 경우가 일어나는 것이다. 그렇다면, 순차적으로 움직인다는 규칙이 주어졌을 때, 경주시작과 함께 첫 번째 움직이는 기업이 첫 번째 도약에서 두 번째 단계로 바로 진입하도록 연구개발지출을 하고, 두 번째 움직이는 기업이 똑같이 투자를 하면 다음 차례에 종착점을 통과해서 경주가 끝나게 된다. 즉, 첫 번째 주자가 항상 승자가 된다. 이런 사실을 아는 두 번째 주자는 처음부터 경주를 포기하게 된다. 두 기업 또는 여러 기업이 경주에 참여해도 실질적으로 첫 번째 움직이는 기업을 제외하고는 다른 기업들은 없는 것이나 마찬가지 이므로, 결국 1 기업 경주가 되는 것이다. Grossman and Shapiro가 이런 점을 지적하고, 경주를 2단계로 만들어서 분석했지만 그들 모형의 결과도 위의 균형결과와 크게 다르지 않다.

위의 균형은 특허경주는 극단적인 선발자 이익(first mover advantage)이 지배하는 게임이라는 것을 보여준다. 즉, 특허제도 하에서 연구개발경쟁에서 진입기업보다 먼저 행동을 취할 수 있는 현업기업이 잠재적 진입기업을 항상 이길 수 있다는 Gilbert and Newbery 모형의 결과를 지원한다. 또 새로운 분야에 존재하는 높은 위험을 무릅쓰고 연구개발에 먼저 투자하는 벤처기업이 그 분야에서 항상 승자가 될 수 있다는 의미이기도 하다.

특허 경주 모형은 산업 안에 비대칭적인 기업들, 예컨대 선두기업과 추격기업 사이에 있는 처음의 격차가 시간이 지남에 따라 그 격차가 줄어들 것인가 아니면 그 격차가 늘어날 것인가와 같은 문제에도 적용할 수 있는데, 이 문제를 Budd, Harris and Vickers(1993)가 분석하였다. 위에서 설명한 바와 같이 연구개발지출비용이 경주의 진행에 영향을 받는 것과 같이, 기업의 비용이 동태적 경쟁과정에 의해서 영향을 받는다면 선두기업(leader)과 추격기업(follower) 사이의 격차는 더 벌어진다는 것이 그들 모형의 결론이다.

4. 신기술 채택 경쟁(new technology adoption competition)

연구개발이 생산한 지식을 이용해서 만들어 낸 것이 신상품이든 신생산공정이든, 이들이 경제에 기여하기 위해서는 경제에 있는 소비자와 기업들이 신상품과 신생산공정을 가능한 한 많이 사용하여야 한다. 그렇게 해야지 연구개발이 궁극적으로 소비자들에게 효용을 창출하고, 기업에게는 효율성과 이익을 가져다주게 된다. 이와 같이 신기술(신상품+신생산공정)에 대한 수요가 시간에 지남에 따라 늘어나는 것을 신기술의 확산(diffusion of new technologies)이라고 한다. 신기술의 확산을 결정짓는 요소로 수요자의 불완전정보(Mansfield(1968)−전염병 모형) 또는 수요자의 특성(기업이나 소비자의 특성−David(1969), Davis(1979)−probit 모형) 등이 제시되었다. 이런 주장 이외에 신기술, 특히 신생산공정의 확산이 수요자인 기업들 사이의 전략적 행동에 의해서 결정된다는 연구가 있다(Reinganum(1981), Fudenberg and Tirole(1985)). 이들의 신기술확산 모형을 신기술의 전략적 채택경쟁 모형(strategic adoption competition model)이라고 하는 이유는, 한 기업의 신기술의 선택이 경쟁 기업의 이익에 영향을 미치고, 이것이 경쟁기업의 대응을 불러일으키고, 이것에 또 기업이 대응하는 '전략적 대응과정'이 신기술확산의 결정요인이 되기 때문이다. 신기술 전략적 채택 경쟁의 대표적인 모형인 Reinganum(1981) 모형과 Fudenberg and Tirole 모형(1985)이다. 이 모형의 핵심적인 부분은 전략적 경쟁인데 이것을 직관적으로 설명하기가 쉽지가 않다. 따라서 Reinganum 모형 자체를 이해하기 쉽게 재구성해서 설명하기로 한다.

A, B 두 기업이 있다고 해보자. 이 두 기업은 크기나 그 밖의 특성 등에서 동일한 기업으로, 시장을 반씩 나누어 가지고 있다. 그런데 '0'이 되는 시점에서 시장에 비용을 절감하는 신기술(예컨대 컴퓨터로 통제하는 공작기계)이 시장에 나왔다고 해보자. 이 기계를 구입해서 설치하면 생산비용이 절감돼서 상품의 시장가격을 낮출 수 있다. 그 결과 새로운 수요를 창출하는 것으로부터 또 경쟁기업으로 가던 수요를 빼앗아 오는 것으로부터 판매량과 매출액이 증가하고 이익이 증가한다. 반면에, 신기술을 채택하지 않은 기업은 신기술을 채택한 기업이 비용감소를 이용한 공격적인 가격인하 정책 때문에 기존 수요의 일부를 빼앗겨서 매출액이 감소하고 이익이 줄어든다. A, B 기업들 사이에 신기술 채택에 따른 변화된 이익을 다음과 같이 표시한다.

Π_0 : A, B 두 기업이 신기술을 채택하지 않았을 때의 이익

Π_L : A, B 두 기업 중 한 기업이 먼저 신기술을 채택했을 때 신기술을 채택한 기업의 이익

Π_F : A, B 두 기업 중 한 기업이 먼저 신기술을 채택했을 때 신기술을 채택하지 않은 기업의 이익

Π_2 : A, B 두 기업이 모두 신기술을 채택했을 때의 이익

다음과 같은 가정을 한다.

가정1) 이익들의 크기가 다음과 같다: $\Pi_L > \Pi_2 > \Pi_0 > \Pi_F > 0$.

가정1)은 신기술채택이 경쟁기업을 시장으로부터 퇴출하기 위한 수단으로 사용할 수 없으며($\Pi_F > 0$), 신기술을 선택하는 것이 선택하지 않는 것보다 이익이 된다는 것을 의미한다($\Pi_2 > \Pi_0$). 이 가정에 따르면 신기술이 이익증가를 가져오기 때문에 기업들이 신기술을 채택하지 않을 이유가 없다. 따라서 신기술 채택 문제는 A, B 기업이 신기술을 채택하느냐의 문제 보다는, 언제 채택하느냐, 즉 둘이 동시에 채택하느냐, 시간을 두고 순차적으로 채택하느냐, 누가 먼저 채택하느냐의 문제가 핵심문제가 된다. Reinganum (1981) 모형은 이런 문제를 다룬 최초의 모형이다.

가정2) 신기술 채택비용(신기술가격+설치비용)은 시간(t)이 지나감에 따라 체감적(decreasing rate)으로 감소한다.

가정2)가 의미하는 것은 신기술가격이 처음에는 급격하게 떨어지다가 나중에는 거의 떨어지지 않는다는 것을 의미한다. 이 가정은 두 가지 점에서 의미가 있다. 첫째, 이익이 매출액에서 비용을 뺀 것으로 정의되는데, 비용이 시간이 지나감에 따라 많이 떨어졌다가 서서히 떨어진다는 것은 매출액이 일정하다고 했을 때 신기술 채택의 이익이 급격하게 증가하다가 서서히 정체하게 된다는 것을 의미한다. 둘째, 기다림의 경제적 의미를 깨닫게 해준다. 신기술 가격은 시간이 지남에 따라 떨어지므로 신기술을 사지 않고 기다리면, 기다리지 않고 샀을 때 보다 이익을 남기게 된다. 이 이익이 기다림의 한계이익이 된다. 따라서 최적시간(optimal timing)의 선택을 결정할

때 '기다림의 한계이익(또는 한계비용)'이 중요한 결정변수가 된다. 신기술이 나오는 '0'의 시점에서는 신기술 가격이 아주 가격이 높고, 시간이 지나면서 가격이 떨어지지만 계속해서 끝까지 떨어지지는 않는다고 가정한다. 이 가정의 함의는 아무도 신기술이 나오자마자 살 수는 없으며, 무한정 기다리는 것이 이익이 아니라는 것을 의미한다. 즉, 어느 시점에서는 신기술을 선택하는 것이 이익이 된다는 것을 의미한다.

가정 3) 신기술 채택에는 선점자 이익이 있다: $\pi_L - \pi_0 > \pi_2 - \pi_F$

신기술 선택에서 선점자가 후발자 보다 이익이 많이 나는 이유는 다음과 같다. 신기술을 먼저 선택하면 비용절감을 통한 가격인하로 경쟁기업 보다 가격경쟁력을 갖게 돼서 경쟁기업의 고객을 훔쳐올 수 있다. 이것을 선점효과 (preemption effect)라고 한다. 그런데 후발자가 신기술 채택을 하면 뒤쳐져 있던 가격경쟁력을 따라 잡기는 하지만, 후발자가 신기술 채택하기 전까지 고객을 빼앗겨서 이미 감수한 손실을 찾아올 수는 없다. 따라서 선발자의 이익이 더 크게 된다.

가정4) A, B 기업들은 서로가 신기술채택에 대한 정보를 획득하기 까지 굉장히 긴 시간이 걸린다(infinitely long information lags). 즉, A, B는 서로 신기술채택 여부를 관찰할 수 없고, 따라서 바로 바로 대응할 수 없다.

가정4)는 일종의 불완전정보가 있는 상황이다. 이런 상황에서 신기술채택에 대한 경쟁을 진행하는 방법으로, A, B 기업 서로가 신기술을 채택하기 전에 신기술 채택 일정을 예고약속(pre-commitment)하는 방법이 있다. 그리고 이러한 예고약속은 반드시 수행한다는 암묵적 동의가 있어야 한다.

선점자와 후발자의 신기술채택 시점을 각각 T_L^*, T_F^*라 하고, 신기술채택에 따른 이익의 변화를 그림으로 표현하면 아래 〈그림 7-1〉로 나타낼 수 있다.

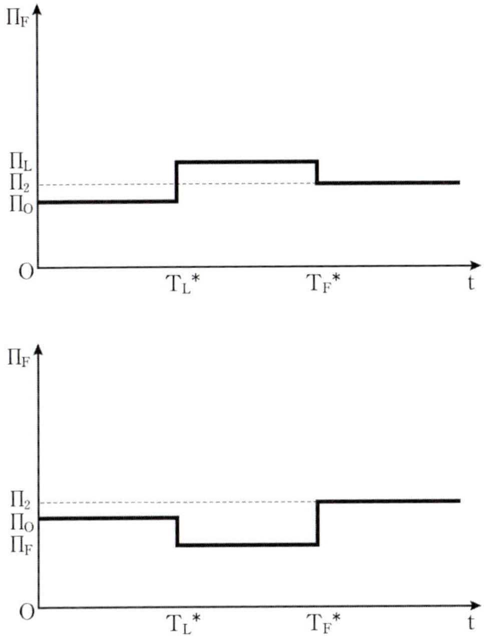

〈그림 7-1〉 신기술채택 경쟁에 따른 이익의 변화

신기술의 최적채택시점은 시점 '0'으로부터 출발해서 시점 순간 순간 마다 기다릴 때 신기술가격이 떨어짐으로 인해서 얻게 되는 이익과 신기술채택을 미룸으로 인해서 벌어들일 수 있는 이익의 포기(즉 손실)를 비교하고, 이 두 상충되는 힘이 균형을 이루는 시점이다. 이렇게 결정된 선점자와 후발자의 최적채택시점을 각각 T_L^*, T_F^*라고 한다.

이제 이 최적채택시점(optimal adoption timing)과 관련된 가장 중요한 질문을 해보자. 첫 번째 질문은 〈그림 7-1〉에서 보는 바와 같이 선점자가 먼저 신기술을 채택하면 후발자의 이익이 바로 줄어든다. 그러면 왜 후발자가 곧 반격을 해서, 선점자가 신기술을 채택하자마자 바로 같이 신기술을 채택하지 않는가? 즉, 선점자가 신기술을 선택한 바로 후에 같이 신기술을 채택하면 선점자와 같은 상황이 되어 고객을 뺏기지 않고 선점자의 신기술 선택 때문에 손해를 보지 않을텐데 말이다. 그 이유를 이렇게 설명할 수 있다. 선점자가 신기술을 채택해서 가격을 낮추면 판매량이 늘어나는 데, 판매량(수요)증가는 두 곳으로부터 온다. 첫 번째는 가격이 인하됨으로 인해 전에 구입하지 않았던 소비자 중에서 몇 몇이 소비대열에 참가하면서 발생하는 것이다. 두 번째는 가격이 인하됨으로 인해 후발자의 상품가격 대비 상대가격이 인하되어 후발자에게 갔던 소비자들 중의 일부가 선점자 기업에게로 가게 되어 판매량(수요)이 늘어난다. 이렇게 두 곳으로부터 증가된 판매량(수요)이 매출액 증가로 이어지고 이것이 신기술채택으로부터 발생하는 이익이 된다. 여기서, 후발자가 선점자 채택 바로 후에 신기술을 채택했다고 해보자. 어떤 일이 일어날까? 먼저, 선점자에게는 후발자로부터 빼앗아간 판매량증가가 일부 상쇄되어 없어진다. 후발자에게는 처음부터 낮은 가격을 따라잡는 입장이기 때문에 상대가격차가 회복됨으로 인해 빼앗겼던 수요의 일부를 되찾을 수 있다. 또한 후발자의 신기술채택으로 인해 상품의 공급증가를 일어나 가격이 추가적으로 하락한다. 추가적인 가격하락으로부터 늘어나는 시장수요를 이제 선점자와 후발자가 각각 반씩 나누어 갖는다. 그러나 판매량(수요)증가는 선점자가 처음 신기술을 채택할 때 만큼 늘지 않는다. 선점자와 후발자가 거의 같은 시점에 신기술을 채택하면 신기술 채택비용은 변하지 않았는데 신기술가격이 하락해서 신기술 채택으로부터 이익이 급격히 감소한다. 따라서 신기술 채택의 순이익이 마이너스가 될 수도 있고, 순이익이 플러스이더라도 아주 작은 수준으로 떨어질 수도 있다. 이제, 후발자가 바로 선점자를 따라서 신기술을 채택했을 때의 이익과 시간이 지난 다음에 T_F^* 시점에서 신기술을 채택했을 때의 이익을 비교해보자. 후발자로서 매 시간당 신기술 채택으로부터의 이익은 T_L^*에서나 T_F^*에서나 변하지 않지만 신기술채택 비용은 가정 2)로부터 T_L^*보다 T_F^*에서 훨씬 낮다. 결론적으로 후발자는 선점자의 신기술을 채택으로 인해 이익이 줄어드는 상황에 직면해, 이에 대응해서 바로 신기술을 채택하는 것보다 신기술채택 비용이 더 떨어지도록 기다렸다가 T_F^* 시점에서 신기술을 채택하는 것이 더 이익이 된다. 이런 이유 때문에 신기술이 시장에 소개되면 A, B 두 기업이 동시에 신기술을 채택하지 않고, 한 기업이 T_L^*에서 먼저 선택하고 또 다른 기업이 T_F^*에서 나중에 선택하는 기술확산(technological diffusion)이 일어나게 된다.

두 번째 질문은 〈그림 7-1〉에서 보는 바와 같이 선점자의 이익이 후발자의 이익보다 크면, A, B 기업 모두 선점자가 되려고 경쟁을 할 텐데 A, B 중 누가 선점자가 되고, 선점자가 되기 위한 경쟁은 어떻게 이루어지는가?에 관한 것이다. Reingaunum 모형은 사실 이 문제를 현실과는 좀 동떨어진 식으로 설명한다. 즉, 어떤 이유로 인해 A(또는 B) 기업이 먼저 T_L^* 시점에 신기술을 채택하겠다고 예고했다고 해보자. 그러면, B(또는 A) 기업은 이 예고가 약속대로 지켜진다고 믿기 때문에 똑같이 T_L^* 시점에 신기술을 채택하지 않고(그 이유는 위의 첫 번째 질문에 대해 설명했듯이 같은 시점에 신기술을 선택하면 손해가 나든지, 매우 낮은 이익 밖에 보장되지 않기 때문이다) T_L^* 시점보다 더 높은 이익이 보장되는 T_F^* 시점에서 신기술을 채택한다. 문제는 A, B 중 누가 먼저 예고를 하느냐 인데, Reinganum 모형에서는 이것을 동전을 던져서 결정하게 된다. 즉, 선점자가 되는 것, 신기술 채택경쟁에서 이기는 것이 복불복이다. 사실, Fudenberg and Tirole(1985)이 Reinganum 모형의 이러한 점을 문제 삼았다. 즉, Reinganum 모형은 선점자가 되기 위한 경쟁을 사전 예고를 통해 결정해버림으로써 기업들 사이에 신기술 채택에 대한 전략적 경쟁을 사전에 봉쇄하였다고 비판하였다. 그리고 전략적 경쟁이 사전적으로 배제되는 이유가 기업들 사이에 서로에 대한 정보가 없이 경쟁이 진행되는 정보구조 때문이라고 분석하였다. 그래서 그들은 정보구조를 즉 기업들이 서로 관찰할 수 있고 경쟁기업의 행동에 바로 바로 대응할 수 있다고 가정하고 Reinganum 모형을 다시 분석하였다. 그들의 모형을 소개해보자.

Fudenberg and Tirole 모형은 정보구조를 제외하고는 Reinganum 모형의 골격을 그대로 유지한다. 따라서 그들 모형은 Reinganum 모형의 최적신기술채택시점(T_L^*, T_F^*)이 정보구조가 바뀌었을 때 어떻게 바뀌는가를 설명하면 된다. 신기술을 먼저 채택하는 것이 나중에 채택하는 것보다 더 많은 이익을 준다는 사실을 A, B 기업 모두가 알고 있고, A, B 기업 모두 상대방의 행동을 관찰하고 있고 또 상대방의 행동에 곧 바로 대응할 수 있는 상황이다. A 기업이 T_L^* 시점에서 신기술을 채택하려고 한다고 해보자. B 기업이 관찰을 통해 A 기업의 이러한 행동을 알고 있다. 그러면 B 기업은 어떻게 대응 할까? B가 선점자가 되기 위해서는 T_L^* 보다 조금이라도 일찍 신기술을 채택해야 한다. 그래서 B는 $T_L^*-\varepsilon$ (매우 짧은 시간) 시점에 신기술 채택을 준비한다. A 또한 B가 $T_L^*-\varepsilon$ 시점에 신기술 채택을 준비한다는 것을 관찰하고, 그 보다 조금 앞선 시점인 $T_L^*-2\varepsilon$에 신기술 채택을 준비한다. B 역시 A의 이러한 사실을 알고 신기술 채택시점을 $T_L^*-3\varepsilon$로 앞당긴다. … 이런 과정이 계속되면 그 끝은 어떻게 될까? A기업이든 B 기업이든 어떤 시점에서 더 이상 채택시점을 앞당기면 신기술채택의 순이익이 음(−)이 되는 시점을 알아내서 그 시점을 처음부터 선점(preemption)하려고 할 것이다. 이렇게 하면 경쟁기업이 그 시점보다 앞선 시점에서 신기술을 채택할 동기를 잃어버리게 된다. 즉, 그 시점보다 앞선 시점에서 신기술을 채택하면 신기술채택으로부터 손실을 보는데, 선점경쟁을 포기하고 후발자로 최적의 시점을 찾아 신기술을 채택하면 오히려 시점을 선점해서 신기술을 채택할 때보다 더 많은 이익을 가져다준다. 그러면, 이것이 A기업과 B 기업의 균형시점들일까? 아니다. 왜, 아닐까? 이 균형은 선점자보다 후발자가 더 많은 이익을 가지게 된다. 선점자가 이러한 상황에 만족하지 않고 후발자가 되려고 하지 않을까? 즉, 균형이 안정(stable)되지 않는다. 그러면 균형시점은 어떻게 달성될까? 선점자는 채택시점을 선점할 때 후발자의 최적 신기술채택시점에서의 이익이 얼마인지 계산해서, 이 이익과 똑 같은 이익을 내는 시점을 찾아 그 시점을 선점한다. 이렇게 되면, 선점된 시점과 후발자의 최적 채택시점에서 이익은 동일하게 된다(rent equalization). 따라서 후발자도 선발자도 신기술채택시점을 변경할 인센티브를 가지지 않는다. 따라서 Fudenberg and Tirole 모형의 선점자와 후발자의 신기술 채택시점을 가각 T_{LF}^*, T_{FF}^*라고 했을 때, Fudenberg and Tirole 모형의 신기술최적채택시점(T_{LF}^*, T_{FF}^*)은 Reinganum 모형의 최적채택시점(T_L^*, T_F^*)에 대해서 다음과 같은 특징을 갖는다. 첫째, T_{LF}^*은 T_L^*보다 앞선 시점이다. 물론, T_{LF}^* 시점이 신기술채택의 이익을 극대화하는 시점이 아니다. 둘째, T_{FF}^*은 T_F^*와 같지는 않지만, 이 시점에서는 신기술채택의 차선의 이익을 준다. 셋째, T_L^* 시점에서 신기술 채택이 T_F^* 시점에서의 신기술 채택보다 더 많은 이익을 주지만, T_{LF}^*과 T_{FF}^*에서의 신기술채택의 이익은 같다(rent equalization).

Fudenberg and Tirole(1985) 모형의 결과는 매우 흥미있는 경제적 함의를 갖는다. 신기술을 선점해서 채택하려는 기업들 사이의 전략적 경쟁이 최적시점보다 신기술을 앞당겨서 채택하는 결과를 낳는다. 물론 이러한 결과는 자원의 낭비를 의미하기 때문에 사회적으로 바람직한 결과가 아니다.

또 그들은 A, B 기업이 시간적으로 이격된 신기술을 채택하는 기술확산 균형이외에도 A, B가 동시에 신기술을 채택하는 균형이 일어나는 조건도 제시하였다. 위의 Reinganum 모형에서 후발자가 선발자의 신기술채택 후 곧바로 신기술을 채택하지 않는 이유는 신기술채택으로 인한 가격하락에 대응해서 늘어나는 수요가 신기술채택비용을 충당할 만큼 충분하지 않기 때문이다. 그런데, 시장이 커서 수요가 충분히 크다면 결과는 달라질 수 있다. 즉, 가격하락에 대응해서 신기술채택비용을 충당할 만큼 충분히 수요가 크게 증가하면, A, B가 동시에 신기술채택이 가능하다. 따라서 Fudenberg and Tirole은 정태적 또는 동태적으로 시장의 크기가 기업들의 신기술채택이 동시에 일어나는 균형을 결정짓는다고 하였다.

지금 Reinganum과 Fudenberg and Tirole 모형의 결과를 요약하면, 신기술채택 경쟁에서 기업들의 채택시점을 결정짓는 요소는 기업들 사이의 정보구조, 시장(수요)의 크기, 전략적 경쟁 등 이다.

5. 표준화 경쟁(standards competition)

표준화 경쟁은 정보통신산업에서 주로 일어나는 경쟁으로, 이것을 이해하기 위해서는 경제학의 전통적인 이론에서는 익숙하지 않은 네트워크와 관련된 개념 몇 개를 이해해야 한다. 하나씩 설명해보자.

(1) 네트워크 외부경제(network externality)의 정의

전통적인 소비자 선택이론에서는 소비자가 어떤 상품 또는 서비스의 소비로부터 얻는 효용 또는 가치는 다른 소비자의 소비에 의해서 전혀 영향을 받지 않는다고 가정한다. 이러한 설명이 대부분의 상품이나 서비스의 현실적인 소비와 합치한다. 하지만, 그렇지 않은 상품 또는 서비스가 있다. 화상통화가 가능한 핸드폰을 예로 들어보자. 어떤 사람이 이 핸드폰을 가지고 있는데, 상대방이 이 핸드폰을 가지고 있지 않으면 화상통화가 가능하지 않다. 이 사람에게 화상통화 핸드폰의 가치 (또는 이 핸드폰으로부터 얻을 수 있는 효용)는 친구, 가족 또는 혹시 누군가가 될지는 모르지만 많은 사람들이 화통통화가 가능한 핸드폰을 가지고 있을 때 증가한다. 다른 사람들이 화상통화 핸드폰을 가지고 있으면 화상통화가 필요할 때 언제든지 화상통화를 할 수 있기 때문에 이 핸드폰의 가치가 완전히 실현된다. 그러나 아주 소수의 사람만 이 핸드폰을 가지고 있어서 화상통화가 필요할 때 화상통화를 할 수 없다면 화상통화 핸드폰의 완전한 가치가 실현되는 것이 아니다. 이와 같이, 소비자의 상품 또는 서비스의 가치가 다른 사람들이 같은 상품 또는 서비스의 소비를 늘림에 따라 증가하는 것을 네트워크 외부경제라고 한다. 위의 예는 네트워크 외부경제가 항상 양(+)의 외부경제인 것 같은 인상을 준다. 그러나 반드시 그런 것은 아니다. 다른 네트워크 외부경제를 생각해보자. 연예인이나 프로야구, 농구, 축구 선수들은 다른 사람들이 잘 타지 않는 외제 스포츠카 같은 것을 타고 다니는 것을 흔히 본다. 이것은 이 자동차의 소비를 통해 그들은 일반사람들과 무엇인가 다르다는 것을 나타내고 싶은 동기가 있다. 그런데 일반사람들, 예컨대 자장면을 배달하는 사람마저도 오토바이로 배달하는 것이 아니라 스포츠카를 타고 배달을 한다고 해보자. 즉 스포츠카의 네트워크가 커지는 것이다. 이 때 이런 차를 소유하고 있는 연예인이나 프로 운동선수의 스포츠카에 대한 효용이나 가치는 감소하게 된다. 이 경우는 네트워크 외부경제가 음(−)인 경우이다.

(2) 네트워크의 범위

네트워크 외부경제는 상대방이 나와 같은 상품을 구입할 때 일어나는 것인데, 그러면 상대방이 가지고 있는 상품과 같은 브랜드를 구입해야지 같은 네트워크에 속하는 것일까, 아니면 브랜드는 상관없고 같은 종류의 상품을 가지고 있어도 되는 것일까? 즉, 네트워크를 같은 상품을 가지고 있는 사람들의 총합이라고 하면, 같은 상품을 어떻게 정의해야 하는 것일까? 에 관한 문제가 네트워크 범위에 관한 문제이다. 네트워크의 범위는 상품의 특성마다 다르기 때문에 예를 들어서 설명해보자. 통신상품 과 통신서비스의 경우, 예컨대 위의 화상통화 핸드폰의 경우 브랜드가 삼성이든, 애플이든 상관없이 통화자 사이에 화상통화가 가능한 어떤 핸드폰도 같은 핸드폰으로 간주된다. 따라서 네트워크의 범위는 화상통화가 가능한 모든 핸드폰을 포함한다. 정보 상품의 경우, 예컨대 컴퓨터의 경우, 동일한 소프트웨어 운영이 가능한 모든 컴퓨터는 같은 컴퓨터이다. 현주 컴퓨터이든 벨 컴퓨터이든 한글 프로그램으로 작성된 파일을 읽을 수 있으면 같은 컴퓨터로 간주한다. 따라서 정보 상품의 네트워크 범위는 동일 소프트웨어 프로그램의 사용이 가능한 모든 컴퓨터를 포함한다. 자동차의 경우, 자동차를 수리할 때 같은 부품이나 똑같은 수리기술이 요구되면 같은 자동차로 간주한다. 따라서 자동차의 네트워크의 범위는 부품이나 자동차를 수리할 때 같은 기술이 적용되면 같은 자동차들로 간주한다. 이와 같이 네트워크 범위는 상호 연결이 가능하거나 다른 브랜드의 상품이라고 하더라도 호환(compatibility)이 가능한 상품 보유자의 총합으로 그 범위를 정한다.

(3) 네트워크 효과

학자에 따라서 네트워크 외부경제와 네트워크 효과(network effects)를 동의어로 쓰기도 하고 구별하기도 한다. 이 책에서는 네트워크 외부경제는 「내가 소유하고 있는 상품의 가치가 나 이외의 사람이 그 상품을 소비함으로써 영향을 받는 행위」이다. 즉, 경제현상을 설명한 것이다. 네트워크 효과는 「내가 소유하고 있는 상품의 가치가 나 이외의 사람이 그 상품을 소비함으로써 직접적으로, 간접적으로, 또는 금전적으로 영향을 받는 정도」를 의미한다. 이것은 상호관련성에 근거해서 계측의 가능성을 설명한다. 먼저, 직접적인 네트워크 효과를 설명해보자. 직접적인 네트워크 효과는 대부분, 전화, 팩스, 이-메일과 같은 통신제품에서 일어난다. 화상통화 핸드폰의 경우 내 친구가 화상통화 핸드폰을 사게 되면 이제 그 친구와 직접 화상통화를 할 수 있게 된다. 이와 같이 나 아닌 소비자가 나와 같은 상품을 구입해서 내가 가지고 있는 상품이 그 사람의 상품과 함께 사용될 때 일어나는 효용 또는 가치 증가를 직접적인 네트워크 효과라고 한다.

다음으로 간접적인 네트워크 외부효과를 설명해보자. 지역 A와 지역 B에 아파트 단지가 있는데, 지역 A에는 200개의 아파트가 들어가는 단지가 들어섰고, 지역 B에는 20,000개의 아파트가 들어가는 대단위 단지가 들어섰다고 해보자(모두 분양이 된 것은 아니다.). 특정지역에 아파트를 소유한 사람들을 네트워크라고 정의하면 지역 B의 네트워크(물론 분양이 더 많이 되었다면)가 지역 A의 네트워크 보다 크기가 크다. 지역 A든, 지역 B든 어디든 같은 지역에 나 아닌 다른 사람이 아파트를 사거나 세를 얻어 입주하는 것이, 위의 통신제품과는 다르게 나의 아파트 가치증가에 직접적으로 영향을 미치지 않는다. 그런데 특정지역에 20,000개의 아파트가 있어서 약 80,000명(한 아파트당 평균 4명이 거주한다고 가정한다)의 사람들이 거주하면, 이 사람들의 생활을 지원하는 다양한 편의시설이 들어간다. 예컨대 지하철 정거장, 백화점, 큰 학원, 영화관, 대형병원, 대형마트 등이 들어간다. 그러나 약 800명이 거주하는 200개의 아파트가 있는 지역에는 소형 마트나 의원 정도는 들어갈 수 있지만, 백화점, 영화관, 대형병원 등은 들어갈 수 없다. 크기가 다른 아파트 단지의 예에서 보는 바와 같이 네트워크의 크기가 클수록 그 네트워크를 지원하는 보조적인 시설들이 더 많이 들어간다. 그런데 아파트에 사는 사람들은 바로 집 가까이에 백화점, 영화관, 학원, 대형병원과 같은 생활지원시설이 있는 것이 편리성을 주기 때문에 이런 것들에 큰 가치를 둔다. 이와 같이 네트워크가 커져서 전에 누리지 못했던 지원상품 또는 지원시설의 도움을 받는 것을 간접적인 네트워크 효과라고 한다. 이것은 나 아닌 사람이 같은 지역에 있는 아파트를 사는 것이 나의 아파트의 가치를 직접적으로 높이지는 않지만, 네트워크 크기를 늘리는데 기여해서 생활편의 시설이 들어오는데 도움이 되기 때문에 간접적으로 나의 아파트의 가치를 높이는 것이다. 아파트 외에도, 컴퓨터와 같은 정보통신 하드웨어 상품, 비디오 레코더, DVD 플레이어 등의 상품은 그들의 네트워크가 커질 때 더 많은 지원 소프트웨어 상품(게임, 영화필름 등)이 이용가능하게 되는 데 이것도 간접적인 네트워크 효과이다.

마지막으로, 시장중재 네트워크 효과(market-mediated effect : Farrell

and Saloner(1985))와 가격중재 네트워크 효과(tariff-mediated network externalities(Laffont, Rey and Tirole(1998))를 소개해 보자. 시장중재 네트워크 효과나 가격중재 네트워크 효과는 일종의 간접적인 네트워크 효과라고도 할 수 있지만, 금전적인 이익이 구체적으로 나타날 수 있는 경우이기 때문에 구별해서 설명하기로 한다. 먼저 시장중재 네트워크 효과를 설명해보자. 어떤 상품의 네트워크 크기가 커지면 그 상품의 보완재, 예컨대 부품, 부가되는 서비스, 소프트웨어 등의 공급가격이 떨어지게 된다. 보완재 가격이 떨어지는 이유는 간단하다. 네트워크 크기가 커지면 판매량이 늘어나고, 판매량이 늘어나면 상품 단위당 고정비용이 줄어들게 된다. 즉, 규모의 경제가 발생하게 되어 가격이 하락하게 된다. 이와 같은 네트워크 크기가 큰 상품의 소비자가 보완재를 더 저렴하게 구입할 수 있음으로 인해서 얻는 이익을 시장중재 네트워크 효과라고 한다. 가격중재 네트워크 효과는 주로 통신서비스에서 볼 수 있는 효과이다. 예를 들어서 설명해보자. 번호이동제도가 없을 때의 번호기준으로, 011, 010, 016은 서로 다른 통신회사의 전화번호 코드이다. 그래서 011- 번호를 가진 사람이 011- 번호를 가진 사람에게 전화를 걸면 같은 전화회사의 통신서비스를 이용하는 것이고, 011- 번호를 가진 사람이 016- 번호를 가진 사람에게 전화를 걸면 다른 전화회사의 통신서비스를 이용하는 사람에게 전화를 것이다. 011(또는 010, 016) 전화번호 코드를 가진 사람들을 하나의 네트워크라고 해보자. 011 전화번호 서비스를 제공하는 sk통신이 011- 번호를 가진 사람이 011- 번호를 가진 사람에게 전화를 걸 때의 전화사용료를 011-이 아닌 번호를 가진 사람에게 전화를 걸 때의 전화 사용료보다 싸게 책정하였다고 해보자. 즉 같은 네트워크에 있는 사람과 네트워크에 있지 않은 사람들에게 가격차별을 사용하는 것이다. 이와 같은 가격차별은 같은 네트워크에 있는 사람에게 요금인하라는 금전적인 이익을 주는데, 이것을 가격중재 네트워크 효과라고 한다. 구체적인 금전적인 이익은 011- 번호를 가진 사람이 동일한 번호를 가진 사람에게 전화를 걸 때에만 발생하기 때문에, 이런 네트워크 외부효과가 다른 사람들(예컨대, 가족, 친구, 동료)을 같은 네트워크로 유인해서 네트워크 크기를 늘리는데 기여한다.

(4) 전환비용(switching costs)

신고전학파가 상정하는 거래비용이 없는 세계(frictionless world)에서는 가격 대비 성능이나 질이 좋은 상품, 예컨대 혁신상품이 시장에 나오면 옛날 상품은 당장 새로운 상품으로 대체된다. 그러나 현실과 역사를 보면 가격대비 성능이 좋은 상품이 시장에 나와서 옛 상품을 대체하지 못하고 사라져 간 경우도 보이고, 가격 대비 성능이 좋지 않은 상품이 아직도 굳건히 시장을 지키고 있는 경우도 간혹 목격하게 된다. 이런 현상을 설명하는 경제학을 'Qwerty 경제학'이라고 한다. 'Qwerty 경제학'의 핵심개념이 전환비용(switching costs)인데, 그 전환비용은 지금 사용하는 상품 또는 서비스로부터 다른 상품 또는 서비스로 옮아가는데 드는 비용을 의미한다.

그러면 전환비용을 구성하는 비용은 어떤 것들이 있을까? 일상적인 예를 들어보자. 인터넷 서비스 회사를 바꾼다고 생각해보자. 우선, 다른 회사의 인터넷 품질이 어떤지 알아봐야 하고, 인터넷 서비스를 바꾸었을 때 얻을 수 있는 혜택(경품, 현금, 등등)도 알아봐야 한다. 즉, 탐색비용이 들어간다. 또 현재 사용하고 있는 서비스 회사에 전화를 걸어서 쓰던 기기를 반납해야 하고, 새로운 인터넷 서비스 회사가 와서 회선을 설치하는 일에 협조하고, 여러 가지 서식을 작성하고 계약서를 검토하고 써야한다. 이와 같은 모든 일이 성가심을 수반하는 데 이것도 일종의 거래비용이다. 또 흔글이나 SPSS와 같은 소프트웨어는 사용하기 위해서 여러 가지 기능을 배워야 한다. 또 기존의 소프트웨어에 익숙해 있다는 것은 그 동안 사용으로부터 얻은 경험으로 인해 효율성이 있다는 것이다. 그런데 Word나 STATA와 같은 다른 소프트웨어로 바꾸려 한다면 그 동안 배웠던 사용방법과 익숙함을 포기하고 새 소프트웨어의 사용방법을 익히고 능숙해지기 위해서 새로운 비용을 발생해야 한다는 것을 의미한다. 또 다른 예로서 수년간의 거래를 통해 신용이 쌓인 은행을 바꾼다고 해보자. 은행을 바꾼다는 것은 그 동안 쌓았던 신용을 포기하는 것이다. 이것도 적지 않은 전환비용이 된다. 지금 까지 설명한 다양한 전환비용의 구성요소가 상품을 바꿀 때 모두 있을 수 있고, 몇 가지가 있을 수도 있고, 전혀 없을 수도 있다. 새로운 상품의 가격 대비 성능이나 상품의 질의 우월함으로부터 얻는 혜택이 새로운 상품으로 바꾸는데 들어가는 전환비용보다 크지 않다면 소비자는 기존의 상품에 머물러 있게 되는데, 이것을 잠김 효과(lock-in effects)라고 한다.

(5) 표준화 경쟁모형

지금까지 표준화 경쟁을 이해하기 위해서 필요한 개념들을 설명하였다. 이제 모형을 통해서 네트워크 외부경제가 있을 때 기업들의 경쟁이 어떤 결과를 가져오는지 살펴보자.

표준화 경쟁을 분석한 대표적 모형인 Katz and Shapiro(1985) 모형에 따라 표준화경쟁과 관련된 경제문제를 살펴보자. 네트워크 외부경제가 있는 상품에 대한 소비자의 순가치(net value)를 식 ①로 정의한다.

① $\nu = r + v(x) - p$

여기서 ν 는 소비자의 상품에 대한 순가치(net value)를 나타내고, r 은 소비자의 예약가격(willingness to pay)을 나타낸다. 즉, 네트워크 외부효과가 없을 때 그 상품에 대해서 최대로 지불할 용의가 있는 가격이다. x는 네트워크 구성원의 수이고, 따라서 네트워크의 크기를 나타낸다. v(x)는 네트워크에 대한 가치를 나타내는 함수로서, 네트워크 외부경제 함수라고 명명한다. 소비자들에게 네트워크 가치는 동일하다. p는 상품의 가격이다.

소비자가 상품을 구입할 때 상품에 대한 네트워크가 완성된 것이 아니다. 즉 앞으로도 상품을 구입할 사람이 계속 있으므로 정확한 네트워크의 크기를 알 수 없다. 따라서 소비자는 미래 어느 시점에서 완성될 네트워크 크기를 예측해야 한다. 따라서 식 (1)에서 v(x)는 x에 대한 예측치, x^e로 바꿔서 $v(x^e)$로 써야 한다. Katz and Shapiro(1985)는 소비자의 현재 선택과 그 선택에 영향을 미치는 미래 네트워크 크기 사이의 시간괴리를 해결하기 위해서 완전한 예측(perfect foresight)을 가정한다. 즉, 현재의 기대가 합리적이어서 현재시점에서 행한 미래에 대한 예측이 미래에 정확히 실현된다는 것이다. 따라서 이 가정과 함께 $v(x) = v(x^e)$로 쓸 수 있다. 이 가정 때문에 Katz and Shapiro는 아래에서 도출되는 균형을 '기대가 이루어진 쿠르노 균형(Fullfilled Expectation Cournot Equilibirum : FECE)'이라고 명명한다.

상품(예컨대, 컴퓨터)의 다른 버전을 파는 A, B 두 기업이 있다고 해보자. A, B 기업의 네트워크 크기가 다르다. A, B 기업은 버전을 업그레이드 하면서 A(또는 B)기업이 B(또는 A)기업의 상품과 호환(compatible)이 되게 할 수도 있고, 비호환(incompatible)이 되게 할 수도 있다. 먼저, A와 B 기업이 호환(compatible)을 선택했다고 해보자. 어떤 균형(FECE)이 도출될까?

A 기업과 B 기업의 상품이 호환이 된다는 것은 두 기업의 네트워크가 합쳐진다는 것이다. 그래서 식 (1)의 네트워크 외부경제 함수가 식 (2)로 변한다는 것을 의미한다.

② $v(z)=v(x^A+x^B)>v(x^A)$ 또는 $v(x^B)$

식 (1)과 식 (2)는 호환의 결과 네트워크 외부경제 효과가 커져서 소비자의 상품에 대한 순가치가 증가한다는 것을 의미한다. 이것은 기존의 상품 구입자에게는 소비자 잉여의 증가를 가져다주고, 또 지금까지 그 상품의 구입을 미루었던 소비자 중에서 순효용의 증가로 상품의 구입으로 마음을 바꾼 소비자들이 늘어나게 된다. 즉, A, B 기업 모두에게 판매증가가 일어난다. 이것은 네트워크 크기가 처음 두 네트워크를 합쳤을 때 보다 더 커진다는 것을 의미하고, 양의 피드백(positive feed back)효과라고 한다. 이러한 사실로부터 호환이 소비자 잉여도 증가시키고, 기업의 판매증가로부터 이익도 증가시키기 때문에 사회후생(social welfare)을 증가시킨다는 것을 알 수 있다.

또, A, B 기업들의 상품이 호환이 된다는 것은 소비자의 입장에서는 A, B 상품의 차이가 현저히 줄어서 동일한 상품으로 인식할 수 있다는 것을 의미한다. 따라서 A, B 두 기업이 네트워크(시장)를 반씩 나누어 가지면서 동일한 양을 판매(생산)하는 대칭적(symmetric) 복점균형이 일어난다. 여기서 주목할 것은, 상품이 호환되기 전에는 A, B 두 기업의 네트워크의 크기가 달랐지만, 호환 후에는 두 기업의 네트워크 크기가 같아졌다는 것이다.

네트워크 크기가 작은 기업이 네트워크 크기 큰 기업을 따라잡은 이유는 식 (2)에서 보는 바와 같이 호환을 통해서 네트워크가 작은 기업이 네트워크가 큰 기업보다 네트워크 크기를 더 늘려서 네트워크 외부경제 가치가 더 증가하기 때문이다. 이것은 네트워크 크기가 큰 기득권을 가진 기업은 호환을 꺼리고, 네트워크 크기가 작은 기업은 호환을 선호한다는 것을 의미한다.

이제, A, B 기업 두 기업이 비호환(incompatibility)을 선택했다고 해보자. 두기업의 상품이 비호환이라는 것은 두 상품이 동일한 용도로 사용될 수 있을지라도 하나를 다른 하나로 대체해서 사용할 수 없기 때문에 소비자에게는 완전히 다른 상품처럼 인식된다. 이런 상황을 Katz 및 Shapiro는 완전 비호환(complete incompatibility)이라고 하였다. 이 상황에서, A, B 기업의 수요, 공급조건을 어떻게 정하느냐에 따라 다양한 균형(multiple equilibria)이 가능하다. 이런 다양한 균형들 중에서 표준화 경쟁에 의미가 있는 한 가지를 소개해 보자.

A, B 기업 상품에 대한 네트워크 크기가 다르고, A, B 기업의 상품이 완전 비호환이라고 해보자. 이 상황에서는 네트워크와 네트워크 사이에 경쟁이 일어난다. 그러면 어떤 조건하에서 하나의 네트워크가 다른 네트워크를 경쟁에서 이겨 하나의 상품으로 표준화가 일어날까? 아니면, 어떤 조건에서 표준화가 일어나지 않을까?

Katz와 Shapiro 모형은 비호환의 상품들 중에서 하나의 상품으로 표준화를 결정짓는 가장 중요한 변수로 네트워크의 가치, v(x)를 든다. 즉, 소비자의 예약가격이 주어졌을 때, 네트워크의 가치가 얼마나 큰지에 따라 한 상품으로 표준화가 될 수도 있고, 표준화가 안 되고 여러 상품이 공존할 수 있다. 예컨대 상품의 네트워크의 가치(v(x))가 네트워크 외부효과가 없을 때 그 상품의 주관적 가치(r)를 훨씬 넘는다면, 비호환 상품들의 시장의 균형은 단 한명의 소비자라도 더 많은 네트워크로 쏠림현상이 일어나 그 상품으로 표준화가 된다. 그러나 네트워크의 가치(v(x))가 그 상품의 예약가격에 비해서 크지 않으면 소비자들 중에서 예약가격이 높은 소비자들은 네트워크의 크기에 관계없이 그 상품을 선택할 것이고 따라서 시장에 여러 기업이 존재하는 균형이 일어날 수 있다. 이런 결과는 특허경주에서 처음에 조금이라도 앞선 기업이 경주에서 승자가 되는 것과 유사점이 있다.

Katz and Shapiro(1985) 모형은 시장지배기업들이 비호환을 선택해서 상품이 서로 비호환이 되는 상황에서, 네트워크 외부경제 때문에(물론 네트워크의 가치에 대한 평가가 높을 때) 한 개 기업의 상품으로 표준화되는 것을 보여 주었다. 그런데, 비슷한 시기에 Farrell and Saloner(1985, 1986)는 Katz and Shapiro가 설정한 상황과는 다른 상황에서 표준화 경쟁에 대한 분석을 하였다. Farrell and Saloner(1985, 1986) 모형은 기술이 급격하게 변화하는 환경에서 기업들은 상품의 기능, 성능, 디자인을 새로운 기술에 맞추어 바꾸어야 하는 상황에 직면해서 이미 설치된 열등한 기술을 새로운 기술로 대체해야 되는 지를 고민하게 되는 경우를 상정하고 있다. 이러한 예는 현실에서 많이 목격된다. 전축과 LP 레코드판이 이미 디지털 CD Player와 CD 디스크로 바뀌었고, 비디오 레코더가 DVD로 바뀌었고, 유선전화가 무선전화로 대체되고 있는 과정이다. 아래에서는 새로 나온 기술을 우월한 기술로, 기존의 기술을 열등한 기술로 언급하면서 모델을 설명한다.

네트워크 효과가 있는 상품을 만드는 A, B 두 개의 기업이 열등한 기술을 우월한 기술(innovation)로 대체하는 결정을 하려고 한다고 해보자. 그런데, 이 우월한 기술의 선택에 따른 이익은 기업 자신의 선택 여부에도 달려있지만 경쟁기업의 선택 여부에도 달려있다. 4절에서 살펴보았던 신기술 선택경쟁과 유사한 상황이다. 기술선택에 따른 이익의 순위는 다음과 같다: 두 기업이 모두 우월한 기술을 선택했을 때의 이익> 두 기업이 모두 열등한 기술에 머물렀을 때의 이익> 두 기업 중 한 기업만 우월한 기술을 선택했을 때의 이익.

기술선택에 따르는 이익의 순위가 신기술선택경쟁의 Reinganum(1981) 모형에서 설정한 것과 Farrell and Saloner(1985) 모형이 설정한 것이 차이가 있다. 즉, Farrell and Saloner 모형에서는 두 기업 중 한 기업만 우월한 기술을 선택했을 때의 이익이 두 기업이 모두 열등한 기술에 머물러 있을 때의 이익보다 작다. 이렇게 되는 이유는 네트워크 외부경제 때문이다. 즉, 두 기업 중에 한 기업만 우월한 기술을 선택하면 이제 각 기업의 네트워크 크기가 줄어들어서 식 (1)의 네트워크 외부경제 함수의 값이 줄어든다. 그 결과 판매량이 줄어들고 두 기업 모두 이익이 줄어들게 된다.

완전정보 하에서 두 기업이 순차적으로 우월한 기술로 전환할 것인가에 대한 결정을 한다면 어떤 균형이 달성되는지 분석해보자. A 기업이 먼저 우월한 기술을 선택했다고 해보자. A 기업이 우월한 기술을 선택했다는 것이 주어졌을 때 B 기업이 따라서 우월한 기술을 선택했을 때의 이익과 열등한 기술을 선택했을 때의 이익을 비교해보면, 네트워크 외부경제 때문에 우월한 기술을 선택했을 때가 이익이 크기 때문에 B는 우월한 기술을 선택한다.

이제, A 기업이 열등한 기술에 머무르는 선택을 했다고 해보자. B는 A와 다른 선택을 하는 것보다 A와 같은 선택을 했을 때 이익이 더 크기 때문에 B는 A와 같이 열등한 기술에 머무르는 선택을 한다. A와 B가 순서를 바꿔도 똑같은 결과가 나온다. 그래서 균형은 (우월한 기술 선택, 우월한 기술 선택)과 (열등한 기술 선택, 열등한 기술 선택)이 나오는 다중균형(multiple equilibria)이 된다.

위의 균형은 편승효과(Bandwagon)를 보여주는 균형이다. 즉, 앞 사람이 한 행동이나 믿음을 그대로 따라하는 것이 이익이 되는 균형이다. 이런 편승효과가 있을 때 먼저 선택을 하는 사람은 나중에 선택하는 사람이 자기를 따라 한다는 것을 안다. 따라서 위에서 A가 먼저 선택을 할 때 B가 자기를 따라 선택을 한다는 것을 알기 때문에 그가 우월한 기술 선택을 하면 (우월한 기술 선택, 우월한 기술 선택) 균형이 나오고, 그가 열등한 기술 선택을 하면 (열등한 기술 선택, 열등한 기술 선택) 균형이 나온다는 것을 안다. 그는 (우월한 기술선택, 우월한 기술 선택) 균형과 (열등한 기술 선택, 열등한 기술) 균형 중에 (우월한 기술선택, 우월한 기술 선택) 균형이 더 높은 이익을 주기 때문에, 우월한 기술을 선택한다. 그 결과 전체적인 균형은 (우월한 기술 선택, 우월한 기술 선택)이 된다. 요약하면, A, B 두 기업이 정보가 완전한 상태에서 우월한 기술이 시장에 나오면 우월한 기술이 열등한 기술을 대체해서 우월한 기술로 표준화되게 된다.

이제 정보구조를 바꿔서 A, B 기업 사이에 개인정보(private information)에 대해서 불완비 정보(incomplete information)와 비대칭 정보가 있다고 해보자. 즉, A와 B 기업 모두 게임 진행과정에서 상대방 기업의 보수를 모르고, 상대방 기업이 우월한 기술로 기술을 대체할지에 대해서도 알 수 없다. 이런 상황 하에서, A와 B 기업 모두 우월한 기술로 바꿀 것인지를 결정할 때 상대방 기업의 선택에 대해서 예측을 해야 한다. A(B) 기업이 우월한 기술을 선택했을 때, B(A) 기업도 같이 우월한 기술을 선택하면 이익이 되지만, 선택하지 않으면 둘 다 손해를 보게 된다. A(B) 기업이 우월한 기술을 선택하지 않았을 때, B(A) 기업이 우월한 기술을 선택하면 둘 다 손해를 보지만, 선택하지 않으면 이익은 변하지 않게 된다. A와 B 모두 상대방이 어떤 선택을 할지에 대한 정보가 없는 상황에서, Farrell 및 Saloner는 A와 B 모두 편승효과(Bandwagon)전략을 사용한다고 가정한다. 즉, 다른 기업이 우월한 기술을 선택하면 나머지 기업도 따라서 우월한 기술을 선택한다.

이와 같은 상황에서, A와 B는 모두 먼저 우월한 기술을 선택했을 때 따르는 위험을 피하려고 상대방 기업이 우월한 기술을 선택하면 따라서 우월한 기술을 선택하는 전략을 선택한다. 즉 모두 후발자 이익을 얻으려고 '기다리는' 전략을 사용한다. 이러한 선택의 결과 아무도 먼저 우월한 기술을 선택하지 않고 열등한 기술에 남아있는(열등한 기술 선택, 열등한 기술 선택) 균형이 전체적인 균형이 된다. 이와 같이 불완전 정보가 있으면 우월한 기술이 시장에 나왔을 때에도 기업들이 열등한 기술에 머물면서 우월한 기술로 표준화가 되지 않는 균형이 일어날 수 있는데, 이런 균형을 '지나친 관성의 균형(Excess inertia equilibrium)'이라고 한다.

마지막으로, 새로운 기술이 시장에 나왔을 때 새로운 기술을 먼저 선택한 사람이 표준화를 선점하는 이익 때문에 나중에 선택한 사람보다 기술 선택의 이익이 크다고 해보자. 그러나 사회후생의 관점에서 보면 새로운 기술로 표준화되는 것보다 기존의 표준화 기술로 남아 있는 것이 파레토 우위가 있다고 해보자. 이러한 상황에서 기업들이 표준화 선점을 위한 경쟁이 기존의 열등한 기술을 새로운 기술로 대체할 수 있다. 이런 균형을 지나친 쏠림의 균형(Excess momentum equilibrium)'이라고 한다.

Farrell 및 Saloner(1985, 1986) 모형 이후에 Katz and Shapiro(1986, 1992), Cabral(1990), Choi(1996), Choi and Thum(1998) 등이 새로운 기술과 연관된 다양한 조건(예, 보완재, 시장구조, 연결도구(converters) 등등)의 변화와 함께 표준화 경쟁 균형이 어떻게 변화하는지를 분석하였다. 큰 틀에서 보면 다양한 모형의 분석결과도 위에서 설명한 내용에서 크게 벗어나지 않는다.

■ 참고문헌

Reinganum, "Innovation and Industrial Evolution," Quarterly Journal of Economics, vol. 99, 1985, pp. 81-99.

Reinganum, "Dynamic Game of Innovation," Journal of Economic Theory, vol. 25, 1981, pp. 21-41.

Gilbert and Newbery, "Preemptive Patenting and Persistence of Monopoly," American Economic Review, vol. 72, 1982, pp. 514-526.

Harris and Vickers, "Perfect Equilibrium in a Model of a Race," Review of Economic Studies, vol. 54, 1985, pp. 1-21.

Grossman and Shapiro, "Dynamic R&D Competition," Economic Journal, vol. 97, 1987, pp. 372-387.

Fudenberg et al. "Preemption, Leapfrogging and competition in Patent Race," Europian Economic Review, vol. 22, 1983, pp. 3-31

Mansfield, "Industrial Research and Technological Innovation," Norton, 1968.

David, "A Contribution to the Theory of Diffusion," CREGRM, no. 71, Stanford University, 1969.

Davis, "The Diffusion of Process Innovation," Cambridge University, 1979.

Fudenberg and Tirole, "Preemption and Rent Equalization in the Adoption of New Technology," Review of Economic Studies, vol. 22, 1985, pp. 383-401.

Farrell and Saloner, "Standardization, Compatibility and Innovation," Rand Journal of Economics, vol. 16, 1985, pp. 70-83.

Farrell and Saloner, "Standardization and Variety," Economic Letters, vol. 20, 1986, pp. 71-74.

Laffont, Rey and Tirole "Network Competition : Overview and Non Discriminatory Pricing," Rand Journal of Economics, vol. 29, 1998, pp. 1-37.

Katz and Shapiro, "On the Licensing of Innovations," Rand Journal of Economics, vol. 16, 1985, 504-520.

Katz and Shapiro, "Technology Adoption in the Presence of Network Externalities," Journal of Political Economics, 1986, pp. 822-841.

III

Macroeconomics

거시경제

| 김 성 훈 |

8장 경제성장과 경기변동

1. 개관 – 더 잘 살게 된다는 것의 의미

한국전쟁 이후 우리경제는 매우 빠른 성장을 이뤄왔다. 우리 세대는 앞선 세대에 비해 더 많은 음식을 먹고, 더 좋은 옷을 입고, 더 좋은 집에 살 뿐만 아니라, 더 많은 영화를 보고, 더 많은 곳을 여행할 수 있게 되었다. 우리 사회가 두어 세대 사이에 경험한 이러한 변화는 정말 극적이다.

한국전쟁이 끝난 이듬해인 1954년, 우리나라의 1인당 국내총생산(GDP)은 3천원에 불과했다.[1] 사람들은 만든 만큼 버니까, 1954년 한 해 동안 우리나라 안에 사는 사람들의 평균 소득이 3천원이었다는 말이다. 그런데 이 값이 2016년에 오면 3천 2백만원으로 늘어난다. 1만배 이상 커진 것이다. 그렇다고 실제로 우리가 1만배 더 잘 살아졌다고 말할 순 없다. 그 사이 물가도 아주 많이 상승했기 때문이다. 실제로 우리가 얼마나 더 잘 살게 되었는지 보려면 물가상승으로 인해 커져 보이는 부분은 제외시켜야 한다.

지난 60여 년간 물가가 얼마나 올랐는지 쉽게 가늠해 보려면 우리가 일상에서 늘 소비하는 상품들의 가격이 얼마나 바뀌었는지를 비교해 보면 된다. 1954년 당시 서울에선 20kg짜리 쌀 1포대가 84.7원에, 쇠고기 1근이 28.8원에 팔렸다고 한다.[2] 동일한 무게의 쌀 1포대가 지금은 3만원대 초중반에 판매되고, 한우 쇠고기 1근의 가격 역시 3만원 내외이므로 쌀값만 보면 적어도 350배는 오른 셈이고 쇠고기값만 보면 적어도 700배 가량 오른 셈이 된다.

1) 국내총생산(GDP; Gross Domestic Product)이란, 일정기간 동안 한 나라 안에서 생산된 모든 최종 재화와 서비스의 시장가치를 합한 것이다. 누군가의 생산은 누군가의 소비가 되고 누군가의 소비는 누군가의 소득이 되므로, 1인당 국내총생산은 한 나라 안에 사는 사람들의 평균 소득으로 생각할 수 있다.

2) 이들 상품의 가격 자료는 통계청 국가통계포털의 '과거중지통계 / 대한민국통계연감 / 9개도시주요상품소매가격'을 기초로 하였으며, 당시의 화폐 단위 '환'으로 표기된 것을 1962년 화폐개혁 때의 액면가치 전환율(10환→1원)에 따라 조정한 것이다.

화폐개혁에 따른 명목단위 조정 방식

한국은 두 차례의 화폐개혁으로 인해 화폐액면가치의 조정이 이뤄졌다. 한국전쟁 중이던 1953년 2월(100圓→1환)과 5·16 군사쿠데타 이듬 해인 1962년 6월 (10환→1원)이 그것이다. 따라서, 1945년 해방 당시의 100圓은 현재 화폐 단위로 환산할 경우 0.1원(100圓→1환→0.1원)에 해당한다. 1954년은 1953년 1차 화폐개혁과 1962년 2차 화폐개혁 사이에 있었으므로 20kg짜리 쌀 1포대도 당시로선 847환에 거래되었다. 본문에선 이를 지금의 화폐단위로 액면가치를 조정하여 논의하고 있다.

이제 과거(1954년)와 현재(2016년)의 소득을 각각 해당 시점의 가격으로 나눠 보면 각 시점에서 살 수 있는 상품의 양을 얻을 수 있는데, 그 양이 두 시점 사이에 얼마나 달라졌는가를 보면 실질적으로 우리가 얼마나 더 벌게 되었는지 알 수 있다. 1954년의 1인당 국내총생산이 3천원이었으니 이를 당시에 살 수 있었던 쌀의 양으로 환산하면 20kg짜리 35포대에 해당하고 쇠고기로 환산하면 쇠고기 100근에 해당한다. 이에 반해 2016년의 1인당 국내총생산은 3천 2백만원이니까 쌀로 따지면 1000포대, 쇠고기로 따지면 1000근을 거뜬히 사고도 남는 수준이다. 결국 현재를 살고 있는 우리는 60여년 앞선 세대에 비해 쌀로 계산하면 30배 더 잘 먹고 살게 된 셈이고, 쇠고기로 계산해도 최소 10배는 더 잘 먹고 살게 된 셈이다.

물론 우리가 쌀과 쇠고기로만 사는 건 아니다. 우리는 일상에서 훨씬 많은 종류의 상품을 사용한다. 이렇게 상품의 종류를 100가지, 1000가지, 혹은 10,000 가지로 넓혀 가면서 두 시점 사이의 가격을 비교해 보면 우리는 한 나라 경제의 전반적인 가격의 수준이 얼마나 바뀌었는지, 그리고 그 경제는 실질적으로 얼마나 성장했는지 더 정확히 알 수 있다. 이런 식으로 여러 상품의 가격을 거래량만큼 가중평균해서 구한 전반적인 가격의 수준을 '물가'라고 부른다. 소비자들이 많이 쓰는 물건을 대상으로 하면 '소비자물가'가 되고, 생산자들이 많이 쓰는 중간재를 대상으로 하면 '생산자물가'가 된다. 또 국내에서 생산되는 모든 상품을 대상으로 물가를 구할 수 있는데, 이렇게 구한 물가를 GDP 디플레이터(GDP deflator)라고 부른다. 명목상 국내총생산 중 물가상승으로 인해 부풀려진 부분을 없애주는 데 사용되기 때문에 이런 이름이 붙었다.

1954~2016년 사이 우리 경제의 물가는 335배 올랐다(GDP 디플레이터 기준). 1954년의 물가수준을 1이라고 하면 2016년의 물가수준은 335가 된다. 따라서 2016년의 1인당 국내총생산인 3천 2백만 원을 1954년의 화폐가치로 표현하면 9만 5천원이 조금 넘는 셈이다(3천 2백만 원÷335≈9만 5천원). 여기서 2016년의 시장가격으로 계산된 3천 2백만 원을 2016년 '명목 국내총생산'이라고 하고, 1954년의 화폐가치로 계산된 2016년의 소득 9만 5천원은 1954년을 기준연도로 하는 2016년의 '실질 국내총생산'이라고 부른다. 이렇게 실질 국내총생산은 명목 국내총생산 중 물가상승으로 인해 부풀려진 부분을 없애주면 찾을 수 있다(실질 국내총생산=명목 국내총생산÷GDP 디플레이터). 일반적으로 명목가치와 실질가치의 관계는 이렇게 쓸 수 있다:

$$\text{실질가치} = \frac{\text{명목가치}}{\text{물가}}$$

결국 1954년 1인당 3천원의 소득이 2016년엔 9만 5천원으로 늘어났으니 우리는 지난 60여 년 동안 32배 가량 더 잘 살게 된 셈이다. 흥미롭게도 위에서 쌀 한 종류만 가지고 우리가 얼마나 더 잘 먹고 살게 되었는지를 보았을 때와 매우 비슷한 결과다. 쌀이 갖고 있는 대표성의 이유야 어쨌든, 우리경제가 한국전쟁 이후 30배가량 잘 살게 된 것만은 분명해 보인다.

누가 누구보다 30배 더 잘 산다는 건 매우 큰 차이이다. 어떤 차이인지 어렴풋이라도 느껴 보려면, 지금 한 달에 15만원의 수입으로 생존해야 하는 사람과 500만원으로 생활하는 사람을 떠올려 보라. 아침에 눈을 뜨면 보이는 세상의 모습이 서로 다른 것은 물론이고, 눈을 감으면 꾸는 꿈의 형상까지도 어쩌면 다를지도 모르겠다. 당신보다 두 세대 앞서 태어난 이들과 당신의 삶의 차이가 아마 그와 비슷할 것이다. 아니 그보다 더 클 지도 모르겠다. 잔혹한 전쟁에서 겨우 살아남은 사람들의 삶을 "살림살이가 지금의 30분의 1"이라는 말로 제대로 헤아리긴 힘들 테니까 말이다.

더 잘 살게 된다는 것의 의미를 헤아리는 일은 어렵다. 우리의 삶이 숫자로 표현할 수 있는 것보다 훨씬 더 구체적이기 때문이다. 그러나 더 잘 살게 된다는 것의 "경제학적" 의미, 즉 경제성장의 의미를 잘 이해하고 성장의 주요특징들을 숫자로 표현해 낼 수 있다면 우리는 분명 숫자의 이면에 있는 (나와 타인의) 삶과 역사에 대해서도 더 잘 상상할 수 있게 될 것이다.

이제 경제성장의 기본적인 의미부터 시작해서 주요특징들까지 차근차근 살펴보자. 이 장을 다 읽고 난 후에는 어떻게 한 나라의 경제가 성장하는지, 왜 어떤 나라는 다른 나라보다 가난한지에 대해 이해할 수 있게 될 것이다. 그리고 선진국이든 후진국이든 늘 양(+)의 성장만 할 수 있는 것은 아니라는 사실과, 우리경제의 경우 과거 외환위기만큼 극적이진 않더라도 어느 순간 침체와 불황에 빠질 수 있는 가능성은 항상 잠재되어 있다는 사실도 깨닫게 될 것이다.

2. 우리는 얼마나 빠르게 잘 살게 되었나?

지금 우리가 과거 어느 시점에 비해 잘 살고 있는지, 그렇다면 얼마나 더 잘 살고 있는지 알기 위해선 두 시점 사이의 명목소득이 아닌, 물가의 변화를 고려한 실질소득의 차이로 따져야 한다는 걸 보았다. 아주 먼 과거와 현재를 비교할 때뿐만이 아니다. 지난해에 비해 올해 우리 경제가 얼마나 더 커졌는지 볼 때도 마찬가지고, 지난달과 이번 달의 우리의 살림살이를 비교할 때도 마찬가지다.

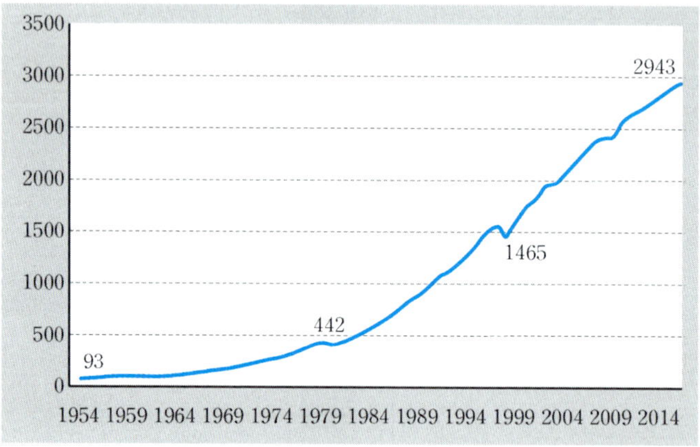

〈그림 8-1〉 한국의 1인당 실질 국내총생산(단위: 만원, 2010년 불변가격)

〈그림 8-1〉은 1954년부터 2016년까지 매년 우리나라의 1인당 실질 국내총생산이 어떠했는지를 나타낸다. 다만 물가상승률을 조정해서 실질 국내총생산을 구할 때 기준연도로 삼은 해가 1954년이 아니라 2010년이라는 점에 유의해야 한다. 즉, 2010년 물가를 1로 해서 실질 국내총생산을 계산한 것이다. 이렇게 2010년 화폐가치를 기준으로 삼으면, 1954년 1인당 실

질 국내총생산은 93만원이 된다. 마찬가지로 2016년 3천 2백만원은 2010년 화폐가치로 2943만원이다. 1954년부터 2016년 사이에 있는 모든 해들의 실질 국내총생산도 동일한 방식의 물가조정을 통해 구할 수 있다. 예를 들어, 2010년 화폐가치로 우리나라의 1인당 실질 국내총생산은 1979년엔 442만원, 1998년엔 1465만원이었다.

이렇게 실질 국내총생산을 구하고 나면 어떤 나라의 경제가 한 해 한 해 얼마나 성장했는지의 크기를 잴 수 있다. 그러나 이 때 한 나라의 경제가 100원 만큼 성장했다고 말하는 것만으로는 부족하다. 100원에서 200원으로 100원 늘어날 때와 1000원에서 1100원으로 100원 늘어날 때 그 증가액 자체는 똑같이 100원이라 하더라도 그 100원이 삶의 변화에 미치는 영향은 매우 다르기 때문이다. 그래서 우리는 대개 증감액보다는 증감율을 이용하여 경제성장의 크기를 잰다.

경제성장률을 재는 방법은 쉽다. 지난해와 올해 사이의 경제성장률은 지난해와 올해의 실질 국내총생산의 차이를 그냥 지난해 실질 국내총생산으로 나누면 된다:

> 올해의 경제성장률=(올해의 실질 국내총생산 − 지난해의 실질 국내총생산)
> ÷ 지난해의 실질 국내총생산

이제 기호를 사용해서 조금 더 일반화시켜보자. 올해를 t라고 하면, 지난해는 $t-1$로 표현할 수 있다. 그리고 실질 국내총생산을 Y라고 쓰면, 올해 실질 국내총생산과 지난해의 실질 국내총생산은 각각 Y_t와 Y_{t-1}로 나타낼 수 있다. 그러면 전년 대비 올해의 경제성장률($g_{t-1,t}$)은 다음과 같이 쓸 수 있다:

$$g_{t-1,\,t} = \frac{Y_t - Y_{t-1}}{Y_{t-1}}.$$

이러한 정의는 두 시점 $t-1$과 t 사이의 성장률에 대해 일반적으로 사용할 수 있다. 예를 들어, t를 2001년으로 생각하면, 2000년 대비 2001년의 경제성장률은

$$g_{2000,\,2001} = \frac{1813\text{만원} - 1749\text{만원}}{1749\text{만원}} = 0.037$$

처럼 찾을 수 있다. 물론 여기에 100을 곱해 3.7%라고 쓰기도 한다. 한국경제가 2001년(1인당)에 3.7% 성장했다고 말할 때처럼 말이다.

그리고 이렇게 매해마다 경제성장률을 찾고 나면, 우리는 중장기에 걸친 경제성장 속도의 변화도 쉽게 볼 수 있다. 예컨대 1970년대 경제성장 속도와 2000년대에 들어 선 후 경제성장 속도 사이에 어떤 변화가 있는지 보고 싶다면, 1970~1979년 기간의 연간 성장률과 2000~2016년 기간의 연간 성장률을 각각 평균하여 비교해 볼 수 있다. 1인 기준으로 우리경제는 1970년대엔 연평균 8.6%씩, 2000년대는 연평균 3.6%씩 성장해 왔다. 시평을 더욱 넓혀서 보면, 한국전쟁 이후 지금까지 연평균 5.8%의 속도로 성장해 온 것이다.

3. 경제성장의 특징 : 2%와 3%의 차이

앞서 본 그림에는 한 가지 재미있는 경제성장의 특징이 담겨 있다. 1인당 GDP 수준이 처음엔 조금씩 커지는 것처럼 보이다가 점차 가팔라지며 볼록한 형태의 성장 곡선을 만든다는 것이다. 이러한 성장 패턴은 새로운 성장

이 항상 과거의 성장 위에 만들어지고 그 효과는 누적되기 때문에 나타나는 현상이다. 이자에 이자가 또 붙는 것처럼 국가경제의 성장도 성장 위에 성장하는 복리 방식으로 이뤄진다.

예를 들어, 매년 10%씩 성장하는 어떤 경제를 상상해 보자. 지금 만약 이 나라의 GDP가 1억 달러라고 한다면, 20년 뒤엔 얼마일까? 얼핏 생각해서, 매년 10%씩 커지므로 20년 동안 200% 만큼 더 커질 것이고 따라서 20년 뒤 이 나라의 GDP는 $(1+0.1\times20)$억 달러, 즉 3억 달러에 이를 것으로 예상할 수 있다. 그러나 이는 성장 위에 성장이 이뤄지는 효과를 간과한 결과다. 내년엔 지금 보다 10% 커져 $(1+0.1)$억 달러가 되고, 그 이듬 해엔 $(1+0.1)$억 달러에서 10% 성장하므로 $(1+0.1)\times(1+0.1)$억 달러가 된다. 또 그 이듬 해엔 $(1+0.1)\times(1+0.1)\times(1+0.1)$억 달러로 커지므로 결국 지금으로부터 20년 뒤엔 $(1+0.1)^{20}=6.73$억 달러의 수준에 이르게 된다. 이처럼 어떤 양이 일정한 성장률씩 커지면서 성장의 효과가 누적되는 과정을 '지수적 성장(exponential growth)'이라고 한다. 〈그림 8-2〉에서처럼 동전이 차근차근 쌓여가듯이 말이다.

〈그림 8-2〉 지수적 성장(exponential growth)

경제성장의 이러한 특징은 현실적으로 매우 중요한 의미를 갖는다. 첫째, 어떤 두 나라 간에 성장률은 동일하지만 최초의 소득 수준이 달랐다면, 두 나라 간의 절대적 소득 격차는 갈수록 커지게 된다. 예를 들어 100에서 시작한 나라가 10% 성장하면 110이 되지만, 1,000에서 시작한 나라는 1,100이 된다. 처음 900이었던 두 나라의 격차가 990으로 커진 셈이다. 다시 말해, 두 나라 간 소득의 절대적 격차도 경제성장률만큼 매년 10%씩 커진다는 것이다. 이는 과거의 차이 위에 새로운 차이가 만들어지고 그 효과는 누적되기 때문이다.

지수적 성장의 특징이 내포한 두 번째 함의는, 최초의 소득 수준이 같았다 하더라도 작은 성장률의 차이가 여러 해에 걸쳐 지속되면 매우 큰 차이를 빚을 수 있다는 점이다. 오늘날 선진국으로 분류되는 나라들은 대부분 1800년대 초에 산업혁명을 경험한 후 지금까지 200여년에 걸쳐 상당히 지속적인 성장을 해 온 곳들이다. 이를 보기 위해 1810년 당시 1인당 GDP가 1,000달러로 동일한 네 나라가 있었다고 해보자. 그러나 이들 네 나라가 각각 연간 0%, 1%, 2%, 3%씩 200년간 성장한다면, 2010년에 이들 나라의 1인당 소득은 어떻게 될까?

성장률이 연간 0%인 나라는 물론 2010년에도 그대로 $1,000에 머물 것이다. 반면 1%씩이라도 매년 꾸준히 성장한 나라는 2010년에 $7,300, 2%씩 성장한 나라는 $52,500에 이르고, 3%씩 성장한 나라는 무려 $370,000에 육박한다. 이 중 2%씩 성장한 결과로 얻은 $52,500은 대략 2010년 미국의 1인당 GDP인 $46,600에 비교적 가깝다. 이처럼 간단한 수리계산으로부터 우리는 미국이 독립전쟁 이후 연평균 2%에 가까운 성장을 꾸준히 지속해 왔으리라 미루어 짐작할 수 있다. 미국의 경제발전사를 제대로 몰라도 말이다.

그러나 3%씩 200년간 성장하면 다다를 수 있는 $370,000 수준의 1인당 소득을 가진 나라는 지금까지 지구 상에 존재한 적이 없다. 세계 최고의 소득을 자랑하는 카타르가 2010년 14만 달러였으며, 이어 2위와 3위를 차지하는 룩셈부르크와 노르웨이는 각각 10만 달러와 9만 달러를 조금씩 넘는 정도였다. 특히 나라 간 물가의 차이를 반영해 구매력평가로 조정하면 비교적 물가가 비싼 이들 나라의 1인당 소득은 그 보다도 작다. 연평균 3%에 가까운 성장을 200년간 지속한다는 것이 이론적으로 불가능하다고 할 수는 없지만, 인류의 역사에서 그런 성장이 이뤄졌던 곳은 없었다.

이처럼 200년간 연평균 2%의 지속적 성장이 아주 드물지만 그래도 가능했던 현실이라면, 3%는 한 번도 가본 적 없는 꿈의 영역이다. 비록 처음 2%와 3%의 차이는 작아 보이지만, 시간이 흐르면 이 둘 사이의 차이는 서로 다른 우주에 속하는 것 만큼이나 크다.

4. 경제는 어떻게 성장하나?

연평균 3% 성장률을 200년 동안 지속하는 것은 불가능할지 몰라도 50년 동안은 가능하다. 적어도 지금까지는 그렇다. 말레이시아와 태국처럼 연평균 4%대 성장률을 50여년 간 지속해 온 나라들도 있고, 심지어 연평균 5%대 성장률을 50여년 간 지속해 온 나라들도 있다. 한국, 대만, 싱가폴 등이 여기에 속한다. 이들 나라들은 앞서 산업혁명을 경험한 나라들, 이른바 선진국들이 걸어 간 성장 경로를 뒤따라가면서 시행착오를 줄일 수 있었고 그 덕분에 선진국들보다 더 빠르게 성장할 수 있었다. 이러한 성장을 '따라잡기 성장'(catch-up growth)이라고 한다. 지금은 중국과 인도 등 새로운 신흥국들이 따라잡기 성장의 대열에 올라 있다.

그렇다고 따라잡기 성장이 당연한 것은 아니다. 따라잡기 성장을 경험한 나라들이 오히려 예외적이라고 할 만큼 소수다. 물론 지난 50여 년 동안 많은 나라들이 연평균 1~3% 사이에서 지속적인 성장을 이뤄왔던 건 사실이다. 그러나 기존의 대부분 선진국들도 같은 기간 2~3% 사이에서 지속적인 성장을 유지해 왔다. 우리가 앞서 본 것처럼, 두 나라 사이에 성장률이 비슷하다면 결코 초기 소득 수준의 차이를 줄이지 못한다. 시간이 얼마나 걸리든 따라잡기 성장이 가능하려면 선진국에 비해 조금이라도 더 높은 성장률을 유지해야 한다. 그런 면에서 지난 50년 한국의 경험은 매우 예외적인 일이다.

그럼 앞으로 50년은 어떨까? 우리는 미국과 유럽 선진국들의 소득 수준에 제법 '근접한' 나라가 아니라 완전히 '앞지르는' 나라가 될 수 있을까?

이 질문에 대한 답을 알아가기 위해 먼저 왜 어떤 나라가 다른 나라보다 잘 사는지부터 생각해 보자. 사실 이유는 간단하다. 어떤 나라의 1인당 생산성이 다른 나라보다 높기 때문이다. 그렇다면 1인당 생산성의 차이는 어디서 오는 걸까? 경제학자들은 대략 세 가지를 꼽는다. 인적자본의 차이, 물적자본의 차이, 그리고 기술의 차이다.

인적자본이란 사람의 몸 속에 축적된, 생산에 필요한 역량을 의미한다. 그러한 역량은 교육을 통해서 축적될 수도 있고, 생산현장에서의 경험을 통해 쌓일 수도 있다. 글을 읽고 쓸 수 있는 능력은 인적자본의 한 가지 예다. 글을 배우는 데는 시간, 돈, 노력 등의 투자가 요구되지만, 이런 것들이 쌓여 글을 읽고 쓸 수 있게 되면, 그렇지 못한 경우보다 더 생산적인 노동력을 갖게 된다. 모국어 학습의 목적이 생산성 향상 때문이라는 말에 선뜻 동의하기 힘들다면, 영어와 같은 외국어를 생각해보라. 외국어를 배우기 위해 수년 간 학원을 다니거나 어학연수를 다녀오는 등의 중장기 투자를 순전히 놀이와 취미로 생각하는 사람은 드물다. 외국어 능력이라는 형태의 인적자본을 자신의 몸 안에 쌓기 위해 노력하는 이유는, 외국어 능력이 더 높은 생산성을 발휘하는데 도움이 되고 그래서 더 높은 소득을 가져다 주기 때문이다. 대학에 진학하고, 인턴십을 하는 까닭도 모두 마찬가지다. 어떤 나라나 사람이 더 좋은 인적자본을 축적하고 있으면 같은 시간을 일하고도 더 많이 생산할 수 있다.

물적자본이란 사람의 몸 밖에 있는 쓸모 있는 물건들, 즉 기계나 구조물 등의 물리적 형태로 축적되어 생산에 사용되는 모든 재화를 말한다. 간단한 스크루 드라이버부터 거대한 크레인까지, 종이와 연필부터 노트북까지, 사무실과 그 안의 집기부터 아파트까지, 손수레부터 도로나 유조선에 이르기까지 생산에 직간접적으로 사용되는 모든 형태의 재화가 물적자본에 해당한다. 물론 이들의 형태와 구체적 쓰임은 제각각 다르지만 시장 가치를 기준으로 모두 합하면 전체 물적자본의 크기를 구할 수 있다. 어떤 나라가 더 많은 물적자본을 축적하고 있으면 한 사람당 더 많은 장비와 더 좋은 시설을 이용해 일할 수 있으므로 그 나라의 생산성도 더 높아진다.

그러나 동일한 양의 인적자본과 물적자본을 투입해도 생산량은 달라질 수 있다. 기술의 차이 때문이다. 여기서 기술이란 인적자본과 물적자본을 생산에 활용하고 조직하는 일체의 과정을 일컫는다. 경제학자들이 생각하는 기술의 범위는 넓다. 새로운 제조 기술, 예를 들어, 곰팡이에서 항생제를 추출해 내는 지식의 형태부터, 누가 어떤 사안에 대해 얼마만큼의 결정권을 갖는가를 지정하는 기업 내부의 의사결정구조까지 다양하다. 심지어 악수하는 방법도 영업직무에선 생산성의 차이를 낳는 하나의 기술이 될 수 있고, 퇴근 후 회식 문화처럼 어떤 기업이 내부 구성원에게 요구하는 행동양식도 그 기업의 생산성에 영향을 미치는 기술의 영역에 속한다. 인적자본과 물적자본의 양이 주어진 상태에서 더 좋은 기술이 있으면 더 많이 생산할 수 있다.

한 나라의 총생산, 곧 GDP는 그 경제가 생산을 위해 투입하는 인적자본과 물적자본의 양, 그리고 생산에 사용하는 기술수준에 따라 달라진다. 인적자본을 H, 물적자본을 K, 한 경제에서 이용 가능한 기술의 수준을 A로 나타내면 한 나라의 총생산함수는 다음과 같이 쓸 수 있다.

$$Y = A \times F(K, H)$$

여기서 생산함수 $F(\ ,\ )$는 두 생산요소인 물적자본 K와 인적자본 H를 산출물인 Y, 곧 GDP와 연결시켜 준다. Y를 노동자 1인당 GDP라고 생각하면, K는 노동자 한 명이 생산에 사용하는 물적자본의 크기를, H는 노동자 한 명이 갖고 있는 인적자본의 크기를 나타내는 것으로 해석할 수 있다. 한 경제에서 이용 가능한 기술 수준인 A가 커진다는 건 그 사회의 전반적인 기술 발전을 뜻하므로 주어진 두 생산요소 (K, H)로 더 많이 생산할 수 있고 이는 총생산함수의 상향 이동으로 나타난다.

한 나라의 경제가 성장하고 그 나라 사람들의 평균적인 소득이 늘어나는 까닭은 결국 인적자본, 물적자본, 기술 세 가지 중 적어도 하나가 커졌기 때문이다.

이제 앞서 던진 질문으로 되돌아가보자. 향후 50년, 한국은 미국의 소득수준에 제법 '근접한' 나라가 아니라 완전히 '앞지르는' 나라가 될 수 있을까? 한 경제가 성장하는 방법이 생산요소의 투입을 늘이거나 기술의 발전밖에 없다면, 한국이 미국을 앞지르는 길 역시 인적자본을 미국보다 빠르게 늘이거나, 물적자본을 미국보다 빠르게 축적하거나, 기술을 미국보다 빠르게 발전시키는 방법 밖에 없다. 더구나 한 두 해 미국보다 빠르게 성장하는 것만으로는 충분치 못하다. 작은 성장률의 차이라도 매우 **지속적으로** 유지할 수 있어야만 한다.

하나씩 살펴 보자. 우리는 교육강국으로 종종 해외에 소개되고 있다. 그렇다면 교육과 숙련을 통한 인적자본의 축적만으로 지속적인 경제성장이 가능할까? 교육량이 많아지고 교육기간이 늘어나면 인적자본은 더 축적되므로 GDP가 더 커지는 건 맞다. 그러나 교육량과 교육기간이 늘어날수록 교육이 GDP 증가에 추가적으로 기여하는 부분은 줄어든다. 이미 하루 10시간씩 공부하는 사람이 11시간을 채워본다고 해서, 이미 12년 간 학교를 다닌 사람이 13년을 채워본다고 해서, 처음 1시간, 처음 1년을 공부했을 때만큼 그 사람의 인적자본이 축적되지는 않는다. 설사 그렇게 된다고 하더라도, 물적자본이나 기술의 변화가 없다면, 인적자본의 추가 축적분이 생산량 증가에 추가적으로 기여하는 부분은 인적자본의 축적 정도가 클 수록 줄어든다. 마찬가지로, 현장에서 쌓은 숙련의 기여분도 업무연수가 늘어나면 날수록 줄어든다. 이 같은 추가투입과 추가산출 간의 관계를 일컬어 경제학자들은 '한계생산물이 체감(遞減, diminish)한다'고 말한다. 이러한 체감으로 인해 교육과 숙련을 통한 인적자본의 축적만으로는 지속적인 경제성장을 유지할 수 없다. 더구나 이미 극한에 이른 한국의 교육 현실을 고려하면, 교육량과 교육기간을 늘인다고 한국경제의 성장잠재력이 크게 확대되리라 기대하기는 힘들어 보인다.

그렇다고 가계에 저축을 장려하고 기업에 공장을 더 짓도록 투자를 유인하는 것만이 최선은 아니다. 물적자본의 추가적인 기여도 체감하기는 매한가지여서 지금까지 축적해 온 물적자본이 많으면 많을수록 추가적인 물적자본, 즉 투자로부터 생겨나는 GDP의 증가분은 줄어든다. 노동자 한 명이 생산에 사용할 수 있는 기계와 장비가 많아지면 생산량도 많아지는 건 맞지만, 이미 1인당 충분히 많은 기계와 장비를 쓰고 있었다면 늘어나는 생산량도 그다지 커지 않을 것이다. 결국 물적자본을 확대하기 위해 지속적으로 투자한다고 해서 그 경제가 지속적인 경제성장을 유지할 수 있는 건 아니다.

그럼 기술은 어떨까? 기술의 발전에도 한계생산물 체감이란 게 작용할까? 이번에 발견한 새로운 기술은 지난번 발견한 새로운 기술에 비해 생산성 증대 효과가 작아야 할까? 그렇지 않다. 큰 발견과 큰 발명은 큰 대로 새롭고, 작은 발견과 작은 발명은 작은 대로 새롭다. 어느 것이 먼저 이뤄져야 한다는 식의 순차성은 여기에 없다. 혁신과 신기술이 기존의 지식과 질서 위에서 있는 것이라 하더라도 그 효과가 앞선 혁신이나 기술보다 체감해야 하는 건 아니다. 결국 지속적인 기술의 변화가 있을 때만 지속적인 경제성장이 가능하다.

지난 200년간 지속적인 성장을 일궈왔던 미국은 좋은 예다. 철도와 항만 건설 등 물적자본의 기여가 상대적으로 컸던 시기들도 있었고, 2차대전 중 유럽으로부터 고급인력이 유입될 때처럼 인적자본의 기여가 상대적으로 컸던 시기들도 있었지만, 미국 경제의 성장을 지금까지 지속적으로 견인해 온 동력은 지속적인 기술의 발전이다. 더욱 정확한 거시 통계가 가능한 1950년 이후를 보면, 미국은 최근 금융위기 이전까지 연평균 2.5%의 성장률을 보이는데, 이 중 절반이 넘는 1.4%포인트가 기술의 발전에 의한 것이다. 물적자본의 축적을 인한 성장은 0.88% 포인트 가량, 인적자본의 축적으로 인한 성장은 0.22% 포인트에 불과하다. 다시 말해, 현대 미국 경제의 성장 중 6할은 기술의 지속적인 발전으로, 3할은 물적자본의 지속적인 축적으로, 1할은 인적자본의 축적으로 설명할 수 있다는 것이다.

앞으로 50년, 한국은 과연 미국을 따라잡을 수 있을까? 2016년, 물가를 반영해 조정한 두 나라의 1인당 GDP를 보면 66 : 100, 즉, 미국의 1인당 소득을 100이라고 하면, 한국은 그 66%에 해당한다. 미국이 앞으로 50년간 연평균 2%씩 성장을 할 수 있다고 가정하면, 50년 뒤 미국의 1인당 소득은 269, 지금의 2.7배 가량 된다. 한국이 50년 뒤 이 수준에 이르기 위해서는, 즉 지금 66인 소득이 50년 뒤 269가 되기 위해서는 연평균 2.85%씩 50년간 지속적으로 성장해야 한다. 한 마디로, 한국경제가 미국보다 연평균 0.85%포인트 가량 더 높은 성장률을 50년간 유지할 수 있으면 한국과 미국의 1인당 소득은 같아진다.

그런 성장률의 차이를 50년에 걸쳐 지속적으로 유지할 수 있는 방법은 무엇일까? 평균적인 미국인보다 더 많이 배우고, 평균적인 미국인보다 더 많은 장비를 갖추는 것도 필요하지만 그것만으로는 향후 50년 동안 성장률의 우위를 지속할 수 없다. 우리나라 노동자들의 평균적인 인적자본은 이미 미국 노동자들의 90% 수준에 이르고, 물적자본은 88% 수준까지 축적해 왔기 때문이다. 앞으로 50년이 더 흐르기 전에 우리가 1인당 소득에서 미국을 따라잡을 수 있느냐 여부는 우리가 미국보다 연평균 1%포인트 정도 더 빠르게 기술을 발전시켜 나갈 수 있느냐에 달려 있다.

한 경제가 이용 가능한 기술 수준에는 생산에 직접적으로 사용되는 제조기술 뿐만 아니라, 기업조직 내에서의 의사결정구조, 남녀차별 여부와 정도 등 그 사회의 제도적 측면까지 포함된다. 법과 제도 중에는 사람들의 경제활동과 창의적 도전에 도움을 주는 것들이 있는가 하면, 소중한 인적자본인 사람들을 불편하게 만들고 불안하게 흔들며 시간을 낭비하게 하는 것들도 있다. 향후 50년 한국이 미국을 포함한 여타 선진국들보다 더 빠른 기술 혁신을 일궈가는 길은, 실험실 안에서의 지속적인 연구개발과 함께, 자원의 효율적 쓰임을 가로막고 있는 우리 사회 곳곳의 차별과 구분을 줄여가는 것이다. 좋은 법과 제도는 지속적 성장에 절대적으로 필요한, 일종의 전제조건과도 같다.

5. 모든 경제가 성장하는 건 아니다.

지금까지의 논의에서 우리는 양(+)의 경제성장이 당연한 것처럼 얘기해 왔다. 그러나 인류역사에서 경제성장을 당연한 것으로 여기기 시작한 건, 아무리 거슬러 올라가도, 1700년대 후반 영국에서 시작된 산업혁명이 전세계로 퍼져나가기 시작하면서부터다.[3] 그것도 서구문물을 빠르게 받아들인 일본을 제외하면, 1900년대 초까지만 해도 매해 반복적이고 지속적인 경제성장은 유럽과 북미 등 지역적으로 상당히 국한된 현상이었다. 물론 식민지역 내에서도 경제성장이 있었던 건 사실이지만, 당시 지배자의 눈으로 본 식민지란 자신들의 총생산함수에 포함된 좀 특이한 물질 중 하나였고, 피지배자의 눈으로 본 경제성장이란 약탈의 정도가 커지는 것을 의미하는 경우가 많았다. 경제성장이 당연한 것으로 받아들여질 만큼 보편적인 현상으로 자리잡은 건, 제 2 차 세계대전 이후 세계의 많은 나라들이 산업화 과정에 뛰어들면서부터다.

3) 19세기 초 당대 영국의 최고 지성 중 하나였던 토마스 맬더스는 인류가 생존을 위해 필요한 최소한의 1인당 소득수준, 즉 생존수준에 살도록 되어 있다고 주장했다. 1인당 소득의 증가는 출산율의 증가를, 출산율의 증가는 1인당 소득의 감소를, 1인당 소득의 감소는 출산율을 감소를, 출산율의 감소는 1인당 소득의 증가를, 다시 1인당 소득의 증가는 출산율의 증가를 가져오므로 인류의 삶은 항상 생존수준 근처에서 맴돌게 되어 있다는 것이다. 이로부터 추론해 보면, 맬더스가 생각한 경제성장의 정도는, 2~30년에 걸친 출산율 변화 보다 더딘 것이다. 이런 주장이 담긴 책이 출간된 해가 1798년이었으니, 산업혁명의 중심에 있던 영국에서조차 경제성장은 당연한 현상이 아니었다.

그러나 지금도 여전히 모든 나라가 다 성장하는 건 아니고, 또 항상 성장하는 것도 아니다. 마다가스카르, 기니, 콩고민주공화국, 니카라과처럼 지난 50년간 오히려 더 가난해지거나 그대로인 나라들도 있다. 이들의 정체와 퇴보를 낳은 건 지역이나 종족 간 분쟁처럼 제각기 다른 이유들도 있지만, 그런 구체적인 이유들을 가로지르는 공통된 무언가가 있을 수 있다. 어떤 사람들은 저개발의 함정에서 빠져나오지 못하는 이들 나라들이 대부분 열대지역에 있다는 사실에 주목하고, 지리적 특징을 경제발전을 가로막는 근본적인 원인으로 보기도 한다. 전세계 나라들의 1인당 소득 지도를 담은 〈그림 8-3〉은 실제로 열대지방에 가난한 나라들이 많이 몰려 있음을 보여준다.

그렇다면 지리적 특징이 어떻게 교육과 투자를 가로막고 인적자본과 물적자본이 지속적으로 축적되어 가는 걸 방해할 수 있다는 걸까? 여기에는 또 여러 가지 설명이 있을 수 있는데, 열대 기후가 열심히 일하려는 노력을 감소시킨다는 시각부터 말라리아와 뎅기열과 같은 전염병이 인적자본의 축적을 막기 때문이라는 설명까지 다양하다. 세계가 모두 다 발전하지 못하는

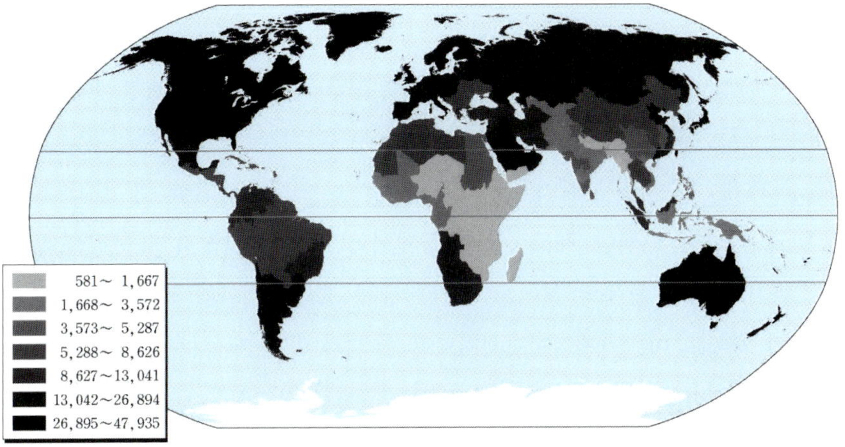

〈그림 8-3〉 1인당 소득 지도(2009년 1인당 GDP, PPP 조정 달러)

이유가 지리적 특성 때문이라는 설명은, 어떤 나라의 저개발은 피할 수 없는 숙명임을 암시한다.

종교관과 같은 한 사회의 주류가 믿는 신념에서의 차이가 경제발전의 차이를 낳는다고 보는 시각도 있다. 여기에도 다양한 설명들이 있는데 이들을 통틀어 문화가설이라고 한다. 예를 들어, 근면과 성실을 강조하는 초기 개신교에서 서유럽식 자본주의의 발전 원인을 찾고, 일본, 한국, 중국, 대만 등이 역사적으로 공유하고 있던 유교 문화권의 특징으로부터 정부주도형 자본주의의 발전 원인을 찾으려는 노력 등이 문화가설에 속한다. 문화가설 역시 과거 조상들에 의해 이미 결정되고 물려받은 종교적 신념을 경제발전의 근본적인 원인으로 꼽는다는 점에서, 지리가설만큼은 아니더라도, 발전이냐 정체냐가 숙명적으로 결정되어 있음을 암시한다. 그러나 과연 그럴까?

우리나라 사례는 지리가설과 문화가설 둘 다 잘못된 것임을 보여주는 가장 대표적인 예다. 남한과 북한은 동일한 기후와 지리, 역사와 언어는 물론, 분단 이전까지 종교적 신념의 인구구성까지도 거의 같았다. 그러나 두 지역간 동일성에도 불구하고, 지금 남한은 북한보다 1인당 GDP를 기준으로 최소 20배는 더 잘 산다. 처음 분단을 강요받은 1947년 시점에서 보자면 두 지역은 그냥 북위 38도선 위쪽이냐 아래쪽이냐의 차이였을 뿐인데도 말이다. 도대체 무슨 일이 벌어진 것일까? 우리는 이미 그 답을 잘 알고 있다. 남한과 북한이 선택한 제도, 특히 경제제도가 서로 달랐기 때문임을 말이다. 과거 서독과 동독의 차이도 마찬가지고, 오스트리아와 과거 체코슬로바키아의 차이도 마찬가지다. 경제제도란 한 사회의 경제적 거래에 관한 규칙들로 이뤄진다. 그리고 그 규칙들은 사람들이 의사결정을 내릴 때 고려해야 할 제약과 유인, 곧 인센티브에 영향을 미침으로써 사람들의 행동을 형성한다. 경제적 규칙들이 바뀌면 어떤 직업을 가질지, 얼마만큼 일할지, 어디에 얼마만큼 투자할지 등등 가장 바탕이 되는 경제적 의사결정도 바뀌게 된다.

경제성장에 이로운 제도에는 몇 가지 특징이 있다. 가장 중요한 것들 몇 가지를 꼽아 보면, 개인의 재산권을 인정하고, 개인들이 자발적으로 맺은 계약을 보호하며, 새로운 사업과 새로운 직업을 자유롭게 탐험하며 개척할 수 있도록 허용한다는 것이다. 여기서 주의해야 할 것이 있다. 경제적 활동과 거래에 관한 이러한 규칙들도 사법 시스템이 공정하지 않다면 잘 작동하지 않는다는 점이다. 또한 재산권의 범위나 자발적으로 맺는 계약의 범위에 대해 약간의 제한이 있더라도 그것이 모든 이에게 동등하고 공정하게 적용된다면 경제발전에 도움이 될 수도 있다. 아무리 좋은 규칙들도 약속한 대로 작동하지 않는다면 의미 없다. 반칙과 부패는 경제발전에 그만큼 해롭다. 1인당 소득 수준과 법치 수준 사이의 양(+)의 상관관계가 또렷한 건 그런 연유다.

경제발전에서 민주주의의 역할이라든가, 혹은 거꾸로 민주주의의 발전에서 경제발전의 역할에 관한 물음은 또 다른 흥미로운 주제이다. "1인당 소득 5만불짜리 북한이 있다면 그건 싱가폴이다"라는 얘기에서처럼, 경제적 규칙들에 포함된 개인의 자유와 정치적 규칙들로 보장된 개인의 자유가 반드시 일치하는 것은 아니다. 우리나라도 장기간 군사독재 아래 있으면서도 경제발전은 꾸준히 이뤄왔다. 이 외에도 석유부국 등 몇몇 극단적인 예외들이 있지만, 그럼에도 불구하고 전세계적으로 보면 소득 수준과 민주주의의 발달 정도가 매우 긴밀히 연결되어 있음을 알 수 있다.

결국 지속적 경제성장의 토대는, 좋은 경제적 규칙들, 공정한 사법체계, 그리고 민주적 정치질서와 같은 제도에 있다.

6. 경제가 항상 성장하는 건 아니다.

우리는 지금까지 지속적이고 장기적인 추세에 관심을 갖고 경제성장을 이야기해 왔다. 그러나 어떤 나라가 지난 50년, 혹은 100년 간 지속적인 성장을 해 왔다고 해서 항상 올해가 지난해보다 더 나아지는 건 아니다. 어떤 해에는 지난해보다 오히려 적게 만들고 적게 먹을 수 밖에 없을 때도 있다. 1954~2016 기간 우리나라의 1인당 GDP의 성장률을 보여주는 〈그림 8-4〉에 잘 나타나듯 1979년 2차 오일쇼크 때가 그렇고 1998년 외환위기 시절도 그렇다. 또 어떤 해에는 성장을 하긴 했으되 지난해 보다 훨씬 조금 성장한 때도 있다. 1954~2916년 사이의 연간 평균 성장률인 5.8%를 나타내는 굵은선 아래가 바로 평균보다 더디게 성장한 해들이다. 어느 나라나 다 마찬가지다. 이처럼 경제의 성장과정에는, 상승과 하락의 시절, 그리고 빠름과 느림의 시기가 있다. 나라 경제의 성장률이 이렇게 오르내리는 현상을 우리는 '경기변동'이라고 부른다.

과거 농경사회에 풍년과 흉년이 반복되는 건 당연하다. 어떤 해는 적절한

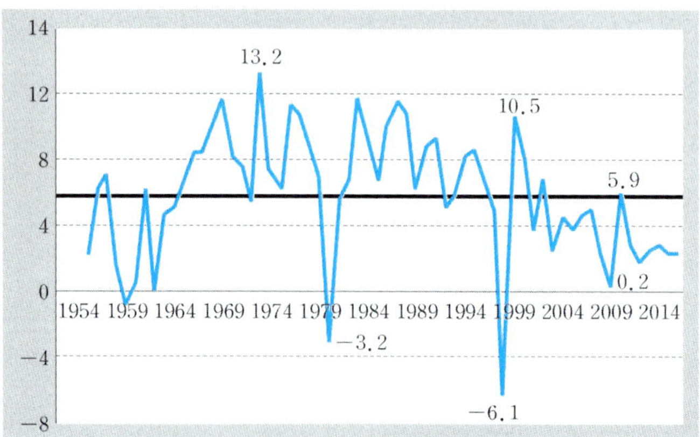

〈그림 8-4〉 한국 1인당 실질 국내총생산의 성장률(단위: 퍼센트, 전년대비)

강수와 충분한 햇빛이, 어떤 해는 극심한 가뭄이나 병충해가 돌기 때문이다. 자연의 변화가 곧 경기변동의 원인인 셈이다. 그러나 오늘날 우리 경제는 강수량이나 일조량의 영향을 거의 받지 않는 산업이 대부분이다. 그런데도 경제 전반에 걸쳐 심각한 부침이 일어나는 건 무슨 까닭일까? 왜 어떤 해는 더 빠르게 성장하고, 또 어떤 해는 일자리를 찾지 못해 고통스러워 하는 사람들이 많아지는 걸까?

7. 경기변동의 원인: 기술의 지그재그 발전?

오랜 기간 동안 많은 경제학자들이 경기변동의 원인을 밝히려고 노력해 왔음에도 불구하고, 누구나 수긍할 만한 설명은 아직 없다. 왜 경제가 오르내림을 경험하는가는 그만큼 논쟁적이고 오래된 질문이다. 그러나 경기변동의 본질을 보는 시각에 따라 가장 인기있는 설명들을 크게 두 가지로 나눠보면, (1) 생산성과 기술의 변화를 강조하는 실질경기순환이론(real business cycle theory)과, (2) 가격의 경직성과 사람들의 심리를 강조하는 케인즈이론(Keynesian theory)을 꼽을 수 있다.

실질경기순환이론은 단기 경기변동을 야기하는 원인과 장기 경제성장을 이끄는 원인이 사실상 같다고 본다. 앞서 본 것처럼 장기적인 경제성장이 생산기술의 지속적 발전과 같은 '실질적인 변화' 덕분에 가능하듯, 단기적인 경기변동 역시 '실질적인 변화'로 인해 발생한다는 설명이다. 실질경기순환이론에 따르면, 생산성 향상과 기술발전의 속도가 빠를 땐 경제성장률이 높아지는데 이를 사람들은 호황이라고 여기고, 생산성향상이 둔화되고 기술발전의 속도가 느려지면 경제성장률도 낮아지는데 이를 사람들은 경기침체로 인식한다는 것이다.

예를 들어, 어떤 기업이 수년간에 걸친 기술개발 끝에 새로운 제품을 내놓았다고 생각해 보자. 이 제품이 시장에서 호평을 받고 잘 팔리게 되면 이 기업은 더 많은 사람들을 고용하고 설비를 확대해 생산량을 늘릴 것이다. 이런 기업들이 상대적으로 많은 해에는 경제전반에 걸쳐 고용이 확대되고 임금은 상승하여 전체 가계소득이 늘어난다. 그렇지 못한 해에는 고용이 둔화하고 임금과 가계소득은 제자리걸음을 하거나 심지어 줄어들 수도 있다.

장기간에 걸친 기술투자와 연구개발로 그 열매를 가져가는 기업들이 많아질 때도 있고, 그렇지 못한 기업들이 더 많아질 때도 있다는 건 당연하다. 기술개발은 여러 해에 걸쳐 이뤄지고, 불확실성이 크며, 도저히 설명할 수 없는 이유, 즉 우연에도 많이 좌우되기 때문이다. 경기변동이란 이렇게 장기적인 경제성장 과정에서 노력과 우연이 결합하며 자연스레 생겨나는 일종의 지그재그 현상이라는 것이 실질경기변동이론의 주장이다.

게다가 실질경기변동이론에서 생각하는 '실질적인 변화'에는 직접적인 기술의 변화만 있는 게 아니다. 산업전반에 걸쳐 사용되는 석유나 기초소재 등을 떠올려 보면 이해하기 쉽다. 유가의 급작스런 상승은 마치 보편적인 생산기술이 갑자기 후퇴해 버린 것과 비슷한 효과를 낸다. 생산기술이 낮으면 생산비용이 더 들어가는 것처럼, 유가가 오르면 거의 모든 산업이 동시에 추가적인 생산비용을 부담하게 되기 때문이다.

실질경기변동이론의 이러한 시각에는 정부의 역할에 대한 상당히 논쟁적인 함의가 들어 있다. 단기 경기변동이 장기 경제성장 과정에서 자연스럽게 떠오르는 현상이라면, 정부가 경기변동을 완화하려 드는 것 자체가 오히려 경제에 해로울 수 있다. 예컨대, 올해 소비와 투자가 평소보다 빠르게 늘어나고 있다고 가정해 보자. 실질경기변동이론의 시각에서 이러한 변화는 경제주체들이 빨라진 생산기술의 발전 속도에 맞춰 합리적으로 소비와 투자를 늘였기 때문인데 이를 중앙은행이 경기과열로 인식하고 금리를 인상하는 등의 긴축정책을 편다면 바보 같은 짓이 될 수 있다는 것이다. 마찬가지로 생산과 고용의 둔화도 기술의 더딘 발전에 따른 기업과 가계의 합리적인 반응일 뿐인데 이를 경기침체로 보고 정부가 경기부양정책을 편다면 오히려 자원의 효율적인 배분을 왜곡해 장기 경제성장을 방해할 수 있다는 논리다.

그러나 성장률이 다소 둔화하는 정도의 경기침체는 그럴 수 있다 하더라도, 실질 GDP가 감소하는 마이너스(−) 성장 상태의 심각한 경기침체를 생산기술의 퇴보 탓으로 돌리기는 쉽지 않다. 강수량의 급감과 같은 자연의 변화가 농경사회의 생산능력에 영향을 미쳐 극심한 흉년을 초래할 수 있다는 설명은 설득력이 있지만, 현대사회에서 우리가 경험하는 경기불황이 그간 우리가 축적하고 기록해 온 지식과 기술의 일부가 갑자기 사라졌기 때문이라는 설명은 설득력이 떨어진다. 특히 한 나라의 경제성장률을 3개월 단위의 분기 데이터를 기준으로 볼 때 관찰되는 격렬한 경기변동을 지식과 기술이 분기 단위로 크게 변하기 때문이라는 설명은 아무래도 수긍하기 어렵다. 예를 들어, 우리나라가 1998년 1분기 때 경험한 −7%의 국내총생산 감소나 2008년 4분기 때 경험한 −3.3%의 국내총생산 감소가 생산기술의 급작스런 후퇴 때문이라고 말하기는 쉽지 않다. 사실 1998년과 2008년은, 기술의 갑작스런 퇴보나 유가의 급상승이 있었던 때라기보다는, 한국경제가 각각 외환위기와 글로벌금융위기의 영향으로 고통받고 있던 시기였다.

8. 경기변동의 원인: 말랑한 마음과 딱딱한 가격?

경기변동을 얘기할 때 거의 빠지지 않고 언급되는 시기가 있다. 미국의 대공황 기간이 그것이다. 1929년부터 1933년 사이 진행된 미국의 대공황으로 전세계가 겪은 고통은 실로 컸다. 이 기간 미국의 GDP는 26% 넘게 줄어 들었고, 주가는 최고점 대비 80% 가까이 폭락하였으며, 대공황 발발 직전 3%에 불과했던 실업률은 25%까지 올라갔다. 역사상 미국 경제가 가장 심하게 쪼그라 들었던 시기이다.

어느날 갑자기 일자리를 잃고 집을 빼앗기고 학교에 가지 못하는 아이들과 스스로 목숨을 끊는 이웃들이 늘어나는, 전쟁 아닌 전쟁을 당시의 사람들은 이해하기 어려웠다. 이런 어려움은 경제학의 흐름 자체를 바꿔놓는 계기가 된다. 영국의 경제학자이면서 주식투자와 예술후원가로도 활동했던 케인즈(John Maynard Keynes)는 대공황이 발발하자 그 원인을 찾고 설명하기 위해 집중한다. 그리고 대공황이 끝나고 얼마지 나지 않은 1936년, 그의 연구결과를 담은 한 권의 책을 출간한다. 그 안에는 이전 경제학에서는 찾아볼 수 없었던 시각과 이론이 담겨 있었다. 그 책에서 다룬 분석대상과 범위는 오늘날 거시경제학의 핵심영역이 된다.

그의 새로운 이론은 두 개의 아이디어에 기초한다. 경제상황이 안 변해도 사람들의 마음은 충동적으로 바뀔 수 있다는 것과, 경제상황이 변해도 가격은 잘 바뀌지 않을 수 있다는 것. 예를 들어, 실제로는 아무일도 없었는데 갑자기 미래가 불투명해 보이며 저축을 더해야겠다고 마음 먹게 되기도 하고, 실제로 기업운영이 힘들어 일부 노동자들이 해고되는 와중에도 운좋게 해고되지 않은 노동자들의 임금은 그대로 유지되기도 한다.

이제 이 둘을 차례차례 합쳐 보자. 미래를 불안하게 느낀 누군가가 저축을 늘이고 소비를 줄이면 다른 누군가의 소득도 그만큼 줄어든다. 소득이 줄어들자 그 사람도 미래를 불안하게 느끼기 시작한다. 불안해지자 소비를 줄여 나가고, 소비를 줄여 나가자 또 다른 누군가의 소득도 줄어들기 시작한다. 거래를 매개로 이처럼 미래에 대한 불안감이 이 사람에서 저 사람으로, 그리고 그 다음 사람으로 계속 전염되어 간다. 물론 이런 불안감은 아주 커지기 전에 자연적으로 치유될 수도 있는데, 미래를 매우 낙관적으로 보는 사람들이 비관적으로 보는 사람들의 지출감소를 완전히 상쇄하고 있다거나 혹은, 실제로 경제전반에 좋은 영향을 미치는 일이 일어난다면 말이다. 그렇지 않고 비관적인 심리가 계속 확산되면, 더 많은 가계들이 소비를 줄여 갈 것이고 그래서 매출감소를 겪게 된 기업들은 결국 고용과 투자를 줄일 것이다. 이렇게 해고와 실업이 늘어나면 가계소득은 줄어들고, 가계소득이 줄어들면 가계는 소비를 더 줄일 수 밖에 없다. 여기에 다다르면, 가계는 기업들이 고용을 줄이기 때문에 소비를 줄여야 하고, 기업은 가계가 소비를 줄이기 때문에 고용을 줄여야 하는 쌍방 악순환에 갇히게 된다.

이런 상황에서도, 즉 누군가는 일자리를 잃고 있는 와중에서도, 다행히 실직하지 않고 일하는 사람들의 임금은 그대로 유지된다면 어떤 일이 벌어질까? 기업들이 신규고용의 중단은 물론 기존에 고용된 노동자들을 일부를 해고하려 할 때 그 규모를 결정하는 아주 중요한 변수는 바로 임금조정의 폭과 속도다. 예컨대, 경기침체가 본격화하면서 모든 기업들이 노동비용을 10% 가량 줄이려 한다고 생각해 보자. 임금수준이 바뀌지 않는다면, 10명 중 평균 1명을 해고하려 들 것이다. 편의상 경제 전체가 원래 완전고용상태에 있었다고 하면, 이는 실업률이 0%에서 10%로 급증하는 것을 의미한다. 이 때 해고되지 않은 10명 중 9명은 기존과 동일한 임금을 받게 된다. 그러나 노동에 대한 기업들의 수요가 줄어들 때 임금도 동시에 하락한다면 해고의 규모도 줄어들 수 있다. 임금을 조금씩 깍을 수 있다면, 10명 중 1명이 아니라 20명 중 1명 혹은 30명 중 1명 수준으로 실업의 폭이 줄어들 수 있다. 해고되지 않은 이들의 임금이 경기가 좋았을 때에 비해 아래로 조정되는 폭이 클수록 말이다. 경기침체와 함께 실업률이 증가하고 생산규모가 축소되는 것을 완전히 피할 수 없을지는 모르지만, 실업률의 상승폭과 생산규모가 축소되는 정도는 임금이 조정되는 폭과 속도에 따라 아주 달라질 수 있다는 것이다. 한마디로, 임금과 가격이 신축적일수록 경기변동의 폭은 작아진다.

경기변동이 이렇게 사람의 심리변화로 시작되고, 거래를 매개로 확대되며, 가격의 경직성으로 인해 증폭될 수 있다는 당시 케인즈의 설명은 현대 거시경제학의 시작을 알리는 완전히 새로운 이론이었다. 그의 이론을 둘러싼 논쟁은 계속되고 있다.

9. 정부는 경기변동을 완화시킬 수 있을까?

케인즈 이론을 둘러싼 논쟁이 오랜 기간 지속되고 있는 배경에는 정부의 역할에 대한 이론적 함의와 관련이 있다. 경기변동의 원인과 확산과정이 정말 케인즈의 이론대로라면 정부가 경기변동의 완화에 도움을 줄 수 있는 지점들이 몇 가지 있기 때문이다.

우선, 케인즈의 이론에서는 사람들의 비관적인 심리 상태가 거래를 매개로 확대되어 가는데, 이 때 거래란 누군가의 지출을 누군가의 수입으로 바꾸는 과정이다. 누군가의 1만원 지출은 다른 누군가의 1만원 수입이 되고, 그 중 8천원을 지출하면 또 다른 누군가의 8천원의 수입이 된다. 이런 거래들이 동시다발적으로 이뤄지고 다음 거래로 계속 이어지면서 경제 전체의 소득이 결정된다.

그래서 누군가 1만원을 추가적으로 지출하면 그 경제의 총소득은 그냥 1만원이 아니라 예컨대 5만원만큼 커질 수도 있다. 거꾸로도 마찬가지다. 누군가 소비를 1만원 줄이면 그 경제의 총소득도 5만원 줄어든다. 이렇게 거래 과정을 따라 초기의 변화가 증폭되는 과정을 '승수(multipliers)'라고 부르고, 그에 따라 최초의 지출변화보다 커진 경제 전체의 최종적인 소득의 변화를 두고 '승수효과(multiplier effect)'가 나타난다라고 한다. 승수효과의 크기가 5배인 경제에서 만약 어떤 비관적인 사람이 1만원만큼 소비를 줄이고 저축을 늘일 때 정부가 가만히 있으면 나라 전체의 소득은 5만원 줄어들 수 있다. 그러나 정부가 그 비관적인 사람이 저축한 1만원을 빌려와 대신 지출할 수 있다면, 정부는 승수효과를 승수효과로 상쇄할 수 있어 비관적 심리 상태가 확산되는 것을 차단할 수 있을 것이다. 이 때 사용한 정부지출 자금은 세금을 더 부과해서 얻어낸 것이 아니라 민간부문이 저축한 것을 빌린 것이므로 정부의 부채는 그만큼 늘어난다. 거꾸로 경제가 과열되어 있다고 판단되면 정부는 세금을 늘여 민간부문의 지출을 줄이도록 할 수 있는데, 이처럼 정부가 지출과 조세수입의 어느 한 쪽을 조정함으로써 경제전체에 영향을 주는 방식을 재정정책(fiscal policy)이라고 한다.

재정정책 외에도 정부는 통화량과 이자율을 조정해 경제전반에 영향을 줄 수도 있다. 이 같은 수단을 이용해 정부가 경제에 개입하는 방식을 일컬어 통화정책(monetary policy)라고 한다. 앞서 얘기했듯이 케인즈는 임금의 경직성, 즉 경기침체 상황에서도 임금이 빨리 조정되지 못하는 성격이 있을 때 실업의 증가폭이 커져 경기변동이 더욱 격심해질 수 있다고 보았다. 이 때 잘 조정되지 않는 임금이란 고용계약서상의 명목임금이다. 고용계약서는 대개 1년 단위로 갱신되거나 조정하는 경우가 많으므로 고용계약서상의 명목임금이 다른 상품가격들에 비해 조정이 느리다는 가정은 상당히 현실적이다. 정부는 일반 상품들의 명목가격이 조정되는데 걸리는 시간과 노동의 명목가격, 곧 명목임금이 조정되는데 걸리는 시간의 차이를 이용해서 실질임금을 조금 더 유연하게 만들 수 있다. 물가가 임금보다 빠르게 오른다면 임금의 실질가치는 하락하기 때문이다. 따라서 정부가 물가에 영향을 미칠 수 있다면 임금의 실질가치도 바꿀 수 있고, 임금의 실질가치를 바꿀 수 있으면 경기침체의 심각성도 완화시킬 수 있다. 이것이 전통적인 케인즈 이론에서 통화정책이 실제 경제에 영향을 줄 수 있는 한 가지 경로다. 최근에는 다양한 형태의 시장 불완전성에 관심을 갖고 그에 따라 통화정책이 경제에 영향을 미치는 경로가 어떻게 달라지며 정책적 효과는 또 어떻게 바뀌는지 등에 대한 연구들이 빠르게 발전하고 있다.

중앙은행의 통화정책 수행: 공개시장조작

정부의 통화정책을 담당하고 수행하는 곳은 중앙은행이다. 그러나 실제로 통화정책의 방향을 결정하는 핵심 주체는 나라마다 다를 수 있다. 중앙은행의 독립성이 비교적 높은 나라들에서는 자체적으로 그 방향을 결정하지만, 그렇지 못한 나라들에서는 정부조직 내 재무부처나 집권여당에 의해 결정되기도 한다. 통화정책의 방향을 누가 결정하든 간에, 일단 정책의 방향이 수립되고 나면 집행하는 곳은 중앙은행이다.

통화정책의 목적과 방향은 원칙적으로 간단하다. 경기침체기간에는 확장적 통화정책을, 경기과열기간에는 긴축적 통화정책을 폄으로써 경기변동을 가능한 완화시키는 것이다.

경기침체기에 경기회복과 확장을 돕고 싶다면 중앙은행은 금리를 낮춘다. 금리가 하락하면 저축에 대한 유인은 줄어들고 대출에 대한 유인은 늘어나므로 사람들은 저축대신 새 가구를 사기도 하고 돈을 빌려 새 자동차를 사기도 한다. 이렇게 가구와 자동차에 대한 수요가 늘어나면 기업들은 더 많이 생산하려 할 것이므로 노동에 대한 수요를 늘인다. 또한 금리의 하락은 자금조달 비용의 하락을 의미하므로 기업들은 기존의 사업을 확장하거나 새로운 사업에 진출하기 위한 투자를 늘리려 할 것이다. 그리고 이러한 투자 확충은 다시 더 많은 노동자들을 필요로 하므로 고용을 확대하게 된다.

이렇게 중앙은행이 경제 전반에 영향을 미칠 수 있는 이유는 금리를 조정할 수 있는 힘을 갖고 있기 때문이다. 그러면 중앙은행에게 이런 힘은 어떻게 가능한 걸까? 중앙은행이 갖고 있는 기준금리에 대한 통제권은 중앙은행의 발권력, 곧 화폐를 만들어 공급할 수 있는 힘에서 나온다. 중앙은행은 '은행의 은행'으로 시중 민간은행의 자금을 예치 받는데 이러한 예치금은 지급을 요청하면 지급해야 하는 준비금의 성격을 갖고 있다. 이제 중앙은행에 예치된 민간은행들의 준비금 양을 중앙은행이 1000억 원 늘리려 한다고 생각해 보자. 중앙은행은 이를 위해 민간은행이 갖고 있는 채권을 1000억 원어치 사들이고 1000억 원을 민간은행의 준비금 계좌로 입금한다. 이렇게 늘어난 준비금의 공급은 중앙은행이 정책지표로 삼는 기준금리의 하락을 가져온다. 이러한 과정을 공개시장조작(open market operations)이라 부른다.

공개시장조작 후에 민간은행이 중앙은행에 예치한 준비금은 1000억 원어치 증가하고 민간은행이 보유한 채권은 1000억 원어치 감소한다. 따라서 민간은행의 대차대조표에 나타나는 총자산은 그대로이나 민간은행이 보유한 자산항목의 구성은 달라진다. 시중의 민간은행이 중앙은행에 채권을 매각하고 받은 대금인 추가적인 준비금은 민간은행 입장에서 언제든지 인출할 수 있는 현금 자산이다. 이렇게 늘어난 민간은행의 현금 자산은 대출에 사용됨으로써 시중에 유통되는 통화의 양을 늘리게 된다. 그리고 늘어난 통화량은 시중금리의 인하를 유도한다.

그러나 결국 통화량의 증가는 인플레이션을 낳고, 인플레이션을 상쇄하기 위해 명목금리도 오를 수밖에 없다. 통화정책이 실제로 경제에 영향을 미침으로써 경기조절의 효과가 있는지 여부는 인플레이션과 장기적인 금리 수준에 대한 사람들의 기대에 좌우된다. 만약 확장적 통화정책과 동시에 모든 상품의 가격이 오르고 명목임금과 명목금리도 인플레이션만큼 즉각 조정된다면 통화정책은 효과를 보기 어렵다.

참고문헌

Acemoglu, Daron, David Laibson, and John List, *Economics*, Pearson, 2015.
(손광락, 권남훈, 김원중, 박경로, 성한경, 정태훈 공역, 경제학원론, 시그마프레스, 2016)

Blanchard, Olivier, and Daivd Johnson, *Macroeconomics*, 6th eds., Pearson, 2012. (최희갑 역, 거시경제학, 시그마프레스, 2014)

Maddison, Angus, *The World Economy: A Millennial Perspective*, Development Centre Studies, OECD, 2001.

9장 국제금융: 환율, 이자율, 그리고 인플레이션

1. 개관 : 조지 소로스의 10억 달러

조지 소로스는 헤지펀드 분야의 대표적인 투자자로 잘 알려져 있다. 국제외환질서의 역사를 이야기할 때도 그의 이름을 빼놓을 수 없다. 영란은행(영국의 중앙은행)을 상대로 펼친 환율 베팅을 통해 유럽의 외환질서를 한차례 바꿔 놓은 사내이기 때문이다. 이 게임에서 이기면서 그는 10억 달러에 이르는 수익을 거둔다. 1992년 9월 16일의 일로, 사람들은 이날을 '검은 수요일'이라 부른다.

소로스의 환율 베팅은 우리가 스포츠 경기를 앞두고 하는 내기와 크게 다르지 않다. 맨체스터 유나이티드와 첼시가 이번 주 토요일 축구경기를 한다고 가정해보자. 만약 맨유가 첼시를 이길 가능성이 크다고 믿고 있다면 당신은 "맨유가 이긴다"에 베팅할 것이다. 당신의 믿음이 확고하면 할수록 더 많은 돈을 베팅할 것이고 당신의 예상이 적중한다면 그 만큼 수익도 커질 것이다.

1992년 여름, 소로스도 이와 비슷한 베팅을 시작했다. 그는 머지않아 영국 통화인 파운드가 다른 통화들에 비해 가치가 빠르게 떨어질 것으로 예상하고 그가 운용할 수 있는 자금을 "파운드가 폭락한다"에 베팅했다. 그의 예상은 맞았고 그와 그의 주주들은 큰 수익을 거두었다.

그런데 소로스는 어떻게 파운드의 폭락을 미리 알았을까? 더구나 어떻게 일개 투자회사가 한 나라의 중앙은행을 이길 수 있었을까? 소로스가 이끄는 퀀텀펀드가 아무리 큰 투자회사라 하더라도, 파운드는 세계 5대 통화 중 하나이고 영란은행은 그 파운드를 자유롭게 찍어낼 수 있는 발권력을 지닌 유일한 곳인데도 말이다.

이에 답하기 위해 우리가 이해해야 할 것이 몇 가지 있다. 서로 다른 통화를 사고파는 외환시장은 어떻게 작동하는지, 어떻게 우리나라 돈의 값어치와 상대국 돈의 값어치가 결정되는지, 한 나라의 기초체력과 그 나라 돈의 값어치가 어떻게 연결되어 있는지 등이다. 축구경기의 승자와 패자를 점치기 위해 먼저 경기 규칙을 이해하고, 각 팀의 역량과 선수들의 컨디션까지 알아야 하는 것과 마찬가지다.

이제 환율 개념부터 시작해서 외환시장의 작동원리와 국제외환질서의 역사까지 차근차근 알아보자. 이 장을 다 읽고 난 후에는 세계 5위 경제대국의 중앙은행인 영란은행을 상대로 소로스가 펼친 외환 게임의 전모를 이해할 수 있게 될 것이다. 그리고 소로스의 외환 게임이 본질적으로는 특별하지 않다는 사실도 깨닫게 될 것이다. 오늘도 비슷한 거래가, 조건과 결과가 단지 덜 극적일 뿐, 국제외환시장의 수많은 투자자들 사이에서 일어나고 있다는 사실을 말이다.

2. 환율

우리는 매일매일 무언가를 사고 팔 때 돈을 사용한다. 다른 나라들도 마찬가지다. 그런데 나라가 바뀌면 돈도 바뀐다. 대부분의 나라들이 자신들만의 고유한 통화를 갖고 있기 때문이다. 중국에 가면 위안을, 미국에 가면 달러를, 영국에선 파운드를 사용한다. 물론, 유로처럼 20여 유럽국가들이 공동으로 함께 사용하는 경우도 있다.

그래서 우리는 어떤 나라를 여행할 때 먼저 환전, 그러니까 우리나라 돈을 그 나라 돈과 서로 맞바꾼 다음에야 여행지에서 커피도 사서 마시고 빵도 사먹고 미술관에도 들어갈 수 있다. 해외 여행 때 뿐 아니라, 중국에 공장을 짓거나 미국정부가 발행하는 국채를 살 때도 우리나라 돈을 중국의 위안이나 미국의 달러와 맞바꾼다. 환율이란 이렇게 다른 통화들을 서로 맞바꿀 때 적용하는 비율을 말한다.

다른 나라 통화는 그 자체로 하나의 상품처럼 볼 수 있다. 이 때 환율은 상대국 통화의 가격이 된다. 예를 들어, 커피 한잔을 3000원과 맞바꿀 때, 우리는 커피 가격이 3000원이라고 말한다. 마찬가지로 미국달러 하나를 1200원과 맞바꾼다면, 미국달러의 가격은 1200원이 된다. 이 때 우리는 관습적으로 원/달러 환율이 1200원이라고 말한다.

미국사람 입장에서 한국 원화의 가격은 0.00083 달러(=1/1200)가 된다. 원화 하나, 즉 1원을 사려면 0.083센트가 필요하다는 뜻이다. 물론 말하기도 어렵고, 직감적으로 그 크기를 가늠하기도 쉽지 않다. 그래서 외환시장에서 관습적으로 사용하는 환율 표기 방식이 있다. 원/달러(1달러 당 원) 환율처럼, 미국달러를 하나의 상품처럼 생각하고 그 가격을 다른 나라의 통화로 표기하는 식이다. 예외도 있지만 신경 쓸 필요는 없다. 관습은 듣고 보다 보면 자연스레 익숙해지기 마련이고, 게다가 표기 관습의 중요성도 손 안의 컴퓨팅이 일상화되면서 점차 약해지고 있어서다.

다시 예로 돌아가서, 만약 원/달러 환율이 1200원에서 1300원으로 오르면, 미국달러 하나의 가격이 100원 비싸진 것이다. 물론 상대적으로, 한국 원화는 그만큼 싸진 셈이다. 한마디로 달러 가격은 오르고 원화 가격은 내린 것이다. 이 때 우리는 관습적으로 미국달러는 원화 대비 절상되었다고 하고, 한국원화는 달러 대비 절하되었다고 말한다. 주식가격의 오르내림처럼 크고 작은 절상과 절하가 하루에도 끊임없이 이어진다.

이처럼 환율은 시시각각 변한다. 그렇다고 늘 그랬던 건 아니다. 모든 통화들 사이에서 그런 것도 아니다. 과거 전세계 대부분의 나라들이 환율을 고정해 두기로 약속했던 적이 있었고, 지금까지도 상당히 많은 나라들이 자국의 통화가치를 다른 어떤 나라의 통화에 고정시켜 두기도 한다. 이 같은 환율제도의 차이에 대해선 국제외환질서의 변천사와 함께 다시 얘기 나누기로 한다.

3. 국제투자자들의 머릿속

어떤 나라의 돈이 값어치가 있으려면 그 나라 돈을 사용해 얻을 수 있는 이익이 있어야 한다. 캘리포니아의 어느 소도시에 사는 한 프로그래머를 생각해 보자. 이 친구는 지난 달 1만 달러의 보너스를 받았는데, 아껴두었다가 내년에 전기차를 살 때 보태어 쓸 계획이다. 그때까지 어디 안전한 곳에 투자해 두고 싶어 미국국채를 사두려고 했는데, 주변에 알아보니 독일국채도 아주 괜찮다는 거다. 독일은 글로벌 금융위기에도 끄떡없는 곳이니만큼 독일국채의 안전성도 미국국채나 매한가지고 이자율도 나쁘지 않고 말이다.

어느 쪽을 살까 고민하는 중에 이 친구는 한 가지 차이를 발견하게 된다. 독일국채를 사려면 보너스로 받은 1만달러를 먼저 유로로 바꾸어야 한다는 사실이다. 게다가 만기 때 받게 될 원금과 이자도 유로여서 전기차를 살 때 보태려면 나중에 다시 달러로 환전해야 하는 것도 있다. 그렇게 유로를 샀다가 되파는 번거로움에 잠시 망설이고 있자니, 옆에서 보던 증권사 직원이 그런 번거로움에 대해선 걱정할 필요가 없다고 귀뜸해 준다. 채권펀드계좌만 개설하면 미국국채를 사든 독일국채를 사든 클릭 한번으로 다 된다는 거다. 진짜 진짜 고민해야 할 것은 유로의 값어치가 내년에 오를지 내릴지에 관한 것이라는 조언을 덧붙이며 말이다.

만약 지금 독일국채를 샀는데 내년에 달러 대비 유로의 값어치가 오르면 독일국채로부터 두 종류의 수익이 나온다. 먼저 유로로 받은 독일국채의 이자 수익이 하나고, 만기 때 유로로 돌려받은 원금과 이자를 다시 달러로 바꿀 때에도 이익이 난다. 그러니까 독일국채를 사면 내년 만기 때 받기로 한 이자 뿐만 아니라 유로의 절상에 따른 이익까지 수익이 되는 셈이다. 반면 미국국채를 사면 수익은 만기에 받기로 한 이자 한 종류 뿐이다. 수익률을 기준으로 다시 말하자면, 미국국채의 경우에는 약속한 이자율이 전부이지만, 독일국채의 경우에는 약속한 이자율과 달러 대비 유로가치가 몇 퍼센트나 변했는지를 더한 것이 된다.

미국국채 이자율 ≶ 독일국채 이자율 + 유로가치 절상률

결국 이 친구가 따져 볼 투자 기준은 간단하다. 더 큰 수익률을 주는 곳에 투자하면 그만이다. 예상되는 부등호 방향만 잘 맞히면 되는 셈이다. 그런데 바로 여기에 진짜 어려움이 있다. 각국 정부가 국채를 발행할 때 주기로 약속한 이자율이야 이미 들어 알고 있지만, 앞으로 1년 동안 유로의 가치가 얼마나 변할지에 대해선 지금으로선 쉽게 알 수가 없기 때문이다.

이제 이 친구는 자신이 알고 있는 외환시장에 대한 지식, 미국과 독일경제에 대한 이해, 미연방준비은행과 유럽중앙은행의 향후 정책 변화 가능성 등 수집할 수 있는 모든 정보를 모아 상대국 통화인 유로 가치의 변화율, 즉, 달러/유로 환율의 향배를 점쳐 보기 시작한다.

이 친구의 예상에 따르면, 예를 들어, 달러 대비 유로의 가치가 1% 정도 오를 것으로 보인다고 하자. 조금 더 구체적으로, 지금 1.000인 달러/유로(1유로 당 달러) 환율이 1년 뒤엔 적어도 1.010까지 갈 것으로 보인다고 해

보자. 그리고 미국과 독일 정부는 1년 후 만기가 도래하는 자국의 국채에 대해 각각 2%와 1.5%를 약속했다고 하자. 그러면 미국국채 이자율(2%) 보다 '독일국채 이자율(1.5%)+유로가치 절상률(기대치 1%)'가 더 크니까, 이때는 독일국채를 사는 게 낫다.

물론 이렇게 예상하는 사람이 이 친구 하나만은 아닐 수 있다. 특히 달러/유로 환율에 대한 이 친구의 예상이 이미 공개된 정보와 외환시장에 대한 적절한 이해에서 비롯되었다면, 다른 사람들도 이 친구와 비슷한 기대를 하고 있을 것이다. 그렇다면 실제로 아주 많은 사람들이 이 친구처럼 유로의 가치가 오를 것으로 기대하고 유로를 사려 할 텐데 이렇게 되면 무슨 일이 일어날까?

더 많은 사람들이 유로를 사려 하면 할수록 유로의 가치는 올라갈 것이므로, 1유로를 사기 위해 필요한 달러의 양은 많아질 것이다. 예를 들어, 불과 1분 전까지 1유로를 사는데 1달러면 되었지만, 이제는 1유로를 사기 위해 1.005 달러를 내야 할 수도 있다. 다시 말해, 달러/유로 환율이 1.000에서 1.005로 순간적으로 변해 버린 것이다. 애초에 1.000에서 1년 뒤 1.010까지 변하며 달러 대비 1% 절상될 것으로 기대되었던 유로는, 이제 그런 기대와 함께 "어… 사야지"하고 생각하는 그 순간 이미 외환시장에서 기존에 예상한 수준의 절반인 0.5%가 절상해 1.005로 되버린 것이다. 이렇게 되면, 달러/유로 환율이 이 친구의 예상대로 1년 뒤 1.010까지 간다고 하더라도 지금 1유로를 사기 위해 1.005 달러를 지불해야 하므로 실제 1년 뒤에 유로를 되팔아 남길 수 있는 환차익은 사실상 1유로 당 0.005 달러, 즉 애초에 기대했던 수익률의 절반인 0.5%에 불과하다. 여기서 한 가지 흥미로운 결과가 나온다. 이제 미국국채를 사나 독일국채를 사나 이 친구가 기대할 수 있는 수익률은 똑같아 진다: 미국국채 이자율(2%) = 독일국채 이자율

(1.5%)+유로가치 절상률(기대치 0.5%).

한 걸음 더 들어 가보자. 위의 예에서처럼 달러/유로 환율이 0.5%씩 움직이라는 법은 없다. 더 크게 혹은 더 적게 움직일 수 있다. 더 적게 움직였다면, 예를 들어, 0.3% 가량의 조정만 이뤄졌다면, 여전히 독일국채는 매력적인 투자처가 될 수 있다. 왜냐하면, 이 시점에서만 유로를 사서 독일국채에 투자해도 앞으로 1년 동안 0.7% 포인트의 추가적인 절상 수익을 기대할 수 있으니까 말이다. 이를 위의 부등식을 이용해서 나타내면 이렇다: 미국국채 이자율(2%)<독일국채 이자율(1.5%)+유로가치 절상률(기대치 0.7%).

그러나 사람들이 이렇게 독일국채로부터 더 큰 수익률을 기대하는 한, 계속해서 유로를 사려할 것이고 유로는 1년 뒤까지 기다릴 것도 없이 순간순간 계속 절상될 것이다. 미국국채를 사나 독일국채를 사나 양쪽으로부터 기대할 수 있는 수익률이 똑같아질 때까지 말이다. 애초 달러/유로 환율이 1.000에 있었으므로, 양쪽 국채로부터의 수익률을 균등하게 만드는 유로의 절상 폭은 0.3%보다 큰 0.5%여야 하고, 그렇게 만들어진 새로운 수준의 달러/유로 환율은 앞서 본 1.005이 된다.

이번엔 거꾸로, 애초에 달러/유로 환율이 0.5%보다 더 크게 움직였다면 어떻게 될까? 유로가 오를 것이란 기대 속에 '달러 매도, 유로 매수' 주문이 한꺼번에 과도하게 몰리며 달러/유로 환율이 1.005 수준을 훌쩍 지나 1.010까지 가버렸다면 말이다. 1년을 기다릴 것도 없이 캘리포니아의 그 친구가 잠깐 망설이는 1분 사이 유로는 1% 절상되어 버린 것이다. 이렇게 되면, 그 친구는 지금 유로를 사서 독일국채에 투자할 이유가 없다. 1유로를 사기 위해선 1.010 달러를 지불해야 하는데, 그렇게 독일 국채에 투자해 봐야 환율변동에 따른 기대수익은 그냥 0이다. 그럴 바에야 그냥 이자율이 높은 미국국채에 투자하는 것이 낫다. 위의 부등식을 이용해 이 상황을 나타내면 이렇다: 미국국채 이자율(2%) > 독일국채 이자율(1.5%) + 유로가치 절상률(기대치 0%).

그렇다고 이게 끝이 아니다. 캘리포니아의 그 미국 친구 뿐 아니라, 함부르크에 사는 한 독일 엔지니어도 더 높은 수익을 주는 미국국채를 사기 위해 유로를 달러로 바꾸려 할지 모른다. 그렇게 되면 이번에는 유로가 바로 절하할 수 밖에 없다. 그러니까 앞서 과도한 유로 매수주문으로 인해 1%나 절상하게 되었다면 이번엔 이어서 유로 매도주문이 나와 절하를 이끌게 된다. 이러한 유로 매도주문은 미국국채와 독일국채 양쪽으로부터 기대할 수 있는 수익률이 똑같아질 때까지 계속될 것이다. 그리고 그렇게 만들어진 새로운 수준의 달러/유로 환율은 앞서 이미 본 적 있는 1.005이 된다.

이렇게 되면 달러/유로 환율이 추가적인 변화 없이 안정적으로 유지될 수 있는 수준은 1.005뿐이다. 그렇지 않다면 미국국채와 독일국채로부터 기대할 수 있는 수익률이 같아질 때까지 달러/유로 환율은 계속 바뀔 것이기 때문이다.

이것이 바로 외환시장의 작동원리에 대해 경제학자들이 알고 있는 가장 기본적인 모형이다. 유로와 달러 간의 상대적인 가치는 미국국채와 독일국채로부터 각각 기대할 수 있는 수익률이 서로 같아지는 수준에서 결정된다는 설명이다. 이렇게 결정된 수준의 환율을 우리가 본 해당 모형 내에서의 균형환율이라 부른다.

앞서 우리가 발견한 1.005이라는 값 역시 바로 이같은 외환시장의 작동모형을 만족하는 균형환율이다. 예에서 나온 숫자들을 이용해 가장 기본적인 외환시장의 작동모형을 다시 적어보자:

$$\underbrace{2.0}_{\text{미국국채 이자율(\%)}} = \underbrace{1.5}_{\text{독일국채 이자율(\%)}} + \underbrace{\frac{1.010 - S}{S} \times 100}_{\text{유로가치의 기대 절상률(\%)}}.$$

여기서 양국의 국채 이자율과 다음 기의 환율에 대한 사람들의 기대치인 1.010은 그대로 두고, 외환시장에서 결정될 이번 기 환율의 균형수준을 S로 표시했다. 잠시 S에 관한 방정식을 풀어보라. 이 방정식의 해는 $S=1.005$라는 걸 쉽게 알 수 있다.

이 해의 의미는 이렇다: 양국의 1년물 국채 이자율이 각각 2%와 1.5%이고 사람들이 다음 기의 달러/유로 환율이 1.010이 될 것이라고 예상하는 순간, 이번 기의 환율은 균형 수준인 1.005 근처에서 결정됨을 뜻한다. 물론 이 모형이 가정한 대로 외환시장이 잘 작동한다면 말이다.

4. 자기실현적 예언

주식, 채권, 외환 등 다양한 종류의 자산이 거래되는 금융시장에는 이런저런 뉴스가 끊임없이 쏟아져 나온다. 그리고 사람들은 뉴스에 담겨 있는 정보의 경중에 따라 자신들이 앞서 했던 판단이나 미래에 대한 기존의 기대를 조정하게 된다. 이런 점을 고려하기 위해, 사람들이 기대하는 다음 기의 달러/유로 환율을 S^e라고 하자. 그러면 위의 식을 약간 일반화해서 쓸 수 있다:

$$\underbrace{2.0}_{\text{미국국채 이자율(\%)}} = \underbrace{1.5}_{\text{독일국채 이자율(\%)}} + \underbrace{\frac{S^e - S}{S} \times 100}_{\text{유로가치의 기대 절상률(\%)}}.$$

이렇게만 조금 고쳐 써도, 또 다른 흥미로운 외환시장의 작동원리를 볼 수 있다. 오늘 아침, 다음 주에 비가 올 수 있다는 기상 뉴스를 들었다고 해서 오늘 아침에 우산을 챙겨 집을 나서진 않는다. 다음 주에 비가 온다는 뉴스를 사람들이 오늘 아침에 들었다고 해서 오늘 아침에 비가 오는 것은 아니기 때문이다. 그러나 외환시장에선 그럴 수 있다. 오늘 아침, 다음 주에 (심지어 다음 해에) 유로가 내릴 것이라는 뉴스를 모두 듣게 되면, 유로는 다음 주까지 기다릴 것도 없이 오늘 아침에 당장 내릴 수 있다. 위 등식을 보라. S^e가 내리면, S도 내려야 한다. 그것도 똑같은 비율로 말이다.

예를 들어보자. 이왕이면 조금 행복한 예로 말이다: 스페인경제가 최근 빠르게 회복하며 내년 하반기 즈음에는 금융위기 이전의 고용 수준에 근접할 것이라는 뉴스가 전해졌다고 하자. 포르투칼과 이탈리아도 내년에는 비슷한 궤도에 진입할 것으로 보인다고 하자. 그러면 유로존의 안정과 유지를 위해 독일경제가 지고 있는 부담 역시 1~2년 후에는 크게 줄어들 것이다. 만약 이 소식이 신뢰할 만한 정보로 판단된다면, 사람들은 내년 달러/유로 환율에 대한 자신들의 기존 예상을 상향 조정할 것이다. 다시 말해, 위 식에서 S^e가 오르게 된다. 이 때 외환시장에서는 어떤 일이 벌어질까? 사람들은 당장 유로를 사려고 몰릴 것이다. 독일국채로부터 기대할 수 있는 수익률이 커지기 때문이다. 따라서 오늘 달러/유로 환율 S도 오르게 된다. 양국 국채로부터 기대할 수 있는 수익률이 똑같아 질 때까지 말이다. 이렇게 되는 수준의 현재 환율 S는 예상 미래 환율 S^e가 오른 만큼 오를 때이다. 외환시장의 이러한 특징을, '자기실현적 예언(self-fulfilling prophecy)'이라고 부른다. 미래에 그럴 것이라고 믿으면 실제로 오늘 그렇게 된다는 의미에서다.

5. 환율이 결정되는 원리 I: 이자율의 역할

외환시장의 기본적인 작동원리에 관한 이 모형을 조금 더 일반화 시켜보

자. 미국이나 독일을 반드시 떠올릴 필요는 없다. 한국과 일본도 되고, 중국과 미국도 된다. 다른 통화를 사용하는 두 나라면 된다. 그냥 A와 B로 부르자. 나라 A가 자기가 사는 곳이라고 생각하면, 다른 나라 B는 그냥 상대국이 된다. 다만 두 나라가 위험도 측면에서 동일한 종류의 자산을 갖고 있다고 가정하자. 지금까지와 마찬가지로 이자율을 얘기할 때 위험 프리미엄의 차이를 고려할 필요가 없다. 마지막으로 자국의 이자율을 R_A, 상대국의 이자율을 R_B라고 표시하고, % 단위는 생략하자. 그러니까, 예를 들어, 2% 대신 그냥 0.02라고 생각하면 된다. 그러면 상대국 통화가치의 절상률에도 따로 백을 곱해 퍼센트 단위로 만들 필요 없이, 그냥 앞서 본 등식을 아래와 같이 간단히 쓸 수 있다:

$$\underbrace{R_A}_{\text{자국}(A)\text{ 이자율}} = \underbrace{R_B}_{\text{상대국}(B)\text{ 이자율}} + \underbrace{\frac{S^e - S}{S}}_{\text{상대국}(B)\text{ 통화의 기대 절상률}}.$$

이처럼 씌어진 외환시장의 기본적인 작동원리는 종종 '이자율 등가 가설(interest rate parity condition)'이라고 불린다. 이렇게 일반화해두면 중앙은행이 외환시장과 환율에 미치는 영향을 들여다 보기 쉽다. 자산의 종류마다 다른 이자율이 적용되므로 한 나라 안에도 여러 종류의 이자율이 있지만, 가장 바탕이 되는 이자율은 그 나라의 중앙은행이 결정한다. 중앙은행의 이러한 힘은 그 나라의 통화량을 자유롭게 늘이거나 줄일 수 있는 발권력에서 나온다.

위 등식으로 돌아가서, 자국의 이자율이 상대국보다 높다고 해보자: $R_A > R_B$. 그러면 위 등식이 성립하기 위해서는 $S^e - S > 0$이어야만 한다. 자국의 이자율이 상대국보다 높다면 사람들은 상대국 통화가 다음 기에 절상할 것으로 기대하게 된다는 의미다. 거꾸로, 상대국의 이자율이 자국보다 높다면($R_A < R_B$), 사람들은 다음 기에 상대국 통화가 절하하리라 기대하게 된다($S^e - S < 0$).

이제 상대국 중앙은행이 이자율을 올린다고 가정해보자($R_B \uparrow$). 위의 등식은 깨어지고, 사람들은 상대국 자산으로부터 더 높은 수익률을 기대하게 된다. 그럼 외환시장에서는 어떤 일이 일어날까?

수익률이 높은 상대국 자산에 투자하기 위해 사람들은 상대국 통화를 사려 하고 상대국 통화는 즉각적으로 절상한다($S \uparrow$). 따라서 미래의 환율 수준에 대한 기대치를 바꿀 다른 변화가 없는 한, 기존에 기대했던 상대국 통화의 절상폭은 그만큼 줄어들게 된다: 즉, $[S^e\text{-}S] \downarrow$.

이처럼 어떤 나라의 이자율이 오르면 그 나라의 통화가치는 즉각적으로 절상하게 되므로 나중에 환차익으로부터 기대할 수 있는 수익률은 작아지게 된다. 물론 이자율 상승분 만큼 상대국 통화가 즉각적으로 절상되지 않는다면, 상대국 자산은 여전히 매력적인 투자처로 남을 테고, 상대국 통화에 대한 수요는 계속될 것이다. 이러한 과정은 이자율 상승분($\Delta R_B > 0$)을 환차익으로 인한 기대수익률의 감소분($\Delta[(S^e\text{-}S)/S] < 0$)이 완전히 상쇄할 때까지 이어진다.

거꾸로 어떤 나라의 이자율이 내리면 그 나라의 통화가치는 즉각적으로 절하하게 되므로 나중에 환차익으로 기대할 수 있는 수익률은 늘어난다. 만약 그 나라의 통화가치가 즉각적으로 절하되지 않는다면, 그 나라의 자산은 투자처로 그다지 매력적이지 못한 곳이 되고, 그 통화에 대한 수요는 계속 줄어들 것이다. 이자율 하락분을 환차익으로부터 기대할 수 있는 수익률의 증가분이 완전히 상쇄할 때까지 말이다.

여기서 주의해야 할 것이 있다. 중앙은행의 이자율 결정이 외환시장에 즉각적인 영향을 미치는 것은 사실이지만, 모든 나라의 중앙은행이 항상 외환시장에 의도적으로 개입하기 위해 이자율을 조정하는 것은 아니다. 오히려 많은 경우 중앙은행은 자국의 경제 상황 등을 고려해 이자율을 조정하게 된다. 어떤 나라의 재고가 빠르게 쌓이고 실업률이 증가할 조짐을 보이면 그 나라의 중앙은행은 이자율을 낮춰 경기침체를 피하고자 한다. 이자율이 낮아지면 가계는 소비를, 기업들은 투자를 늘릴 유인이 커진다. 가계는 지금 저축을 해도 이자율이 낮아 나중에 받게 될 이자수익이 적고, 기업은 낮은 이자율에 대출을 받아 투자를 하면 나중에 돌아 올 투자수익이 커지기 때문이다. 물론 저축액은 줄어드는데 투자액은 커지면 되려 이자율 상승 압력이 생겨나므로 중앙은행이 목표한 대로 이자율을 낮추기 위해서는 그에 상응하는 추가 통화량을 공급해야 한다. 거꾸로 지나치게 과열된 경기를 진정시키고자 할 때는 이자율을 올리고 그에 상응해 통화량 공급을 줄여간다. 앞서 8장에서 언급했듯이, 이렇게 이자율 조정을 통해 소비와 투자를 촉진하거나 과열된 경기를 진정시키는 중앙은행의 행위를 일컬어 통화정책이라 한다.

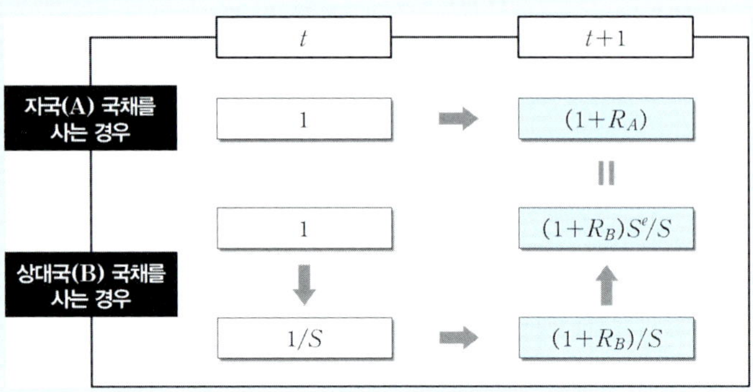

〈그림 9-1〉 이자율 등가 가설의 원리

본문에서처럼 1단위의 상대국(나라 B)통화와 교환되는 자국(나라 A) 통화의 단위로 표현된 환율을 S, 사람들이 기대하는 다음 기의 환율을 S^e, 자국구채에 대한 이자율을 R_A, 상대국국채에 대한 이자율을 R_B라고 하자. 위 그림은 자국과 상대국 국채를 거래할 때 지불해야 하는 별도의 비용이 없다면, 어떤 국채를 사든, 어떤 통화로 예금을 하든 기대하는 수익률이 같아야 한다는 것을 보여준다.

이 그림에서처럼, 자국통화 1단위로 자국국채에 투자하면 다음 기엔 원금 1과 이자 R_A를 합쳐 $(1+R_A)$를 받는다. 반면에, 자국통화 1단위를 상대국통화로 환전$(1/S)$해서 상대국국채에 투자하면 다음 기에는 상대국 통화로 받게 될 원금 $1/S$과 그에 대한 이자 R_B/S를 합쳐 $(1+R_B)/S$를 받는다. 이를 다시 자국으로 가져올 때는 다음 기의 환율을 곱하면 되므로 $(1+R_B)S^e/S$가 된다. 이때 어떤 자산에 투자하든 수익률이 같다면 $(1+R_A)=(1+R_B)S^e/S$의 등식이 성립한다. 우리가 본문에서 사용하는 식, $R_A=R_B+(S^e-S)/S$은 이를 대략적으로 근사한 것으로, $S^e/S=1+(S^e-S)/S$라는 것과 $R_B\times(S^e-S)/S\approx 0$라는 가정을 이용해서 구한 이자율 등가 가설의 식이다.

6. 환율이 결정되는 원리 Ⅱ: 인플레이션의 역할

통화정책의 한 가지 부산물은 인플레이션이다. 일반적으로 물가가 지속적으로 오르고 있는 까닭은 대개 중앙은행이 통화량을 꾸준히 늘이기 때문이다. 물론 1970년대 1, 2차 오일쇼크 때처럼 산업 전반에 걸쳐 사용되는 기초 자재의 가격이 상승해 물가가 오르는 경우도 있다. 그러나 현대경제에서 대부분의 나라들이 경험하고 있는 지속적인 인플레이션은 통화량의 지속적인 증가에서 비롯된다.

두 나라 간 물가상승속도가 다르다면 환율에는 어떤 영향을 미칠까? 예를 들어, 미국의 물가는 2%씩 오르는데 독일 물가는 1%씩 오른다면 말이다. 이는 미국에서 1달러로 살 수 있는 물건의 양이 2%씩 줄어드는 반면, 독일에서 1유로로 살 수 있는 물건의 양은 1%씩 줄어든다는 뜻이다. 달러의 구매력이 유로의 구매력보다 1% 더 많이 하락한 셈이다. 따라서 다른 변화가 없다면, 달러는 유로 대비 1% 절하하고 유로는 달러 대비 1% 절상할 것이다:

$$\underbrace{2.0}_{\text{미국 인플레이션(\%)}} = \underbrace{1.0}_{\text{독일 인플레이션(\%)}} + \underbrace{1.0}_{\text{유로가치의 절상률(\%)}}.$$

한 마디로, 환율의 변화는 두 통화 간 구매력 변화의 차이라는 것이다. 환율에 대한 이러한 설명방식을 '상대적 구매력 등가 가설(relative purchasing power parity)'이라고 부른다.

이를 조금 일반화해서 써보자. 두 나라가 있다. 미국과 독일이든, 한국과 중국이든 상관없다. 그냥 나라 A와 나라 B라고 생각하고, 이들 두 나라의 물가를 각각 P_A와 P_B로 나타내자. 그러면 미국과 독일의 예에서처럼, A와 B 두 나라에 대해선 아래처럼 쓸 수 있다:

$$\underbrace{\frac{P_A^e - P_A}{P_A}}_{\text{A국의 기대 인플레이션}} = \underbrace{\frac{P_B^e - P_B}{P_B}}_{\text{B국의 기대 인플레이션}} + \underbrace{\frac{S^e - S}{S}}_{\text{B국 통화의 기대절상률}}.$$

여기서 P_A^e는 사람들이 기대하는 A국의 다음 해 물가수준이고, $(P_A^e - P_A)/P_A$는 지금부터 다음 기까지 A국의 물가가 몇 퍼센트나 오를 지에 대한 사람들의 기대를 표시한다. 나라 B에 대해서도 마찬가지다. 그냥 어제부터 오늘까지 물가가 얼마나 올랐는지가 아니라, 오늘부터 내일까지 물가가 얼마나 오를 지에 대한 기대가 중요한 까닭은, 사람들이 의사결정을 그렇게 하기 때문이다. 지금 어떤 통화를 얼마나 가질지 결정할 때 앞으로 외환시장에서 그 통화의 가치가 얼마나 변할지 예상할 것이고, 이 때 앞으로 물가상승으로 인해 그 통화의 구매력은 또 얼마나 줄어들지 등을 고려해 판단한다. 조금 극단적인 예로, 브라질이 앞으로 7000%의 물가상승률을 겪을 것으로 예상된다고 가정해 보자. 과거 실제로 그랬던 적이 있듯이 말이다. 사람들은 그 때 브라질 레알의 가치도 달러대비 7000% 가량 절하할 것으로 예상하고 지금 레알을 얼마나 사고팔지도 결정할 것이다.

7. 두 원리의 종합: 환율의 오버슈팅

중앙은행의 통화정책은 이처럼 물가를 통해 환율에 영향을 줄 수도 있고(상대적 구매력 등가 가설), 앞서 본 것처럼 이자율을 통해 환율에 영향을 줄 수도 있다(이자율 등가 가설). 여기서 주의할 것이 있다. 일반적으로 상품시장에서의 가격조정은 금융시장에서의 가격조정보다 느리다. 통화정책의 변화가 있을 때 금융시장에서는 주식과 채권 등의 자산가격과 그에 연동된 이자율의 조정이 시시각각 이뤄지지만, 상품시장에서 거래되는 재화와 서비스의 가격은 통화량의 변화를 반영해서 조정되기까지 상당한 시간을 필요로 한다. 이 때문에 두 나라 사이의 물가상승속도의 차이에 따라 환율을 설명하는 방식은 1~2년 단위의 **긴 시간**에 걸친 변화에 초점을 둔 것인 반면, 두 나라 사이의 이자율 차이에 따라 환율을 설명하는 방식은 1~2개월 단위의 비교적 **짧은 시간** 내의 변화에 초점을 둔 것이라 할 수 있다.

이제 환율과 이자율과 인플레이션의 관계를 어떤 나라의 통화정책에 대한 금융시장과 상품시장의 반응 시간 간의 차이도 포함해서 함께 생각해 보자. 예를 들어, 유럽중앙은행이 이자율을 낮추고 통화량을 늘이는 확장적 통화정책을 쓴다고 하자. 지금까지의 예시에서와 마찬가지로 달러/유로 환율에 초점을 두는 한편, 미국의 연방준비은행은 통화정책의 변화없이 그대로 있다고 가정하자. 그러면 유럽중앙은행의 확장적 통화정책에 대해 달러/유로 환율은 어떻게 반응할까?

상품시장에서 재화와 서비스의 가격들이 완전히 조정되는 데 걸리는 시간이 있으므로, 사람들은 독일의 새로운 인플레이션 수준을 기대하며 달러자산과 유로자산에 대한 투자를 결정해야 한다. 사람들이 염두에 두는 것은 두 가지다. 독일경제가 새로운 인플레이션 수준으로 조정을 끝내면, 첫째, 유로의 실질적인 양이 줄어들어 독일국채의 이자율과 유로의 가치가 함께 오를 것이라는 점과, 둘째, 그럼에도 불구하고 높아진 인플레이션으로 인해 살 수 있는 물건의 양도 줄어들어 장기적으로 유로의 가치는 예전 보다는 낮을 수밖에 없다는 사실이다.

구체적으로 살펴보기 위해, 유럽중앙은행이 확장적 통화정책을 쓰기 이전 미국과 독일의 국채 이자율은 각각 2%, 미국과 독일의 인플레이션은 각각 1% 이었다고 하자. 이자율 등가 가설과 상대적 구매력 등가 가설에 따르면 두 식 모두 사람들이 기대하는 유로가치의 절상률은 0%임을 암시한다:

$$\underbrace{2.0}_{\text{미국국채 이자율(\%)}} = \underbrace{2.0}_{\text{독일국채 이자율(\%)}} + \underbrace{0}_{\text{유로가치의 기대절상률(\%)}}$$

$$\underbrace{1.0}_{\text{미국 인플레이션(\%)}} = \underbrace{1.0}_{\text{독일 기대인플레이션(\%)}} + \underbrace{0}_{\text{유로가치의(장기) 기대절상률(\%)}}$$

이제 유럽중앙은행이 확장적 통화정책을 쓰고 난 후 독일국채의 이자율은 **즉각** 0.5% 포인트 하락하고, 인플레이션은 **점차** 0.5% 포인트까지 더 상승할 것으로 예상된다고 하자. 이자율 등가 가설과 상대적 구매력 등가 가설

에 따르면 이러한 사람들의 기대 변화는 아래와 같이 각각 표현될 수 있다:

$$\underbrace{2.0}_{\text{미국국채 이자율(\%)}} = \underbrace{2.0 - 0.5}_{\text{독일국채 이자율(\%)}} + \underbrace{0.5}_{\text{유로가치의 기대절상률(\%)}}$$

$$\underbrace{1.0}_{\text{미국 인플레이션(\%)}} = \underbrace{1.0 + 0.5}_{\text{독일 기대인플레이션(\%)}} + \underbrace{-0.5}_{\text{유로가치의(장기) 기대절상률(\%)}}$$

이 두 개의 식이 모두 만족하려면, 환율은 어떻게 움직여야 하는가? 이를 위해선 유럽중앙의 행의 확장적 통화정책 직후, 유로의 가치는 1% 절하되어야 한다. 즉, 독일 국채의 이자율이 0.5% 포인트 하락할 때 달러/유로 환율은 1% 하락해야 한다는 뜻이다. 이렇게 되어야 이자율 등가식에서 유로가치가 0.5% 절상해도 장기적으로는 통화정책이 변화하기 이전에 비해 0.5% 포인트 절하한 게 되기 때문이다. 한 마디로, 유로가치의 즉각적인 하락폭은 장기적으로 새롭게 형성될 유로가치의 수준을 훨씬 하회할 수 있다.

이처럼 즉각적인 환율의 반응(이 예시에선 1% 하락)이 장기적인 환율의 반응(이 예시에선 0.5% 하락)보다 클 때 환율이 오버슈팅(overshooting)한다고 말한다. 이러한 환율의 오버슈팅은 국제외환시장에서 왜 환율이 매우 크게 변동하는지에 관한 여러 가지 이유들 중 하나로 꼽힌다. 이자율과 중장기 인플레이션에 영향을 미칠 수 있는 다양한 경제적 조건들이 변화함에 따라 환율이 이처럼 즉각적인 오버슈팅과 장기에 걸친 조정과정을 반복한다면 환율의 변동성은 그렇지 않을 때 보다 더 커질 수밖에 없기 때문이다.

8. 중앙은행의 고민

통화정책의 목표가 국내경기를 안정시키는 데 있다고 할지라도, 현실에서 어떤 나라의 통화정책은 외환시장에 즉각적이고도 중장기적인 영향을 동시에 끼칠 수 있다. 우리가 지금까지 본 것처럼 외환시장, 자산시장, 상품시장이 서로 연결되어 있기 때문이다. 중앙은행도 이런 관계를 매우 잘 알고 있다. 따라서 이 같은 환율, 이자율, 인플레이션 사이의 직접적 함수 관계는 중앙은행이 통화정책을 수립할 때 반드시 고려해야 하는 하나의 제약으로 작용한다. 중앙은행이 마주하고 있는 이런 제약과 고민을 이해하면 왜 어떤 나라는 변동환율제도를 채택하고 또 어떤 나라는 고정환율제도를 채택하는지 더 잘 알 수 있다. 그리고 제 2차 세계대전 이후 지금까지의 국제통화질서가 어떻게 변해왔고 왜 변할 수밖에 없었는가에 대해서도 조금 더 쉽게 이해할 수 있다. 그럼 중앙은행의 고민부터 들여다보자.

한 나라의 통화가치는 자주 크게 바뀌는 것보다 안정적인 것이 좋다. 해외에서 상품을 사서 국내에 팔 거나 국내에서 상품을 만들어 해외에 파는 경우를 생각해 보라. 수입 기업의 경우 어떤 상품을 사올 때는 외국 통화로 지불하고, 그 상품을 국내에서 팔 때는 국내 통화로 받는다. 수출 기업의 경우 어떤 상품을 국내에서 만들 때 들어가는 임금이나 임대료 등의 비용은 국내 통화로 지불하지만 그 상품을 해외에다 팔고 받는 건 외국 통화다. 만약 이때 서로 다른 통화 간에 환율이 고정되어 있다면 사업의 위험도 크게 줄어 들어 기업을 안정적으로 운영하는데 도움이 된다. 특히 한국처럼 수입과 수출을 합치면 국가 전체의 GDP에 버금가는 나라에선 많은 기업들이 그 혜택을 받을 수 있다. 개개인도 마찬가지다. 심지어 1년 후 교환학생을 가기 위해 필요한 비용을 따지고 준비할 때도 환율이 안정적이라면 훨씬 수월하게 계획을 세울 수 있다.

문제는 환율을 안정적으로 유지하는 게 결코 쉽지 않다는 데 있다. 더구나 환율을 고정시키거나 어떤 목표 범위 내에 있도록 하기 위해서는 중앙은행의 통화정책에 담겨있는 고유의 국내경기조절 기능을 포기해야만 한다. 예를 들어, 한국정부가 원/달러 환율을 1달러 당 1000원에 고정해두기로 했다고 가정해 보자. 그런데 한국정부가 단순히 "목표환율, 달러 당 1000원"이라고 발표한다고 해서 외환시장에서 사람들이 그대로 받아들이고 거래하는 건 아니다. 사람들이 믿어야 한다. 그리고 사람들을 믿게 만들려면 정부는 실제로 제시한 목표에 맞춰 외환시장에 개입해야 한다. 목표환율을 벗어나는 원화 절상 압력이 생기면 그 때마다 원화를 추가공급해야 하고, 절하 압력이 생기면 또 그 때마다 외환보유고를 풀어 원화를 사들여야 한다. 충분한 외환보유고를 비축해 두지 못했다면 목표환율은 금방 붕괴할 수도 있다. 1997년 외환위기 때처럼 말이다. 그리고 무엇보다도 먼저, 한국은행은 기준금리를 목표환율에 부합하게끔 조정해야 한다. 양국 자산의 위험 프리미엄 차이 등을 일단 무시하면, 목표환율에 부합하는 우리나라의 이자율은 미국의 이자율과 같을 때다. 목표환율이 지속가능하다는 건 환율변화가 없다는 뜻이므로, 앞서 본 이자율등가식으로부터 $S^e - S = 0$이 되고, 이는 다시 '한국금리=미국금리'를 뜻한다.

이제 미국의 연방준비은행이 자국내 노동시장의 빠른 회복 등을 고려해 이자율을 올리기로 결정하면 어떻게 될까? 한국은행도 기준금리를 바로 올려야 한다. 그렇지 않으면 원화는 즉각적인 절하 압력을 받게 된다. 한국의 경기 흐름도 미국과 마찬가지라면 다행이지만, 재고가 쌓이고 고용이 둔화되며 침체기에 접어드는 상황이라면 아주 큰 고민거리가 된다. 그렇다고 국내 여건을 고려해 기준금리 인상을 망설이고 있으면, 외환시장 참가자들은 한국정부의 환율 안정 의지를 의심하게 된다. 그리고 일단 의심이 시작되면, 원화가 머지않아 절하될 것이라는 기대 속에 원화를 한꺼번에 내다 팔려고 할 수도 있다. 이 지점에 다다르면, 원화가치는 더 큰 절하 압력에 노출된다. 자기실현적 예언처럼, 절하에 대한 기대가 절하를 낳는다.

이처럼 고정환율제도를 유지하는 일은 쉽지 않다. 외환 거래와 국내로 드나드는 자금 흐름 자체를 통제하지 않는 한, 각 국의 중앙은행은 자국의 통화정책을 환율안정을 위해 사용할지 국내경기조절을 위해 사용할지 양자택일해야 하는 딜레마에 직면한다. 이 같은 딜레마 앞에서 많은 나라들이 통화정책의 국내경기조절 기능을 지키기 위해 변동환율제도를 선택하고 있는 것처럼 보이지만, 늘 그랬던 것도 아니고 지금 모든 나라들이 그런 것도 아니다. 오히려 절반에 가까운 나라들이 여전히 고정환율제도를 채택하고 있다.

개방경제의 삼자택일과 환율제도

중앙은행이 직면한 고민을 표현하는 말로 국제금융에서 더 잘 알려진 용어는 '딜레마(dilemma, 양자택일)'가 아니라 '트릴레마(trilemma, 삼자택일)'다. 종종 '불가능한 삼색조(impossible trinity)'라고도 불리기도 하는데, 이는 경제학자들이 일반적으로 좋다고 여기는 3가지 미덕 중 1가지는 포기해야 하는 어려움을 뜻한다. 개방경제에서 바람직하다고 여겨지는 3가지 미덕은, (1) 환율 안정, (2) 통화정책의 국내경기조절기능, (3) 자본의 자유로운 이동을 꼽을 수 있다. 이러한 3가지 미덕은 〈그림 9-2〉의 삼각형 꼭짓점에 해당한다. 이 중 최대 2가지 미덕만 동시에 실현 가능한데, 어떤 나라가 선택한 개방경제의 정책제도(변동환율제도, 고정환율제도, 자본통제)는 이렇게 선택한 두 가지 정책적 목표(꼭짓점)를 잇는 삼각형의 각 변에 해당한다.

만약 어떤 나라가 자본의 자유로운 이동을 허용하면서도 환율 안정, 즉 고정환율제도를 채택하려면 통화정책의 국내경기조절기능을 포기해야만 하

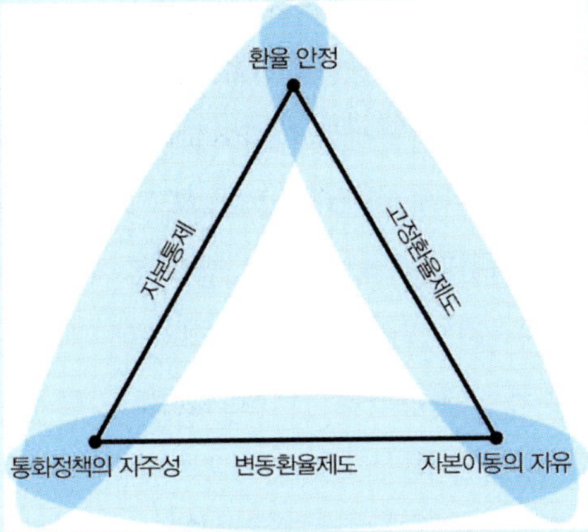

〈그림 9-2〉 개방경제의 삼자택일과 환율제도

고, 환율 안정과 통화정책의 국내경기조절기능을 동시에 원한다면 자본의 자유로운 이동을 통제해야만 하며, 통화정책의 국내경기조절기능을 유지하면서도 자본의 이동을 허용하려면 환율의 안정성을 희생하고 변동환율제도를 채택할 수밖에 없음을 뜻한다.

본문에서는 다만, 자본의 자유로운 이동을 기본적으로 허용한다고 전제하고 환율 안정과 통화정책의 국내경기조절기능 사이의 양자택일을 고민하는 중앙은행의 문제를 논의하고 있다.

9. 세계의 환율제도: 현재와 역사

국제통화기금(IMF; International Monetary Fund)에 따르면 2010년 기준, 완전한 변동환율제도를 채택하는 나라는 전체의 27%에 불과하다. 45%에 달하는 나라들이 고정환율제도를 채택하고 있고, 나머지 28%는 공식적으론 환율 변동을 허용하지만 실제로는 환율 조정을 위해 정부가 외환시장에 적극적으로 개입하는 관리변동환율제도에 가깝다.

고정환율제도는 다시 여러 형태로 나타나는데, 에콰도르, 엘살바도르, 마샬군도처럼 자국 통화를 아예 만들지 않고 미국 달러를 사용하는 극단적인 경우나 파나마와 쿠바처럼 자국의 통화에 별도의 이름을 붙이지만 미국 달러와 1:1 환율을 유지하는 경우부터 홍콩, 싱가폴, 덴마크, 스위스, 아르헨티나, 인도네시아, 이스라엘처럼 자국의 통화가치가 달러나 유로 등 세계의 주요통화에 대해 좁든 넓든 미리 목표한 일정범위 내에 머물도록 하는 경우까지 매우 다양하다.

오늘날 변동환율제도를 채택하고 있는 나라들도 과거에는 고정환율제도를 채택했던 적이 있다. 제 2 차 세계대전이 끝날 무렵, 영미를 중심으로 한 연합국들은 전후 세계경제를 설계한다. 당시 연합국은 제 1 차 세계대전 이후의 세계경제 무질서와 느린 회복이 제 2 차 세계대전의 또 다른 배경을 제공했다고 보고 이를 교훈 삼아 2차 세계대전 이후에는 그런 실수를 피하고자 하였다. 이 때 전후 패전국의 경제 재건을 도울 수 있는 구체적 방안과 더불어 세계경제의 한축인 국제외환질서의 방향에 대해 논의하고 합의하게 된다. 국제통화기금(IMF)도 당시 협약의 한 결과물로 만들어진 것이다.

전후 세계경제질서의 궁극적인 목표는 국제무역을 위축시키거나 제한하지 않으면서도 대외균형을 유지하고 대내적으로는 나라별로 고용과 물가의 안정을 추구하는 것이었다. 이 목표를 당시의 연합국들은 고정환율제도를 통해 구현하고자 하였는데, 국제통화기금은 고정환율제도 하에서 대외균형을 돕도록 만들어진 일종의 장치였던 셈이다. 제 2 차 세계대전 막바지에 44개국의 대표자들이 미국의 브레트우즈라는 작은 마을에 모여 이러한 협약에 서명하였기 때문에 이후 이 때 만들어진 국제외환질서를 브레튼우즈 체제

(Bretton Woods system)라고 부른다.

브레튼우즈 체제의 핵심은, 각국의 통화가치를 달러에 고정시키고 달러의 가치는 금에 고정시키는 방식으로 세계를 하나의 고정환율제도로 묶는 것이다. 단일 고정환율제도에 대한 당시 경제학자들의 환상은 양차 세계대전 사이 기간(1918~1939년) 경험했던 환율의 불안정성이 국제무역을 위축시키고 세계를 불안정하게 만든 주요 원인 중 하나였다는 판단에서 비롯되었다.

브레튼우즈 체제하에서 미국달러의 위치는 매우 특별했다. '종이로 만든 금'이나 마찬가지였기 때문이다. 이런 연유로 미국달러는 세계 상품교역과 자산거래에서 가장 많이 사용하는 기축통화로 쉽게 발돋움할 수 있었다. 아이러니하게도 달러의 이런 특별함은 시간이 흐르면서 브레튼우즈 체제를 붕괴시키는 압력으로 작용하게 된다.

미국은 1960년대 후반 들어 사회복지확대와 월남전으로 인해 정부지출이 확대되고 있었으며 빠른 통화량의 증가로 인해 인플레이션도 높아지고 있었다. 진짜 문제는 미국의 인플레이션이 브레튼우즈 체제 아래에선 다른 나라들로 '수출'될 수밖에 없다는 사실이었다. 기축통화인 미국달러의 양이 빠르게 늘어날 때 다른 통화들의 상대적 가치를 명시된 환율대로 유지하기 위해선 외국의 중앙은행들도 자신들의 통화량을 빠르게 늘여야만 했기 때문이다. 다시 말해 브레튼우즈 체제와 같이 기축통화를 중심으로 전 세계를 하나의 고정환율제도로 둔 상태에서, 기축통화의 인플레이션은 다른 모든 통화의 자동적인 인플레이션을 낳게 된다. 앞서 중앙은행의 고민에서 보았듯이, 어떤 나라가 자국의 통화가치를 고정하고 싶다면 자국의 통화정책은 그 목적에 종속되게 된다. 한 마디로, 미국이 더 많은 달러를 인쇄하면 다른 나라들도 더 많은 자국 통화를 인쇄해야 했던 것이다. 결국 당시 미국의 정치경제적 상황을 보면, 온 세계가 달러를 중심으로 단일 고정환율제도를 유지하는 한, 모든 나라들의 물가가 더 빠르게 오르고 각국의 대내균형은 붕괴되는 방향으로 흘러가고 있었던 셈이다.

브레튼우즈 체제 아래에서 빚어진 이 같은 불균형 상황을 진정시키기 위해선 미국정부가 자국의 인플레이션을 잡거나 달러의 가치를 평가절하거나 적어도 두 가지 중 하나는 해야만 했다. 그러나 당시 사람들은 미국정부가 실업률이 치솟을 수도 있는 큰 위험을 감수하면서 자국의 인플레이션을 낮추기 위해 긴축 통화정책으로 선회할 가능성은 아주 낮다고 보았다. 달러의 평가절하는 불가피한 선택으로 시장에서 받아들여졌던 것이다. 이렇게 되자 국제외환시장에서 달러의 대규모 매각이 일어났고 달러에 대한 평가절하 압력은 더욱 거세지게 되었다. 결국 1973년에 이르러 미국을 비롯한 주요국들이 모여 달러 대비 다른 나라 통화들이 절상될 수 있도록 허용하는데 합의하였다. 당시 이런 합의가 이뤄졌을 때만 해도 고정환율제도를 완전히 폐기하는 것이 아니라 브레튼우즈 체제를 유지하기 위한 일회적이고도 잠정적인 대응책으로 여겨졌다. 그러나 그 뒤로 세계는 하나의 고정환율제도로 복귀하지 못했고, 1973년의 주요국들 간 합의는 브레튼우즈 체제에 대한 사실상의 종언으로 훗날 판명나게 된다.

이렇게 브레튼우즈 체제가 완전한 붕괴를 맞이하게 된 또 다른 배경으로는 1970년대 초 일어난 1차 오일쇼크를 꼽을 수 있다. 1973년 주요석유수출국들에 의해 주도된 산유량 통제로 인해 원유가격이 급격히 상승하였고 온 세계는 소비, 투자, 생산이 위축되고 실업률이 오르는 경기침체기로 빠져들었다. 격심한 경기침체와 유가상승에 따른 인플레이션이 동시에 결합되는 이른바 스태그플레이션(stagflation) 상황이 펼쳐진 것이다. 많은 나라들이 경기침체에서 벗어나기 위해 확장적인 통화정책을 펼쳤고 세계 곳곳에서 인플레이션이 가속화되었다. 그럼에도 불구하고, 불행히도, 실업률은 그다지 줄어들지 않았다. 제 2차 세계대전 이후 잘 작동해오던 것처럼 보였던 실업률과 인플레이션의 반비례 패러다임(이른바 필립스 곡선, Phillips curve)이 더 이상 작동하지 않았던 것이다. 이렇게 되자 세계 주요국들 사이에는 서로 다른 우려들이 생겨났다. 미국을 포함한 여러 나라들이 높은 수준의 인플레이션에도 불구하고 실업률과 싸워보겠다고 확장적 통화정책을 지속하는 가운데, 독일을 포함한 또 다른 나라들은 인플레이션에 대한 걱정이 커지면서 확장적 통화정책을 멈추거나 그 강도를 줄이기 시작했다. 통화정책의 방향이 국가 간 달라진 것이다. 이렇게 되자 여러 나라들이 달러를 중심으로 하나의 거대한 고정환율제도에 참여하는 브레튼우즈 체제는 불가능한 것이 되고 말았다.

그렇다고 애초 브레튼우즈 체제를 만들어 낸 꿈이 완전히 사라진 건 아니다. 양차 세계대전의 고통을 기억하고 있으며, 2차 세계대전을 낳은 여러 배경 중 하나가 1차 세계대전 이후 유럽의 불안정한 통화질서에 있었다고 보는 유럽은 브레튼우즈 체제가 붕괴하자 걱정을 하게 된다. 환율의 변동이 유럽 여러 나라들 사이의 상대가격에 큰 변화를 낳고 불확실성을 키우게 되면 결국 유럽 내 무역은 감소하고 자유무역에 대한 반감도 더 늘어날 것이라는 두려움이 그것이다.

유럽이 갖고 있던 이 같은 두려움은 1979년 독일과 프랑스의 주도로 유럽통화체제(EMS; European Monetary System)를 탄생시키는 동력이 되었다. 유럽통화체제는 참가국들이 서로 환율을 미리 정해진 변동 범위 내에서 움직이도록 하는 환율조정 협정을 기반으로 한다. 출범 당시 참가국은 8개국이었으나 1989년에는 스페인, 1990년에는 영국 등이 추가로 가입하면서 확대되었다. 이는 그 같은 대륙 단일의 고정환율제도가 비교적 잘 운용되었다는 의미이기도 했다.

그러나 좋은 소식은 오래가지 않았다. 영국이 새로 유럽통화체제에 가입하던 그 해 독일은 서독과 동독의 통일을 일궈냈다. 통일에 따른 지출확대 등으로 인해 독일 경제는 경기호황과 인플레이션이 초래되었다. 이렇게 되자 1차 대전 이후 하이퍼인플레이션의 고통을 기억하고 있는 독일의 중앙은행 분데스방크는 인플레이션을 제어하기 위해 급격한 이자율 인상을 추구했다. 문제는 영국, 프랑스, 이탈리아 등 다른 유럽 국가들의 경제적 상황이 통일된 독일이 누리는 경기호황과는 거리가 멀었다는 점이다. 그럼에도 불구하고 처음에는 영국의 영란은행을 포함해 이들 나라의 중앙은행들도 유럽통화체제를 유지하기 위해 독일 분데스방크의 통화정책 방향과 보조를 맞춰 자국의 이자율을 인상하였다. 그러나 이런 긴축적 통화정책은 이들 나라의 경기침체를 심화시켰고 1992년 중반 즈음에 이르러서는 더 이상 지속하기 힘들다는 것이 국제투자자들 사이에서 명백해지고 있었다. 이는 곧 유럽통화체제가 요구하는 변동 범위 내에서 이들 나라의 통화가치를 유지하지 못하리라는 전망이 세력을 얻어 가고 있었음을 의미한다. 결국 1992년 후반으로 접어들면서 영국 파운드를 포함해 이들 나라의 통화는 국제자본의 투기적 공격에 완전히 노출되고 만다. 파운드 가치 방어에 실패한 영국은 유럽통화체제를 떠나고, 다른 남은 회원국들은 환율 변동의 허용 범위를 대폭 확대하는 방식으로 조정할 수밖에 없었다. 다소 느슨해진 유럽통화체제는 1999년 극단적인 고정환율제도의 하나인 통화동맹(monetary union)으로 바뀌고 유로가 도입될 때까지 유지되었다.

우리가 이 장을 시작할 때 보았던 조지 소로스의 이야기는 바로 이런 일련의 과정에서 있었던 하나의 드라마틱한 에피소드에 해당한다. 파운드의 폭락을 확신하고 공매도에 나섰던 조지 소로스가 영란은행을 상대로 엄청난 이익을 남길 수 있었던 건 바로 이 같은 역사적 배경 위에 가능했다. 그렇다고 조지 소로스가 참가했던 외환 게임이 본질적으로 특별한 건 아니다. 오늘날에도 세계의 모든 중앙은행들은 통화정책의 대내균형 기능과 환율안정 기능 간의 상충관계에 직면해 있고, 국제투자자들은 수익을 얻기 위해 불균형이 발생하는 곳을 찾아다닌다. 다만 어떤 나라가 안고 있는 불균형의 정도와 그에 따른 결과의 심각성에서 차이가 날 뿐, 통화정책의 도구인 이자율과 그 부산물인 인플레이션이 환율의 움직임에 직접적인 영향을 미치는 원리는 변하지 않는다. 국제금융의 핵심이 바로 여기에 있다.

■ 참고문헌

Dornbusch, Rudiger, "Expectations and Exchange Rate Dynamics," *Journal of Political Economy*, University of Chicago Press, 84(6), 1976, pp. 1161-1176.

Krugman, Paul, Maurice Obstfeld, and Marc Melitz, *International Economics: Theory and Policy*, 10th eds., Pearson, 2014.
(강정모, 이상규, 이연호 공역, 국제경제학: 이론과 정책, 시그마프레스, 2015)

Mallaby, Sebastian, *More Money Than God: Hedge Funds and the Making of a New Elite*, Penguin, 2010.

IV

Accounting Information and Decision Making

회계정보와 의사결정

| 박 우 진 |

10장 회계와 재무제표의 이해

1. 개관

사람들은 자신이 구입하려는 물품이 궁금할 때 어떻게 할까? 가장 쉽게는 물품 포장지 등에 안내된 정보를 확인하는 방법이 있다. 비싸고, 오래 사용할 물품일수록 구입전에 정보를 더욱 꼼꼼히 살펴볼 것이다. 금융시장에서 주식에 투자하는 경우는 어떨까? 주식에 투자한다는 말은 쉽게 이야기하면 기업에 투자한다는 의미다. 즉, 자신이 관심 있는 회사의 일부를 사는 것과 같다. 그러면 주식에 투자(구매)할 때에는 무엇을 보고 판단해야 할까? 기업에 관한 정보는 어디에 어떤 형태로 존재 하고 있을까? 이에 대한 대답을 제공하는 것이 바로 회계다.

(1) 기업을 아는 방법은?

내가 관심 있는 기업에 대해 알아보는 가장 쉬운 방법은 직접 그 기업을 찾아가 관찰하는 것이다. 하지만 이는 현실적으로 불가능하다. 대신, 기업에 대한 궁금증을 해결해 주는 가장 대표적인 정보가 기업의 회계정보다. 우리나라의 경우 상장기업의 회계정보는 금융감독원 전자공시시스템(http://dart.fss.or.kr)에서 쉽게 찾아볼 수 있다. 전자공시시스템에서 자신이 관심 있는 기업을 검색하면 관련된 여러 가지 보고서를 볼 수 있다. 어떤 보고서를 봐야 우리 목적을 달성할 수 있을까? 답은 재무제표다.

(2) 회계정보의 핵심, 화폐단위 측정과 재무제표

기업의 회계정보는 재무제표라는 보고서를 통해 전달된다. 재무제표는 기업의 다양한 정보를 화폐라는 공통된 측정도구로 측정하여 기록한 보고서다. 이 덕분에 우리는 기업을 쉽게 이해할 수 있다.

가령, 자동차 판매회사와 과자 판매회사를 비교해 보자. 화폐단위 측정이 존재하지 않는다면, 우리는 과자 판매회사를 과대평가할 가능성이 있다. 자동차 판매회사가 1년간 자동차를 100대 판매했고, 과자 판매회사는 과자를 100만 봉지 판매했다고 가정하자. 단순히 판매수량만 비교하면 과자 판매회사가 판매활동을 활발히 한 것으로 생각할 수 있다. 하지만 자동차 1대 가격이 1천만 원이고, 과자 1봉지가 100원이라면 상황은 달라진다. 화폐단위로 측정한 자동차 판매회사의 판매활동은 '100대 × 1천만 원 = 10억 원'이 되고, 과자 판매회사의 판매활동은 '100만 봉지 × 100원 = 1억 원'이다. 우리는 화폐금액을 비교해서 자동차 판매회사의 판매활동이

과자 판매회사보다 10배 정도 크다는 것을 쉽게 이해할 수 있다. 모든 재무제표에는 기업을 구성하고 있는 요소들이 화폐단위로 기록된다. 공장에서 노동을 하는 노동자의 활동은 노무비라는 이름(이를 회계용어로 계정이라 한다)과 화폐금액이 들어가며, 공장의 기계설비는 기계설비 계정과 금액으로 기록된다.

일반적으로 재무제표는 재무상태표(statement offinancial position), 포괄손익계산서(statement of comprehensive income), 자본변동표(statement of change in stockholders' equity), 현금흐름표(statement of cash flows), 주석(notes)을 포함한다. 이들 보고서는 자산(asset), 부채(liability), 자본(net asset, equity), 수익(revenue), 비용(expenses) 등의 구성요소로 이루어져 있다. 기업정보의 핵심인 이들을 하나씩 살펴보도록 하자.

먼저 자산은 기업이 통제하고 있는 재산이다. 예를 들어 기업이 건물이나 공장을 소유하고 있다면 이들은 회사의 자산이 된다. 부채는 기업이 갚아야 할 빚을 말한다. 만약 은행에서 회사가 돈을 빌렸다면, 차입금이라는 부채의 한 종류로 기록된다. 자본은 회사의 순재산(자산)으로 이해할 수 있다.

즉, 자산에서 부채를 차감한 값이다. 현재 회사의 총재산이 10억 원이고 은행이나 채권자에게 갚아야 할 돈이 5억 원이라고 가정하자. 그러면 자산은 10억, 부채는 5억, 자본이 5억으로 계산되고 이는 재무상태표에 기록된다.

수익과 비용은 일정기간 동안(일반적으로 1년) 기업이 벌어들인 돈과 지출한 돈이다. 수익에서 비용을 차감한 것은 이익이라고 표현한다. 이익은 기업의 1년간의 성적(성과)이라고 볼 수 있다. 이 내용은 포괄손익계산서에 기록된다. 기타의 정보는 다른 재무제표를 통해 보고된다.

(3) 회계정보, 자원의 효율적 배분 위한 필요조건

이러한 회계정보는 주식투자나 은행 대출심사 시 활용되며 회사의 신용등급을 평가할 때, 보험회사가 대출이나 투자 대상을 결정할 때에도 기본 자료로 활용된다. 즉, 회계정보는 투자자들이 경제시스템 내에서 가장 돈을 잘 갚을 수 있는 기업, 다른 말로 효율성이 가장 높은 기업에게 투자해 자원을 효율적으로 이용하게 만든다. 요약하자면, 회계는 이러한 모든 금융활동이 원활하게 진행되도록 도와주는 역할을 한다.

2. 회계정보에 신뢰성을 불어넣는 공인회계사

회계정보는 정보제공자(일반기업)와 정보이용자(투자자, 주로 금융회사) 간의 의사소통에 활용되는 기본 자료이다. 자본주의 경제에서 정보제공자는 자금 수요자이며, 정보이용자는 자금 공급자이다. 회계정보는 정보제공자가 작성하므로, 정보이용자에 비해 정보제공자가 더 많은 정보를 가지고 있다. 거래 당사자 간에 발생하는 이러한 현상을 '정보비대칭'이라고 부른다. 정보비대칭은 완전경쟁시장을 저해하는 요소이다. 따라서 이러한 정보비대칭을 줄여(경우에 따라서는 완전히 제거)야만 한다. 그러면 정보비대칭은 어떻게 줄여야 할까? 현실에서는 회계원칙과 외부감사제도라는 두 가지 제도를 이용해 정보비대칭을 줄이고 있다.

(1) 회계원칙과 외부감사제도로 정보비대칭 해소

학생이 공부를 얼마나 잘하는 가는 어떻게 알 수 있을까? 시험을 쳐서 시험 점수를 확인하는 것이 가장 쉽고, 공정한 방법일 것이다. 기업의 경우도 마찬가지이다. 기업 입장에서 시험 점수에 해당하는 것이 회계정보이다. 당기에 성과가 좋은 기업은 이익을 크게 보고할 것이고, 그렇지 않은 기업은 손실을 보고하거나 적은 이익을 보고하게 될 것이다. 기업이 회계정보를 통하여 성과를 보고하는 과정에서 회계원칙은 시험지의 정답과 같은 역할을 한다. 시험을 보았는데 정답이 없다면 모두 다 100점으로 채점할 것이다. 정답이 있어야 오답인지 알고, 올바른 점수가 산출된다. 기업이 회계정보를 만들 때에도 같은 논리가 적용된다.

회계정보를 만드는 기준이 있어야 그 기준에 맞추어 올바른 회계정보를 만들 수 있다.

그럼 외부감사제도는 무엇일까? 위에서 설명한 바와 같이 금융기관 등 투자자는 기업에 자금을 제공하기 전에 기업의 재무상태 등을 알아보기 위해 회계정보를 활용한다.

그런데 이 회계정보는 투자자로부터 자금을 제공받는 기업이 회계기준에 맞춰 작성한 것이다. 따라서 이는 시험을 치고 난 뒤 시험 친 사람에게 정답과 함께 답지를 나눠줘 자신의 답안지를 채점하게 하는 것과 같은 것이다. 물론, 세상에 정직한 사람만 존재한다면 이렇게 하더라도 아무런 문제가 되지 않을 것이다. 하지만 세상에는 꼭 정직한 사람만 있는 것이 아니므로 정답에 맞게 채점했는지 검사하는 사람이 필요하다. 기업이 회계정보를 기준에 맞춰 제대로 작성했는지 검사하는 제도를 외부감사제도라고 하며, 이 역할을 하는 사람이 '공인회계사'이다. 만약 기업이 회계정보를 작성할 때 검사하는 사람이 기업 내부에 있다면, 이는 자신이 채점을 하는 것과 같으므로 외부에 검사하는 사람을 두는 것이다. 따라서 이 두 가지 제도가 원활하게 작동되면 회계정보는 믿을 수 있는 정보가 된다.

(2) 믿고 이용할 수 있는 회계정보 제공

우리가 알고 있는 경제활동의 이면에는 항상 회계정보가 따라다닌다. 펀드매니저가 투자를 할 때, 금융회사가 기업에 대출을 할 때, 국가가 대형공사를 맡길 시공사를 찾을 때에도 제일 먼저 보고 가장 많이 이용하는 것이 상대방 회사의 회계정보이다. 회계정보를 믿을 수 있다면 금융시스템이 원활히 작동되겠지만, 믿을 수 없다면 금융시장은 마비되어 버린다. 왜냐하면 금융시스템은 신뢰를 바탕으로 운영되기 때문이다.

의사나 변호사는 자신이 진료한 환자나 고객에 대해서만 책임을 진다. 그러나 공인회계사는 정보 제공자인 기업과 외부 감사계약을 맺고 대상 기업의 재무제표를 감사하지만, 자신이 감사한 재무제표를 믿고 이용하는 계약 당사자뿐만 아니라 제3의 정보 이용자에 대해서도 일정한 책임을 지고 있다. 공인회계사는 제3자로부터 감사에 대한대가를 받지 않았고, 직접 감사계약을 체결한 것도 아니다. 그럼에도 불구하고 책임을 지도록 하여 자본주의 경제 체제가 원활히 돌아가는데 근간이 되는 회계정보에 신뢰성을 불어넣는 자본주의의 파수꾼 역할을 충실히 하도록 제도화한 것이다.

(3) 직업으로서 공인회계사

우리나라에서는 대학에서 회계 및 경영 관련 학점을 취득하고, 자격시험에 합격 후 일정기간 동안 교육 및 실무의 경력을 쌓아야만 공인회계사가 될 수 있다. 공인회계사는 외부감사 업무 외에도 세무업무·컨설팅·신용평가 등 여러 분야에서 활동이 가능하다. 공공부문에는 국세청·감사원·검찰청 등에서 활동할 수 있다.

회계분야의 다른 전문가로는 기업의 조세업무에 특화된 세무사가 있다. 세무사도 자격시험을 합격한 후 일정기간의 교육과 실무 경험을 쌓아야 한다. 세무사는 조세 상담, 절세 전략, 납세신고서 등을 작성하는 역할을 한다.

공인회계사의 업무는 회계법인을 중심으로 설명하고자 한다. 일정 수 이상의 공인회계사들이 모여 만든 회사를 회계법인이라고 한다. 세계적으로 유명한 회계법인은 PWC(삼일회계법인), Deloitte(안진회계법인), E&Y(한영회계법인), KPMG(삼정회계법인)이며, 이를 Big 4라고 부른다. 한국에서는 Big 4가 위의 괄호 속에 적힌 회계법인과 제휴를 하여 활동하고 있다. 이들 법인은 크게 감사본부 · 세무본부 · 컨설팅본부로 구성되어 있다.

감사본부의 경우 주로 위에서 설명한 감사업무를 하고, 세무본부는 기업의 납세신고서 작성과 세무 컨설팅을 담당한다. 회계사들은 감사본부나 세무본부에 남아서 업무를 계속하는 경우도 있고, 일정 경력을 쌓은 뒤 컨설팅본부로 이동하여 컨설팅 업무를 하기도 한다. 컨설팅 본부는 경기가 좋을 때에는 기업의 효율성을 높일 수 있는 업무를 많이 다루고, 경기가 나쁠 때에는 저평가된 기업을 인수하거나 합병(M&A)하는 업무를 많이 하게 된다.

최근 한국 기업도 다국적화가 많이 이루어져 외국출장 기회가 많이 증가하고 있다. 또한 외국의 다른 지역본부(미국·유럽·호주·일본·싱가포르 등)

와의 교환 프로그램도 잘 되어 있어 외국문화를 느끼고 싶은 사람에게는 좋은 직장으로 생각된다.

사회가 복잡해질수록 더 많은 정보를 필요로 하게 된다. 회계정보도 마찬가지로 고도로 발전된 사회에서의 수요는 점점 더 증가하게 될 것이다. 따라서 미래 사회에선 회계전문가의 역할이 증가하고, 중요해질 것이다.

3. 복식부기원리

(1) 거래의 의의

기업은 이익창출을 위해 재고자산의 구입, 건물의 매입, 상품의 매출 등과 같은 다양한 경영활동을 수행한다. 이러한 경영활동들에 의하여 기업의 재무상태와 경영성과는 변동하게 된다. 이와 같이 경제적 사건들은 기업의 재산상태에 영향을 주게 되며 재산상태에 영향을 주는 경제적 사건을 '거래'라고 한다. 즉, 기업의 경영활동에서 자산, 부채, 자본, 수익, 비용 등에 영향을 미치는 사건을 거래하고 한다.

그런데 일상적인 생활에서 거래라고 말하는 것들이 회계에서는 거래가 아닌 경우도 있다. 예를 들면, 임대차계약, 상품의 매매계약, 근로계약, 원재료의 주문, 담보설정 등은 일상생활에서 거래라고 말하지만 기업의 재산상태를 변동시키지 않기 때문에 회계상 거래가 아니다. 한편, 일상생활에서는 거래가 아니지만 기업의 재산상태를 변동시켜 회계상 거래인 경우도 있다. 예를 들면, 화재, 상품의 도난·분실·파손 등이 이에 해당한다. 따라서 아래의 〈그림 10-1〉과 같이 회계상 거래와 일상생활에서의 거래는 반드시 일치하지는 않는다.

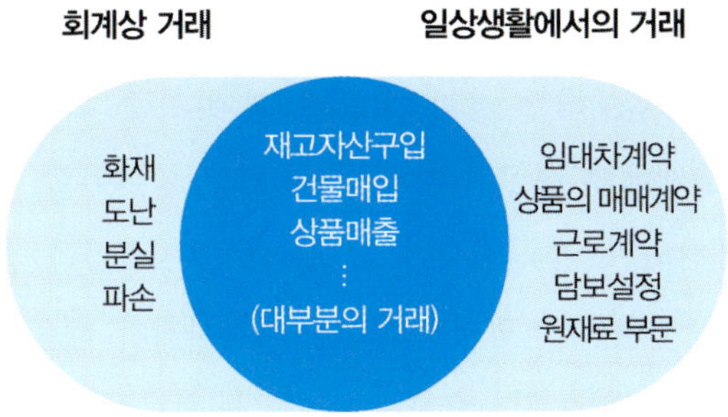

〈그림 10-1〉 회계와 일상생활에서의 거래관계

(2) 거래요소의 결합관계

거래에 의해 기업의 재산상태는 영향을 받게 되는데 이는 결국 기업의 자산, 부채, 자본, 수익 및 비용에 영향을 미치게 된다. 즉, 거래는 자산의 증감, 부채의 증감, 자본의 증감, 수익과 비용의 발생이라는 8가지 요소에 영향을 미치게 되며 이를 거래의 8요소라고 한다. 아래에서는 거래의 요소와 이들 간의 결합관계에 대해 살펴본다.

① 자산

자산은 과거의 결과로 기업이 통제하고 있는 미래 경제적효익이 기업에 유입될 것으로 기대되는 자원을 말한다. 즉, 자산은 다음과 같은 세 가지 특징을 지니고 있다.

1. 미래 경제적효익의 유입
2. 미래 경제적효익에 대한 통제력
3. 과거사건의 결과

가. 미래 경제적효익의 유입

여기에서 자산이 갖는 미래경제적효익이란 현금이 기업에 유입될 잠재력을 말한다. 예를 들면, 자동차 판매회사가 가지고 있는 판매용 자동차는 자산에 해당한다. 왜냐하면, 자동차를 판매하고 판매대가를 매입자로부터 받음으로써 현금의 유입이라는 경제적효익을 가져다 줄 수 있기 때문이다. 또한 통신회사가 고객에게 통신서비스를 제공하고 받아야할 매출채권도 자산에 해당한다. 왜냐하면, 통신회사가 고객에게 통신요금을 받음으로써 매출채권이 현금으로 전환되어 경제적효익을 증가시키기 때문이다. 위와 같이 경제적효익을 증가시키는 자산으로는 상품, 매출채권, 대여금, 건물, 토지 등이 있다.

나. 미래 경제적효익에 대한 통제력

자산이 되기 위해서는 미래경제적효익에 대한 기업의 통제력이 있어야 한다. 예를 들면, 경부고속도로는 기업의 물류비와 물류시간을 감소시킴으로서 기업에 경제적효익의 유입을 가져올 수 있다. 그러나 경부고속도로는 특정한 기업에 의해 통제가 가능하지 않기 때문에 특정 기업의 자산에 해당하지는 않는다. 이와 같이 각종 채권과 부동산을 포함한 많은 종류의 자산은 소유권 등과 같은 법률적 권리에 의해 통제가 가능하다. 따라서 일반적으로 경제적효익에 대한 통제력은 법률적 권리의 결과이다. 그러나 법률적 권리는 경제적효익에 대한 통제력의 필수적인 요소는 아니다. 예를 들어, 기업이 개발활동의 결과로 취득한 핵심기술을 독점적으로 보유함으로써 발생하는 미래의 경제적효익을 통제할 수 있다면 이러한 핵심기술은 법률적 권리가 없더라도 자산의 정의에 충족될 수 있다.

한편, 특허권, 저작권 등과 같은 물리적 형태가 없는 무형의 자원도 미래에 그로인하여 경제적효익을 창출하고 기업에 귀속되어 기업이 통제할 수 있다면 자산에 해당할 수 있다.

다. 과거사건의 결과

기업의 자산은 과거의 거래로 인해 발생한다. 즉, 미래에 발생할 것으로 예상되는 거래나 사건 자체만으로는 자산이 창출되지 않는다. 예를 들어, 재고자산을 구입하고자 하는 의도 자체는 미래의 경제적효익의 유입을 발생시키지 못하기 때문에 자산의 정의를 충족시키지 못한다.

② 부채

부채는 과거 사건에 의하여 발생하였으며 경제적효익의 갖는 자원이 기업으로부터 유출됨으로써 이행될 것으로 기대되는 현재의 의무이다. 즉, 부채는 다음과 같은 세 가지 특징을 지니고 있다.

1. 현재의 의무
2. 미래 경제적효익의 유출
3. 과거사건의 결과

가. 현재의 의무

부채가 되기 위해서는 기업이 기본적으로 현재의 의무를 부담하고 있어야 한다. 여기에서 의무는 구속력 있는 계약이나 법규에 따라 강제화할 수 있어야 한다. 따라서 단순히 미래에 특정 자산을 취득하겠다는 경영진의 약속만으로는 현재의무가 발생하지 않는다. 이러한 현재의 의무로는 매입채무, 차입금 등이 있다.

나. 미래 경제적효익의 유출

기업이 거래상대방의 요구에 따라 현재의무를 이행하기 위해서는 일반적으로 미래 경제적효익을 갖는 자원의 희생을 요구하게 된다. 예를 들어, 기업이 은행으로부터 1억 원을 차입하였다면 이러한 차입금은 부채에 해당한다. 왜냐하면, 차입금 1억을 상환하기 위해서는 현금을 지급 등과 같은 자원의 희생이 필수적으로 수반되기 때문이다.

다. 과거사건의 결과

부채는 거래로 인해 발생한다. 예를 들어, 상품의 구입이라는 거래가 발생하는 경우 매입채무가 생기게 되며 은행으로부터 대출이라는 사건이 발생하는 경우에는 차입금이라는 결과가 생기게 된다.

③ 자본

자본은 기업의 자산에서 모든 부채를 차감한 후의 잔여지분을 말한다. 즉, 자본은 아래와 같이 기업이 통제할 수 있는 미래 경제적효익의 합인 자산에서 모든 현재의 의무인 부채를 차감하여 산정하게 된다.

자산 − 부채 = 자본

위의 자본은 주주의 출연 (또는 배분)으로 증가 (또는 감소)하거나 기업의 영업활동으로 인하여 증가 (또는 감소)할 수 있다. 즉, 기업의 자본은 주주가 출자하는 경우에 증가하고 주주에게 배당금을 지급하는 경우에 감소한다. 또한 자본은 기업이 설립된 이후에 영업활동을 수행하는 과정에서 발생한 이익(수익에서 비용을 차감한 금액)이 존재하는 경우에 증가하며 손실인 경우에는 감소하게 된다.

④ 수익

수익은 주주의 출연을 제외하고 영업활동으로 인하여 증가한 기업의 순자산을 말한다. 이러한 수익에는 기업의 정상영업활동으로 발생한 매출액, 수수료수익, 이자수익, 배당금수익, 로열티수익, 임대료수익 뿐만 아니라 비정상영활동으로 발생한 차익인 유·무형자산 평가이익, 유가증권 평가이익 등도 포함된다.

⑤ 비용

비용이란 주주에 대한 분배를 제외하고 영업활동으로 인하여 감소한 기업의 순자산을 말한다. 즉, 비용은 수익을 창출하기 위해 소비된 경제적 자원을 의미한다. 이러한 비용에는 기업의 정상영업활동에서 발생한 매출원가,

급여, 감가상각비 등뿐만 아니라 비정상적인 영업활동에서 발생한 차손인 재해손실, 유·무형자산 처분손실, 외화환산손실 등도 이에 해당된다.

⑥ 회계등식

기업 재산의 증감 및 변화에 영향을 미치는 거래가 발생하면 이를 일정한 원칙에 따라 장부에 반영해야 한다. 즉, 자산, 부채, 자본, 수익, 비용의 증감 및 변동을 장부에 기록해야 한다. 우선 자본은 자산에서 부채를 차감하여 아래의 식 (1)과 같이 계산된다.

$$\text{자산} - \text{부채} = \text{자본} \qquad \text{식 (1)}$$

위의 식 (1)에서 부채를 우변으로 이동시키면 다음의 식 (2)가 되며 이를 '회계등식(accounting equation)'이라고 한다.

$$\text{자산} = \text{부채} + \text{자본} \qquad \text{식 (2)}$$

위의 식 (2)는 등식이기 때문에 동일한 금액을 좌변과 우변에 더하거나 빼도 등식은 성립하게 된다. 또한 좌변 또는 우변에서만 동액이 증가하거나 감소하더라도 등식은 변동이 없게 된다. 한편, 식 (2)는 자산, 부채 및 자본 등 재무상태의 계정과목만은 표시한 것이며 수익, 비용 등의 포괄손익계산서의 계정과목은 표시되어 있지 않다. 왜냐하면, 경영성과인 수익과 비용은 자본에 별도로 표시되는 것이 아니라 순액으로 자본에 포함되기 때문이다.

따라서 자본을 주주의 출자 또는 분배로 인하여 증감한 금액과 영업활동으로 인하여 증감한 금액(당기의 수익에서 비용을 차감한 금액)을 구분하여 표현하면 다음의 식 (3)과 같다.

$$\text{자산} = \text{부채} + \text{자본} + \text{수익} - \text{비용} \qquad \text{식 (3)}$$

위의 식 (3)에서 비용을 좌변으로 이동시키면 다음의 식 (4)와 같이 된다. 아래의 식 (4)에서 좌변을 차변이라고 하며 우변을 대변이라고 한다. 또한 모든 거래는 차변 항목과 대변 항목이 결합하여 발생하는 데 반드시 아래의 등식 (4)를 따른다.

$$자산+비용=부채+자본+수익 \qquad 식\ (4)$$

즉, 위의 회계등식에 따라 거래의 8요소를 조합한 표를 나타내면 다음과 같다.

차변	대변
자산의 증가	자산의 감소
부채의 감소	부채의 증가
자본의 감소	자본의 증가
비용의 발생	수익의 발생

위의 표에서 자산과 비용이 증가하는 경우에는 차변에 기록하고 감소하는 경우에는 대변에 기록한다. 한편, 부채, 자본 및 수익이 증가하는 경우에는 대변에 기록하며 감소하는 경우에는 차변에 기록하게 된다. 즉, 위와 같이 어떤 거래가 발생하는 경우 차변 또는 대변 항목들이 변동을 하며 이러한 변동사항을 회계등식에 맞추어 장부에 기록하는 것을 복식부기라고 한다. 이러한 복식부기에서는 어떤 거래가 발생하는 경우 차변과 대변에 동시에 동일한 금액이 이중적으로 기록이 되며 이를 '대차평균의 원리'라고 한다.

(3) 계정

① 정의

거래가 발생하면 기업의 자산, 부채, 자본의 증감 및 수익, 비용이 발생하게 된다. 이러한 재무제표의 거래요소들을 구체적인 항목으로 나누어 기록할 필요성이 있다. 즉, 자산, 부채, 자본, 수익 및 비용을 현금, 매출채권, 건물, 매입채무, 차입금, 매출액, 이자수익, 매출원가, 이자비용 등과 같이 각 항목별로 설정된 거래기록의 단위로 구분하는 것이 필요하며 이를 '계정(account)'이라고 한다. 이러한 계정은 아래의 <그림 10-2>와 같이 재무상태표계정과 포괄손익계산서계정으로 구분된다. 재무상태표계정에는 자산계정, 부채계정 및 자본계정이 있으며 포괄손익계산서계정에는 수익계정과 비용계정이 있다.

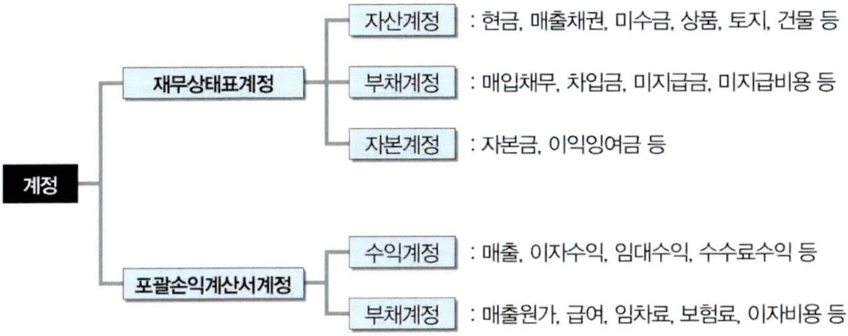

〈그림 10-2〉 계정의 분류

② 기입방법

가. 양식

계정의 형식에는 여러 가지가 있으며 일반적으로 사용하는 방법은 아래의 T계정양식이다. T계정에서 맨 위에는 계정의 명칭을 사용하고 계정의 좌변은 차변(debit), 우변은 대변(credit)이라고 한다.

〈그림 10-3〉 계정의 양식

나. 재무상태표 계정

재무상태표의 계정은 아래의 〈그림 10-4〉와 같이 자산, 부채 및 자본계정이 있다. 자산(예: 현금, 매출채권, 대여금, 상품, 건물, 토지 등) 계정이 증가한 경우에는 차변에 기입하고 감소한 경우에는 대변에 기록한다. 한편, 부채 (예: 매입채무, 차입금, 미지급금, 미지급비용 등)와 자본(예: 자본금, 이익잉여금 등) 계정이 증가한 경우에는 대변에 감소한 경우에는 차변에 기입하게 된다.

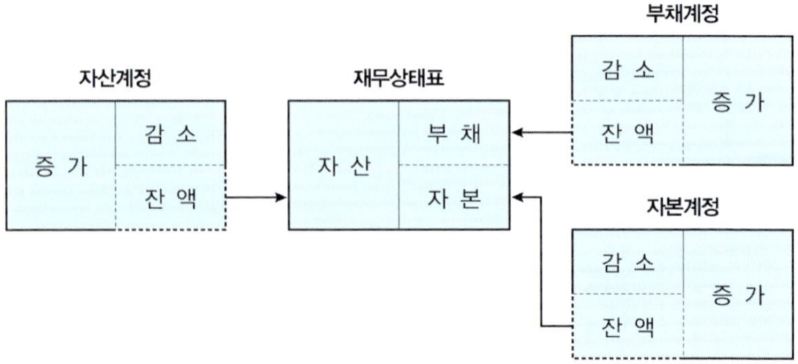

〈그림 10-4〉 재무상태표 계정의 기입방법

다. 포괄손익계산서 계정

포괄손익계산서 계정은 아래의 〈그림 10-5〉와 같이 수익과 비용계정이 있다. 수익(예: 매출, 임대수익, 이자수익 등) 계정이 발생한 경우에는 대변에 소멸한 경우에는 차변에 기록한다. 한편, 비용(예: 매출원가, 급여, 보험료, 임차료, 이자비용, 광고선전비 등) 계정은 발생한 경우에는 차변에 소멸한 경우에는 대변에 기록한다.

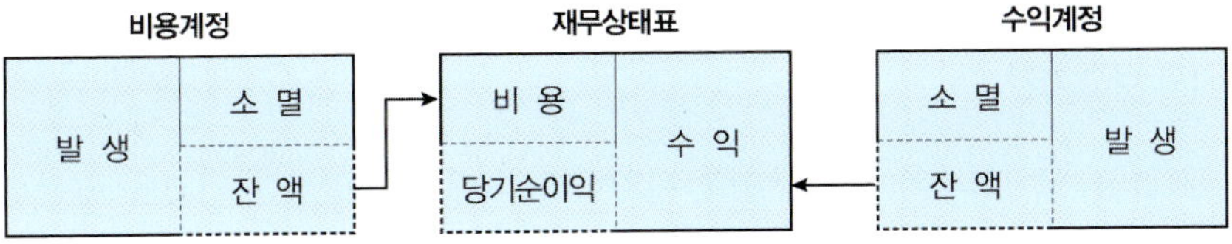

〈그림 10-5〉 포괄손익계산서 계정의 기입방법

(4) 회계장부

회계장부(accounting book)는 기업의 재무상태와 경영성과를 파악하기 위해 기업의 경영활동을 기록하는 장부를 말한다. 이러한 회계장부는 아래의 〈그림 2-6〉과 같이 크게 주요장부와 보조장부로 구분될 수 있다.

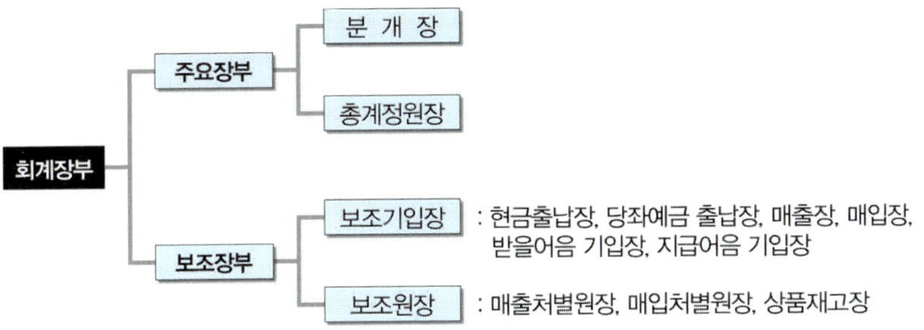

〈그림 10-6〉 회계장부

주요장부는 기업의 모든 거래를 총괄적으로 기록하는 장부로써 분개장과 총계정원장이 있다. 한편, 보조장부는 주요장부를 제외한 나머지 장부를 말하며 보조기입장과 보조원장이 있다. 즉, 주요장부에 기록된 현금, 당좌예금, 매출, 매입, 받을어음, 지급어음 등의 변동을 상세히 기록하는 보조기입장과 매출처별원장, 매입처별원장, 상품재고장 등과 같이 총계정원장의 내역을 보충적으로 기록하는 보조원장이 있다.

(5) 보고기간

기업의 경영성과와 재무상태를 파악하기 위해서는 일정한 기간을 구분해야 한다. 이와 같은 기간을 보고기간이라고 하며 보고기간은 1년 이상이어서는 안 된다. 즉, 기업의 재무상태와 경영성과는 적어도 1년마다 파악해야 하며 보고기간이 시작되는 시점을 기초라고 하며 끝나는 시점을 기말이라고 한다. 또한 보고하고자 하는 해당 기간을 당기라고 하며 이전 기간을 전기 다음 기간을 차기라고 부른다. 기초가 1월 1일이고 기말이 12월 31일인 경우의 보고기간을 나타내면 다음의 〈그림 10-7〉과 같다.

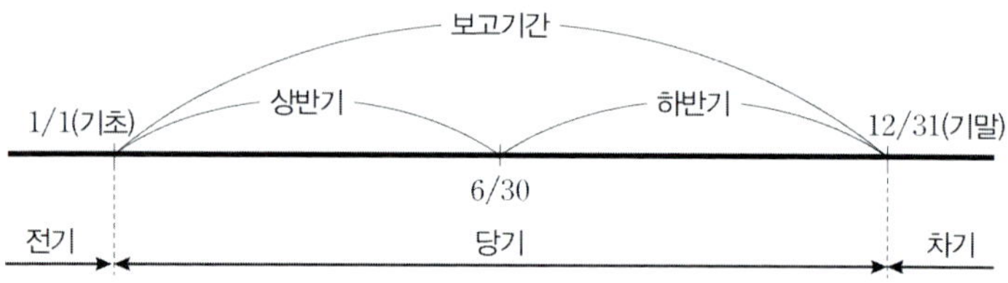

〈그림 10-7〉 보고기간

4. 사례를 통한 재무제표(재무상태표와 손익계산서)작성 및 이해

(1) 의의

거래가 발생하면 이를 장부에 기록하고 재무제표를 작성하게 되는데 이러한 과정은 매 보고기간마다 반복적으로 수행되고 있는데 이를 '회계순환과정(accounting cycle)'이라고 한다. 회계순환과정을 크게 구분하면 다음과 같이 기중 거래의 기록과 결산과정으로 나눌 수 있다.

1. 거래의 기록
   ① 거래의 분개
   ② 거래의 전기
2. 결산
   ① 수정전 시산표 작성
   ② 기말수정분개
   ③ 수정후 시산표 작성
   ④ 장부마감
   ⑤ 포괄손익계산서와 재무상태표 작성

기중에 거래가 발생하면 관련된 내용을 분개장에 기록해야 한다. 예를 들면, 거래를 어느 계정에 얼마의 금액으로 어떻게 기록할 것인가를 결정해야 하는데 이러한 절차를 '분개(journalizing)'라고 한다. 즉, 분개란 회사의 자산, 부채, 자본의 증감 및 수익, 비용의 발생을 회계등식에 따라 체계적으로 기록하는 것을 말한다. 한편, 분개장에 기록된 거래들은 재무제표를 작성하기 위해서 각각의 계정별로 총괄하여 옮겨 적어야 하는데 이를 '전기(posting)'라고 하며 이들 계정이 설정된 장부를 '원장(ledger)' 또는 '총계정원장(general ledger)'이라고 한다.

기중에 거래를 분개장에 기록하고 총계정원장에 전기를 끝낸 이후에 당기 중에 발생한 거래를 정리하고 재무상태와 경영성과를 확정짓는 과정을 거치는데 이를 '결산(closing)'이라고 한다. 결산과정은 크게 수정전 시산표 작성, 기말수정분개, 수정후 시산표 작성, 장부마감 및 포괄손익계산서와 재무상태표의 작성 등 5단계로 이루어진다. 기중 거래의 기록과 결산의 과정을 다음의 〈사례 10-1〉을 통해 구체적으로 살펴보도록 한다.

다음은 종현상사의 20×1년 1월 1일부터 20×1년 12월 31일까지의 거래를 나타낸 것이다.

1월 1일 현금 ₩3,000,000을 출자하여 영업을 시작하였다.
2월 1일 은행에서 ₩1,200,000을 차입하였다.
2월 23일 상품 ₩1,000,000을 매입하고 대금 중 ₩500,000은 현금으로 지급하고 잔액은 외상으로 하다.
2월 28일 2월 23일에 구입한 상품 중 50%를 ₩1,000,000에 외상매출하다.
5월 21일 매입채무 ₩250,000을 현금으로 지급하다.
5월 28일 종업원 급여 ₩200,000을 현금으로 지급하다.
7월 1일 건물 ₩500,000을 현금으로 구입하다.
7월 1일 채권 ₩500,000을 현금을 주고 구입하였다.
8월 1일 화재보험에 가입하고 1년분 보험료 ₩120,000을 현금으로 지급하였다.
9월 1일 건물에 대한 1년분 임대료 ₩240,000을 현금으로 받다.
11월 20일 매출채권 ₩500,000을 현금으로 받다.
12월 12일 광고선전비 ₩10,000을 현금으로 지급하였다.

(2) 거래의 기록

① 거래의 분개

일자별 발생거래를 분개(회계처리)하면 다음과 같다.

• 1월 1일

현금이라는 자산이 증가(차변)하고 자본금이라는 자본이 증가(대변)한다.

(차) 현금	3,000,000	(대) 자본금	3,000,000

• 2월 1일

현금이라는 자산이 증가(차변)하고 차입금이라는 부채가 증가(대변)한다.

(차) 현금	1,200,000	(대) 차입금	1,200,000

• 2월 23일

상품이라는 자산이 증가(차변)하고 현금이라는 자산의 감소(대변)와 매입채무라는 부채의 증가(대변)가 발생하였다.

(차) 상품(또는 매입)	1,000,000	(대) 현금	500,000
매입채무	500,000		

• 2월 28일

매출채권이라는 자산이 증가(차변)하고 매출이라는 수익이 증가(대변)하였다.

(차) 매출채권	1,000,000	(대) 매출	1,000,000

• 5월 21일

매입채무라는 부채가 감소(차변)하고 현금이라는 자산이 감소(대변)하였다.

(차) 매입채무	250,000	(대) 현금	250,000

• 5월 28일

현금이라는 자산이 감소(대변)하고 종업원 급여라는 비용이 증가(차변)하였다.

(차) 종업원 급여	200,000	(대) 현금	200,000

• 7월 1일

현금이라는 자산이 감소(대변)하고 건물이라는 자산이 증가(차변)하였다.

(차) 건물	500,000	(대) 현금	500,000

• 7월 1일

현금이라는 자산이 감소(대변)하고 채권이라는 자산이 증가(차변)하였다.

(차) 채권	500,000	(대) 현금	500,000

• 8월 1일

현금이라는 자산이 감소(대변)하고 보험료라는 비용이 증가(차변)하였다.

(차) 보험료	120,000	(대) 현금	120,000

• 9월 1일

현금이라는 자산이 증가(차변)하고 임대수익이라는 수익이 증가(대변)하였다.

(차) 현금	240,000	(대) 임대수익	240,000

• 11월 20일

현금이라는 자산이 증가(차변)하고 매출채권이라는 자산이 감소(대변)하였다.

(차) 현금	500,000	(대) 매출채권	500,000

• 12월 12일

현금이라는 자산이 감소(대변)하고 광고선전비라는 비용이 증가(차변)하였다.

(차) 광고선전비	100,000	(대) 현금	100,000

② 거래의 전기

기업들은 자산, 부채, 자본, 수익 및 비용의 각 항목들에 대한 구체적인 계정을 설정하고 각 계정의 증감을 분개장에서 총계정원장에 다음의 〈그림 10-8〉과 같은 순서로 전기를 한다.

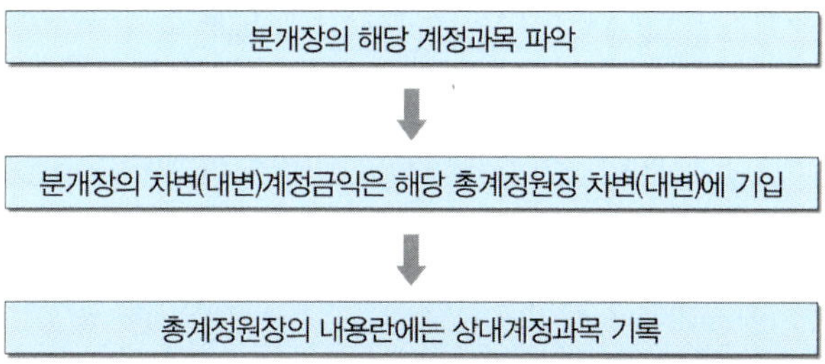

〈그림 10-8〉 총계정원장에 전기하는 방법

즉, 분개장의 해당 계정과목을 파악하여 분개장의 차변(대변)계정금액은 해당 총계정원장의 차변(대변)에 기입하고 총계정원장의 내용란에는 분개장에 기록된 해당 분개의 상대계정과목을 기록한다. 위의 〈사례 10-1〉의 거래를 총계정원장에 전기하면 다음과 같다.

현금

1/1	자본금	₩3,000,000	2/23	상품(또는 매입)	₩500,000
2/1	차입금	1,200,000	5/21	매입채무	250,000
9/1	임대수익	240,000	5/28	종업원급여	200,000
11/20	매출채권	500,000	7/1	건물	500,000
			7/1	채권	500,000
			8/1	보험료	120,000
			12/12	광고선전비	100,000
				기말잔액	2,770,000
		4,940,000			₩4,940,000

상품(또는 매입)

2/23 현금	₩500,000	기말잔액	₩1,000,000
매입채무	500,000		
	₩1,000,000		₩1,000,000

매출채권

2/23 매출	₩1,000,000	11/20 현금	₩500,000
		기말잔액	500,000
	₩1,000,000		₩500,000

건 물

7/1 현금	₩500,000	기말잔액	₩500,000
	₩500,000		₩500,000

채 권

7/1 현금	₩500,000	기말잔액	₩500,000
	₩500,000		₩500,000

차입금

기말잔액	₩1,200,000	2/1 현금	₩1,200,000
	₩1,200,000		₩1,200,000

매입채무

5/21 현금	₩250,000	2/23 상품	₩500,000
기말잔액	250,000	(매입채무)	
	₩500,000		₩500,000

자본금

기말잔액	₩3,000,000	1/1 현금	₩3,000,000
	₩3,000,000		₩3,000,000

매 출

당기총액	₩1,000,000	2/28매출채권	₩1,000,000
	₩1,000,000		₩1,000,000

임대수익

당기총액	₩240,000	9/1 현금	₩240,000
	₩240,000		₩240,000

종업원급여

5/28 현금	₩200,000	당기총액	₩200,000
	₩200,000		₩200,000

보험료

8/1 현금	₩120,000	당기총액	₩120,000
	₩120,000		₩120,000

광고선전비

12/12 현금	₩100,000	당기총액	₩100,000
	₩100,000		₩100,000

(3) 결산

① 수정전 시산표 작성

일정기간 동안 발생한 모든 거래가 분개장에서 총계정원장의 각 계정에 정확하게 전기되었는지를 조사하기 위해 작성하는 표가 시산표(trial balance)이다. 즉, 분개장에서 총계정원장으로 올바르게 전기된 경우에는 대차평균의 원리에 따라 시산표의 모든 계정의 차변합계와 대변합계는 일치하게 된다. 시산표에는 잔액시산표, 합계시산표 및 합계잔액시산표 등 3가지 종류가 있다.

가. 잔액시산표

잔액시산표는 총계정원장의 각 계정의 잔액만을 모아서 하나의 표로 만든 것이다. 즉, 총계정원장의 각 계정의 차변잔액을 시산표의 차변에 기입하고 각 계정의 대변잔액을 시산표의 대변에 기입하게 된다. 〈사례 3-1〉의 총계정원장을 토대로 잔액시산표를 작성하면 다음과 같다.

잔액시산표

차 변	계정과목	대 변
₩2,770,000	현금	–
1,000,000	상품	–
500,000	매출채권	–
500,000	건물	–
500,000	채권	–
–	차입금	₩1,200,000
–	매입채무	250,000
–	자본금	3,000,000
–	매출	1,000,000
–	임대수익	240,000
200,000	종업원급여	–
120,000	보험료	–
100,000	광고선전비	–
₩5,690,000		₩5,690,000

나. 합계시산표

합계시산표는 총계정정원장의 각 계정의 증가와 감소 금액의 총액을 모아서 하나의 표로 만든 것이다. 즉, 총계정원장 각 계정의 차변합계액은 시산표의 차변에 기입하고 대변합계액은 시산표의 대변에 기입한다.〈사례 10-1〉의 총계정원장을 토대로 합계시산표를 작성하면 다음과 같다.

합계시산표

차 변	계정과목	대 변
₩4,940,000	현　　금	₩2,170,000
1,000,000	상　　품	–
1,000,000	매출채권	500,000
500,000	건　　물	–
500,000	채　　권	–
–	차 입 금	1,200,000
250,000	매입채무	500,000
–	자 본 금	3,000,000
–	매　　출	1,000,000
–	임대수익	240,000
200,000	종업원급여	–
120,000	보 험 료	–
100,000	광고선전비	–
₩8,610,000		₩8,610,000

다. 합계잔액시산표

합계잔액시산표는 합계시산표와 잔액시산표를 하나의 표로 작성한 것이다. 〈사례 10-1〉의 총계정원장을 토대로 합계잔액시산표를 작성하면 다음과 같다.

합계잔액시산표

차 변		계정과목	대 변	
잔 액	합 계		합 계	잔 액
₩2,770,000	₩4,940,000	현　　금	₩2,170,000	–
1,000,000	1,000,000	상　　품	–	–
500,000	1,000,000	매출채권	500,000	–
500,000	500,000	건　　물	–	–
500,000	500,000	채　　권	–	–
–	–	차 입 금	1,200,000	₩1,200,000
–	250,000	매입채무	500,000	250,000
–	–	자 본 금	3,000,000	3,000,000
–	–	매　　출	1,000,000	1,000,000
–	–	임대수익	240,000	240,000
200,000	200,000	종업원급여	–	–
120,000	120,000	보 험 료	–	–
100,000	100,000	광고선전비	–	–
₩5,690,000	₩8,610,000		₩8,610,000	₩5,690,000

② 기말수정분개

결산과정에서 아직 발생기준에 따라 작성되지 않은 자산, 부채, 자본, 수익 및 비용을 추가적으로 인식해야 되는데 이를 '기말수정분개(adjusting entries)'라고 한다. 이러한 기말수정분개에는 다음과 같이 3가지가 있다.

1. 매출원가의 산정
2. 감가상각비 계상
3. 손익의 결산정리

가. 매출원가의 산정

수정전 시산표상의 상품(또는 매입)계정은 매출원가를 반영하기 전의 금액이다. 따라서 시산표상의 금액을 토대로 기말수정을 통하여 당기의 매출된 상품의 원가를 산정해야 한다. 매출원가는 다음과 같이 기초 상품재고액에 당기 매입액을 가산하고 기말 상품재고액을 차감하여 결정한다.

매출원가=기초 상품재고액+당기 매입액−기말 상품재고액

만약, 위의 〈사례 10-1〉에서 기초 상품재고액이 없으며 기말 상품재고액이 ₩500,000이라면 매출원가는 ₩500,000(₩0+₩1,000,000−₩500,000)이 된다. 한편, 매출원가를 산정하기 위한 기말수정분개는 다음과 같다.

(차) 기말 상품	500,000	(대) 기초 상품	0
매출원가	500,000	당기 상품(또는 매입)	1,000,000

따라서 수정전 시산표에 매출원가산정과 관련된 기말수정분개를 반영한

수정후 시산표를 작성하면 다음과 같다. 즉, 수정전 시산표의 당기 매입상품 ₩1,000,000은 수정분개를 통해 매출원가 ₩500,000과 기말 상품 ₩500,000으로 수정되었다.

수정전 시산표

⋮	⋮
상품(매입) 1,000,000	
⋮	
	매출 1,000,000
	⋮

+기말수정분개 ➡

수정후 시산표

⋮	⋮
상품(기말) 500,000	
매출원가 500,000	
⋮	매출 1,000,000
	⋮

나. 감가상각비 계상

기업은 영업활동을 수행하기 위해서 건물, 기계장치, 비품 등을 사용한다. 이러한 자산들은 한정된 수명을 가지고 있기 때문에 일정한 기간 동안에 사용할 수 있다. 따라서 위의 자산들은 그 자산을 취득하는 시점이 아니라 수명 (내용연수) 동안 비용으로 인식하는 것이 타당하다. 이와 같이 그 자산의 취득원가를 사용할 기간 동안에 비용으로 배분하는 것을 '감가상각(depreciation)'이라고 한다. 예를 들어, 〈사례 10-1〉에서 건물의 내용연수가 5년인 경우 매년 마다 동일한 금액을 감가상각비로 장부에 계상한다고 가정할 경우 20×1년 건물의 감가상각비는 ₩50,000(₩500,000÷5년×1/2)이 된다. 왜냐하면, 종현상사는 기계장치를 20×1년 7월 1일에 취득하였기 때문에 연 상각액 ₩100,000의 50%만을 상각해야 하기 때문이다.

한편, 위의 감가상각비에 대한 기말수정분개를 나타내면 다음과 같다. 즉, 감가상각비라는 비용이 ₩50,000 증가(차변)하였으며 동시에 건물이 ₩50,000 감소(대변)하였다. 다만, 건물에서 ₩50,000을 직접적으로 차감하지 않고 감가상각누계액이라는 계정과목을 사용하여 간접적으로 감소시키고 있다.

(차) 감가상각비	50,000	(대) 감가상각누계액	50,000

위의 감가상각누계액은 자산의 차감적 항목으로 수정후 시산표에서는 아래와 같이 대변에 나타나지만 재무상태표에 표시할 때에는 해당자산에서 차감하여 표시한다. 즉, 재무상태표에 표시되는 건물의 가액은 ₩450,000 (₩500,000－₩50,000)이 된다. 위와 같이 자산의 취득원가에서 감가상각누계액을 차감한 금액을 장부금액(book value)이라고 한다.

수정전 시산표

⋮	⋮
건물 500,000	
⋮	

+기말수정분개 ➡

수정후 시산표

⋮	⋮
건물 500,000	
감가상각비 500,000	감가상각누계액 50,000
⋮	⋮

다. 손익의 결산정리

당기에 현금으로 주고 받은 수익 또는 비용에는 차기에 귀속되는 수익 또는 비용이 있을 수 있다. 한편, 실제로 당기에는 현금으로 주고 받은 금액이 없으나 당기의 수익 또는 비용에 속하는 것도 있다. 이와 같이 수정전 시산표에 나타난 수익과 비용은 회계상 기간손익을 계산하기 위한 정확한 수익과 비용에 해당하지 않을 수 있기 때문에 이들 금액을 조정하는 회계처리를 해야 하면 이러한 것을 '손익의 결산정리'라고 한다. 손익의 결산정리는 아래의 〈그림 10-9〉와 같이 발생과 이연이 있다.

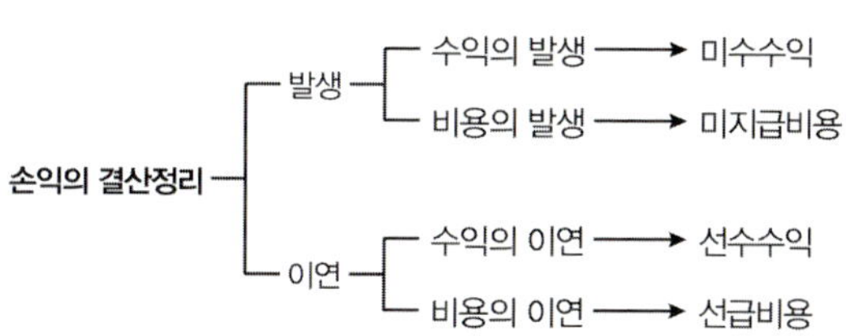

〈그림 10-9〉 손익의 결산정리

가) 미수수익

수익은 발생하였으나 기말까지 현금을 수취하지 못하여 아무런 회계처리를 하지 않은 경우에 발생한 수익은 장부에 기록해야 하는데 이를 '수익의 발생'이라고 한다. 즉, 당기의 수익에 속하나 미수분이 있는 경우에 미수분에 해당하는 수익만큼을 수익계정의 대변에 기입함과 동시에 자산계정에 미수수익으로 차변에 기록한다. 이러한 미수수익의 항목으로는 미수이자, 미수수수료, 미수임대료 등이 있다. 위의 〈사례 10-1〉에서 채권에 대한 이자를 20×2년 6월 30일에 ₩100,000을 수취하기로 되어 있다면 20×1년의 이자수익은 ₩50,000(₩100,000×6/12)가 되며 이에 대한 기말수정분개를 하면 다음과 같다.

차변	대변
(차) 미수수익(미수이자) 50,000	(대) 이자수익 50,000*

* ₩100,000×6/12=₩50,000

즉, 20×2년 6월 30일에 채권에 대한 이자 ₩100,000을 수취하지만 이 중 ₩50,000(₩100,000×6/12)은 20×1년에 발생한 것이므로 ₩50,000을 20×1년의 이자수익으로 계상하고 동액만큼 미수수익(미수이자)으로 처리해야 한다. 위의 사항을 수정후 시산표에 반영하면 다음과 같다.

수정전 시산표

차변	대변
⋮	⋮
미수수익 0	이자수익 0
⋮	⋮

+기말수정분개 ➡

수정후 시산표

차변	대변
⋮	⋮
미수수익 50,000	이자수익 500,000
⋮	⋮

나) 미지급비용

비용은 발생하였으나 기말까지 현금을 지급하지 않았기 때문에 아무런 회계처리를 하지 않았다면 발생한 비용을 장부에 기록해야 하면 이를 '비용의 발생'

이라고 한다. 즉, 당기에 해당하는 비용으로써 미지급분이 있는 경우에 미지급분에 해당하는 비용만큼 비용계정의 차변에 기록하고 부채의 계정과목인 미지급비용으로 대변에 기입하게 된다. 이러한 미지급비용의 항목으로는 미지급이자, 미지급수수료, 미지급임차료 등이 있다. 위의 〈사례 10-1〉에서 당기에 발생한 종업원에 대한 급여 ₩10,000을 20×2년 1월 30일에 지급하기로 되어 있다면 20×1년 추가로 장부에 기입해야 할 종업원급여는 ₩10,000가 되며 이에 대한 기말수정분개를 나타내면 다음과 같다.

(차) 종업원 급여	10,000	(대) 미지급비용(미지급급여)	10,000

즉, 20×2년 1월 30일에 종업원에 대한 급여 ₩10,000을 지급하지만 이 금액은 20×1년에 발생한 것이므로 ₩10,000을 20×1년의 종업원 급여로 계상하고 동액만큼 미지급비용(미지급급여)으로 처리해야 한다. 위의 사항을 수정후 시산표에 반영하면 다음과 같다.

수정전 시산표			수정후 시산표	
⋮	⋮		⋮	⋮
종업원급여 0	미지급비용 0	+기말수정분개 →	종업원급여 10,000	미지급비용 10,000
⋮	⋮		⋮	⋮

다) 선수수익

당기에 수익으로써 이미 현금으로 받은 금액 중에서 차기의 수익에 속하는 부분에 대해서는 당기의 수익에서 차감하는 동시에 부채인 선수수익으로 계상해야 한다. 즉, 선수수익에 해당하는 금액만큼 수익을 소멸시키고 동시에 부채계정을 대변에 기입함으로써 관련된 선수수익을 차기로 이월시키는데 이를 '수익의 이연'이라고 한다. 이러한 선수수익에는 선수이익, 선수수수료, 선수임대료 등이 있다. 위의 〈사례 3-1〉에서 9월 1일에 건물에 대한 1

년분 임대료 ₩240,000을 현금으로 받고 수정전 시산표에는 수익으로 기입하였다. 그러나 아래의 〈그림 10-10〉과 같이 당기에 임대료 ₩240,000을 수취하였다 하더라도 당기분 임대수익은 ₩80,000(₩240,000×4/12)이며 나머지 ₩160,000(₩240,000×8/12)은 차기의 임대수익이다.

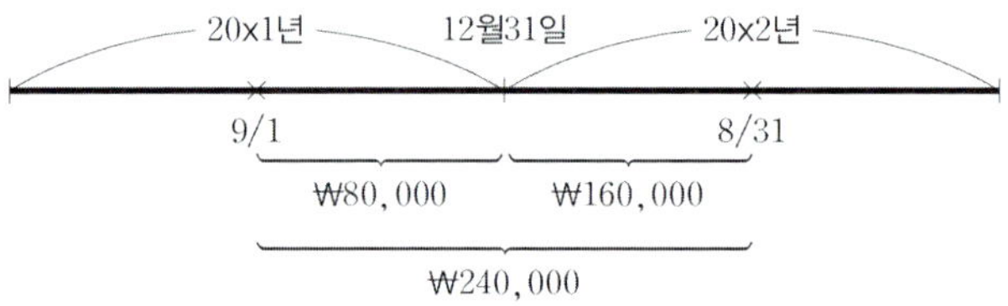

〈그림 10-10〉 임대수익의 귀속연도

따라서 당기에 현금으로 수취한 임대료 ₩240,000 중 ₩160,000은 임대수익에서 차감하여 선수수익(선수임대료)로 아래와 같이 대체시켜야 한다.

(차) 임대수익	160,000	(대) 선수수익(선수임대료)	160,000*

* ₩240,000×8/12

한편, 위의 사항을 수정후 시산표에 반영하면 다음과 같다.

수정전 시산표

⋮	⋮ 임대수익 240,000 선수수익 0 ⋮

+기말수정분개 ➡

수정후 시산표

⋮	⋮ 임대수익 80,000 선수수익 160,000 ⋮

라) 선급비용

당기에 현금으로 지급하여 비용으로 기록한 금액 중 차기의 비용에 해당하는 부분이 있는 경우에는 차기에 속하는 비용을 당기의 비용에서 차감하고 자산의 계정과목인 선급비용으로 기록하는데 이를 '비용의 이연'이라고 한다.

이러한 선급비용에는 선급보험료, 선급이자, 선급임차료 등이 있다. 위의 〈사례 10-1〉에서 8월 1일 화재보험에 가입하고 1년분 보험료 ₩120,000을 현금으로 지급하고 수정전 시산표에는 비용으로 기입하였다. 그러나 아래의 〈그림 10-11〉와 같이 당기에 보험료 ₩120,000을 지급하였다 하더라도 당기분 보험료는 ₩50,000(₩120,000×5/12)이며 나머지 ₩70,000(₩120,000×7/12)은 차기의 보험료이다.

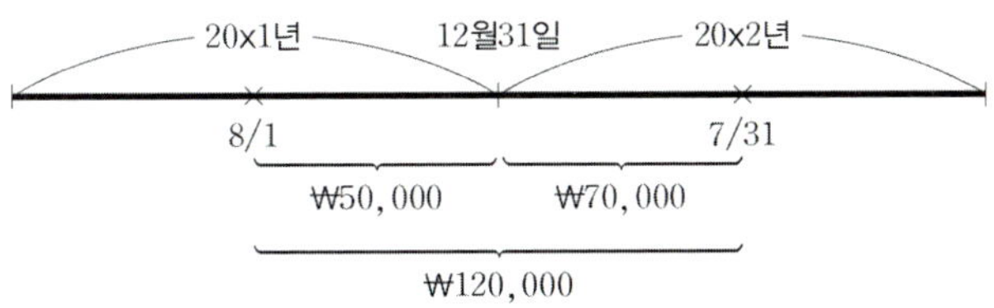

〈그림 10-11〉 보험료의 귀속연도

따라서 당기에 현금으로 지급한 보험료 ₩120,000 중 ₩70,000은 보험료에서 차감하여 선급비용(선급보험료)로 아래와 같이 대체시켜야 한다.

(차) 선급비용(선급보험료)	70,000	(대) 보험료	70,000*

* ₩120,000×7/12

한편, 위의 사항을 수정후 시산표에 반영하면 다음과 같다.

수정전 시산표

차변	대변
⋮	
선급보험료 0	⋮
보험료 120,000	
⋮	

+기말수정분개 →

수정후 시산표

차변	대변
⋮	
선급보험료 70,000	⋮
보험료 50,000	
⋮	

③ 수정후 시산표 작성

아래의 〈그림 10-12〉와 같이 수정전 시산표에서 기말수정분개를 반영하면 수정후 시산표가 도출된다.

수정전 시산표 + **기말수정분개** = **수정후 시산표**

〈그림 10-12〉 수정후 시산표의 도출

위의 〈사례 10-1〉의 수정전 시산표에서 위에서 언급한 기말수정분개를 반영한 수정후 시산표를 도출하면 다음과 같다.

수정후시산표

현금	₩2,770,000	차입금	₩1,2000,000
상품	500,000	매입채무	250,000
매출채권	500,000	미지급비용(미지급급여)	10,000
건물	500,000	선수수익(선수임대료)	160,000
채권	500,000	감가상각누계액	50,000
선급비용(선급보험료)	70,000		
미수수익(미수이자)	50,000		
		자본금	3,000,000
매출원가	500,000	매출	1,000,000
종업원급여	210,000	임대수익	80,000
보험료	50,000	이자수익	50,000
광고선전비	100,000		
감가상각비	50,000		
	₩5,800,000		₩5,800,000

④ 장부마감

가. 포괄손익계산서 계정

수익과 비용은 당기의 경영성과를 나타내기 때문에 차기의 경영성과에 영향을 미쳐서는 아니된다. 따라서 당기의 수익과 비용계정은 차기로 이월시키지 않고 이를 집합시켜 자본의 이익잉여금계정에 대체하고 차기의 수익과 비용은

'0'에서 출발해야 한다. 즉, 수익과 비용계정은 하나의 보고기간이 종료되면 이익잉여금에 집합된 뒤 '0'으로 되는데 이러한 절차를 '마감(closing)'이라고 한다. 위의 〈사례 10-1〉에서 수익과 비용계정을 마감하면 다음과 같다.

(차) 매출	1,000,000	(대) 매출원가	500,000
임대수익	80,000	종업원급여	210,000
이자수익	50,000	보험료	50,000
광고선전비	100,000		
감가상각비	50,000		
이익잉여금	220,000		

나. 재무상태표 계정

재무상태표 계정의 마감은 별도의 회계처리 없이 총계정원장의 최종잔액에 차기이월이라고 기입하는 것으로 종료된다. 왜냐하면 재무상태표 계정은 포괄손익계산서 계정과는 다르게 차기에 '0'에서부터 시작되는 것이 아니라 전기의 최종잔액에서부터 시작되기 때문에 전기의 최종잔액을 그대로 차기로 이월시키면 되기 때문이다.

⑤ 포괄손익계산서와 재무상태표 작성

수정후 시산표를 이용하여 〈사례 10-1〉의 포괄손익계산서와 재무상태표를 작성하면 다음과 같다.

포괄손익계산서

매출원가	₩500,000	매출	₩1,000,000
종업원급여	210,000	임대수익	80,000
보험료	50,000	이자수익	50,000
광고선전비	100,000		
감가상각비	50,000		
당기순이익	220,000		
	₩1,130,000		₩1,130,000

재무상태표

자산			부채	
현금		₩2,770,000	차입금	₩1,200,000
상품		500,000	매입채무	250,000
매출채권		500,000	미지급비용(미지급급여)	10,000
건물	500,000		선수수익(순수임대료)	160,000
감가상각누계액	(50,000)	450,000	자본	
채권		500,000	자본금	3,000,000
선급비용(선급보험료)		70,000	이익잉여금	220,000
미수수익(미수이자)		50,000		
		₩4,840,000		₩4,840,000

참고문헌

문두철, 박우진, "관리회계의 이해" 2판, 신론사, 2016.

문두철, 박우진, 최병철, "재무회계의 이해" 2판, 신론사, 2016.

송상엽, 이상효, 최영훈, 박우진, "IFRS 원가 관리회계," 도서출판 웅지, 2009.

11장 원가와 단기의사결정

1. 개관

우리는 10장에서 이익은 수익에서 비용을 차감한 것이라는 것을 배웠다. 즉, 기업의 성과인 이익은 수익과 비용을 정확하게 측정하면 자연스럽게 도출되는 것이다. 그러면 수익과 비용 중 어느 것이 측정하기 어려울까? 잠시 생각해보면 바로 답을 찾을 수 있을 것이다. 당연히 수익을 측정하는 것이 훨씬 수월하다. 수익은 단위당 판매가격과 판매수량만 집계하면 언제든지 구할 수 있다. 하지만 비용과 관련된 정보는 수익을 측정하는 것처럼 간단하지 않다. 수익에 대응되는 비용을 산출하기 위해서는 먼저 원가라는 개념을 알아야 한다. 따라서 원가에 대한 내용을 먼저 살펴보자.

"원가이하세일", "치킨원가", "커피전문점의 커피원가", "기회비용(기회원가)", "아파트 분양원가", "매몰원가", 등 사실 우리는 알게 모르게 원가(Cost)라는 단어를 사용하고 있다. 하지만 이러한 용어를 사용하고 있는 사람들에게 원가가 무엇인지를 질문하면 명쾌하게 답을 하는 사람은 거의 없다. 무의식중에 많이 사용하지만 답을 정확히 하지 못하는 이유는 무엇일까? 그 이유는 원가의 개념이 다양하기 때문이다. 즉, 원가개념이 다양하게 존재하고, 어떤 목적으로 그 원가를 계산하느냐에 따라서 적합한 원가는 달라진다. 사람들이 가장 일반적으로 생각하는 원가는 "제품이나 서비스를 생산하는 과정에서 사용된 돈(제조원가)" 정도로 이해하고 있을 것이다. 하지만 판매가격을 의사결정하는 과정에서는 제조원가에 광고비, 물류비, 기타 판매비 등을 포함한 총 원가 정보를 이용하여야만 기업은 이익을 낼 수 있을 것이다. 또한 기존 사업이 있는 상태에서 신규사업을 시작하는 경우에는 실제로 지출되는 비용뿐만 아니라 실제로는 지출되지 않는 기회비용도 계산을 해야만 하는 경우도 있다.

또한 회계적 관점에서도 원가는 다양하게 사용된다. “매출원가, 재료원가, 노무원가 등”에 사용된 원가는 비용을 의미하지만, “기계의 취득원가, 상품의 원가, 건물의 취득원가 등”에 사용된 원가는 자산을 의미한다. 이와 같이 원가는 목적에 따라 여러 가지 모습으로 달라진다. 따라서 일반인 들이 답을 못하는 것이 당연하다고 할 수 있다.

이 장에서 우리는 의사결정과 관련된 내용을 공부하게 될 것이다. 이에 앞서 여러 가지 형태의 원가개념을 먼저 이해하고 이를 활용하여 의사결정에 어떻게 사용되는 지를 사례를 통해 이해해 보고자 한다. 즉, 원가측정을 논하기 전에 원가가 무엇인지를 먼저 정립하는 것이 필요해 보인다.

2. 원가의 분류와 추정

(1) 원가의 분류

일반적으로 원가(cost)란 ‘어떤 재화나 용역을 얻기 위해 투입한 경제적 자원을 화폐가치로 평가한 것’을 말한다. 이러한 원가는 사용하는 목적에 따라 다양한 유형으로 분류할 수 있으며 이를 측정하는 방법도 여러 가지이다. 즉, 아래의 〈그림 11-1〉과 같이 제조활동, 원가동인, 의사결정과의 관련성, 경영자의 통제가능성 등에 따라 다양하게 분류할 수 있다.

우선 원가는 제품원가에 포함되는냐의 여부에 따라 제조원가와 비제조원가로 구분된다. 제조원가는 직접재료원가, 직접노무원가 및 제조간접원가 등과 같이 제품의 원가를 구성하는 항목들인데 반해 비제조원가는 판매비와 관리비 등과 같이 제품원가를 구성하지 않는 항목이다.

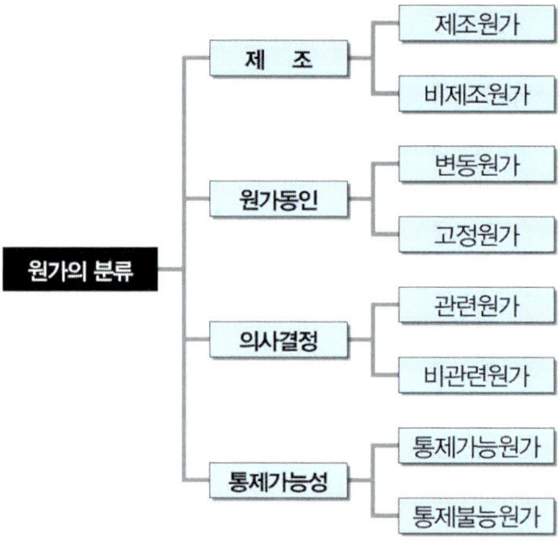

〈그림 11-1〉 원가의 분류

다음으로 원가동인(예: 생산량, 판매량 등)의 수준과의 관련성 여부에 따라 변동원가(variable cost)와 고정원가(fixed cost)로 구분된다. 변동원가는 원가동인의 수준이 변화함(예: 생산량이나 판매량이 늘거나 주는 경우 등)에 따라 비례적으로 변화하는 원가를 말하며 고정원가는 원가동인의 수준과 관계없이 일정하게 발생하는 원가를 의미한다.

원가는 경영자의 의사결정과의 관련성에 따라 관련원가(relevant cost)와 비관련원가(irrelevant cost)로 구분된다. 즉, 다양한 대안 중 대안간에 차이가 발생하지 않는 원가를 비관련원가라고 하고 차이가 존재하는 원가를 관련원가라고 한다. 예를 들면, 결합제품의 분리점에서 경영자가 즉시 판매 또는 추가가공 후 판매에 대한 의사결정을 하는 경우 분리점 이후에 발생한 추가가공원가는 관련원가가 되지만, 분리점 이전에 발생한 결합원가는 비관련원가라고 할 수 있다.

마지막으로 원가는 경영자 등의 통제가능성 여부에 따라 통제가능원가(controllable cost)와 통제불능원가(uncontrollable cost)로 구분된다. 즉,

특정 관리자가 원가발생을 통제할 수 있으면 통제가능원가에 해당하는 것이며 통제가 불가능하면 통제불능원가가 된다. 예를 들면, 생산공장의 관리책임자의 경우에 당해 생산공장에서 발생한 원가는 통제가능원가이지만, 본사의 관리부서에서 발생하는 원가는 통제불능원가에 해당한다. 또한 원가의 통제가능성에 따라 책임여부가 결정된다. 즉, 생산공장의 관리책임자는 생산공장에서 발생한 원가에 대해서는 책임을 지지만, 본사의 관리부서에서 발생한 원가에 대해서는 책임을 부담하지 않는다.

(2) 원가의 행태

원가행태(cost behavior)는 원가동인의 수준에 따라 원가가 일정한 형태를 유지하면서 변화할 때 그 변화되는 형태를 말한다. 원가의 행태를 파악하는 것은 경영자가 과거의 경영성과를 평가하고 미래의 원가를 예측하는데 중요한 정보를 주기 때문에 경영자의 의사결정과정에서 중요한 비중을 차지한다. 원가의 행태는 아래의 〈그림 11-2〉와 같이 크게 변동원가, 고정원가, 준변동원가, 준고정원가 등 네 가지로 구분된다.

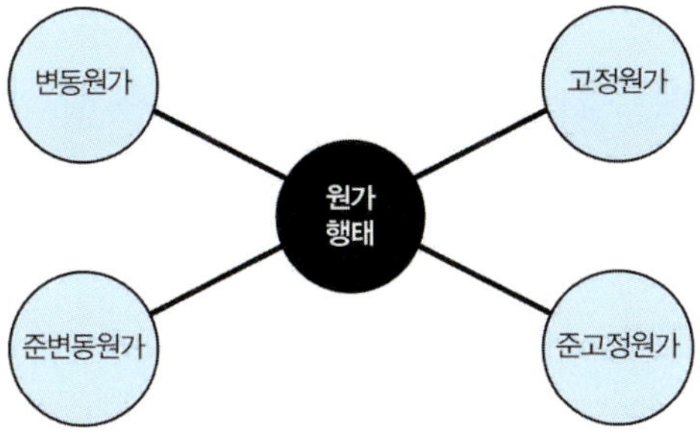

〈그림 11-2〉 원가의 행태

① 변동원가

변동원가(variable cost)는 원가동인의 수준변동(예: 생산량, 판매량 등)에 따라 총원가가 비례적으로 변화하는 원가를 의미한다. 예를 들면, 직접재료원가, 직접노무원가, 매출액에 따라 지급되는 판매수수료 등이 이에 해당한다. 원가동인의 수준과 변동원가의 관계를 나타내면 〈그림 11-3〉과 같다.

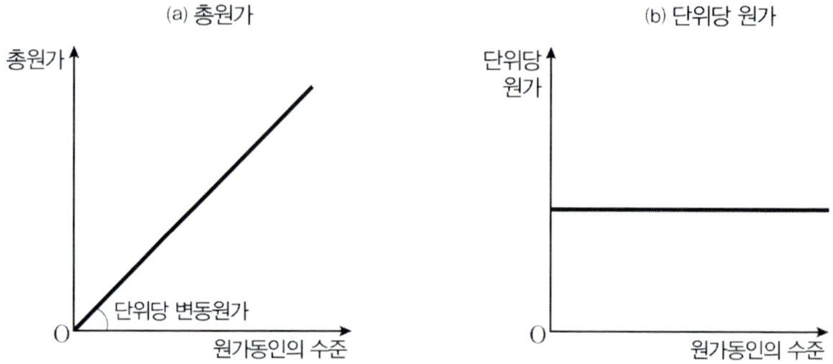

〈그림 11-3〉 변동원가의 행태

위의 그림에서 (a)는 원가동인의 수준과 총변동원가의 관계를 나타낸 것이며 총변동원가선의 기울기는 단위당 변동원가를 의미한다. 한편, (b)는 원가동인의 수준과 단위당 변동원가의 관계를 나타낸 것이다. 위의 그림에서 알 수 있듯이 변동원가의 경우 원가동인의 수준이 증가할수록 총변동원가는 비례적으로 증가하고 있음을 알 수 있다. 그러나 단위당 변동원가는 원가동인의 수준과는 상관없이 일정한 값을 가짐을 알 수 있다.

② 고정원가

고정원가(fixed cost)는 원가동인의 수준과는 상관없이 일정한 총원가가 변동하지 않고 일정한 금액을 가지는 원가를 말한다. 예를 들면, 공장이나 기계장치의 감가상각비, 사무직 임직원의 급여, 임차료, 세금 등이 이에 해당한다. 이러한 원가는 제품을 1단위 생산하든, 100단위 생산하든지에 상관없이 일정한 기간 동안 동일한 금액이 발생하기 때문에 고정원가에 해당한다. 원가동인의 수준과 고정원가의 관계를 나타내면 〈그림 11-4〉와 같다.

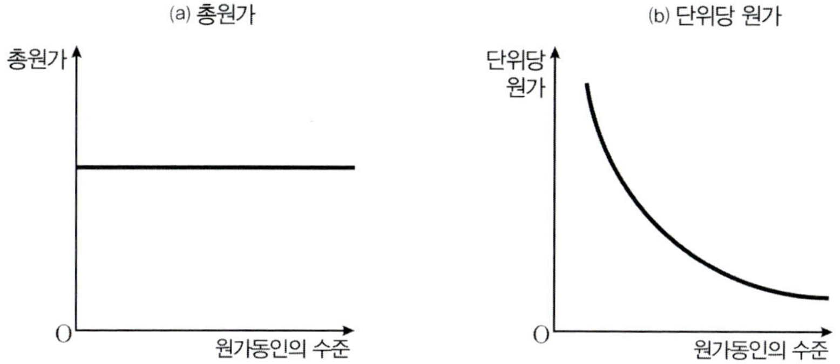

〈그림 11-4〉 고정원가의 행태

위의 그림에서 (a)는 원가동인의 수준과 총고정원가의 관계를 나타낸 것이다. 총고정원가는 원가동인의 수준이 변동하더라도 일정한 값을 가지므로 기울기가 0인 직선으로 표시된다. 또한 (b)는 원가동인의 수준과 단위당 고정원가의 관계를 나타낸 것인데 단위당 고정원가는 원가동인의 수준이 증가할수록 낮아지는 것을 알 수 있다. 예를 들면, 기계장치의 감가상각비가 연간 ₩1,000이 발생한다고 가정하면 기업에서 제품을 연간 10단위를 생산하는 경우에는 제품 1단위당 감가상각비는 ₩100이 된다. 그러나 연간 100단위를 생산하는 경우에는 연간 발생하는 감가상각비는 ₩1,000으로 일정하지만, 제품 1단위당 감가상각비는 ₩10으로 줄어들게 된다. 즉, 총고정원가는 원가동인의 수준과 상관없이 일정하게 발생하지만, 단위당 고정원가는 원가동인의 수준이 증가할수록 낮아지게 된다.

③ 준변동원가

준변동원가(semi-variable cost)는 원가동인의 수준에 따라 비례적으로 발생하는 변동원가와 원가동인의 수준과는 상관없이 일정하게 발생하는 고정원가의 두 가지 요소가 합쳐진 원가를 의미한다. 이러한 준변동원가는 아래의 〈그림 11-5〉와 같이 변동원가와 고정원가의 두 가지 특징을 모두 지니

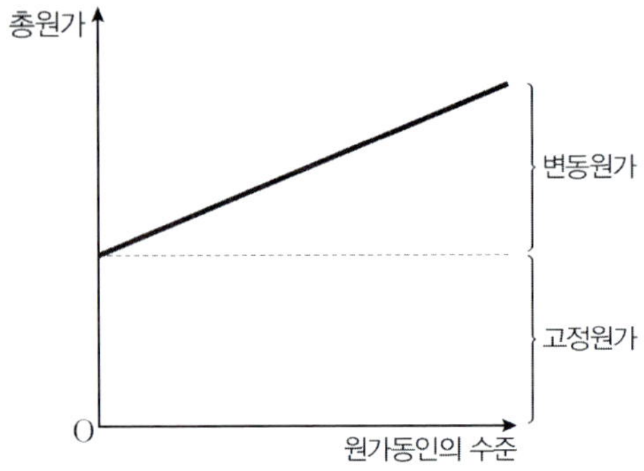

〈그림 11-5〉 준변동원가의 행태

고 있기 때문에 혼합원가(mixed cost)라고도 한다.

위의 그림과 같은 준변동원가의 예로는 전기료, 수도료 등이 있다. 전기료, 수도료 등의 총원가에는 고정원가의 기본료와 변동원가의 사용료가 함께 포함되어 있다. 즉, 이러한 준변동원가는 원가동인의 수준이 0이더라도 일정 금액이 기본적으로 발생하지만, 원가동인의 수준이 증가함에 따라 변동원가 부분은 비례적으로 증가하게 된다.

④ 준고정원가

준고정원가(semi-fixed cost)는 원가동인 수준범위 내에서는 고정원가와 동일하게 일정한 금액이 발생하지만, 그 수준범위를 벗어나면 총원가가 달라지는 원가를 말한다. 준고정원가의 행태는 일반적으로 아래의 〈그림 11-6〉과 같이 계단의 모양을 가지고 있기 때문에 계단원가(step cost)라고도 하다.

준고정원가는 생산과정에 투입되는 요소들이 불가분성(indivisibility)을 가지기 때문에 발생한다. 예를 들면, 현재의 기계장치 1대를 완전 가동하여

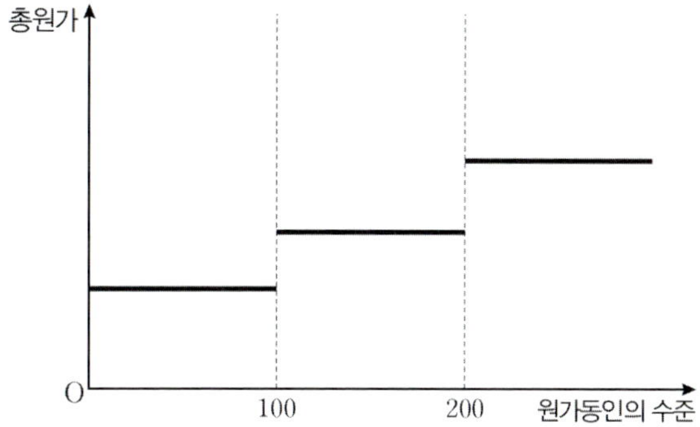

〈그림 11-6〉 준고정원가의 행태

자동차를 연간 100대를 생산한다고 가정하자. 그런데 자동차의 생산량을 100대 이하로 줄여도 이 기계장치에 대한 감가상각비는 줄어들지 않는 고정원가이다. 만약, 생산량을 50% 늘려 자동차를 150대 생산하려면 기계장치를 추가적으로 1대 더 구입해야 한다. 이 경우 구입 가능한 최소규모의 기계장치의 생산량이 100대라면 이 기업의 총생산능력은 200대가 되며 실제로 기업이 생산하는 자동차 150대와는 상관없이 기계장치 2대에 해당하는 감가상각비가 발생할 것이다. 즉, 이 기업은 자동차를 100대와 200대 사이에서 생산하는 경우 동일한 감가상각비가 발생하게 된다.

(3) 원가의 추정

원가추정(cost estimation)이란 원가동인의 수준과 총원가의 관계를 찾아내는 것이다. 원가를 추정하는 목적은 미래의 원가를 예측하여 경영자의 의사결정에 유용한 정보(예: 제품의 판매가격 결정 등)를 제공하고 미래의 경영활동을 통제하기 위해서이다. 원가의 추정은 일반적으로 하나의 원가동인만이 존재하고 관련 범위 내에서 원가행태가 선형이라는 가정한다. 원가를 추정하는 방법은 아래의 〈그림 11-7〉과 같이 계정분석법, 고저점법, 회귀분

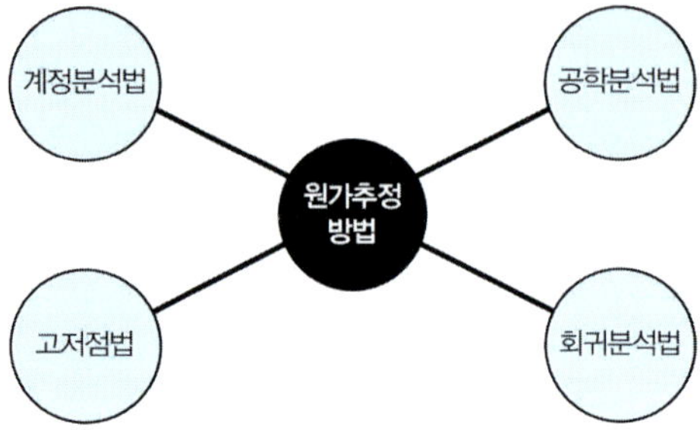

〈그림 11-7〉 원가추정의 방법

석법, 공학분석법 등 네 가지를 사용한다.

① 계정분석법

계정분석법(account analysis)은 과거의 각 장부계정의 잔액을 이용하여 미래의 원가를 예측하는 방법이다. 구체적으로 일정기간 동안 장부계정 상에 기록된 원가를 변동원가와 고정원가로 구분한 다음 아래와 같은 원가방정식을 추정한다.

$$Y = a + b\ X$$ (단, X: 원가동인, Y: 총원가)

위의 원가추정식에서 a는 과거의 고정원가계정의 합이고 b는 과거의 변동원가의 합을 과거의 원가동인의 총량으로 나눈 원가동인 단위당 변동원가를 의미한다. 계정분석법에 의한 원가추정을 다음의 〈사례 11-1〉을 통해 살펴본다. (주)상희는 자동차를 생산하는 기업이며, 20×1년 원가 및 생산량의 자료는 다음과 같다.

계정분석법에 따라 원가를 추정하기 위해서는 우선 (주)상희의 장부계정에 나타난 원가들을 전문가적 판단에 따라 변동원가와 고정원가로 구분해야

〈사례 11-1〉

구분	원가행태	변동원가	고정원가	계
직접재료원가	변동원가	₩100,000	–	₩100,000
직접노무원가	변동원가	200,000	–	₩200,000
제조간접원가				
전기수도료	변동원가	70,000	–	₩70,000
소모품비	변동원가	30,000	–	₩30,000
감가상각비	고정원가	–	₩130,000	₩130,000
임차료	고정원가	–	220,000	₩220,000
제조원가		₩400,000	₩350,000	₩750,000
생산량	400대			
단위당 원가		@1,000	@875	@1,875

한다. (주)상희는 직접재료원가, 직접노무원가, 전기수도료, 소모품비를 변동원가로, 감가상각비와 임차료를 고정원가로 구분하였다. (주)상희의 연간 생산량이 400대이므로 단위당 변동원가는 ₩1,000 {(₩100,000+₩200,000+₩70,000+₩30,000)÷400대}이고, 고정원가는 ₩350,000 (₩130,000+₩220,000)이 된다. 따라서 계정분석법에 의한 원가추정식은 다음과 같다.

예상 총제조원가=₩350,000+₩1,000×**예상 생산량**

위와 같은 계정분석법에 의한 원가추정방법은 추정이 용이하고 신속하며 비용이 적게 소요된다는 장점이 있는 반면, 각 계정을 변동원가와 고정원가로 구분하는 과정에서 자의적이고 주관적 판단이 많이 개입되어 신뢰성이 떨어진다는 한계점도 존재한다.

② 고저점법

고저점법(high-low method)은 과거 원가동인의 수준이 최고점과 최저점일 때의 원가자료를 이용하여 원가방정식을 추정하는 방법이다. 즉, 아래와 같이 원가동인 단위당 변동원가를 구하고 이를 이용하여 총고정원가를 산출하게 된다.

단위당 변동원가=(최고점에서의 총원가－최저점에서의 총원가)
÷(최고점－최저점)
총고정원가=최고점에서의 총원가－단위당 변동원가×최고점
=최저점에서의 총원가－단위당 변동원가×최저점

고저점법에 의한 원가추정을 다음의 〈사례 11-2〉를 통해 살펴본다. (주)상희는 자동차를 생산하는 기업이며, 20×1년에서 20×4까지 원가 및 생산량의 자료는 다음과 같다.

〈사례 11-2〉

구분	20×1	20×2	20×3	20×4
직접재료원가	₩100	₩180	₩220	₩280
직접노무원가	200	320	430	500
제조간접원가				
전기수도료	70	110	150	180
소모품비	30	50	80	100
감가상각비	130	160	250	300
임차료	220	240	250	300
제조원가	₩750	₩1,060	₩1,380	₩1,660
생산량	4대	6대	8대	10대

고저점법에 의해서 원가를 추정할 때에는 원가동인 수준의 최고점과 최저점의 원가자료를 사용해야 한다. 〈사례 11-2〉에서 원가동인이 생산량이므로 연간 생산량이 가장 많은 20×4 연도와 가장 적은 20×1 연도의 자료를 이용하면 된다. (주)상희의 원가동인 단위당 변동원가는

₩151.67{(₩1,660－₩750)÷(10대－4대)}

이고, 고정원가는

₩143(₩750－₩151.67×4대)

이 된다. 따라서 고저점법에 의한 원가추정식은 다음과 같다.

예상 총제조원가＝₩143.33＋₩151.67×**예상 생산량**

위와 같은 고저점법에 의한 원가추정방법은 각 계정을 변동원가와 고정원가로 구분하는 과정이 없어 계정분석법보다는 객관적인 방법이라고 할 수 있다. 그러나 최고점과 최저점이라는 극단적인 두 원가동인의 수준만을 이용하여 원가행태를 추정하기 때문에 비정상적인 결과를 초래할 수 있다. 왜냐하면, 만약 최고점과 최저점의 원가동인수준이 비정상적인 생산활동에서 발생한 것이라면 이러한 추정결과는 정상적인 생산활동에서의 원가추정의 정보로는 부적합하기 때문이다.

③ 회귀분석법

회귀분석법(regression analysis method)은 설명변수인 X가 한 단위 변화함에 따른 종속변수인 Y의 평균적인 변화량을 측정하여 X와 Y의 관계를 가장 적절하게 나타내는 추정식을 찾아내는 통계적 방법이다. 회귀분석 중 가장 일반적으로 사용되는 방법이 최소자승법(least square method)이다. 최소자승법은 아래의 〈그림 11-8〉과 같이 추정선과 실제 자료점의 수직거리인 추정오차를 제곱한 값들의 합이 최소화되도록 추정선을 찾는 방법이다. 여기에서 추정오차의 값들을 제곱하는 이유는 추정오차는 양 또는 음의 값을 가지므로 제곱하지 않으면 서로 상쇄되기 때문이다.

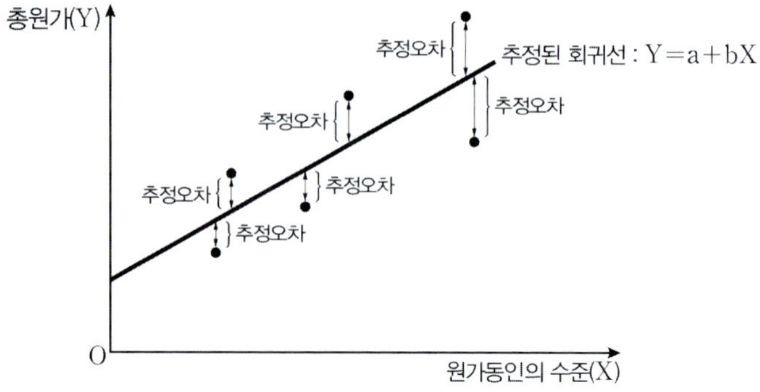

〈그림 11-8〉 회귀분석법

최소자승법에서는 원가동인 단위당 변동원가와 총고정원가를 다음과 같이 계산한다.

단위당 변동원가=(표본의 수×ΣXY−ΣX×ΣY)÷(표본의 수×ΣX2−(ΣX)2)

총고정원가=ΣY÷표본의 수 − 단위당 변동원가 × ΣX÷표본의 수

최소자승법에 의한 원가추정을 위의 〈사례 11-3〉를 통해 살펴본다.

〈사례 11-3〉 (단위: 대, ₩)

연도	생산량 (X)	제조원가 (Y)	X×Y	X2
20×1	4	750	3,000	16
20×2	6	1,060	6,360	36
20×3	8	1,380	11,040	64
20×4	10	1,660	16,600	100
계	28	4,850	37,000	216

(주)상희의 원가동인 단위당 변동원가는

₩152.5{(4×37,000－28×4,850)÷(4×216－28²)}

이고, 고정원가는

₩145(4,850÷4－₩152.5×28÷4)

이 된다. 따라서 최소자승법에 의한 원가추정식은 다음과 같다.

예상 총제조원가=₩145+₩152.5×예상 생산량

최소자승법에 의한 회귀분석을 이용하는 경우 비정상적인 생산활동으로 인한 예측결과의 편향성을 방지하고자 정상적인 생산활동의 결과가 아닌 비정상적인 생산활동의 결과는 분석대상에서 제외해야 한다. 따라서 최소자승법을 이용한 회귀분석은 원가추정의 예측정확도가 비교적 높은 방법 중에 하나이다. 참고로 회귀분석의 정확도를 나타내는 지표로는 결정계수가 있는데, 결정계수(R^2)는 추정된 회귀식이 해당 자료를 얼마나 잘 설명하고 있는지를 측정한다. 결정계수는 0에서 1의 값을 가지며 1에 가까울수록 추정된 회귀식이 해당 자료를 보다 잘 설명하고 있다고 본다.

④ 공학분석법

공학분석법(engineering analysis method)은 과거의 유사한 원가자료가 없는 경우에 사용되는 방법으로 제품을 생산하기 위해 투입된 자원과 생산 이후 산출되는 결과 간의 관계를 계량적으로 분석하여 원가방정식을 추정하는 방법이다. 일반적으로 직접재료원가는 제품의 설계도나 생산계획을 참조하여 예상 소비량을 구하고 예상 단가를 곱하여 계산한다.

예상 직접재료원가 = 예상 소비량 × 예상 단가

한편, 직접노무원가는 시간연구, 동작연구 등과 같은 작업측정법(work measurment method)을 사용하여 필요 작업시간을 구하고 시간당 임률을 곱하여 계산한다.

예상 직접노무원가 = 예상 필요 작업시간 × 시간당 임률

공학분석법은 직접재료원가와 직접노무원가는 비교적 정확하게 계산하나 나머지 제조원가는 주관적 경험에 기초하여 추정한다. 예를 들면, 제조간접원가 등은 직접노무원가의 일정 비율로 추정한다. 이러한 공학분석법은 과거의 원가자료가 없는 경우에도 유용하게 사용할 수 있으며 비교적 원가추정이 정확하다는 장점이 있다. 그러나, 원가를 추정하는 데 시간과 비용이 많이 소요된다는 한계점도 동시에 지니고 있다.

3. 관련원가와 의사결정

(1) 의의

의사결정(decision making)이란 선택 가능한 다양한 대안들(alternatives) 중에서 경영자의 목적을 가장 효율적으로 달성할 수 있는 최적의 대안을 선택하는 것을 말한다. 의사결정은 아래의 〈그림 11-9〉과 같이 기간에 따라 크게 단기와 장기의사결정으로 나뉠 수 있으며 단기의사결정은 다시 경영자의 일상적인 경영활동과 관련된 의사결정과 특수한 상황하에서의 의사결정으로 구분될 수 있다.

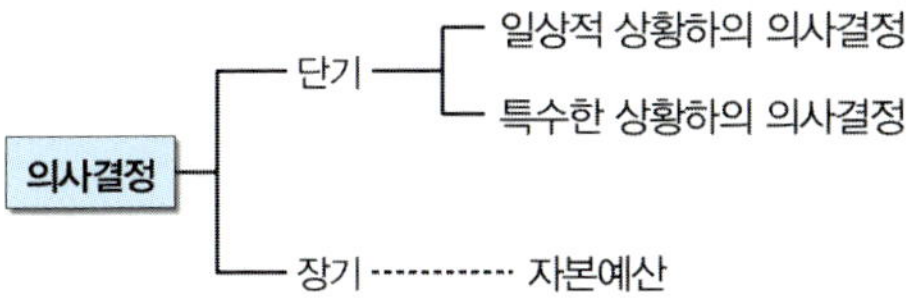

〈그림 11-9〉 의사결정의 유형

단기의 의사결정은 의사결정으로 인한 결과가 1년 이내에 발생하는 것으로 주로 제품의 생산계획, 임률 결정, 판매가격 결정 등과 같은 일상적인 상황에서의 의사결정과 아래의 〈그림 11-10〉과 같이 특수한 상황(생산라인의 유지 또는 포기, 부품의 자가 생산 또는 외부구입, 특별주문, 제약자원의 활용 등)에서의 의사결정이 포함된다.

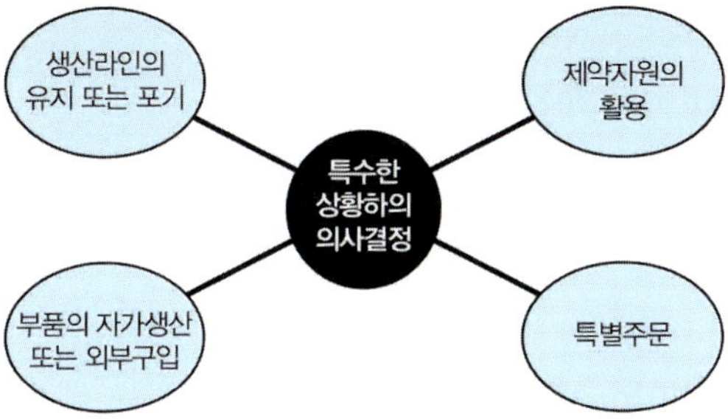

〈그림 11-10〉 특수한 상황하의 의사결정

한편, 장기의 의사결정은 기계장치, 건물 등에 대한 투자로 인하여 의사결정의 결과가 1년 이상에 걸쳐 나타나는 것으로 경영자의 장기적인 경영계획에 기초를 두고 있다. 위와 같은 경영자의 다양한 의사결정 중 본 장에서는 특수한 상황에서의 의사결정에 대해서만 설명하고 일상적 상황하의 의사결정과 장기적 의사결정은 12장 투자와 장기의사결정에서 설명하도록 한다.

① 생산라인의 유지 또는 포기

기업에서 생산하는 제품이 여러 종류인 경우 특정 제품에 손실이 발생하면 경영자는 해당 제품의 생산라인을 유지할 것인가 아니면 포기할 것인가를 결정하게 된다. 특정 제품의 생산라인을 유지할 것인가 아니면 포기할 것인가에 대한 경영자의 의사결정과정을 다음의 〈사례 11-3〉을 통해 살펴본다. (주)명미는 자동차를 생산하는 기업이며, 각 제품별 손익현황은 다음과 같다.

〈사례 11-4〉

구분	제품 A	제품 B	제품 C	계
매출	₩1,000	₩1,500	₩2,000	₩4,500
변동 제조원가	500	600	900	2,000
변동 판매관리비	200	300	200	700
공헌이익	₩300	₩600	₩900	₩1,800
고정 제조원가	200	250	300	750
고정 판매관리비	200	250	300	750
영업이익 (손실)	₩(100)	₩100	₩300	₩300

위의 〈사례 11-4〉에서 제품 A, B, C의 영업손익은 각각 ₩(100), ₩100, ₩300이다. (주)명미의 제품 중 영업손실이 발생하는 제품은 A이며 경영자는 제품 A의 생산라인을 유지할 것인가 아니면 포기할 것인가를 고민할 것이다. 이때 경영자의 의사결정은 A 제품의 생산라인을 유지 또는 포기함으로써 회사전체의 이익에 얼마큼의 영향을 미치는지를 고려하여 특정 제품의 생산라인을 유지 또는 포기할 것이다. 즉, A 제품의 생산라인을 포기할 경우 유지하는 경우보다 회사의 이익에 미치는 영향이 더 크다면 경영자는 A 제품의 생산라인을 포기할 것이다.

여기에서 주의할 점은 A 제품의 생산라인의 포기와 관련하여 변동원가(변동 제조원가와 변동 판매관리비)뿐만 아니라 포기로 인하여 감소하는 고정원가(고정 제조원가와 고정 판매관리비)도 고려해야 한다는 것이다. 즉, 고정원가의 경우 A 제품의 생산라인을 포기할 경우 줄어드는 A제품의 생산라인에 종사하는 감독자 급여, A제품의 광고선전비 등과 같은 회피가능원가(avoidable cost)를 고려해야 한다. 그러나 A 제품의 생산라인을 포기할 경우라도 줄어들지 않는 본사에서 발생하는 소모품비 배부액, 광고선전비 배부액 등과 같은 회피불가능원가(unavoidable cost)는 A 제품의 생산라인의 유지 또는 포기 여부를 결정하는 과정에서 고려되서는 안된다.

위의 〈사례 11-4〉에서 고정원가가 회피가능한 경우와 회피불가능한 경우로 구분하여 A 제품의 생산라인을 포기하는 경우 회사의 영업이익에 미치는 영향을 요약하면 다음과 같다.

구분	회피가능원가	회피불가능원가
매출액의 감소	₩(1,000)	₩(1,000)
변동 제조원가의 감소	500	500
변동 판매관리비의 감소	200	200
고정 제조원가의 감소	200	-
고정 판매관리비의 감소	200	-
영업이익의 변화	₩100	₩(300)

위의 표에서 알 수 있듯이 고정 제조원가와 고정 판매관리비가 회피가능원가라면 경영자가 A 제품의 생산라인을 포기하는 경우 증분수익은 감소하는 변동원가 ₩700(₩500+₩200)와 고정원가 ₩400(₩200+₩200)의 합인 ₩1,100인데 반해 증분원가는 감소하는 매출 ₩1,000이므로 영업이익은 ₩100만큼 증가하게 되어 A 제품의 생산라인을 포기하는 것이 유리하다. 그러나, 고정 제조원가와 고정 판매관리비가 회피불가능원가라면 증분수익

은 감소하는 변동원가 ₩700(₩500+₩200)만 해당하며 증분원가는 감소하는 매출 ₩1,000이므로 영업이익은 ₩300만큼 감소하여 A 제품의 생산라인을 유지하는 것이 유리하다. 따라서 고정원가의 회피가능성 여부에 따라 A 제품의 생산라인 유지 또는 포기의 의사결정은 달라지게 된다.

한편, 경영자가 특정 제품의 생산라인을 유지 또는 포기하는 의사결정을 하는 경우 양적 수치뿐만 아니라 생산라인의 포기로 인하여 미치는 질적 영향도 동시에 고려해야 한다. 즉, 경영자는 특정 제품의 생산라인을 포기하는 경우 기업의 이미지 실추와 다른 제품의 판매량 감소 등과 같은 영향들도 동시에 고려해야 한다.

② 부품의 자가 생산 또는 외부 구입

기업들은 제품에 들어갈 부품을 직접 생산하거나 외부에서 구입하여 조립 후 제품을 생산한다. 대부분의 기업들은 핵심적인 부품을 제외한 상당 부분의 부품들을 외부에서 조달받는다. 외부에서 구입하는 부품들은 기업이 자체적으로 생산하는 부품들에 비해 원가가 낮다는 장점이 있는 반면, 부품의 수급, 품질관리 측면에서 문제가 발생할 수 있다. 따라서 경영자는 제품생산에 필요한 부품을 기업이 직접 생산할지 아니면 외부에서 구입할지를 신중히 검토할 것이다.

정 부품을 기업이 직접 생산할지 아니면 외부에서 구입할지에 대한 경영자의 의사결정과정을 다음의 〈사례 11-5〉를 통해 살펴본다. (주)명미는 자동차를 생산하는 기업이며, 다음은 자동차에 들어갈 엔진의 생산원가(연간 소비량: 100대)를 나타낸 표이다. (주)명미는 올해초 외부공급업자인 (주)종현으로 부터 단위당 ₩450에 필요한 만큼의 엔진을 공급하겠다는 제의를 받았다.

〈사례 11-5〉

구분	단위당 원가	총원가	비고
직접재료원가	₩100	₩10,000	회피가능원가
직접노무원가	200	20,000	회피가능원가
변동제조간접원가	50	5,000	회피가능원가
고정제조간접원가			
재료관리원가	50	5,000	회피가능원가
감가상각비	80	8,000	회피불가능원가
본사 배부액	10	1,000	회피불가능원가
계	₩500	₩50,000	

부품의 자가 생산 또는 외부구입과 관련된 의사결정을 하는 경우 경영자는 자가 생산하는 경우의 관련원가와 외부 구입가격을 비교하여 자가 생산하는 경우의 관련원가가 외부 구입가격보다 낮으면 자가 생산하고 반대일 경우에는 외부에서 구입할 것이다. 이러한 의사결정을 할 때 고려되는 관련원가는 변동제조원가, 회피가능한 고정제조원가뿐만 아니라 외부에서 부품을 구입하는 경우 기존의 설비를 임대하거나 다른 제품의 생산에 사용함으로써 추가적을 얻게 되는 수익(예 : 임대수익, 또는 제품의 공헌이익 등) 등도 포함되어야 한다. 왜냐하면, 이러한 수익은 기존 설비를 사용함으로써 포기한 기회비용에 해당하기 때문이다.

만약, 위의 〈사례 11-5〉에서 기존 설비를 임대하는 경우 연간 ₩6,000의 임대수익이 존재하는 경우와 존재하지 않는 경우를 구분하여 엔진의 외부구입이 회사의 영업이익에 미치는 영향을 요약하면 다음과 같다.

구분	임대수익 존재 안함	임대수익 존재함	비고
엔진의 외부 구입액	₩(45,000)	₩(45,000)	@450×100대
직접재료원가 감소	10,000	10,000	@100×100대
직접노무원가 감소	20,000	20,000	@200×100대
변동제조간접원가 감소	5,000	5,000	@50×100대
재료관리원가 감소	5,000	5,000	@50×100대
기존 설비의 임대수익	-	6,000	연간 임대수익
영업이익의 변화	₩(5,000)	₩1,000	

위의 표에서 알 수 있듯이 임대수익이 존재하지 않는 경우 경영자가 엔진을 (주)종현으로부터 구입하는 경우 증분수익은 감소하는 직접재료원가 ₩10,000, 직접노무원가 ₩20,000, 변동제조간접원가 ₩5,000와 고정제조간접원가 중 회피가능한 재료관리원가 ₩5,000의 합인 ₩40,000인데 반해 증분원가는 엔진의 외부구입으로 인한 지출액 ₩45,000이므로 영업이익은 ₩5,000만큼 감소하게 되어 엔진을 자가 생산하는 것이 유리하다. 그러나, 엔진의 외부구입으로 인하여 기존 설비를 임대할 수 있는 경우에는 증분수익이 임대수익이 없는 경우와 비교하여 ₩6,000이 증가하므로 영업이익은 ₩1,000만큼 증가한다. 따라서 경영자는 임대수익이 존재하는 경우 엔진을 (주)종현에서 구입하는 경우가 자가 생산하는 경우에 비해 유리하게 된다.

한편, 경영자는 특정 부품의 자가 생산 또는 외부 구입하는 경우 양적 수치뿐만 아니라 질적 요소도 동시에 고려해야 한다. 즉, 경영자는 특정 부품의 자가 생산이 양적 수치로는 유리하더라도 외부공급업체와의 유대관계, 과잉투자로 인한 위험성 등을 고려해야 한다. 또한, 반대로 외부에서 특정 부품을 구입하는 것이 재무적 측면에서 유리하더라도 부품의 적시 공급가능성, 외부공급업체의 품질관리능력 등의 질적 요소도 함께 고려해야 한다.

③ 특별주문

기업들은 종종 예기치 못한 고객으로부터 특별한 형태의 주문을 요청받는 경우가 있다. 이러한 특별주문(special order)는 일반적으로 기업의 정상적인 영업과는 별도로 한시적인 주문인 경우가 많다. 이러한 경우 기업의 생산능력에 여유가 있고 가격이 적절하다면 경영자는 특별주문을 수락하겠지만 기업의 생산능력에 여유가 없거나 가격이 너무 낮은 경우에는 경영자는 특별주문의 수락 또는 거절을 신중히 검토할 것이다.

특정주문에 대한 경영자의 수락 또는 거절의 의사결정과정을 다음의 〈사례 11-6〉를 통해 살펴본다. (주)성일은 의류를 생산하여 판매하는 기업이며, 20×1년 판매량은 100단위이며, 20×1년의 매출, 제조원가 등에 대한 자료는 다음과 같다. 또한 (주)성일은 지금까지 내수판매만 해왔으나, 20×2년 초 외국의 의류구매업자로부터 단위당 ₩7에 50단위의 의류를 구입하겠다는 특별주문을 받았다.

〈사례 11-6〉

구분	금액	비고
매출	₩1,000	@10×100단위
변동 제조원가	400	@4×100단위
변동 판매관리비	100	@1×100단위
공헌이익	₩500	
고정 제조원가	200	@2×100단위
고정 판매관리비	200	@2×100단위
영업이익	₩100	

기업이 고객으로부터 특별주문을 받는 경우 경영자는 특별주문의 수락으로 인하여 증가하는 수익과 원가를 비교하여 특별주문의 수락여부를 결정할

것이다. 만약, 기업이 특별주문을 수락하더라고 생산능력에 여유가 있어 기존 생산설비를 사용할 수 있다면 비교적 간단하게 특별주문으로 인한 관련 손익을 계산할 수 있다. 즉, 특별주문으로 인하여 증가하는 매출액과 변동원가(예: 변동 제조원가, 변동 판매관리비 등)를 고려하여 수락 여부를 결정하면 된다. 그러나 기업의 생산능력에 여유가 없는 경우에는 특별주문을 수락하기 위해서는 생산설비를 확충하거나 기존 시장에서 판매되는 정규 판매량을 감소시켜야 한다. 따라서 기업의 생산능력에 여유가 없는 경우에는 추가적인 관련원가로 확충된 생산설비에 대한 고정원가, 기존 시장의 정규 판매량 감소로 인한 공헌이익 감소액 등을 고려해야 한다. 위의 내용을 간략하게 요약하면 〈그림 11-11〉과 같다.

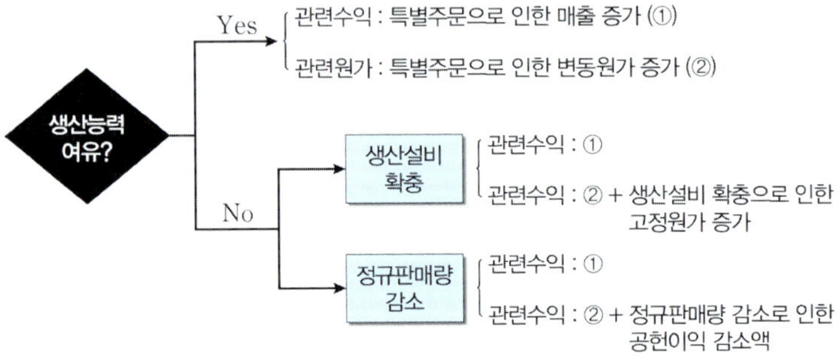

〈그림 11-11〉 특별주문의 수락 또는 거절

만약, 위의 〈사례 11-6〉에서 (주)성일의 생산능력에 여유가 있는 경우와 없는 경우를 구분하여 특별주문이 회사의 영업이익에 미치는 영향을 요약하면 다음과 같다. 단, (주)성일의 생산능력에 여유가 없어 추가적인 생산설비를 구입하는 경우 추가적으로 발생하는 연간 고정 제조원가는 ₩200이라고 가정한다.

구분	생산능력 여유	생산능력 여부 없음		비고
		정규시장 포기	생산설비 확충	
매출 증가	₩350	₩350	₩350	@7×50단위
변동 제조원가 증가	(200)	(200)	(200)	@4×50단위
변동 판매관리비 증가	(50)	(50)	(50)	@1×50단위
정규시장 공헌이익 감소	–	(250)	–	@5×50단위
설비확충 고정원가 증가	–	–	(200)	연간 고정원가
영업이익의 변화	₩100	₩(150)	₩(100)	

위의 표에서 알 수 있듯이 기업의 생산능력에 여유가 있는 경우 경영자는 특별주문을 통해 특별주문으로 인한 매출증가라는 증분수익 ₩350을 얻는데 반해 증분원가는 특별주문으로 인한 변동 제조원가의 증가 ₩200과 변동 판매관리비의 증가 ₩50의 합인 ₩250이므로 영업이익은 ₩100만큼 증가하게 되어 경영자는 특별주문을 수락한다. 그러나 기업의 생산능력에 여유가 없는 경우에는 정규 판매시장에서 판매를 포기하거나 생산설비를 확충해야 한다. 정규 판매시장에서 판매를 포기하거나 생산설비를 확충하는 경우 증가하는 관련원가는 각각 ₩250과 ₩200이므로 이를 반영한 기업의 영업이익에 미치는 영향은 각각 ₩(150)과 ₩(100)으로 모두 음의 값을 가지게 된다. 따라서 경영자는 기업의 생산능력에 여유가 없는 경우 특별주문을 거절해야 한다.

한편, 경영자는 특별주문의 수락 또는 거절의 의사결정을 하는 경우 양적 수치뿐만 아니라 질적 요소도 동시에 고려해야 한다. 즉, 경영자는 특별주문의 수락으로 인하여 기존 판매시장에서의 가격인하압력, 장기적인 가격구조, 미래의 판매량에 미치는 영향 등의 질적 요소도 함께 고려해야 한다.

④ 제약자원의 활용

기업들은 제품을 생산하기 위해 다양한 자원(예: 원재료, 노동시간, 기계작업시간 등)을 생산과정에 투입한다. 그러나 기업이 사용할 수 있는 자원은 한정되어 있기 때문에 경영자는 한정된 자원 내에서 이익을 극대화하고자 할 것이다. 제약된 자원이 존재하는 경우 경영자의 의사결정과정을 다음의 〈사례 11-7〉를 통해 살펴본다. (주)승진은 자동차를 생산하는 기업이며, 각 제품별 판매가격, 공헌이익 등은 아래와 같다. 또한 회사가 이용 가능한 연간 기계시간은 1,000시간이며, 제품 A를 한 단위 생산하는데 1기계시간, 제품 B는 4기계시간이 소요된다.

〈사례 11-7〉

구분	제품 A	제품 B
단위당 판매가격	₩1,000	₩1,500
단위당 변동 제조원가	500	600
단위당 변동 판매관리비	200	300
단위당 공헌이익	₩300	₩600
기계시간 당 공헌이익	₩300/시간	₩150/시간

위의 〈사례 11-7〉에서 제품 A와 B의 제품 단위당 공헌이익은 각각 ₩300과 ₩600이며, 기계시간당 공헌이익은 각각 ₩300/시간과 ₩150/시간이 된다. 만약, (주)승진의 생산설비가 충분히 커서 생산능력에 제약이 없다면 경영자는 제품 A와 B를 시장에서 요구되는 수요량만큼 생산하면 될 것이다. 그러나 생산능력에 제약이 존재하는 경우 경영자는 이용 가능한 자원을 가장 효율적으로 사용하기 위해서 제약된 자원 당 공헌이익이 큰 제품을 우선적으로 생산해야 한다. 즉, 기계시간 당 공헌이익이 큰 제품 A를 우선적으로 생산해야 한다. 여기에서 주의할 점은 제약자원이 존재하는 경우

제품 단위당 공헌이익이 큰 제품 B를 우선적으로 생산해서는 안 된다.

만약, 위의 〈사례 11-7〉에서 제품 단위당 공헌이익과 기계시간당 공헌이익을 기준으로 제품을 생산하는 경우 회사의 영업이익을 요약하면 다음과 같다.

구분	제품 단위당 공헌이익		기계시간 당 공헌이익	
생산량	250대 (제품 B)		1,000대 (제품 A)	
매출	@1,500×250대	₩375,000	@1,000×1,000대	₩1,000,000
변동 제조원가	@600×250대	150,000	@500×1,000대	500,000
변동 판매관리비	@300×250대	75,000	@200×1,000대	200,000
공헌이익	@600×250대	₩150,000	@300×1,000대	₩300,000

위의 표에서 알 수 있듯이 연간 사용가능한 기계시간이 1,000시간으로 제약되어 있는 상태에서 제품 단위당 공헌이익을 기준으로 제품을 생산하는 경우 250대(1,000기계시간 ÷ 4시계시간)의 제품 B를 생산할 수 있다. 제품 B를 250대 생산하는 경우 공헌이익은 ₩150,000(@600×250대)으로 계산된다. 한편, 〈사례 11-7〉의 제약자원인 기계시간을 기준으로 제품을 생산하는 경우 제품 A를 생산하며 생산량은 1,000대(1,000기계시간 ÷ 1시계시간)이다. 제품 A가 1,000대일 때 공헌이익은 ₩300,000(@300×1,000대)이 된다. 즉, 기계시간당 공헌이익을 기준으로 제품을 생산하는 경우가 제품 단위당 공헌이익을 기준으로 제품을 생산하는 경우보다 공헌이익이 ₩150,000(₩300,000 －₩150,000) 만큼 증가하게 된다. 따라서 제약자원이 존재하는 경우에는 제약되는 자원 당 공헌이익이 큰 순서대로 제품을 생산해야 기업의 이익이 극대화가 된다.

■ 참고문헌

문두철, 박우진, "관리회계의 이해" 2판, 신론사, 2016.

문두철, 박우진, 최병철, "재무회계의 이해" 2판, 신론사, 2016.

송상엽, 이상효, 최영훈, 박우진, "IFRS 원가 관리회계," 도서출판 웅지, 2009.

12장 투자와 장기의사결정

1. 개관

기업의 경영자가 직면하는 의사결정은 의사결정기간에 따라 단기의사결정과 장기의사결정으로 구분할 수 있는데 〈제11장 원가와 단기의사결정〉에서는 단기특수의사결정에 대해서 살펴보았으므로 본장에서는 장기의사결정, 즉 자본예산에 대해서 설명하도록 하겠다.

장기의사결정은 토지. 건물 또는 생산시설에 대한 투자 등 투자로 인한 영향이 1년 이상에 걸쳐 나타나는 것에 대한 의사결정을 말한다. 이는 기업의 장기적 경영계획에 바탕을 둔 의사결정으로서 유형자산에 대한 투자가 대부분이며 그 투자금액이 거액이고 투자효과가 장기간에 걸쳐 기업활동에 영향을 마친다는 특정이 있다. 따라서 장기 의사결정은 기엽의 성패와 직결되어 매우 중요하므로 의사결정과정은 보다 체계적이고 신중하게 이루어져야 한다.

자본예산(capital budgeting)[1] 이란 유형자산에 대한 투자를 효율적으로 수행하기 위해 투자안을 탐색하고 평가하여 바람직한 투자안을 선택하는 일련의 체계적인 과정을 말한다. 자본예산의 과정은 기업에 따라 또는 상황에 따라 조금씩 다르지만 일반적으로 다음과 같은 단계를 거친다.

[1단계]: 투자대상을 물색하는 단계이다. 이는 기업의 장기계획을 기초로 투자환경을 예측하여 새로운 투자기회를 찾는 단계이다.

[2단계]: 물색된 투자대상으로부터 기대되는 현금흐름을 추정하는 단계이다.

[3단계]: 추정된 현금흐름을 기초자료로 투자안의 투자가치를 평가하여

1) 공학 분야에서는 자본예산을 경제성 공학(engineering economics)이라고 한다.

최적 투자안을 선택하는 과정이다. 이를 투자안의 경제성분석이 라고 한다.

[4단계]: 투자 후에 투자안을 재평가하는 과정이다. 이 단계에서는 정기적으로 투자안의 진행과정을 검토하고 평가하는 절차가 필요하다.

일반적으로 자본예산이라 함은 위에서 열거한 네 가지 단계를 모두 의미하지만 협의의 자본예산은 투자로부터 기대되는 현금흐름을 추정(2단계)하여 최적투자안을 선택(3단계)하는 과정이라고 할 수 있다. 현금흐름의 추정은 재무회계의 영역에서 이루어지고, 본 장에서는 최적투자안을 선택하는 여러 기법들을 구체적으로 살펴보고자 한다. 특히, 장기의사결정의 경우 앞 장에서 살펴본 단기의사결정과는 달리 화폐의 시간가치 개념이 들어가게 된다. 따라서 먼저 화폐의 시간가치 개념을 이해하고 이후 구체적인 장기의사결정 모형들은 살펴보고자 한다.

2. 화폐의 시간가치

다른 조건이 동일하다면 사람들은 미래의 현금보다는 현재의 현금을 더 선호한다. 현재의 현금을 더 선호하는 이유는 현재소비의 선호, 실물투자기회, 인플레이션 발생가능성 등이 있다. 이러한 선호의 차이를 측정하는 척도가 이자(또는 이자율, 할인율)이다. 현재와 미래 현금간의 가치의 차이를 아래의 예를 통하여 이해하여 보자.

화폐의 시간가치를 결정하는 요소는 기간과 할인율의 두 가지 이다. 현재 ₩100의 현금을 1년간 10%이자의 정기예금에 가입한다면 ₩100의 미래가치는 ₩110이 된다. 이는 원금₩100과 이자 ₩10이 합해진 금액이다. 또한 반대로 1년 후에 수령할 예금 ₩110은 위의 논리를 반대로 적용하면 ₩100이 된다. 이를 다시 정리하면 아래와 같다.

₩100의 1년 후 가치 → ₩110=₩100+₩10=₩100×(1+0.1)

₩110의 1년 전 가치 → ₩100=₩110÷(1+0.1)

위의 관계를 정리하면 현재가치에 (1+이자율)을 곱해주면 1기간 후의 미래가치가 되고, 미래가치에 (1+이자율)을 나누어주면 1기간 전의 현재가치가 된다.

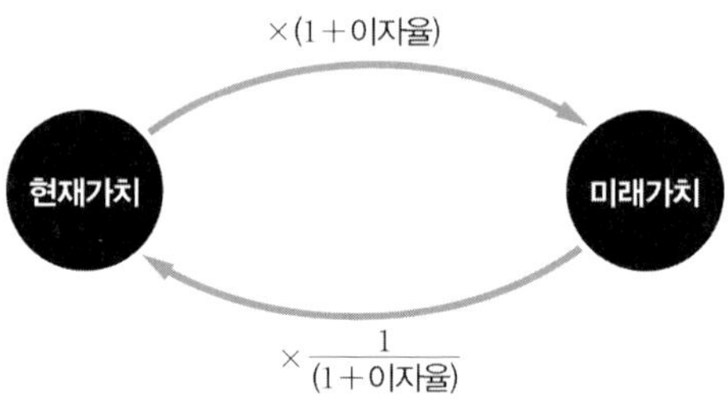

(1) 현재가치의 계산

1년 후에 받을 ₩1의 현재가치는 할인율이 10%일 때, 1/(1.1)인 ₩0.9091이다. 2년 후에 받을 ₩1의 현재가치는 $1/(1.1)^2$인 ₩0.8264이다. 따라서 이러한 논리를 확장하면 이자율이 i이고, t기 후의 ₩1의 현재가치는 다음과 같다.

$$\text{현재가치 : } PV_{t,i} = 1/(1+i)^t$$

그리고 ₩1의 현재가치를 다른 말로 현가계수라고 한다.

(2) 연금의 현가계산

예를 들어 할인율이 10%일 때 향후 3년에 걸쳐 ₩10,000씩을 수령한다면 이 연금의 현재가치는 얼마인가? 위에서 배운 현재가치의 방법을 사용하면 아래와 같이 계산할 수 있다.

기간	연금(1)	현가계수(2)	연금의 현재가치=(1)×(2)
1년 후	₩10,000	1/1.11=0.9091	₩9,091
2년 후	₩10,000	1/1.12=0.8264	₩8,264
3년 후	₩10,000	1/1.13=0.7513	₩7,513
합계			₩24,868

위의 계산결과를 보면 ₩10,000씩 3년간 받는 연금의 합계액은 ₩30,000이지만 현재가치는 ₩24,868이다. 연금의 현재가치는 각각의 현재가치의 합 이므로 등비수열공식을 이용하여 아래와 같이 정리할 수 있다.

연금의 현재가치 : $PVA_{t,i}=1/(1+i)^1+1/(1+i)^2+\cdots+1/(1+i)^t$

$=[1-1/(1+i)^t]/i$

화폐의 시간가치개념은 장기투자의사 결정인 자본예산 모형에서 널리 활용된다.

3. 자본예산모형 – 비할인모형

자본예산모형(capital budgeting model)이란 투자안의 경제적 타당성을 객관적으로 평가하기 위하여 투자안이 현금흐름이나 이익에 미치는 영향을 평가하는 데 사용되는 기법을 말한다.

자본예산모형은 크게 화폐의 시간가치를 고려하지 않는 비할인모형(non-discounting models)과 화폐의 시긴가치를 고려하는 할인모형(discounting models)으로 구분된다. 비할인모형에는 회수기간법과 회계적이익률법이 있으며 할인모형에는 순현재가치법과 내부수익률법이 있다.

이론적인 측면에서는 화폐의 시간가치를 고려하는 할인모형이 보다 우월하다고 볼 수 있으나 실무에서는 이해하기 쉽고 계산이 간편하다는 비할인모형의 장점 때문에 두 가지 모형이 복합적으로 이용되고 있다. 본 절에서는 바할인모형에 대해서 살펴보도록 하겠으며 할인모형에 대해서는 절을 달리하여 자세히 설명하도록 하겠다.

(1) 회수기간법

회수기간법(payback period method)은 회수기간에 의하여 투자안을 평가하는 기법을 말하는데. 여기서 회수기간(payback period)이란 영업활동으로부터 투자안에 소요된 투자액을 회수하는 데 걸리는 기간을 의미한다. 매년 순현금유입액이 균등한 경우 회수기간은 다음과 같이 계산된다.

$$\text{회수기간} = \frac{\text{투자액}}{\text{연간순현금유입액}}$$

회수기간법을 〈사례 12-1〉을 통하여 이해하여 보자.

〈사례12-1〉 회수기간

> 서울회사는 ₩100,000의 새로운 기계를 구입하려고 한다. 이 기계의 내용연수는 5년이고, 기계를 구입하면 매년 ₩40.000의 순현금유입이 있으리라 예상된다.
>
> 이 투자안의 회수기간을 구하면 아래와 같다.
>
> $$\text{회수기간} : \frac{\text{투자액}}{\text{연간순현금유입액}} = \frac{₩100,000}{₩40,000} = 2.5\text{년}$$

회수기간을 구할 때는 현금흐름이 연중 균등 발생한다고 가정한다. 예컨대 위 예제에서 현금흐름이 기말에 발생한다고 가정하면 회수기간은 3년일 것이지만 현금흐름이 연중 균등 발생한다고 가정하면 2.5년으로 계산되는 것이다.

가. 매년 순현금유입액이 균등하지 않은 경우

〈사례 12-1〉의 경우에는 투자로 인한 매년 순현금유입액이 균등하다고 가정하였으나, 매년 순현금유입액이 균등하지 않은 경우에는 순현금유입누적액과 투자액이 일치하는 기간이 회수기간이 된다.

〈사례 12-2〉를 통하여 매년 순현금유입액이 균등하지 않는 경우의 회수기간법을 구해보자.

〈사례 12-2〉 회수기간-매년 순현금유입액이 균등하지 않는 경우

> 원주회사는 ₩100,000의 새로운 기계를 구입하려고 한다. 이 기계의 내용연수는 5년이고, 기계를 구입하면 다음과 같은 순현금유입이 있으리라 예상된다.

연도	연간순현금유입액	순현금유입누적액
1	₩30,000	₩30,000
2	20,000	50,000
3	40,000	90,000
4	20,000	110,000
5	20,000	130,000

이 투자안의 회수기간을 구하면 다음과 같다.

3년과 4년 사이에 순현금유입누적액과 투자액이 동일해지므로 회수기간은 다음과 같이 계산된다.

$$\text{회수기간}: \frac{\text{3년+3년말 추가 회수하여야 할 금액(=투자액-3년말누적액)}}{\text{연간순현금유입액}}$$

$$=\text{3년}\frac{(₩100{,}000-₩90{,}000)}{₩20{,}000}=\text{3.5년}$$

회수기간법은 투자된 자금을 보다 신속하게 회수할 수 있는 투자안을 보다 바람직한 투자안으로 평가한다. 따라서 투자안이 하나인 경우에는 이 투자안의 회수기간이 기업에서 미리 설정해 놓은 최대허용가능(기준) 회수기간보다 짧으면 채택하고 상호 배타적 투자안이 여러 개인 경우에는 기준회수기간보다 짧은 투자안들 중에 회수기간이 가장 짧은 투자안을 선택한다.

회수기간을 계산할 때 주의할 사항은 투자액과 연간순현금유입액이 모두 증분개념이라는 것이다. 예컨대 구기계를 신기계로 대체할 경우 투자액은 신기계의 취득원가에서 구기계의 처분가액을 차감하여 계산한다. 또한 연간순현금유입액도 연간순현금흐름의 증가 또는 감소분을 의미하고 있음에 주의하기 바란다. 〈사례 12-3〉을 통해 살펴보도록 하자.

〈사례 12-3〉 회수기간-설비대체

서울회사는 ₩100,000의 새로운 기계를 구입하려고 한다. 이 기계의 내용연수는 5년으로 지금 사용하고 있는 기계(구기계)의 잔존내용연수와 동일하다. 구기계의 현재 처분가치는 ₩10,000이고, 구기계와 신기계의 매년 수익과 원가자료는 다음과 같다.

	구기계		신기계	
매출액		₩200,000		₩300,000
변동비		(100,000)		(150,000)
공헌이익		₩100,000		₩150,000
고정비		(40,000)		(70,000)
감가상각비	₩10,000		₩20,000	
기타고정비	30,000		50,000	
영업이익		₩60,000		₩80,000

회사는 회수기간이 4년 이내인 투자안에 대하여 설비투자를 허용하고 있다.

구기계를 처분하고 신기계를 구입하는 투자안의 수락 여부를 회수기간을 통하여 결정하는 과정은 아래와 같다.

$$\text{회수기간}: \frac{\text{투자액}}{\text{연간순현금유입액}} = \frac{₩100{,}000 - ₩10{,}000}{₩30{,}000}$$

*

현금유입증가분(매출액의 증가)	₩100,000
현금유출증가분(변동비와 기타고정비의 증가)	(70,000)
연간순현금유입액(매년 순현금유입액(균등))	₩30,000

투자안의 회수기간이 기준회수기간인 4년 이내이므로 투자안을 수락하여야 한다.

(2) 손실회피회수기간

지금까지 살펴본 회수기간은 투자대상자산의 중도처분을 고려하지 않고 계산되었다. 그러나 투자대상자산을 중도에 처분한다면 처분가치만큼 현금유입이 있을 것이므로 이를 고려하여 회수기간을 계산하는 것이 보다 정확한 회수기간이 될 것이다.

손실회피회수기간법(bail out payback period method)은 이러한 투자대상자산의 중도처분에 따른 현금유입액을 고려하여 계산된 손실회피회수기간에 따라 투자안을 평가하는 방법인데 여기서 손실회피회수기간(긴급회수기간)이란 순현금유입누적액과 투자대상자산의 중도처분가치의 합이 투자액과 동일해지는 기간을 말한다. 손실회피회수기간법은 투자대상자산의 중도처분을 고려함으로써 투자기회의 이용가능성을 항상 검토할 수 있도록 해 주는 장점이 있다. 〈사례 12-4〉를 통하여 손실회피회수기간을 이해해 보자.

〈사례 12-4〉 손실회피회수기간(긴급회수기간)

서울회사는 ₩100,000의 새로운 기계를 구입하려고 한다. 이 기계의 내용연수는 5년이고, 기계를 구입하면 매년 ₩40,000의 순현금유입이 있으리라 예상된다.

새로운 기계의 매기말 처분가치는 다음과 같이 예상된다.

연도	처분가치
1	₩30,000
2	20,000
3	16,000
4	10,000
5	4,000

새로운 기계를 구입하는 투자안의 손실회피회수기간을 구하면 아래와 같다. 손실회피회수기간은 '순현금유입누적액+처분가치=투자액'인 기간이다.

연도	순현금유입누적액	처분가치	처분가치
1	₩40,000	₩30,000	₩70,000
2	80,000	20,000	100,000
3	120,000	16,000	136,000
4	160,000	10,000	170,000
5	200,000	4,000	204,000

이 투자안의 투자액은 ₩100,000이므로 손실회피회수기간은 2년이다.

회수기간법은 이해하기 쉽고 계산이 간편하며, 시간적인 관점에서 투자위험에 대한 안전성을 강조한다는 장점이 있다. 그러나 회수기간에 따라 투자안을 평가할 뿐 화폐의 시간가치를 고려하지 않고 있으며, 회수기간 이후의 현금흐름을 무시함으로써 회수기간 이후에 각 투자안이 제공하는 수익성을 고려하지 않는다는 단점이 있다.

회수기간법은 그 특성상 다음과 같은 경우에 매우 유용하게 적용될 수 있다.

① 현금이 부족한 신규기업이나 기술변화가 심한 산업 등 유동성(안정성)을 매우 중요하게 여기는 경우

② 수많은 투자안을 일차적으로 평가할 경우

③ 투자 후반기의 예상현금흐름이 매우 불확실한 경우

(3) 할인된 회수기간

화폐의 시간가치를 고려하지 않는 회수기간법의 단점을 극복하기 위하여 고안된 기법으로 할인된 회수기간법(discounted payback method)이 있다. 이는 순현금유입액의 현재가치의 누적액과 투자액의 현재가치가 동일해지는

기간을 계산하여 투자안을 평가하는 방법이다. 〈사례 12-5〉를 통하여 할인된 회수기간을 이해해 보자.

〈사례 12-5〉 할인된 회수기간

서울회사는 ₩100,000의 새로운 기계를 구입하려고 한다. 이 기계의 내용연수는 5년이고, 기계를 구입하면 매년 ₩40,000의 순현금유입이 있으리라 예상된다.

연 10%의 할인율을 적용할 경우, 아래의 표를 이용하여 새로운 기계를 구입하는 투자안의 할인된 회수기간을 구해보자.

기간	10% 현가계수
1	0.9091
2	0.8264
3	0.7513
4	0.6830
5	0.6209

할인된 회수기간은 '순현금유입액현가의 누적액=투자액의 현가'인 기간이다.

연도	순현금유입액의 현가	순현금유입액현가의 누적액
1	₩40,000×0.9091 = ₩36,364	₩36,364
2	₩40,000×0.8264 = 33,056	69,420
3	₩40,000×0.7513 = 30,052	99,472
4	₩40,000×0.6830 = 27,320	126,792
5	₩40,000×0.6209 = 24,836	151,628

이 투자안의 투자액의 현가는 ₩100,000이므로 3년과 4년 사이에 순현금유입액현가의 누적액과 투자액의 현가가 동일해진다.

할인된 회수기간 :

$$3년 + \frac{3년말\ 추가\ 회수하여야\ 할\ 금액(=투자액의\ 현가-3년말\ 현가누적액)}{4년차\ 순현금유입액의\ 현가}$$

$$=3년 + \frac{(₩100,000 - ₩99,472)}{₩27,320} = 3.02년$$

할인된 회수기간법은 화폐의 시간가치를 고려한다는 점에서 회수기간법의 단점을 개선한 것이지만, 회수기간 이후의 현금흐름을 고려하지 않음으로써 여전히 회수기간 후의 수익성을 무시한다는 단점이 있다.

(4) 손익분기기간법(BET)

손익분기기간법(BET : Break even time)은 할인된 회수기간법과 같은 방법으로 할인율을 이용하여 현금유입의 현가와 투자액의 현가가 동일해지는 시점을 구하는데 여기서 주의할 점은 할인된 회수기간법과는 달리 투자액이 발생한 시점이 아니라 새로운 투자에 대한 경영자의 승인이 이루어진 시점을 기준으로 해서 현금유입액의 현가와 투자액의 현가가 일치하는 기간을 산출한다는 것이다. 손익분기기간법이 기준시점을 경영자의 승인시점으로 한 이유는 전체적인 제품수명주기에서 연구·개발과 설계의 단계를 단축시켜 신제품의 개발을 신속하게 하기 위함이다.

제품수명주기

경영자의 승인(기준시점) → 연구개발·설계 → 생산 → 마케팅·유통 → 고객서비스

손익분기기간법을 〈사례 12-6〉을 통해 이해해보자.

〈사례 12-6〉 손익분기기간(BET)

서울회사는 20×1년 1월 1일 경영자가 신제품 개발에 대한 투자승인을 하였으며 투자안과 관련된 현금흐름은 다음과 같다.

연도	현금흐름의 내용	현금유출액	순현금유입액	10% 현가계수
20×1. 1. 1	투자승인	-	-	-
20×1.12.31(1년)	연구·개발비	₩20,000	-	0.9091
20×2.12.31(2년)	기계장치구입	100,000*	-	0.8264
20×3.12.31(3년)	제품판매	-	₩50,000	0.7513
20×4.12.31(4년)	제품판매	-	₩50,000	0.6830
20×5.12.31(5년)	제품판매	-	₩50,000	0.6209
20×6.12.31(6년)	투자종료	-	₩50,000	0.5644

* 기계장치의 내용연수는 4년이고 잔존가치는 존재하지 않는다.

서울회사의 손익분기기간을 구하면 다음과 같다.

(1) 현금유출액의 현재가치 :

₩20,000×0.9091+₩100,000×0.8264= ₩100,822

(2) 순현금유입액의 현재가치

연도	순현금유입액의 현가	순현금유입액현가의 누적액
20×3.12.31	₩50,000×0.7513=₩37,565	₩37,565
20×4.12.31	₩50,000×0.6830=34,150	71,715
20×5.12.31	₩50,000×0.6209=31,045	102,760
20×6.12.31	₩50,000×0.5644=28,220	130,980

(3) 손익분기기간

20 × 5.1.1 ~ 20 × 5.12.31에서 순현금유입액현가의 누적액이 ₩71,715~₩102,760이며 현금유출액의 현재가치가 ₩100,822이므로 손익분기기간은

다음과 같이 계산할 수 있다.

손익분기기간:

$$4\text{년}+\frac{4\text{년말 추가회수하여야 할 금액}(=\text{투자액의현가}-4\text{년말 현가누적액})}{5\text{년차 순현금유입액의 현가}}$$

$$=4\text{년}+\frac{(₩100{,}822-₩71{,}715)}{₩31{,}045}=4.94\text{년}$$

(5) 회계적이익률법

회계적이익률법(accounting rate of return method : ARR법)은 비할인모형으로서 회계적이익률에 의하여 투자안을 평가하는 기법이다. 회계적이익률이란 투자안을 수락함으로써 증가하는 연평균순이익을 최초투자액이나 평균투자액으로 나눈 것이다.

$$\text{회계적이익률}(ARR)=\frac{\text{연평균순이익}}{\text{최초(또는평균)투자액}}$$

이 계산식에서 분자의 순이익은 발생주의 회계상의 순이익을 말하므로 회계적이익률은 다음과 같이 나타낼 수도 있다.

$$\text{회계적이익률}(ARR)=\frac{\text{연평균순현금흐름}-\text{연평균감가상각비}}{\text{최초(또는 평균)투자액}}$$

여기서 분모의 투자액은 최초투자액이나 평균투자액을 모두 사용할 수 있는데, 평균 투자액은 취득원가와 잔존가치의 합계를 2로 나눈 금액이다.

평균투자액=(취득원가+잔존가치) ÷ 2

이때 주의할 점은 투자로 인한 순이익의 증가분은 투자기간에 걸쳐 평균하여 계산하기 때문에 연평균감가상각비는 감가상각방법에 의하여 영향을 받지 않는다는 점이다. 〈사례 12-7〉을 통하여 회계적이익률법을 이해해 보자.

〈사례 12-7〉 회계적이익률(ARR)-매년 순현금유입액이 균등하지 않는 경우

원주회사는 ₩100,000의 새로운 기계를 구입하려고 한다. 이 기계의 내용연수는 5년이고, 잔존가치는 ₩20,000이다. 신기계를 구입하면 다음과 같은 순현금유입이 있으리라 예상된다.

연도	연간순현금유입액	순현금유입누적액
1	₩20,000	₩20,000
2	40,000	60,000
3	60,000	120,000
4	50,000	170,000
5	30,000	200,000

최초투자액과 평균투자액에 대한 회계적이익률을 각각 구해보면 아래와 같다.

연평균증분현금흐름 : ₩200,000÷5=₩40,000

연평균감가상각비 : (₩100,000−₩20,000)÷5=₩16,000

최초투자액 : ₩100,000

평균투자액 : (₩100,000+₩20,000)÷5=₩60,000

1. 최초투자액에 대한 회계적 이익률 : $\frac{(₩40,000-₩16,000)}{₩100,000}=24\%$

2. 평균투자액에 대한 회계적 이익률 : $\frac{(₩40,000-₩16,000)}{₩60,000}=40\%$

회계적이익률법(ARR법)은 회계적이익률이 높은 투자안을 우월한 투자안으로 평가한다. 따라서 투자안이 하나인 경우에는 이 투자안의 회계적이익률이 목표이익률을 초과하면 채택하고, 상호배타적 투자안이 여러 개인 경우에는 목표이익률을 초과하는 투자안 중에 가장 높은 회계적이익률을 가진 투자안을 선택한다.

회계적이익률법은 이해하기 쉽고 계산이 간단하며, 투자규모가 고려되고, 회수기간법과는 달리 수익성을 고려하는 장점이 있다. 또한 다른 자본예산모형이 현금흐름에 초점을 둔 반면에 회계적이익률법은 현금호름이 아닌 발생주의 순이익에 초점을 두고 있기 때문에 재무제표의 자료를 바로 이용할 수 있으며, 회계적이익률이 바로 투자수익률(return on investment: ROI)을 나타내기 때문에 이를 기초로 성가평가를 할 경우 투자안의 수익성평가와 투자중심점의 성과평가를 일관성 있게 할 수 있다는 장점이 있다.

그러나 회계적이익률법은 현금흐름이 아닌 발생주의 순이익을 분석대상으로 하기 때문에 순이익의 측정에서 나타나는 발생주의 회계상의 문제점에 노출되어 있다. 그리고 기업의 투자안 선택기준인 목표이익률 설정에 있어 객관적인 근거가 부족하고 주관이 개입될 여지가 있으며 화폐의 시간가치를 고려하지 않는다는 결정적인 단점이 있다.

4. 자본예산모형 – 할인모형

(1) 순현재가치법

순현재가치법(net present value method : NPV법)은 화폐의 시간가치를 고려하는 할인모형으로서 투자안의 순현재가치(NPV)에 의하여 평가하는 방법이다. 순현재 가치란 투자안으로부터 예상되는 현금유입액의 현재가치에서 현금유출액(투자액 포함)의 현재가치를 차감한 것을 말하는 것으로 다음의 계산식에 의 해 산출할 수 있는데, 여기서 CF_t는 t시정의 순현금흐름을, k는 할인율을 의미한다.

$$순현재가치(NPV) = \sum_{t=0}^{n} \frac{CF_t}{(1+k)^t}$$

만일 현금유출이 투자시점($t=0$)에서 한 번만 발생(CF_0)하고 이후에는 계속 순현금유입만 발생한다면 위 식은 다음과 같이 변형된다.

$$순현재가치(NPV) = \underbrace{\sum_{t=0}^{n} \frac{CF_t}{(1+k)^t}}_{순현금유입액의\ 현가} - \underbrace{CF_o}_{현금유출액의\ 현가(최초투자액)}$$

투자안의 순현재가치를 구하기 위해서는 투자안으로부터 예상되는 현금흐름을 일정한 할인율 k로 할인해야 한다. 여기서 할인율 k는 투자안을 수락하기 위하여 요구되는 최저요구수익률(minimum required rate of return)을 의미한다. 기업은 투자에 필요한 자금을 타인자본이나 자기자본으로 조달해야 하며, 이러한 자금을 사용하기 위해서는 자금을 사용하는 대가로 이자비용이나 배당금 등을 지급해야 하는데. 최저요구수익률이란 투자에 필요한 자금을 조달하는 데 사용된 비용, 즉 자본비용(cost of capital : COC)을 의미하는 것이다.

이와 관련하여 주의할 점은 자본조달비용(이자비용, 배당금 등)이 명백한 현금유출이지만 현금흐름 추정시 현금유출액에 포함시켜서는 안 된다는 것이다. 왜냐하면 자본조달의 결과로 발생하는 이자비용과 배당금 등은 할인율을 계산하는 과정에서 이미 고려하였으므로 현금흐름의 추정에서 이자비용과 배당금 등을 현금유출에 포함시키면 이중계산이 되기 때문이다. 또한 순현재가치법(NPV법)에서는 현금흐름이 모두 연말에 일시적으로 발생한다고 가정하여 투자안을 평가하는데 이는 주어진 미래현금흐름을 할인하기 위해서는 미래현금흐름이 특정 시점에 일시적으로 발생한다고 보아야 하기 때문이다.

순현재가치법에서는 기업이 획득해야 할 최저요구수익률을 할인율로 이용하여 투자안의 순현재가치를 계산하므로 순현재가치가 ₩0보다 크면 미래현금유입액의 현재가치가 투자액의 현재가치를 회수하고 또한 최저요구수익률 이상의 수익도 창출하기 때문에 당해 투자안을 채택하고 순현재가치가 ₩0보다 작으면 기각한다. 상호배타적 투자안이 여러 개인 경우에는 순현재가치가 ₩0보다 큰 투자안들 중에서 순현재가치가 최대인 투자안을 선택한다. 순현재가치법을 〈사례12-8〉을 통하여 이해해 보자.

〈사례12-8〉 순현재가치(NPV)

서울회사는 ₩70,000의 새로운 기계를 구입하려고 한다. 이 기계의 내용연수는 3년이고 잔존가치는 ₩10,000이다. 신기계의 매년 수익과 원가자료는 다음과 같다.

매출액		₩200,000
변동비		(120,000)
공헌이익		₩80,000
고정비		(60,000)
감가상각비	₩20,000	
기타고정비	40,000	
영업이익		₩20,000

신기계에 대한 투자로 인하여 추가적으로 필요한 운전자본소요액은 ₩10,000이며, 이는 투자 종료시점에서 다시 회수된다. 회사는 정액법에 의하여 감가상각하고 있다.

연 10%의 할인율을 적용할 경우 이 투자안의 순현재가치(NPV)를 구해보자.(연 10%, 3년 현가계수 : 0.7513, 연금현가계수 : 2.4869)

투자안의 현금흐름				
① 영업활동에 의한 순현금흐름*		₩40,000	₩40,000	₩40,000
② 신기계 구입	₩(70,000)			
③ 신기계 처분				10,000
④ 운전자본소요액	(10,000)			10,000
계	₩(80,000)	₩40,000	₩40,000	₩60,000

* 현금유입액(매출액) ₩200,000
현금유출액(변동비와 기타고정비) (160,000)
영업활동에 의한 순현금흐름 ₩40,000
순현재가치(NPV) : ₩(80,000)+₩40,000×2.4869+₩20,000×0.7513
=₩34,502

지금까지 순현재가치법(NPV법)에 따라 투자안을 평가하는 방법에 대해서 살펴보았는데, 이를 토대로 순현재가치법(NPV법)의 특징과 장점을 정리하면 다음과 같다.

① 화폐의 시간가치와 수익성을 모두 고려하고 있으며, 내부수익률법(IRR법)보다 비교적 계산이 간단하다.

② 계산결과가 비율이 아닌 금액이기 때문에 투자가 기업가치에 미치는 영향을 직집적으로 알 수 있게 해줄 뿐만 아니라, 독립적인 투자안들의 NPV를 합산할 수 있고 여러 투자안들을 결합한 결과를 예측할 수도 있다.

③ 투자안의 할인율이 변동하는 경우에도 사용할 수 있다. 즉, 투자 후반기의 현금흐름에 대해서 할인율을 더 높게 설정하는 등 시간적인 관점에서 투자위험에 대한 조정을 쉽게 할 수 있다.

(2) 내부수익률법

내부수익률법(internal rate of return method: IRR법)은 내부수익률에 의하여 투자안을 평가하는 기법이다. 내부수익률이란 투자안으로부터 예상되는 현금유입액의 현재가치와 투자에 소요되는 현금유출액의 현재가치를 같게 해 주는 할인율을 말한다. 즉 내부수익률은 투자안의 순현가가 ₩0 이 되도록 하는 할인율로서 투자안의 투자수익률을 의미하는 것으로 다음의 식을 만족시키는 할인율을 말한다. 여기서 CF_t는 t시정의 순현금흐름을, CF_0는 초기투자금액을 의미한다.

$$순현재가치(NPV) = \underbrace{\sum_{t=1}^{n} \frac{CF_t}{(1+IRR)^t}}_{순현금유입액의\ 현가} = \underbrace{CF_o}_{현금유출액의\ 현가(최초투자액)}$$

여기서 주의할 점은 내부수익률법도 앞서 설명한 순현재가치법과 마찬가지로 화폐의 시간가치를 고려하는 할인모형이기 때문에 계산의 편의상 현금흐름이 모두 연말에 일시적으로 발생한다고 가정하여 투자안을 평가한다는 것이다.

내부수익률법에서 가장 중요한 것은 내부수익률(IRR)을 찾아내는 것이다 투자안의 순현금유입액이 매기 균등한 경우에는 다음과 같은 공식에 따라 비교적 쉽게 내부수익률을 구할 수 있다.

$$\text{연금현가계수} = \frac{\text{투자액}}{\text{연간순현금유입액}}$$

즉, 투지액을 연간순현금유입액으로 나누어 연긍현가계수를 구한 다음, 연금현가표를 이용하여 내부수익률을 구한다. 만약 연금현가표에서 정확한 비율을 찾을 수 없다면 가장 근사치 두 개의 연금현가계수를 찾아서 그 비율에 의해 내부수익률을 구해야 하는데, 이러한 방법을 보간법(interpolation method)이라고 한다. 그리고 보간법을 이용하여 내부수익률을 계산할 경우에는 내부수익률과 연금현가계수간의 관계는 선형의 관계라는 가정을 하는데 이러한 가정이 충족되어야만 보간법을 이용하여 내부수익률을 계산할 수 있기 때문이다. 〈사례12-9〉를 통하여 내부수익률법을 이해해보자.

〈사례12-9〉 내부수익률(IRR)-매년 순현금유입액이 균등한 경우

서울회사는 ₩100,000의 새로운 기계를 구입하려고 한다. 이 기계의 내용연수는 5년이고, 기계를 구입하면 매년말 ₩40,000의 순현금유입이 있으리라 예상된다.

다음의 연금현가계수표를 이용하여 이 투자안의 내부수익률을 구해보면 아래와 같다.

기간	현가계수			연금현가계수		
	26%	28%	30%	26%	28%	30%
1	0.7937	0.7813	0.7692	0.7937	0.7813	0.7692
2	0.6299	0.6104	0.5917	1.4235	1.3916	1.3609
3	0.4999	0.4768	0.4452	1.9234	1.8684	1.8161
4	0.3968	0.3725	0.3501	2.3202	2.2410	2.1662
5	0.3149	0.2910	0.2693	2.6351	2.5320	2.4356

먼저, 내부수익률을 r, 내부수익률에 의한 5년 연금현가계수를 F라 하면,

$$\underset{\text{순현금유입액의 현가}}{\underline{₩40,000 \times F}} = \underset{\text{최초투자액}}{\underline{₩100,000}}$$

$\therefore F=2.5$

따라서 5년 연금현가계수가 2.5인 구간은 28%와 30% 사이이므로, 28% < r < 30%

두 번째로 보간법을 이용하여 내부수익률을 계산하면 다음과 같다.

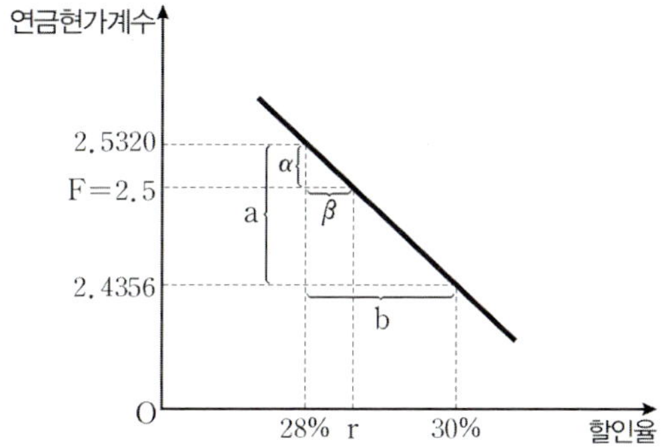

$$\frac{\beta}{b}=\frac{\alpha}{a}, \quad \beta=\frac{\alpha}{a}\times b=\frac{2.5320-2.5}{2.5320-2.4356}\times 2\%=0.66\%$$

$$\therefore r=28\%+\beta=28\%+0.66\%=28.66\%$$

〈사례 12-9〉와는 달리 매년 순현금유입액이 균등하지 않은 경우에는 내부수익률을 구하는 것이 매우 복잡해진다. 1기간인 경우 1차 방정식, 2기간인 경우 2차 방정식, n기간인 경우 n차 방정식을 풀어야지만 IRR을 구할 수 있다. 하지만 5차 방정식 이상은 근을 구하는 일반공식이 존재하지 않으며,

풀이과정도 난해하다. 따라서 이러한 경우에는 시행착오법(trial and error method), 즉 여러 가지 할인율을 대입하여 투자안의 순현가가 ₩0에 가까운 할인율을 구한 다음 보간법을 이용하여 내부수익률을 찾아내면 된다.

내부수익률법은 기본적으로 보다 높은 내부수익률을 가진 투자안을 바람직한 투자안으로 평가한다. 따라서 투자안이 하나인 경우에는 이 투자안의 내부수익률이 자본비용을 초과하면 채택하고, 상호배타적 투자안이 여러 개인 경우에는 자본비용을 초과하는 투자안 중에 가장 높은 내부수익률을 가진 투자안을 선택한다.

내부수익률법(IRR 법)은 화폐의 시간가치와 수익성을 모두 고려한다는 장점이 있지만, 반면에 다음과 같은 문제점도 있다.

1) 내부수익률(IRR)을 구하기가 힘들다. 일반적인 투자안의 경우 매년 순현금 흐름이 불규칙적이기 때문에 시행착오법과 보간법을 이용하여 내부수익률을 구하여야 한다. 따라서 내부수익률의 계산이 복잡하다.

2) 일반적으로 투자안의 내부수익률은 하나만 존재하지만 투자로부터 기대되는 현금흐름의 양상에 따라 복수의 내부수익률이 존재할 수도 있는데, 이러한 경우에는 투자의사결정이 어렵게 된다. 예컨대 최초투자액이 ₩1,600이며 투자시점에서 1년 후에는 ₩10,000의 현금유입을 얻을 수 있고 2년 후에는 ₩10,000의 현금유출이 있을 것으로 예측된다면 이 투자안의 내부수익률은 25%와 400% 두 개다. 이와 같이 두 개의 내부수익률이 존재하는 경우에 두 내부수익률은 모두 이 투자안의 투자가치를 나타내는 올바른 내부수익률이 될 수 없다. 따라서 복수의 내부수익률이 존재할 경우에는 투자안의 수익성을 나타내는 올바른 내부수익률을 계산하여 투자안을 평가하여야 한다.

3) 재투자가정이 지나치게 낙관적이다. 내부수익률법은 투자로 인한 현금유입액이 투자기간 동안 계속하여 내부수익률로 재투자된다는 가정하에 투

자안을 평가한다. 예컨대 투자기간이 2년이고 내부수익률이 25%인 투자안 A와 투자기간이 4년이고 내부수익률이 22%인 투자안 B가 있을 경우 내부수익률법에 의하면 투자안 A를 선택하게 되는데 그 이유는 투자안 A로부터 2년 후에 회수되는 현금유입액을 즉시 다른 투자안에 동일한 내부수익률로 재투자할 수 있다는 가정에 기초하고 있기 때문이다. 그러나 현실적으로 투자기간 동안 계속하여 내부수익률로 재투자할 만큼 양호한 투자기회가 계속 존재하는 것은 아니므로 재투자가정이 지나치게 낙관적이라는 비판을 면하기 어렵다.

3. 순현재가지법(NPV법)과 내부수익률법(IRR법)의 비교

NPV법과 IRR법은 화폐의 시간가치와 투자안의 수익성을 고려한 할인모형으로서 이론적으로 우수한 분석방법이다. 그러나 이 두 가지 방법은 다음과 같은 차이점을 가지고 있다

순현재가치법(npv법)	내부수익률법(irr법)
계산이 비교적 간단하다.	계산이 비교적 번거롭다.
최저요구수익률(자본비용)로 재투자된다고 가정한다.	내부수익률로 재투자된다고 가정한다.
계산결과가 금액으로 산출되며 순현재가치가 양의 금액이면 투자안을 채택한다.	계산결과가 비율로 산출되며 내부수익률이 자본비용보다 높은 경우에 투자안을 채택한다.

일반적으로 단일 투자안을 평가할 때에는 NPV법과 IRR법이 같은 결과를 가져온다. 즉 내부수익률이 자본비용보다 큰 경우에는 순현재가치도 양의

금액이고 내부수익률이 자본비용보다 작은 경우에는 순현재가치도 음의 금액이 된다. 그러나 둘 또는 그 이상의 상호독립적인 투자안의 투자우선순위를 결정하거나 상호배타적인 투자안을 평가할 때 NPV법과 IRR법은 경우에 따라 서로 다른 평가결과를 나타낼 수도 있는데, 그 예를 들면 다음과 같은 상황이다.

1) 투자안들의 투자규모가 서로 다른 경우에 두 방법에 의한 평가결과가 서로 다를 수 있다. 예를들면, A 투자안의 NPV와 IRR이 각각 ₩10,000과 25%이고, B 투자안의 NPV와 IRR이 ₩200,000과 20%인 경우이다.

2) 투자안들의 투자규모가 동일하더라도 투자안들의 내용연수가 현저히 다른 경우에는 두 방법에 의한 평가결과가 서로 다를 수 있다. 예컨대, A 투자안은 ₩10,000을 투자하여 1년 후에 ₩12,500의 순현금유입을 얻을 수 있고, B 투자안은 ₩10,000을 투자하여 4년 후에 ₩20,000의 순현금유입을 얻을 수 있다면, 자본비용이 10%일 때 A 투자안의 NPV와 IRR은 각각 ₩1,364와 25%가 되며 B 투자안의 NPV와 IRR은 각각 ₩3,660과 18.9%가 된다.

3) 투자규모와 투자수명이 서로 같더라도 투자안들의 현금흐름의 양상이 현저하게 다를 경우 두 방법에 의한 평가결과가 서로 다를 수 있다. 예를 들면, 한 투자안의 현금유입은 시간이 지날수록 증가하나 다른 투자안의 현금유입은 감소하여 현금흐름의 양상에 큰 차이가 날 경우 두 방법에 의한 평가결과가 다를 수 있다.

이와 같이 순현재가치법(NPV법)과 내부수익률법(IRR법)이 투자안 평가에 있어 서로 다른 결과를 가져온다면 어느 방법으로 의사결정 하여야 할 것인가? 결론적으로 말하면 투자안은 NPV법에 의해서 평가하는 것이 더욱 타당하다. 그 이유는 NPV법이 IRR법에 비해 다음과 같은 장점을 가지고 있기 때문이다.

1) NPV법이 암묵적으로 가정하고 있는 재투자수익률이 IRR법에 비해 보다 합리적이다 앞에서 설명한 바와 같이 IRR법은 투자로 인한 현금유입액이 투자기간 동안 계속하여 내부수익률(IRR)로 재투자된다고 가정하고 NPV법은 자본비용으로 재투자된다고 가정하고 있다. 그런데 현실적으로 투자기간 동안 계속하여 내부수익률로 재투자할 만큼 양호한 투자기회가 계속 존재하는 것은 아니므로 자본비용으로 재투자한다는 NPV법의 가정이 보다 합리적이다.

2) IRR은 투자로부터 얻는 수익률을 의미하는 반면에 NPV는 투자로부터 발생하는 기업가치의 증가분을 나타낸다. 즉, NPV법은 계산결과가 비율이 아닌 금액이기 때문에 투자가 기업가치에 미치는 영향을 직접적으로 알 수 있게 해줄 뿐만 아니라 독립적인 투자안을 NPV를 합산할 수도 있고 여러 투자안들을 결합한 결과를 예측할 수도 있다.

3) IRR법을 이용하여 투자안을 평가한 경우 투자안에 따라서는 복수의 IRR이 존재할 수 있으므로 투자의사결정이 어렵게 된다.

■ 참고문헌

문두철, 박우진, “관리회계의 이해” 2판, 신론사, 2016.

문두철, 박우진, 최병철, “재무회계의 이해” 2판, 신론사, 2016.

송상엽, 이상효, 최영훈, 박우진, “IFRS 원가 관리회계,” 도서출판 웅지, 2009.

V

Marketing

마케팅원리와 마케팅전략

| 노 전 표 |

13장 마케팅원리

1. 개관 – 마케팅의 가치창출 기능

> 마케팅은 고객, 클라이언트, 파트너, 사회 전반을 위해서 가치 있는 제공물을 창출하여, 의사소통하고, 제공하며 교환하는 과정, 활동 및 관련 조직이다. (Marketing is the activity, set of institutions, and processes for creating, communicating, delivering, and exchanging offerings that have value for customers, clients, partners, and society at large.)
>
> American Marketing Association(2013), www.ama.org

이 정의는 미국마케팅학회(AMA)의 마케팅 정의이다. 이 정의에서 마케팅은 고객, 클라이언트, 파트너, 사회 전반을 위해 가치를 창출하는 경영 활동이다. 특히 경제적 가치는 물론 사회적 가치창출까지 포함하고 있어, 영리조직 마케팅뿐만 아니라 비영리조직의 마케팅 활동도 포함하고 있음을 보여주고 있다. 아울러 마케팅 활동은 단순한 결과만을 추구하기보다 과정 역시 중시하고 있는데 이는 고객에게 전달되는 가치가 각 단계를 거치면서 부가되는 가치 개념을 강조하고 있다. 마케팅은 마케팅부서만의 활동이 아니다. 회사대표가 마케팅을 마케팅 부서에 국한된 활동으로 인식한다면 마케팅 성과는 물론 기업의 성과도 좋을 리 없다. 마케팅은 전사적인 활동으로 인식되어야 하고, 전사적인 지원과 조정이 필요하다. 고객만족을 핵심철학으로 내세우기 때문에 마케팅은 기업경영의 중심에 있다.

나이키와 유한양행의 사례를 살펴보자. 나이키의 창업자 필 나이트는 나이키 운동화를 트랙에서 육상선수와 코치에게 직접 판매하면서 사업을 시작하였다. 일단 해 보라(Just Do It!)는 나이키의 슬로건을 현장에서 직접 실천한 사례이기도 하다. 유한양행 창업주인 고 유일한 박사는 미국에서 중국인들이 즐기는 숙주나물을 가공하여 캔에 담아 판매하는 사업을 시작하였다. 처음에는 회사의 인지도가 너무 낮아 판매가 저조하였다. 제품의 인지도를 높여 판매를 신장시킬 묘안을 고민하다, 시내 가장 번화한 곳에 차량이 붐비는 시간을 골라 트럭에 회사의 제품을 잔뜩 싣고 빠른 속도로 회전하면서 제품이 도로에 모두 쏟아지게 하는 구상을 하였고, 실제로 실행에 옮겼다. 러시아워에 숙주나물을 담은 깡통들이 도로에 잔뜩 떨어졌으니 삽시간에 교통마비가 될 수밖에 없었다. 교통마비가 워낙 심하다보니, 그 사건이 신문에 크게 보도되었고, 소비자의 인지도가 높아지면서 폭발적인 판매로 이어졌다. 비록 교통 체증을 유발하긴 했지만, 사업가로서의 창의적인 사고는 과히 천재적인 수준이었다. 노이즈 마케팅의 덕을 본 셈이다. 종합예술인 마케팅은 과학이자 예술이다. 제4차 산업혁명시대에는 데이터 응용 기법이 마케터에게 필요하지만, 시대를 불문하고 창의적이고 진취적인 기상은 마케터에게 요구되는 덕목이다. 본 장에서는 마케팅의 기본적인 개념과 원리를 소개하고, 가치창출 관점에서 고객중심 마케팅 이론과 사례를 소개한다.

2. 마케팅이란 무엇인가?

미국을 비롯한 여러 국가에서 연말이면 폭탄세일을 통하여 엄청난 매출을 기록한다. 하지만 연초가 되면 미국 구매자의 75% 정도가 1개 아이템 이상을 환불받는다고 한다. 그래서 1월 3일을 아예 환불일(return day)로 부르기도 한다. 종종 마케팅을 광고나 판매촉진으로 이해하는 경우가 많다. 물론 틀린 것은 아니지만 단지 광고나 판매촉진 만이 마케팅을 의미하지는 않는다. 보다 정확하게 말하면 광고나 판매촉진 역시 마케팅의 다양한 활동 중 일부분을 차지한다. 마케팅의 시작과 끝은 고객이라고 해도 과언이 아니다. 마케팅의 고객중심적 사고는 마케팅 철학의 핵심이라고 할 수 있다. 고객의 니즈와 원츠를 파악해서 충족시킴으로써 고객을 만족시키고 궁극적으로 고객을 행복하게 하는 것이 마케팅의 과제라고 할 수 있다. 고객의 행복을 추구하는 마케팅은 인류를 위해 기여 하는 학문이다. 소비를 부추기는 측면을 부인할 수는 없지만 선한 영향력을 미치는 학문이 마케팅이다.

1) 소비자의 니즈와 원츠

마케팅의 정의에서 소비자의 니즈와 원츠를 다룬다. 마케팅의 시작이 소비자의 기본적인 필요와 욕구 즉, 니즈(needs)에 초점을 두었다면, 최근에 마케팅은 소비자의 원츠(wants)에 더 많은 비중을 둔다. 이 같은 단어들은 유사해 보이지만 다소 의미의 차이를 보이므로 이를 구별하고, 이해하는 것이 필요하다. 기업의 마케팅 활동은 니즈 충족의 경쟁에서 벗어나 소비자의 원츠를 자극하고 충족시키는 활동을 수행한다. 더 나아가 혁신제품을 개발함으로써 새로운 원츠를 창출해 내기도 한다. 스마트폰이 개발되기 전에는 통신수단으로 삐삐와 공중전화에 의존하지 않았던가?

니즈는 인간의 기본적인 욕구로서, 기본적인 만족의 결핍을 느끼는 상태를 말하며, 필요 또는 욕구로 번역되어 왔다. 따라서 니즈란 인간이 살아가기 위해 반드시 충족되어야 할 것을 말한다. 반면 원츠는 니즈와는 달리 없어도 생존에는 영향을 주지 않는 욕망들이다. 다시 말해, 니즈를 기능적 욕구라고 한다면, 원츠는 심리적 욕망에서 그 의미를 찾을 수 있다.

헬스 운동복의 경우 고가의 헬스복이 잘 팔리는 이유는 무엇일까? 젊은 여성들이 하이힐을 신고 개성을 드러내는 이유는 무엇일까? 1년 학비가 웬만한 직장의 연봉 수준이지만 미국의 아이비리그 대학이 드림 스쿨로 변함없이 인기가 있는 이유는 무엇일까? 모두가 심리적 욕망이 구매결정에 영향을 주기 때문이다.

경제학에서 소비자는 합리적인 판단을 하기 때문에 가격이 상승하면 수요가 감소하고, 유사한 기능을 가진 제품을 구매할수록 만족도는 체감한다고 하였다. 그러나 현실에서는 값 비싼 브랜드를 선호하며, 신상에 열광하기도 한다. 이것은 기능적 욕구의 관점으로는 설명할 수 없는 부분이다. 이처럼 기능적인 욕구의 관점에서 설명되지 못하는 것들을 심리적 욕망의 관점에서 설명이 가능하다. 따라서 마케팅의 기본은 소비자의 니즈에서 출발하지만, 더 나아가 소비자의 원츠를 파악하고 자극하는 것이 불가피해 보인다.

2) 눈높이 마케팅

고객의 눈높이에서 마케팅을 실천하는 것이 필요하다. 우선 고객 눈높이 마케팅을 이해하기 위하여 2가지 사례를 소개하기로 하자. 인도 시골 지역에는 아직도 식수가 오염되어 있다고 한다. 이를 해결하기 위하여 구호단체와 뜻이 있는 사회적 기업가는 간이 정수기를 오염 지역에 공급하기로 했는데, 이를 위한 마케팅 프로그램이 초반에는 성공하지 못했다고 한다. 그 이유는 그 지역 주민이 정작 이 사업을 반기지 않았다고 한다. 이유를 알고 보니 그 지역 주민들이 그들의 식수가 오염되어 있다는 사실을 수긍하지 않았다는 것이다. 현미경을 들이대고 오염된 정도를 보여주어야 했지만 주체

측은 이를 무시했던 것이다. 결국, 이 마케팅 프로젝트는 실패하였고, 마케팅은 철저히 고객, 사용자 입장에서 추진되었어야 한다는 사례이다.

다른 사례로, 아프리카에서 에이즈를 방지하기 위하여 콘돔을 공급하기로 했는데, 예상외로 이 노력이 성공을 거두지 못했다고 한다. 이유를 알고 보니 아프리카 여성들은 다산을 가정의 행복으로 여기고 있어 남편이 콘돔을 사용하는 것을 꺼려했고, 남성 역시 콘돔을 사용하면 남성성을 약화 시킨다고 잘 못 믿고 있었기 때문이었다. 결국, 이 지역의 문화적인 차이를 이해하고 나서야 마케팅 프로그램을 수정하였고, 에이즈 감염을 줄였다고 한다. 이 사례 역시 마케팅은 고객, 사용자의 입장을 잘 이해하고 있어야 함을 보여주고 있다. 이들 사례의 시사점은 결국 마케팅은 고객의 눈높이에서 고객의 니즈를 이해해야 한다는 점을 강조한다.

고객이 안고 있는 문제와 기업이 제공하는 해결책이 연결되면, 고객은 구매할 것이다. 구매가 반복되고 구매자가 지각하는 효용이 커지면 소비자는 반복구매하는 습관을 형성하게 된다. 기존의 해결책과 비교하여 단지 약간의 개선만이 제시된다면 기존의 제품을 사용하던 소비자 마음을 바꾸기가 쉽지 않을 것이다. 왜냐하면, 소비자가 기존 습관을 바꾸기 위해서는 상당한 수준의 변화된 가치를 지각해야 하기 때문이다. 지금까지 수많은 혁신적인 제품이 실패했던 이유는, 소비자는 비합리적으로 기존의 제품에 대하여 높은 가치를 부여하는 반면에, 기업은 비합리적으로 본인들이 개발한 혁신적인 제품에 높은 가치를 부가하기 때문이다.

나이키는 1960년대 런닝화를 시작으로, 다양한 스포츠와 야외 활동을 위한 아웃도어 시장에서 급속하게 성장하면서 시장 리더의 자리를 유지하고 있다. 사업 초반부터 나이키는 스포츠 스타를 활용한 인도스먼트, 메가 이벤트, Just Do It 광고 등을 통하여 공격적으로 마케팅하였다. 나이키는 스포츠용품 판매에만 관심을 가진 게 아니라, 소비자의 생활 방식, 태도 변화에 더 많은 관심을 가졌다. 나이키 브랜드를 재조명하면서 끈끈하고 강력한 고객관계를 창출하기 시작했다. 고객들과 단지 피상적인 대화가 아니라 고객과 커뮤니케이션하면서 관계를 구축하였다. 나이키는 고객 중심의 마케팅과 사회적 네트워킹을 혁신적으로 추진했다. 제품의 일부로서 모바일 기술을 접목시켜 적극적으로 앱을 전략적 도구로 활용하였다. 나이키의 진정성 있는 고객관계와 고객과 연결하는 노력이 좋은 사례가 되고 있다.

3) 스타트업 마케팅

테슬라 자동차의 창업자인 엘런 머스크는 창업하는 과정을 유리 조각을 씹어 삼키면서 죽음의 심연을 응시하는 것과 같다고 했다. 기업을 창업하는 것이 얼마나 힘들고 고통스러운 것인지를 단적으로 표현하고 있다. 스타트업은 일반적으로 재정과 경험이 충분하지 않다. 따라서 마케팅은 고객을 창출하는 작업에 전력을 다한다. 다양한 마케팅 수단은 매출 창출을 위해 집중된다. 광고는 인지도 제고를 위해, 홍보는 주의를 끌기 위해, 소셜미디어는 커뮤니케이션을 위해 동원된다. 이러한 수단을 통합하는 작업이 스타트업의 전형적인 마케팅이다. 고객을 창출하는 활동은 무엇이라도 마케팅이 될 수 있다. 고객이 원하는 제품개발을 위해, 제품개발 단계부터 마케팅의 아이디어를 접목한다. 고객의 문제를 해결하고 고통을 해소해주는 제품과 서비스를 창출하는 것이 필요하다. 에어비앤비의 경우 제품개발과 마케팅이 분리되어 있지 않다. 창업자가 경험을 통해 습득한 공유 숙박서비스가 제품

개발로 이어진 것이다. 에어비앤비와 같은 혁신적인 서비스가 시장에 소개되면 우선 조기 수용자 집단이 먼저 구매를 하게 되는데, 이들을 확인하여 전략적으로 활용하면서 성장전략을 모색한다. 이 단계에서는 조기 수용자의 사용 후기가 매우 중요하기 때문에 신뢰를 줄 수 있도록 서비스를 디자인해야 한다.

스타트업의 초기 제품은 일반적으로 최소한의 성공 가능한 제품(minimum viable product)의 작은 아이디어에서 시작하여 수많은 테스트를 통하여 완성제품이 탄생한다. 레스토랑의 예를 들면, 사업 초기에는 푸드 트럭이나 팝업 가게에서 시작하게 되는데, 초기에는 거창한 웹사이트보다는 매우 단순한 사이트나 SNS를 활용하게 된다. 미국 LA에서 시작한 Kogi Korean BBQ 사업은 푸드 트럭에서 시작해서 트위터를 통하여 매일 오픈하는 장소를 알리기 시작했다. 사업을 확장하면서 5대의 트럭을 마련했고, 새로운 메뉴를 추가하기 시작하였다. 2016년 처음으로 레스토랑을 오픈하기 전까지 충분한 테스트 기간을 거쳐 사업을 본 궤도에 올려놓았다.

제품개발에 있어 비유적으로 빌보드 차트보다는 박물관이 필요하다. 다시 말해 오래가지 않는 인기보다는 영속 가능한 제품을 개발하는 것이 필요하다는 의미이다. 영속 가능한 제품은 마케터의 3M 철학에서 나올 수 있다. 이는 제품개발에 임하는 마케터의 자세로, 의미(meaning), 마음(mind), 사명(mission)의 정신으로 무장해서 소비자의 문제를 해결해 주고 사회적 가치를 비중 있게 다룬다면 박물관처럼 오랫동안 지속 가능한 제품개발이 가능할 것이다.

말콤 글래드웰는 '다윗과 골리앗' TED 비디오에서 작지만 강한 마케팅을 소개하고 있다. 블레셋 군대를 이끄는 골리앗과 이스라엘 군대를 이끄는 다윗을 대조하면서, 불리한 조건이 오히려 승리에 도움이 되었다는 점을 강조하고 있다. 승리 요소는 다윗이 당시 전투 관행에 젖어 있지 않은 비주류라는 점을 부각하면서, 세상의 많은 규칙은 강자가 만든 것이며, 강자에게 유리하게 작동하지만, 강자가 보지 못한 구멍을 찾아내고, 거인이 익숙하지 않은 방법으로 경쟁해야 한다고 역설하고 있다. 작지만 강한 기업이 되고자 하는 기업을 위해 보지 못한 작은 구멍, 즉 니치를 공략하는 마케팅을 제시하고 있다.

4) 마케팅 활동의 주요 참여자

시장에서 마케팅 활동에 참여하는 주요 참여자들은 판매자, 구매자, 협력자, 그리고 경쟁자 등이 존재한다. B2C 시장에서의 고객은 개인이지만, B2B 시장에서는 기업이 고객이 된다. 전자는 소비재 마케팅, 후자는 산업재 마케팅이다. 소비재 시장과 산업재 시장의 가장 큰 차이점은 산업재 시장 수요는 소비재 시장 수요의 파생수요(derived demand)이다. 구매유형도 차이가 있는데, 소비재 구매자는 개인적으로 구매 의사결정을 하지만, 산업재 구매자는 주로 구매팀이 구매 의사결정을 하게 된다. 구매팀에는 조직의 다양한 직능에서 참여하는데, 참여자간 이해관계가 상충하는 경우 갈등의 조정이나 해소가 필요하다. 협력자는 기업의 파트너로서 유통구성원(소매점, 도매점, 대리점 등), 공급업자, 지역사회와 시민단체 등 그 종류가 매우 다양하다. 경쟁자는 일반적으로 동종 산업에 속해 있지만, 종종 전혀 예상치 못한 산업에서 등장할 수 있다. 구글은 자동차 제조업체와 경쟁하고, 아마존은 모든 산업의 모든 업체와 경쟁하고 있다.

3. 마케팅의 가치창출

1) 소비자의 지각 가치

소비자의 구매는 언제, 그리고 왜 이루어지는가? 소비자 구매 결정은 복잡한 과정을 거치고, 다양한 요인에 의하여 영향을 받지만 한마디로 제품이나 서비스를 구매할 가치가 있다고 지각하면 구매한다. 그렇다면 구매자가 지각하는 가치는 어떻게 정의할 수 있을까? 일반적으로 제품이나 서비스가 제공하는 가치는 객관적인 가치와 주관적인 가치로 구분할 수 있다. 객관적인 가치는 공학적인 테스트를 거친 성능이나 품질을 의미하는데 미국의 경우 컨슈머리포트가 발표하는 성능 테스트 보고서가 예가 된다. 하지만 마케팅에서는 객관적 가치보다는 주관적 가치를 더 중시하는데, 이는 소비자가 지각하는 성능이나 품질을 의미한다. 그래서 마케팅을 지각(perception)의 학문이라고도 한다. 다시 말해, 비용 대비 혜택이 더 크다고 인식하면 지각 품질이 높을 것이고, 반대로 혜택 대비 비용이 더 크다고 인식하면 구매할 가치를 느끼지 못한다. 여기서 중요한 것은 비용은 가격을 포함하여 심리적 비용, 사회적 비용, 탐색비용 등 다양한 비용을 포함한다. 혜택 역시 다양한 형태를 생각할 수 있는데 구매를 통해 얻는 심리적 혜택, 사회적 혜택, 기능적 혜택 등 다양하다. 결국, 소비자는 구매 의사결정 시 혜택의 총합보다 비용의 총합이 크다고 지각하면 구매하지 않을 것이고, 반대의 경우에는 구매하게 될 것이다. 소위 가심비(가격대비 심리적 만족)가 구매결정에 결정적으로 영향을 미친다. 마케터의 입장에서는 지각하는 가치를 제고시키는 전략이 필요한데, 이를 위해 총비용 대비 총혜택의 적절한 조합을 찾아내어 제시해야 한다. 예를 들면, 가격은 인상했지만, 소비자가 지각하는 혜택이 동일한 경우에는 소비자의 지각 가치는 하락할 것이고(the same for more 전략), 반대로 가격은 인상했지만, 소비자가 지각하는 혜택을 전보다 훨씬 높였다면 지각 가치는 상대적으로 증가할 것이다(more for more 전략). 핸드폰의 경우 가격을 인상했지만 새로 추가된 기능에 대한 가치 지각이 높다면 소비자는 구매할 것이다.

2) 월마트 사례(B2C)

미국의 대형 소매점 체인인 월마트는 고객에게 높은 가치를 전달하는 놀라운 성과를 이루었다. 월마트는 그들의 약속인 “Save money. Live better.”를 지키기 위하여 매일매일 노력하고 있다고 한다. 월마트는 단지 고객에게 가치를 전달하기 위하여 존재하는 것은 아니다. 월마트의 사명은 세상을 위하여 생활비를 절약해 주는 것이다. 이러한 사명을 달성하기 위하여 월마트는 경쟁자가 모방할 수 없는 저가격으로 엄선된 제품을 공급한다. 그렇다면 이 기업은 어떻게 이윤을 창출하는 것일까? 유통전문가는 월마트를 간결하고 보편적인 유통 기계라고 평가한다. 탁월한 관리 역량, 정교한 기술, 그리고 공급자와의 교섭력을 통하여 월마트는 소매업계에서 가장 저렴하게 제품을 공급하고 있다. 최근 아마존의 공세로 성장세가 주춤하지만 아직은 시장 리더의 자리를 지키고 있다. 성장엔진을 다시 가동하기 위해서 새로운 고성장 제품라인과 서비스 라인을 추가하였는데, 유기농 제품, 자사 브랜드(PB), 점포 내 건강 클리닉, 고객 재정 서비스 등이 추가된 대표적인 제품 라인들이다. 아울러 해외 시장에도 눈을 돌리고 있으며, 온라인 판매를 재편성하여 주력하고 있다.

3) 피앤지 사례(B2B)

피앤지(P&G)의 판매팀은 오랫동안 미국 인적판매 시장에서는 가장 선망의 대상이었다. 판매원 선발, 훈련, 관리적인 측면에서 피앤지는 타의 추종을 불허하는 수준이었다. 전 세계적으로 5,000명 이상의 판매원을 고용하고 있다. 판매팀을 세계 최고 수준으로 만든 것은 다름 아닌 이 회사의 판매철학이다. 우선 판매라고 부르지 않고 고객비즈니스개발(CBD)로 부른다. 이 개발팀의 초점은 거래 개발이 아니라 고객과의 관계이다. 피앤지 고객의 대부분은 월그린, 월마트, 달러 제너럴과 같은 규모가 큰 복잡한 기업고객들이다. 기업고객들은 수백 수천 개의 점포를 운영하면서 수십억 달러의 매출을 기록하는 회사들이다. 이런 기업고객을 대하는 판매팀의 과업은 매우 복잡하고, 판매원 개인이나 팀이 다룰 수 있는 수준이 아니다. 대신에 피앤지는 각각의 기업고객 어카운트를 위해 CBD 팀을 배정한다. 각 팀에는 판매원뿐만 아니라 소매점포에서 피앤지 제품을 판매하는 다양한 분야의 전문가가 참여한다. CBD 팀에는 마케팅전략, 제품개발, 운영, 정보시스템, 로지스틱스, 재무, HR까지 다양한 전문가가 투입된다. 달러 제너럴의 경우처럼 적게는 30명, 월마트와 같은 맘모스 고객의 경우 350명이 투입된다. 훈련이 핵심이고, 고객만족이 목표이다. 그리고 아이러니하게도 피앤지는 자사 제품 재고를 적게 보유하고, 경쟁사 제품의 재고를 많이 가지도록 유도한다. 점포 간 이동량이 증가하면 매출도 증가하고 결국에는 피앤지 제품 매출을 증가시킨다고 믿기 때문이다. CBD 팀은 고객에게 좋은 것이 자사에게도 좋다고 믿는다. 고객과 신뢰 관계를 구축하면 고객과의 돈독한 파트너십으로 이어진다고 믿는다. 피앤지의 CBD 팀은 판매 이상의 업무를 수행하고 있다. 전략적 파트너십을 구축하여 고객에게 도움을 주고, 고객의 비즈니스 기회를 확대하는 것이 피앤지의 미션이라고 믿는다.

4. 마케팅관리의 진화

마케팅관리 철학은 크게 기업 중심적 철학과 고객 중심적 철학으로 나누어 볼 수 있다. 기업 중심적 마케팅 철학은 생산, 제품, 판매 중심으로 분류되고, 고객 중심적 마케팅 철학은 마케팅 개념과 홀리스틱 마케팅으로 구분된다.

1) 기업 중심적 마케팅 철학

기업 중심적 마케팅 철학은 고객보다는 기업이 중심이 되는 철학으로, 수요와 공급의 균형이 변하면서 진화되어왔다. 인사이드-아웃, 즉 기업의 제품을 고객에게 판매하는 개념이라고 보면 된다. 구체적으로 생산개념, 제품개념, 판매개념 등이 있다.

(1) 생산개념

시장에서의 수요가 공급을 초과할 때 쓰였던 개념이다. 제품을 생산하기만 하면 팔린다는 의식이 지배하는데, 소비자는 편리하고 싸게 구매할 수 있는 상품을 선호할 것이라고 믿는다. 이 개념은 원가 경쟁력을 가질 수 있는 경우에만 적용되는 마케팅 철학이다. 따라서, 생산의 효율성과 광범위한 유통망 확보로 원가 절감에 주력한다. 지금도 생산개념이 적용되는 산업이 존재하는데 대표적으로 메모리 반도체 산업이다. 치열한 원가 절감으로 가격경쟁에서 이겨낸 기업이 최후 승자가 된다는 소위 치킨게임이 통하는 시장이다.

(2) 제품개념

생산개념 이후 점차 공급이 수요와 비슷한 수준에 이르게 된다. 기업 간 경쟁이 발생하면서 좋은 제품을 생산하는 기업이 경쟁우위를 확보하는 시장구조이다. 소비자들이 최고의 품질과 성능을 가진 제품을 선호한다고 판단하기 때문에 기술적으로 우수한 혁신 제품을 생산하기 위하여 연구개발 담당자나 엔지니어가 제품개발을 주도하게 된다. 그러나 기술적으로는 뛰어난 제품이지만 시장에서 외면당하는 상황이 발생할 때 이를 설명하지 못한다. 예컨대 발명가 딘 카멘이 개발한 세그웨이의 경우 애플사의 스티브 잡스가 격찬했음에도 불구하고 시장에서 큰 성공을 거두지 못했다.

(3) 판매개념

공급이 수요를 초과하여 생산된 제품을 모두 판매하지 못하면서 판매촉진의 중요성이 강조되는 개념이다. 소비자는 자발적으로 구매하지 않으며, 수동적이어서 강력한 판매 촉진 수단을 동원해야만 판매할 수 있다고 믿는다. 고객의 니즈를 충족시키기보다는 이미 생산한 제품 재고를 소진하기 위해 공격적인 영업 및 촉진 활동을 통하여 판매에 주력한다. 이 개념은 소비자가 원하는 제품을 만드는 것이 아니라, 기업이 만든 제품을 소비자에게 판매하는 것을 목표로 한다.

2) 고객 중심적 마케팅 철학

고객 중심적 마케팅 철학은 기업 중심적 마케팅 철학과 대조적으로, 고객의 니즈에 초점을 두고 고객이 원하는 제품과 서비스를 제공함으로써 고객만족을 지향한다는 특징이 있다. 고객 중심적 마케팅 철학에는 마케팅 개념과 홀리스틱 마케팅 철학이 있다.

(1) 마케팅 개념

시장에서 고객의 니즈와 원츠를 파악함으로써 시작된다. 기업 중심적인 판매개념과는 달리 마케팅 개념은 고객 중심적(customer-driven) 사고에서 출발한다. 표적시장 고객의 니즈와 원츠를 찾아내어 경쟁자들보다 더 효과적이고 효율적으로 충족시키고자 한다. 고객을 단순히 상품의 판매 대상으로 보는 것이 아니라, 고객이 가진 문제를 해결하여 고객에게 가치를 제공하는 마케팅관리 철학이다. 고객 중심적 사고가 **고객을 중심**에 두는 사고라면, 고객 구동형(customer-driving) 사고는 표현 그대로 **고객이 중심**이 되는 사고이다. 예컨대, 공동구매는 고객이 자발적으로 구매자를 모집하여 제품을 정하고 가격을 제시하는 구매 방식인데, 이는 고객 구동형에 해당한다. 최근에는 수익성을 강조하는 고객 중심(customer-centric) 마케팅이 주목을 받고 있는데, 이 개념은 평생고객가치(LTV)에 기초하여, 평생 가치가 높은 고객 시장을 확인하고, 수익성을 극대화하는 전략이다. 자세한 설명은 본 장의 뒤쪽에서 설명한다.

미국의 클래스 패스(class pass) 헬스장 서비스는 고객에게 원하는 헬스장을 다닐 수 있도록 한다. 이 서비스를 이용하는 고객은 정해진 한 곳의 헬스장에만 가는 것이 아니라, 이 프로그램에 참여하는 다양한 헬스장을 운동 종목별, 요일별로 골라서 다닐 수가 있다. 헬스장마다 전문화된 운동 프로그램(수영, 복싱, 요가 등)을 제공하고 있어, 사용자의 니즈와 편의에 따라 본인의 스케줄에 맞는 헬스장을 취사선택할 수 있다. 이 서비스는 마케팅 개념에 기초하여, 고객의 니즈에 부합하는 서비스를 제공하는 예가 된다.

(2) 판매개념과 마케팅 개념의 비교

판매개념과 마케팅 개념은 분명한 차이를 보이는데 우선, 판매개념은 공장에서 출발하여 기업의 제품에 초점을 맞추고, 생산된 제품들이 판매촉진을 통하여 고객들에게 판매된다. 따라서 판매개념의 목적은 판매증대를 통한 이윤창출이 된다. 반면에 마케팅 개념은 이윤을 창출한다는 점에서 판매개념과 유사하지만, 관점이 공장이 아닌 시장에서 출발하기 때문에 개념 자체가 다르고 운영 과정 전반이 달라진다. 마케팅 개념은 시장 즉, 고객의 욕구를 통합적 마케팅을 통하여 충족시키고, 고객만족에 이르게 되면 자연스럽게 이윤이 창출된다는 점을 강조한다.

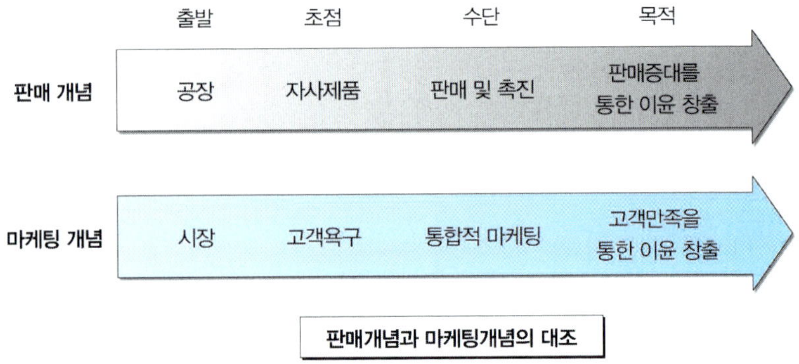

〈출처: 노전표, 마케팅, 북코리아, 2015, p. 28〉

〈그림 13-1〉 판매개념과 마케팅 개념의 비교

3) 홀리스틱 마케팅 개념

홀리스틱(holistic) 마케팅 개념은 고객 중심적 마케팅에 기초를 두고 있고, 더 확장된 종합적 모형이다.

(1) 관계마케팅

마케팅을 거래로 보지 않고, 관계 구축에 초점을 두면서 단기적인 성과보다는 장기적인 관계유지를 목표로 하고 있다. 장기적으로 사업을 유지하고 이윤을 창출하기 위해서는 구매자를 만족시키고, 호혜적인 관계를 구축하는 것이 중요하다. 고객, 내부 구성원, 마케팅 파트너, 주주 및 투자자 등 기업의 다양한 이해관계자들과 네트워크 구축을 통하여 경쟁적 이점을 확보하는 전략이다. 주요 이해관계자들과 바람직한 네트워크를 구축하고 이를 통하여 장기적으로 이윤을 달성하는 것인데, 고객 관계 관리(CRM)를 주요한 도구로 활용하기도 한다.

(2) 통합마케팅

기업의 마케팅 활동을 단순한 판매촉진 활동에만 국한하는 것이 아니라, 마케팅 활동을 시너지 창출을 위해 통합함으로써 전사적이고 종합적인 관점에서 마케팅 활동을 수행한다. 다음 장에서 설명할 4P 마케팅 믹스 수단을 통합적으로 운용하는 것이 주요한 내용이다.

(3) 내부마케팅

외부 고객 만족은 내부직원 만족에서 시작한다는 개념이다. 적합한 직원을 채용, 훈련, 동기부여 시키는 과정을 통해, 이윤과 서비스를 자연스럽게 연결하는 개념이다. 직원의 만족은 서비스 품질을 높이고, 자연스럽게 외부 고객을 만족시켜 이윤을 창출하자는 개념이다. 기업이 고객에게 양질의 서비스를 제공할 약속을 하는 것은 내부적으로 고객에게 양질의 서비스를 제공할 준비가 이미 되어 있음을 의미한다.

(4) 사회적 책임 마케팅

기업의 사회적 책임이 중요해지고, 기업의 최종 목표가 이윤의 창출보다는 사회적 자본에의 기여로 보는 철학인데, 마케팅 활동을 통하여 시장의 차원을 넘어 사회적 영향력을 미치자는 개념이다. 영국의 공작 기계 기업인

시그넷의 사명문은 “엔지니어링 탁월성을 고객에게 제공하기 위하여 직원들을 임파워링 한다” 이다. 5개의 핵심 가치를 제시하고 있는데, 첫째, 대접받기 원하는 대로 대접하기, 둘째, 다른 사람의 의견을 경청하기, 셋째, 팀으로 일하면서 성공은 팀의 성공이고, 넷째, 동료들에 대한 최고의 존경, 마지막으로 투명하고 정직한 거래이다. 이 기업은 크리스천 기업으로 사회적 책임을 최우선 과제로 실천하는 기업이다.

4) 마케팅 관점의 진화

그리스의 철학자 아리스토텔레스는 대중 설득의 3요소로 로고스(logos), 파토스(pathos), 에토스(ethos)를 제시했는데 이는 기업의 커뮤니케이션 어필 방식과도 일맥상통한다. 로고스는 설득이 논리적이어야 한다는 것이지만, 설득의 효과성 측면에서 단지 10%의 영향력만을 발휘한다. 파토스는 공감, 친밀감 등 마음을 움직이는 감성적인 측면을 강조하는데, 30%의 설득 효과를 발휘한다. 에토스는 신뢰, 호감 등으로 영혼에 소구하여 상대방을 설득하는데, 무려 60%의 설득 효과가 있다. 따라서 이 이론에 의하면 논리만으로는 상대방을 설득하기 불가능하며, 가장 효과적인 설득을 위해서는 이 세 가지가 모두 충족되어야 한다는 것이다. 마케팅 1.0에서는 경제적 가치가 중시되었다면, 마케팅 2.0에서는 정서적 가치가, 마케팅 3.0에서는 정신적 가치가 중시되는 특성을 보여주고 있다. 경제위기를 수차례 경험하면서 소비자는 진정성 있는 체험을 요구하게 되었고, 인간적이고 감동적인 마케팅 경향이 점차 강해지고 있다.

〈표 13-1〉 마케팅 관점의 진화

설득의 요소	마케팅 관점	중시 가치	소구 대상	특성
로고스 (logos)	마케팅 1.0	경제적 가치	이성(reason)에 소구	논리적이며 합리적
파토스 (pathos)	마케팅 2.0	정서적 가치	감성(heart)에 소구	감성적이며 감각적
에토스 (ethos)	마케팅 3.0	정신적 가치	영혼(spirit)에 소구	인간적이며 감동적

〈출처: 노전표, 마케팅, 북코리아, 2015, p. 30〉

마케팅의 구루인 코틀러교수는 저서 마케팅 4.0에서, 브랜드는 사람의 속성을 가진 브랜드로 재탄생해야 한다고 주장하면서 마케팅 3.0에서 진화된, 인간 중심의 마케팅(human-centric marketing)인 마케팅 4.0을 제시하고 있다. 실천 전략으로, 소비자의 삶을 읽어내는 콘텐츠마케팅, 다양한 유통경로가 통합되는 옴니채널, 그리고 디지털시대 고객과 깊은 관계 형성 등을 구체적으로 제시하고 있다.

5. 마케터의 역할과 소명

기업의 경영 활동은 다양한 기능으로 구성되어 있다. 제품을 디자인하는 디자인부서, 생산하는 생산부서, 영업과 판매를 담당하는 마케팅부서, 연구개발을 담당하는 R&D부서, 재무와 회계를 담당하는 재무부서, 물류를 담당하는 물류부서, 인력을 관리하는 인사조직 부서 등 다양한 활동으로 구성되어 있다. 이 기능들은 고객에게 가치를 담아 최종 제품과 서비스를 제공한다. 이 기능들은 각자의 목표를 달성하면서 고객의 만족을 위하여 가치를 창출하고 제공한다. 이러한 활동들을 가치창출 활동이라고 하는데 최종 목표는 고객에게 의미 있는 가치를 제공하는 것이다. 하지만 공유하는 목표는 같을지라도 부서간 이해관계가 상충 되는 경우가 종종 발생한다. 예컨대 고객 만족을 최우선으로 하는 마케팅부서와 제품 원가를 고민해야 하는 생산부서 또는 부품의 구매 원가를 고민해야 하는 구매부서 간에는 이해관계가 충돌할 수 있고, 신제품을 지속적으로 개발해야 하는 R&D 부서와 회사 재정을 관리하는 재무부서의 이해관계도 상충 될 수 있다. 이러한 상황이 발생하면 고객의 시각에서 접근해야 하고 고객의 가치를 우선시해야 한다. 이러한 관점에서 마케팅부서는 전사적 차원에서 핵심부서 역할을 수행한다. 동시에 사일로(silo)가 아니라 마케팅부서와 타부서와의 협력관계가 중요하고, 갈등 해소를 위해 부서간 협조체제가 강조된다.

1) 마케터의 역할

1965년 Journal of Marketing에 흥미로운 논문이 게재된 적이 있다. “Would you want your daughter to marry a marketing man?"이란 제목의 논문이었는데, 저자인 리차드 파머는 마케팅의 비윤리성을 지적하면서 비유적으로 이 분야에 종사하는 사람과 딸을 결혼시키지 말라고 충고하였다. 다행스럽게도 지난 반세기 동안 마케팅은 파머의 충고를 교훈 삼아, 고객에게 가치를 제공하고 고객을 진정으로 섬기는 경영 활동으로 제자리를 찾아가고 있다. 왜곡된 모습에서 벗어나서 마케팅은 원래의 모습으로 돌아가고 있는 것 같다.

제4차 산업혁명시대 우리는 미래를 예측하기가 힘든 시대에 살고 있다. 마케터는 이러한 격동의 시대를 오히려 새로운 도약의 기회로 삼아야 할 것이다. 위기가 곧 기회인 것이다, 기존의 관행을 버리고 새로운 트렌드에 맞는 새로운 전략을 수행하는 기업은 도약할 것이고, 나아갈 방향을 정하지 못하는 기업은 쇠퇴의 길을 걸을 수밖에 없다. 새포도주와 새부대를 함께 준비해야 하는 시대가 온 것이다. 마케터에게 제4차 산업혁명은 전략적 변곡(strategic inflection)을 모색해야 하는 시기가 되는 셈이다.

전략적 변곡을 모색하기 위해서 마케터는 통찰력(insight)을 가져야 한다. 몰입은 통찰력에 도움이 된다. 어떤 문제에 몰입하다 보면 흔들리는 촛불에 비유되는 통찰력을 잡을 수 있다. 가끔은 자기만의 공간을 찾아 자기만의 시간을 가질 필요도 있다. 중요한 결단을 내려야 할 시점에는 어김없이 홀로 있는 시간을 가지는 것이 도움이 될 때도 있다. 침묵은 근심과 걱정에서 벗어나게 하고, 결과에 집착하지 않도록 해준다. 결과는 하늘에 맡기고 자신은 그저 최선을 다하면 되기 때문이다. 고독한 침묵은 창조적인 지혜를 모색하는 방편이 되기도 한다.

마케터가 가져야 할 통찰력 세 가지를 소개하면, 첫째, 고객에 대한 통찰력(customer insight)이다. "고객이 네 밥줄이니? 고객이 그걸 모를 줄 알아?" TV 드라마에서 영업사원들 간에 싸늘하게 오고 간 대화였다. 고객이 진심으로 원하는 것은 마케터의 진정성일 것이다. 장인정신을 가진 건축가는 결코 모래 위에 집을 짓지 않는다. 반석 위에 짓든지, 반석이 나올 때까지 모래를 파서 집을 짓는다. 마케팅의 진정성도 마찬가지다. 고객의 요구에 통찰력을 가질 때 진정한 마케터가 될 수 있다. 둘째, 직원에 대한 통찰력(employee insight)이다. 고객을 설득하기 전에 직원을 내 편으로 만들라는 말이 있다. 사내 공감대 없이 고객을 상대로 약속을 내걸면 직원이 먼저 냉소하게 된다. 진정한 마케팅은 사람의 마음을 얻는데 있다. 코틀러교수는 마케팅 4.0에서 고객의 마음을 잡아야 성공하는 마케팅이라고 했다. 내부직원을 고객이라 생각하고 내부마케팅을 실천하면, 자연스럽게 외부 고객 만족도 이루어진다. 고객의 신뢰를 얻기 전에 팀의 신뢰가 중요하다. 마케팅은 사람을 대상으로 하는 업무라, 직원이든 고객이든 진정성을 가지고 대해야 할 것이다. 셋째, 세상에 대한 통찰력(world insight)이다. 사회를 치유하고 세상을 변화시키는 사명은 기업에도 예외 없이 적용된다. 지속 가능한 사회적 가치를 추구하는 기업이 존경받는 시대가 오고 있다. 기업의 사회적 책임에 대한 통찰력을 가지고 세상을 변화시키는 비전에 동참하는 기업이 존경받는다.

2) 마케팅과 인문학

소비자의 삶을 해석해 내는 작업이 마케터에게 필요하다. 소비자와 소비자 삶에 대한 통찰이 깊을수록 마케팅의 수준은 높아진다. 이를 위해 인문학적 상상력의 중요성에 대해서 강조하고 싶다. 인간과 인간의 삶에 대해 질문하고 탐구하는 공부가 바로 인문학이다. 인문학적 상상력이란 인간과 인간의 이야기 들로부터 의미를 읽어낼 수 있는 능력이다. 이것은 반드시 책을 많이 읽는다고, 또 책을 통해서만 길러지는 것은 아니다. 의미를 읽어낼 수 있는 모든 대상이 인문학적 상상력의 텍스트가 된다. 사실 소비자 모두는 날마다 이야기를 만들어내고 살아간다. 이들 이야기 속에서 소비자와 소비자 삶을 이해하면 진정으로 소비자가 원하는 것을 제공할 수 있다. 소비자에 대한 이해가 깊고 풍부한 마케터는 소비자가 진정으로 무엇을 원하고, 그들 삶에서 가치를 어디에 두는지 파악할 수 있다. 이런 마케터는 탁월한 가치를 지닌 제품과 서비스를 경쟁자보다 우월하게 제공할 수 있다.

아마존의 전자책 단말기 중 킨들 화이트페이퍼 브랜드가 있다. 디지털시대 종이책을 읽고 싶은 오디언스의 니즈를 간파하여, 흑백 컬러 화면에 거친 표면을 터치하면 마치 종이책을 넘기는 느낌을 준다. 디지털과 아날로그가 결합된 이 제품은 소비자의 삶을 이해한 디지털 기기이다.

3) 마케팅의 키워드

(1) 베푸는 기능

마케팅의 선기능적 역할 중 하나는 베푸는 기능일 것이다. 마케팅을 통하여 소비자에게 제공하는 것은 다양한 선택, 삶의 질, 만족과 감동, 연결, 가치 등이고 궁극적으로는 의미 있는 소비를 통하여 소비자를 행복하게 하는 것이다. 마케팅은 제품과 서비스를 통하여 궁극적으로 소비자의 행복 추구에 기여하고 있다.

(2) 마케팅의 영향력: 3S

개인과 사회에 미치는 마케팅의 영향력은 3S(service, solution, scale)를 통해서 이루어질 수 있다. 마케터의 목표를 달성하기 위하여 마케팅부서를 중심으로 기업 내부 및 외부 관계자들이 서로 연합하여 규모를 확장하고(scale), 서로가 고객이라는 사고를 가지고 섬김으로써(service), 개인, 조직, 사회 문제를 해결(solution)할 수 있다. 마이클 포터 교수는 사회 문제 해결을 위한 기업의 역할을 강조하고 있는데, 기업이 자원 측면에서 가장 유리한 위치에 있음에도 불구하고, 지금까지 사회 문제 해결을 위한 기업의 영향력이 기대에 못 미친 이유는 규모(scale)의 부족에서 찾고 있고, 이를 해결하기 위한 대안으로 콜라보를 통해서 기업들이 연대해야 한다고 강조하고 있다. 즉, 공유가치 창출(CSV)을 위해 기업간 협력이 필요하다는 의미이다.

(3) 진정성과 책임성

길모어와 파인이 제시했듯이 초 윤리 시대의 키워드인 진정성(authenticity)은 다양한 차원이 있다. 예를 들면, 자연적 진정성(자연스러운, 소박한), 독창적 진정성(창의적인, 획기적인), 특별한 진정성(독특한, 진솔한), 연관성의 진정성(매혹적인, 경외하는), 그리고 영향력의 진정성(바람직한, 공익적인) 등이 있다. 체험마케팅은 소비자에게 풍부한 체험을 제공해주면서 진정성 마케팅에 도움이 된다. 왜냐하면, 진정하지 않은 체험은 존재하지 않기 때문이다. 진정성과 함께 초 윤리 시대의 키워드인 책임성(accountability)은 윤리적 행동과 도덕적 책무를 포괄하는 개념이다. 기업의 사회적 책임은 공유가치 창출로 발전하면서 기업의 지속 가능한 발전을 위해 요구되는 덕목이다.

6. 인공지능시대 마케팅의 역할

인공지능, 머신러닝, 빅데이터가 마케팅 영역에 적용되기 시작하면 상상하지 못할 정도의 엄청난 변화가 생길 것이다. 세 가지 개념을 비유적으로 정의하면, 인공지능은 도달해야 하는 행성이라면 머신러닝은 로켓에, 빅데이터는 연료에 비유할 수 있다. 인공지능이 마케팅 영역에 활용되면 마케터가 수행했던 추론하고, 비전을 설정하고, 지식을 창출하는 업무를 컴퓨터가 대신해서 수행할 것이다. 인공지능의 영향력은 마케팅의 세부분야 중 시장세분화 분야에서 가장 두드러지게 나타나서 다른 영역으로 확산될 것이다. 먼저 시장세분화에 미치는 영향을 분석해 보자. 현재는 세분 시장별 특성을 분석하기 위해서는 각각의 세분 시장에 맞는 알고리즘을 개발해야 하지만 소위 마스터 알고리즘(master algorithm)이 개발되면 각기 다른 알고리즘을 개발할 필요 없이 세분 시장의 특성을 분석할 수 있을 것이다. 이것이 실현된다면 마케터를 대신해서 인공지능이 세분 시장의 분석과 마케팅전략 개발을 위해 상당한 시간과 노력을 절약해 줄 것이다. 이 과정에서 마스터 알고리즘의 개발 역시 머신 러닝(machine learning)을 통해서 컴퓨터가 대신 수행해 줄 수 있을 것이다. 결론적으로 머신 러닝의 활용은 주요 마케팅 지표들, 예컨대 효율성과 ROI 등을 높여 줄 것이며, 브랜드관리 측면에서는 마케팅의 궁극적인 목표라고 할 수 있는 개별고객과의 차별화된 관계 구축이 가능해진다.

현재 아마존과 구글은 다양한 분야에서 머신 러닝을 마케팅에 활용하고 있다. 특히 아마존 사업의 1/3 정도가 머신 러닝에 기초하여 이루어지고 있는데, 소위 추천구매(recommended purchase) 알고리즘은 머신 러닝에 기초하여 제공되고 있다. 아마도 아마존에서 구매 경험이 있는 소비자는 아마존이 제시하는 추천구매 목록에서 재구매한 경험이 있을 것이다. 영화 스트리밍 서비스 업체인 넷플릭스의 추천 영화 중 3/4 정도가 머신 러닝에 기초하여 이루어지고 있다. 한 단계 더 나아가 아마존은 예측 배송(predictive delivery)을 구상하고 있는데, 이 시스템은 고객이 구매 주문을 내기 전에 소비자가 필요한 물품을 사전에 예측하여 제품을 배송해 주는 시스템으로, 향후 소비자 구매 패턴을 획기적으로 바꿀 수 있을 정도로 강력한 영향력이 예상된다. 아마존은 만약 예측 배송된 제품이 구매자 마음에 들지 않는다면 돈을 받지 않겠다고 할 정도로 예측 배송시스템의 성공을 확신하고 있다. 앞으로 인공지능이 마케팅 영역에 미치는 영향력은 과히 상상을 초월할 정도일 것이고 기존의 마케팅 패러다임에 큰 변화를 가져올 것이다. 기업은 향후 10년 인공지능의 영향에 미리 대비하여 경쟁우위 요소를 선점하여야 할 것이다.

마케팅 측면에서 아마존과 구글의 강력한 경쟁력은 사용자가 구글링이나 추천구매를 사용하면 할수록, 송곳처럼 사용자 니즈를 정확하게 파악하여 원하는 것을 제공해주는 것이다. 즉, 아마존과 구글의 인공지능 활용은 핀포인트 마케팅을 가능하게 한다.

7. 소비자 행동

1) 소비자 구매행동 유형

소비자의 구매행동을 범주화하는 작업은 마케터에게 매우 중요한 과제이다. 범주화된 구매유형에 따라 모듈화된 마케팅전략을 개발할 수 있어 마케팅의 효율성과 효과성을 제고할 수 있기 때문이다. 소비자 구매유형을 분류하는 첫 번째 기준은 관여도(involvement)이다. 관여도는 주어진 구매상황에서 특정 자극에 의해 유발되어 소비자가 지각하는 중요성, 관련성, 관심 정도 등을 나타내는 것이다. 고관여상황 구매는 본인에게 중요하며, 관련성이 많고, 관심의 정도가 높은 구매상황을 말한다. 일반적으로 전자제품, 자동차, 주택 구매와 같이 고관여 구매는 고가의 구매인 경우가 많다. 반면에 저관여상황 구매는 상대적으로 중요성, 관련성, 관심 정도가 낮은 구매상황이고, 일반적으로 편의품, 일상용품과 같이 상대적으로 저가의 구매이다.

동일한 제품이라도 소비자의 특정한 상황이나 개인적인 특성에 따라 관여도는 변한다. 예를 들어, 커피 구매가 저관여 구매인 소비자는 자판기나 캔커피 등 접근성이 용이한 커피를 구매하거나, 가격이 상대적으로 저렴한 커피점을 찾을 것이다. 반면, 커피 구매가 고관여 구매인 소비자는 평소 즐겨 찾던 커피점을 방문하기 위해 먼 길을 마다하지 않고 갈 것이다. 이들은 익숙하지 않은 커피 브랜드에 대해서 원산지나 로스팅 정도를 꼼꼼히 따지기도 한다.

소비자의 구매유형을 분류하는 두 번째 기준은 경쟁 브랜드간 차이이다. 같은 제품에 대해서 브랜드간 차이가 존재한다고 생각하는 소비자도 있을 것이고, 다들 비슷하다고 생각하는 소비자도 있을 것이다. 관여도와 경쟁 브랜드간 차이 유무에 따라 구매행동을 4가지로 분류할 수 있다. 고관여 구매상황에서 경쟁 브랜드간 차이가 존재하면 복잡한 구매행동을 하고, 차이가 없으면 부조화 감소 구매행동을 보인다. 반면, 저관여 구매상황에서 경쟁 브랜드간 차이가 존재하면 다양성 추구 구매행동을 하고, 차이가 없다면 습관적 구매행동을 한다. 현실적으로 복잡한 소비자 구매행동을 4가지 유형으로 단순화시키는 것은 무리가 있어 보이지만, 단순화된 이론적 모형에 기초하여 전략적으로 접근할 수 있다는 측면에서는 의의가 있다.

2) 소비자 구매의사결정

마케터는 구매자의 구매의사결정 과정을 이해하고 있어야 한다. 아울러 이 과정에 영향을 미치는 주요 요인들도 숙지하고 있어야 신규구매를 유도하거나 기존구매를 반복적으로 발생시킬 수 있다. 구매의사결정은 일반적으로 니즈 발굴의 단계, 계획의 단계, 쇼핑의 단계, 경험의 단계로 진행된다.

(1) 니즈 발굴의 단계

호모 콘수무스. 인간은 소비의 동물이다. 우리의 삶이 소비로 이어져 있다고 해도 전혀 틀린 말은 아니다. 음식 소비 또는 통신 서비스 소비 등 우리는 하루의 시작을 소비로 시작한다. 우리는 일상생활 속에서 자연스럽게 니즈를 인식하고 이를 해결하기 위하여 구매하고 소비한다. 목이 마르면 음료수에 대한 니즈가 자연스럽게 생기고, 배가 고프면 음식에 대한 니즈가 생긴다. 이러한 니즈 인식은 자연스럽게 구매로 이어지고 소비자는 구매를 통하여 니즈를 충족시킨다. 종종 외부적인 자극으로 구매하기도 한다. 주변의 권유나 타인에 의하여 구매 니즈가 자극되기도 한다. 친구가 롱 패딩을 입고 있으면 구매하고 싶은 것처럼 타인에 의해 구매 니즈가 생긴다. 생활의 변화가 발생하면 니즈가 발생하기도 한다. 결혼하거나 이사를 하면 자연스럽게 구매 니즈가 발생한다. 마케팅 커뮤니케이션의 자극, 즉 광고나 판매 촉진 등의 외부자극에 의해서도 구매 니즈가 발생한다. 카톡, 페이스북, 트위터 등 SNS 정보가 구매 니즈에 미치는 영향은 지대하다. 기업의 혁신도 소비자의 구매 니즈에 영향을 미친다. 애플사의 혁신 노력이 아이폰이나 아이패드에 대한 구매 니즈를 자극한다.

외부적인 자극은 지불된(paid) 자극, 획득된(earned) 자극, 관계(relationship) 자극, 소유된(owned) 자극으로 구분된다. 먼저 지불된 자극은 대표적으로 광고, 탐색 엔진 마케팅, 기타 지불된 경로 등이 있다. 획득된 자극은 무료이긴 하지만 시간 투자가 필요하다. 홍보나 보도 자료, 호의적인 언론기사, SNS 비디오, 앱 스토어 배치 등이 여기에 해당한다. 관계 자극은 구전, 사용 후기, 페이스북 "like" 등으로 디지털시대 매우 효과적인 외부자극이다. 하지만 일부 기업에서 소위 '다크 패턴'이라고 하는 비윤리적인 사용자 인터페이스를 사용하여 관계 자극을 악용하기도 한다. 소유된 자극은 사용자가 허락하여 소유하고 있는 핸드폰 아이콘, 이메일 뉴스 레터, 앱 업데이트 등이 여기에 속한다. 소비자의 습관을 변화시키기 위해서는 반복적으로 자극하는 것이 필요한데 이 점에서 소유된 자극은 매우 효과적인 커뮤니케이션 수단이 될 수 있다.

(2) 계획의 단계

구매 니즈가 발생하면 구매자는 구매 계획을 세운다. 우선 정보를 탐색하게 되는데 먼저 구매자 내부 정보를 탐색하고, 필요한 경우에는 외부 정보를 탐색하게 된다. 소비자의 정보처리 과정은 주의-이해-관심의 단계를 거친다. 제품 카테고리에 경쟁 브랜드가 많은 경우에는 소비자의 주의를 끄는 것이 매우 중요하다. 구매자의 주의를 끌기 위해서는 브랜드가 우호적인 특성(favorable), 독특한 특성(unique), 강력한 특성(strong)을 가져야 한다. 이른바 FUS 원칙이다. 다음 단계는 이해의 단계인데, JCPenney 백화점이 "Fair and Square" 가격전략을 새로이 시도했을 때 소비자의 주의를 끌긴 했지만, 대부분 소비자는 이 새로운 가격정책을 이해하지 못하였고, 결과적으로 20% 정도의 매출 감소를 초래하였다. 마지막으로 제품에 관심을 보이면, 제품을 구매할 가능성은 매우 커진다. 이 단계에서 소비자는 제품의 성능을 예측하면서 자신의 기대 수준과 저울질을 한다.

(3) 쇼핑의 단계

소비자가 특정 브랜드 구매를 결정했다면 가격-품질 관계를 평가한다. 일반적으로 가격과 품질 사이에는 상충관계가 존재한다. 일반적으로 품질이 높은 경우 가격이 비싸고, 품질을 희생하면 낮은 가격에 구매할 수 있다. 하지만 숙련된 구매자라 할지라도 가격-품질 관계를 쉽게 평가하지는 못한다. 이러한 상황에서는 주변 단서에 의존하게 되는데 대표적인 주변 단서가 브랜드와 가격이다. 가격이 높으면 품질이 높다고 판단하는 경향이 있다. 또한, 브랜드 파워가 높을수록 품질이 높은 것으로 평가받는다. 마케팅 경쟁이 치열해질수록 브랜드의 역할이 중요해지는 것도 이런 이유 때문이다.

소비자는 브랜드 평판이 좋고 브랜드 신뢰도가 높은 제품을 선호한다. 신뢰도에 가장 강력하게 영향을 미치는 요인은 이전 사용자의 추천이나 사용 후기다. 구매에 미치는 대중 매체의 영향력보다 추천의 영향력이 상대적으로 더 강력하다. 특히 SNS에서의 사용 후기가 중요한 이유도 신뢰도에 강력하게 영향을 미치기 때문이다. 무형적인 서비스 구매의 경우 이 경향은 더욱 강해진다. 에어비앤비에서 숙소를 찾는 소비자는 이전 사용자의 경험을 매우 중시한다. 에어비앤비는 구매자가 신뢰하도록 전략적으로 사용 후기 시스템을 구축하였다. 한 예로 과학적인 연구를 통해서 사용 후기를 쓰는 박스의 크기와 입력할 수 있는 글자의 수를 정했다고 한다.

(4) 경험의 단계

구매 후 소비자는 만족하거나 불만족을 경험한다. 구매자는 사전 기대와 실제 성능을 비교하여 만족 또는 불만족을 느낀다. 만족을 느끼는 구매자는 반복 구매할 가능성이 높다. 하지만 불만한 구매자는 대부분 침묵하지만, 일부는 불평하기도 한다. 여기서 역설적인 사실은 침묵하는 구매자보다 불평 내용이 무시되지 않는다면 불평하는 구매자의 재구매 가능성이 크다는 것이다. 따라서 전략적으로 불평할 수 있는 통로를 열어 놓는 것이 불만 고객의 효과적인 관리 방안이다. 불평한다는 것은 여전히 관심이 있다는 증거이기도 하다.

소비자는 구매를 통해서 좋은 경험을 간직하고자 한다. 브랜드와의 좋은 경험은 관계로 이어지고 장기적인 관계는 충성스러운 고객을 만든다. 브랜드와의 관계 구축은 구매 또는 반복구매의 차원을 넘어선다. 충성 고객은 기업과 브랜드의 큰 후원자 역할을 한다. 고객이 충성스러워지면 반복구매를 통하여 충분한 수익을 창출해 준다. 충성 고객은 브랜드의 옹호자 역할을 하고, 새로운 고객을 끌어오는 자발적 홍보대사가 되기도 한다. 충성 고객은 매우 유용한 홍보 자원이 된다. 소비자가 브랜드와 깊은 관계를 맺으면 브랜드 커뮤니티를 형성하는데 커뮤니티는 구성원들을 동질성, 전통과 의식, 책임감 등으로 결속시킨다. 예컨대 할리 데이비슨 커뮤니티 HOG 구성원들은 강한 동료의식을 공유하면서, 특유한 라이프스타일을 보여주는 브랜드 커뮤니티를 형성하고 있다. 종종 브랜드 커뮤니티는 숭고한 사회적 의미를 실현하기 위해 뭉치기도 한다. 탐스 슈즈는 판매되는 신발마다 소외지역에 신발을 기부하고, 워비 파커 온라인 안경 판매업체는 안경을 판매할 때마다 소외계층에 안경을 기부한다. 이들 브랜드의 커뮤니티는 사회적 책임감이라는 브랜드 의미를 공유하고 있다고 볼 수 있다.

3) 선택 결정의 4C

브랜드가 범람하는 시장에서는 소비자는 소위 결정 장애를 경험하기도 한다. 여행상품, 보험상품과 같이 대안이 너무 많은 경우, 소비자는 구매과정에서 힘든 과정을 경험한다. 첫째, 선택 대안이 많을수록 구매상황에 대한 관여도가 낮아지고, 둘째, 선택 대안이 많을수록 선택 결정의 질이 낮아지고, 셋째, 선택 대안이 많을수록 선택에 대한 만족도가 낮아진다. 이러한 부정적인 결과를 줄이기 위해서 쉬나 아헹가는 TED 강연에서 4가지 전략 대안을 제시하고 있다.

(1) 줄여라(cut)

판매자는 취급하는 상품의 수를 줄이면 진열대 공간을 잃을 것으로 생각한다. 하지만 정작 줄여야 하는 것은 관련 없고 불필요한 아이템들이다. 카테고리관리를 통해 더 많은 진열대 공간을 확보할 수 있으며, 구매자에게는 가격 부담을 덜어주고, 더 나은 선택이 가능해진다.

(2) 구체화하라(concretize)

선택 대안간 차이점을 이해하기 위해서는 선택 후 초래되는 결과를 명확하게 알려주는 것이 필요한데, 그 결과들을 아주 구체적이고 생생하게 느끼도록 해 주는 것이 중요하다. 이를 위해 선택 결과를 가시화하는 구체화 전략이 도움이 된다. 크루즈여행 상품을 판매하는 회사들은 서로 다른 포지셔닝 전략을 택하고 있는데, 20~30대 가족 중심 상품과 은퇴 후 여행 상품이 보여주는 장면은 다를 것이다.

(3) 범주화하라(categorization)

단순히 많은 선택 대안을 제시하는 것보다 카테고리로 묶어서 범주화하여 제시해 주면, 더 효과적인 의사결정을 할 수 있다. 카테고리들은 각각 상품들을 어떻게 구분할지 보여주는 측도이다.

(4) 단순화시켜라(conditions of complexity)

의사결정 상황을 보다 단순화시켜줌으로써 소비자는 생각보다 훨씬 많은 정보를 소화할 수 있다. 이상의 전략을 통하여 소비자는 쉽게 선택을 할 수 있고, 효과적이고 지혜로운 의사결정 과정을 진행할 수 있다.

4) 소비 행태의 변화

디지털시대의 도래와 국내외 경제위기를 경험하면서 소비자들의 소비 행태가 변화하고 있다. 두드러진 변화는 의미 있는 소비에 대한 비중이 높아지고 있고, 소비에 대하여 책임을 느끼면서 가치 중심적인 구매를 의식하기 시작했다. 존 게르찜머의 TED 비디오에서 제시된 네 가지 변화를 살펴보면 다음과 같다.

(1) 유동적인 삶

프리토레이 스낵회사는 구매자들이 월말보다 월초에 돈이 더 많다는 사실을 발견하였다. 이 회사는 월초에 큰 용량의 포장을 쓰고 월말에는 작은 용량의 포장을 쓰는 전략을 이용하였다.

(2) 윤리와 공정한 경쟁

지역사회와 이웃에 대한 지원 시스템을 강조하게 되었다. 기업과 지역사회는 부모와 살기 위해 다시 돌아온 부메랑 키즈를 대상으로 대학과 연계해서 직업 탐색을 도와주고, 기술 재교육을 지원한다.

(3) 인내하고 지속 가능한 삶

DIY 운동처럼 지속 가능한 삶을 추구하고, 의미 있는 가치 소비를 추구한다. 자산운용회사인 피델리티는 예금이나 대출에 대해 금전적으로 보상해주지 않고, 보상제도를 대학 학자금 지원과 연동해서 제공하고 있다.

(4) 협동과 지역 공동체

협동이 중시되면서 지역사회, 지역 공동체와 연결되는 것을 의미한다. 사회적 기업과 협동적 소비가 활성화되고, 관계 자본 축적에 관심이 높아지고 있다.

8. 마케팅조사

마케팅조사는 마케팅 문제를 해결하고 향후 전략 구상을 위해 시장과 소비자에 대한 다양한 정보를 수집하고 분석하여 마케팅 의사결정자에게 제언하는 일련의 과정이다. 마케팅조사는 체계적이고 과학적인 과정을 거쳐 이루어지는데 일반적으로 문제의 정의, 상황 분석, 문제 해결에 합당한 자료 수집, 자료 분석 및 해석, 그리고 문제 해결의 절차를 거친다. 각 단계에서 수집된 자료는 직전 단계로 돌아가 보다 정교화하기 위한 목적으로 사용되기도 한다. 마케팅조사의 유형은 크게 3가지로 구분되는데 아래 표에서 정리하였다.

〈표 13-2〉 마케팅조사의 유형

유형	목적	특성	방법
탐색적 조사	통찰력과 아이디어를 발견하기 위하여	- 신뢰할 수 있고 다양한 조사가 가능 - 조사의 초반 단계에 실시	- 전문가 서베이 - 파일럿 서베이 - 2차자료 분석 - 질적조사
기술적 조사	시장 기능과 특성을 이해하기 위하여	- 매우 계획적이고 구조화된 조사 - 가설 설정이 사전에 요구됨	- 2차자료 분석 - 서베이 - 패널조사 - 관찰
인과적 조사	원인-결과 관계를 규명하기 위하여	- 변수의 조작과 외생변수의 통제	- 실험

(1) 에스노그래피 조사

최근에는 소비자의 생활에 깊숙이 참여하여, 현실적인 자료를 수집하는 에스노그래피(ethnography) 조사 방법이 널리 활용되고 있다. 이러한 공감적 조사 방법은 소비자의 구두 진실이나 설문지에 의존하는 기존 방법과는 달리 신뢰성이 높아 마케팅 영역에서도 활용도가 증가하고 있다. 아울러 뉴로마케팅 기법을 마케팅조사에 접목하여 제품개발이나 광고효과 테스트에 활용하고 있다. 예컨대, 콘칩 제조업체는 뉴로마케팅 기법을 이용하여 소비자가 콘칩을 소비할 때 손가락에 묻어 있는 부스러기를 털 때 반응이 가장 높은 것을 발견하였다. 이를 제품개발에 적절히 활용하여 콘칩 부스러기가 어느 정도 손에 묻도록 제조하였다고 한다.

노키아는 시장에서 철저히 고객 관점에서 출발한다. 새로운 시장에 진입하거나 신상품을 개발할 때 고객에 대한 통찰력을 먼저 얻고 이를 기반으로 실행에 옮긴다. 인도에서 노키아는 에스노그래피 접근방법을 사용하여 수년간 시골지역에 사는 주민들의 휴대폰 사용행태에 대해 심층적인 연구를 수행해 왔다. 그 시골지역 주민들에게는 통신비용이 크게 부담되어 휴대폰이 마을간 또는 가족간 공유되고 있다는 사실을 발견하게 되었다. 이 발견은 휴대폰을 한 개인의 전유물이라는 기본 가정부터 흔들어 놓았다. 그 지역 고객들의 니즈에 기반하여 노키아는 여러 사람이 공동으로 사용할 수 있는 휴대폰을 개발하여 성공적으로 보급하였다. 노키아는 철저하게 고객을 이해하면서 고객에 대한 통찰력을 기반으로 제품을 개발하고, 고객을 위한 가치를 창조하였다.

(2) 5 Why 기법

사용자의 심층 구두진술 기법도 마케팅조사에 활용되고 있다. 심층 구두진술 기법은 왜? 라는 질문을 5번 이상 사용자에게 반복적으로 함으로써 문제의 본질은 물론 해결책까지 도출한다. 예를 들면, 우리가 왜 이메일을 사용하는지를 심도 있게 알고자 하면 왜? 라는 질문을 아래와 같이 반복적으로 실시한다.

- 질문 1 : 왜 당신은 이메일을 사용하는가?
  답변 : 메시지를 보내거나 받기 위해서
- 질문 2 : 왜 당신은 그 작업을 하는가?
  답변 : 신속하게 정보를 공유하고 수신하기 위해서
- 질문 3 : 왜 당신은 그 작업을 한다고 생각하는가?
  답변 : 동료, 친구, 가족들의 소식을 알고 싶어서
- 질문 4 : 왜 당신은 그것들을 알고 싶은가?
  답변 : 혹시 그들 중 누군가에게 내가 필요할 수 있으니까
- 질문 5 : 왜 당신은 그 사실이 알고 싶은가?
  답변 : 그렇게 하지 않으면 내가 소외될 수도 있으니까

이상의 질문과 답변을 통하여 이메일을 자주 확인하는 이유는 마음속 깊은 곳에 소외될 수 있다는 두려움 때문이라는 사실을 발견하게 된다. 이 조사 과정을 통하여 사용자의 소외 공포가 강력하게 작용하는 내적 동기임을 알게 되고, 기업은 이를 해결해 주는 서비스 디자인 방안을 모색하게 된다. 페이스북, 인스타그램, 카톡 사용자 역시 마음 깊은 곳에 네트워킹 단절의 두려움을 가지고 있을 수 있다.

(3) 소비자만족도 조사

마케팅조사 중에서 가장 흔히 사용되는 것이 소비자만족도 조사일 것이다. 이러한 만족도 조사는 마케팅 성과의 피드백을 위해 필요하지만, 기업의 성과향상을 위해 사용하는 것이 바람직하다. 소비자만족도 조사 자체가

매출에 영향을 미칠 수 있다. 조사는 소비자에게 관심을 보여주는 것이고, 기업이 고객 만족도를 높이기 위해 노력하고 있음을 간접적으로 보여주는 것이다. 하지만 지나친 조사는 오히려 부정적인 효과를 가져올 수 있다. 마케팅조사는 비용이 수반되기 때문에 비용 대비 효익을 평가하여 적절한 수준에서 실시하는 것이 바람직하다. 마케팅조사를 통하여 목표 시장의 문화적, 사회적, 기술적인 특성을 파악할 수 있어, 조사는 마케팅전략 구상에 매우 중요한 정보를 제공한다. 마케팅조사는 궁극적으로 마케팅전략과 접목되어야 그 효용이 극대화될 수 있다.

(4) 자료 수집의 유형

마케팅조사를 통해 수집하는 자료는 1차 자료와 2차 자료가 있다. 2차 자료는 현존하는 모든 자료이고, 1차 자료는 2차 자료로 문제를 해결하지 못할 때 당장 수집하는 자료이다. 2차 자료로 문제가 해결된다면 굳이 1차 자료를 수집할 필요가 없다. 최근에는 인터넷의 발달로 방대한 2차 자료가 존재하기 때문에 소위 빅데이터를 활용하여 다양한 마케팅조사를 수행할 수 있다. 1차 자료를 수집하는 방법은 서베이, 관찰, 실험이 있고, 온라인 조사도 많이 이용하고 있다. 아마존의 Mechanical Turk는 크라우드 소싱을 활용하여 유료 서베이를 대행해 준다.

9. 고객 중심 마케팅

앞서 살펴본 것처럼, 전통적인 기업 중심 마케팅에서 고객이 중심이 되는 신개념의 마케팅으로 진화하고 있다. 고객이 중심이 되는 마케팅은 다시 두 가지로 구분된다. 첫째, 고객 만족을 중시하는 고객 중심(customer-driven) 마케팅이다. 고객의 의견을 디자인단계부터 반영하여 고객이 원하는 제품을 개발하여 제공한다. 다시 말해 기업 중심의 마케팅이 인사이드-아웃의 시각이었다면, 고객 중심 마케팅은 아웃사이드-인의 개념이다. 두 번째는 수익성을 강조하는 고객 중심(customer-centric) 마케팅이다. 이 개념은 고객 가치에 대한 이해 없이 시장 점유율을 추구하는 기존의 마케팅과는 달리, 평생 가치가 높은 시장을 확인하여 이 시장에서 수익성을 극대화하는 전략이다. 전자가 고객의 피드백을 중시하고 고객 만족을 유도하는 개념이라면, 후자는 평생 가치가 높은 고객군만을 대상으로 장기적인 관계를 유지하면서 수익을 극대화하는 전략으로, 철저히 수익성 중심의 사고이다. 두 방법 모두 마케팅의 성공을 위해서는 고객의 니즈와 원츠를 이해하고, 고객 만족을 위한 마케팅전략과 이를 집행하기 위한 과정, 그리고 마케팅 주도권을 확보하고 있어야 한다. 이를 위해 마케팅 지향적 조직구조와 데이터에 기초한 소비자 과학 방법론이 뒷받침되어야 한다.

후자의 고객 중심 마케팅의 핵심에는 고객 평생 가치 개념이 있다. 고객 평생 가치는 고객이 최초로 특정 기업의 제품이나 서비스를 구매하였을 때부터 최종적으로 구매할 것으로 판단되는 시점까지의 누적 매출 또는 누적이익을 현재 가치화한 것이다. 고객 평생 가치 마케팅은 신규고객 확보, 기존고객 충성도 제고 및 유지, 구매 활성화 및 고객 확장의 3단계로 구성된다.

(1) 신규고객 확보

신규고객에게 필요한 적절한 가치를 제공하고 고객이 만족할 수 있는 다양한 혜택을 제공한다. 그러나 신규고객 확보에 드는 비용은 기존고객을 유지하는 비용보다 더 비싸다. 또한, 이탈 고객을 예방하기 위한 프로그램도 중요한데, 고객이 일단 한 번 이탈하면 돌아오기까지의 시간과 비용이 기존 고객을 유지하는 비용보다 훨씬 많이 든다.

(2) 고객 충성도 제고 및 유지

고객을 만족시켜 지속적인 재구매를 유도하는 전략이다. 충성도가 높은 고객은 그렇지 않은 고객보다 재구매율이 높으며 가격에 대한 민감도가 낮아서 더 높은 수익을 창출할 수 있다. 또한, 고객 충성도가 높은 고객들은 긍정적인 구전 활동을 하는 경향이 있다. 이는 기업이 적은 비용으로 효과적인 홍보를 하는 효과를 창출할 뿐 아니라 기업의 장기적인 이미지에도 도움이 되므로 고객 충성도 유지는 매우 중요하다.

(3) 구매 활성화 및 고객 확장

구매 활성화, 교차판매, 업셀링을 통하여 고객의 구매량 또는 구매횟수를 증가시키는 것이다. 구매 활성화는 판매가 부진한 제품이나 신제품에 대한 관련 정보를 제공함으로써 구매를 촉진하는 것이고, 교차판매는 보완재 또는 연관 제품의 구매를 유도하여 고객의 구매량 및 구매횟수를 높이는 것이다. 아울러, 업셀링은 고가격 제품을 구매하도록 유도하거나 좀 더 높은 품질의 제품을 권유하는 것을 말한다. 예를 들어 화재보험에 이미 가입되어 있는 고객을 대상으로 자동차 보험가입을 유도하는 것은 교차판매에 해당하고, 일반형 화재보험에 가입되어 있는 고객에게 프리미엄 화재보험을 권유하는 것은 업셀링에 해당한다.

■ 참고문헌

노전표, 마케팅, 북코리아, 2015.

Farmer, Richard, N., "Would you Want your Daughter to Marry a Marketing Man?" Journal of Marketing, 31(1), Jan. 1967, pp. 1-3.

Gilmore, J. H. and Pine, B. J., *Authenticity: what consumers really want*, Harvard Business review Press, 2007.

Higginson, Richard and Robertshaw, Kina, *A Voice to be Heard*, IVP, 2017.

Kotler, Philip, Hermawan Kartajaya, and Iwan Setiawan, *Marketing 4.0,* John Wiley & Sons, 2017.

Gerzema, John, "The Post-crisis Consumer," www.ted.com

Gladwell, Malcolm, "David and Goliath," www.ted.com

Iyengar, Sheena, "How to Make Choosing Easier," www.ted.com

Porter, Michael, "The Case for Letting Business Solve Social Problems," www.ted.com

14장 마케팅전략

1. 개관 – 뉴미디어시대 마케팅전략

아마존과 월마트는 소매 유통업에서 서로 강력한 경쟁자다. 온라인 강자인 아마존은 오프라인 점포인 아마존 GO를 미국 시애틀에 오픈하고, 식품 소매업체인 홀푸드 인수를 발표하면서 오프라인 진출을 본격화하였다. 오프라인 강자인 월마트 역시 온라인 사이트를 정비하여 가격 경쟁력을 내세워 아마존의 아성을 위협하고 있다. 이런 와중에 미국에서 라이언 그랜트는 월마트에서 구매해서 아마존에서 되팔아 수백만 달러를 버는 방법을 소개하여 화제가 되고 있다. 2014년 3천 달러로 홀로 사업을 시작한 후 2017년 직원 11명, 월 매출이 20만 달러에 이르고 있다. 그의 전략은 우선 제품을 잘 고르는 것이다. 시간과 물류비용을 줄이기 위해서 집 근처 월마트에서 제품을 구입하는데, 주로 도서, 장난감, 인테리어 장식품 등 배송 때 손상 위험이 적은 제품을 취급한다. 시장조사를 통해서 오프라인보다 온라인에서 인기가 많은 제품을 취급하는데, 그랜트는 "오프라인보다 높은 가격으로 온라인에서 팔려면 온라인 수요가 많아야 한다. 온라인일수록 사람들은 인기제품에 웃돈 주고라도 물건을 사는 경향이 더 강하다"라고 말한다. 그랜트는 가격설정을 절묘하게 해 왔다고 한다. 아마존에 판매자로 등록을 하면 몇 명의 판매자가 얼마에 판매하는지를 알 수 있는데, 아마존이 직수입해 판매하면서 아마존과 경쟁하는 제품과 아마존과 경쟁하지 않는 제품으로 구분한다. 후자에 속하는 제품의 가격은 최저가+1.5%에 판매하는데 직접 물건을 볼 수 없는 온라인에서는 너무 저렴하게 판매하는 것이 오히려 불신을 가져올 수 있다고 판단했다. 전자의 상품은 인기제품과 비인기제품으로 나누어 비인기제품은 무조건 아마존 가격에 맞추지만, 인기제품은 아마존 가격보다 높게 책정하여 아마존에서 품절이 되는 경우를 노린다고 한다.

티타임즈, 네이버 모바일, 2017년 11월 16일 기사 참조

라이언 그랜트처럼 마케터는 창의적이고, 즉흥적이고, 주관적이고, 예술적이고, 가끔은 지나치게 사교적인 특성으로 특징지어져 왔다. 광고와 촉진 등을 통하여 소비자가 제품과 서비스를 구매하도록 유도하는 일이 마케터의 주 임무로 그동안 여겨져 왔다. 인쇄 광고나 TV 광고의 효과를 측정하기 힘들기 때문에 마케팅 성과측정은 마케팅 메트릭스(metrics)에 의존하기보다는 외적인 지표, 예를 들면 대외수상이나 고객만족도 조사 등에 의존해 온 것도 부인할 수 없다. 이 대목에서 광고 구루인 대이빗 오길비의 명대사가 생각난다. "광고비의 반은 낭비임에 분명한데, 그 반이 어느 쪽 반인지 확신이 없다." 이러한 풍경은 20세기 후반부터 변화하기 시작했고, 성과측정과 책임소재를 묻는 기업 환경 변화가 마케팅에도 예외 없이 적용되었다. 즉흥적이고 예술적으로 표현된 마케터에 대한 선입견은 예술성과 과학성을 겸비한 인재상으로 재조명되었다. 21세기에 들어서면서 인터넷을 활용하여 광고나 촉진 효과가 실시간으로 추적 가능해졌고, 마케팅 대시보드(dashboard)를 조직구성원들에게 제공하는 임무가 마케터의 중요한 업무가 되었다. 본 장에서는 21세기 급변하는 시대에 부합하는 마케팅전략과 마케팅전술을 다룬다. 마케팅전략의 틀을 제시하고, 마케팅믹스 변수를 중심으로 마케팅전술을 소개하고자 한다.

2. 마케팅전략 과정

시장 환경과 소비자 행동에 대한 이해를 기초로 마케팅전략을 수립한다. 마케팅전략은 회사의 마케팅 자원과 역량을 활용하여 시장 기회를 포착하는 절차라고 할 수 있다. 마케팅전략은 STP, 즉 시장세분화, 표적시장의 선정,

시장 포지셔닝 단계로 정리할 수 있고, 시장 포지셔닝의 구체적인 집행은 마케팅 믹스인 4P, 즉 제품, 가격, 유통, 촉진을 통하여 이루어진다.

대량판매 시장의 종말이 도래하고 있다. 구글의 고객은 대중이 아니라 개인이라고 한다. 개인 맞춤형 추천서비스가 향후 마케팅의 대세가 될 것이라는 전망도 있다. 이러한 관점에서 마케터는 고객의 니즈를 정확히 찾아서, 충족시킬 적절한 마케팅전략을 수립해야 한다. 전통적으로 기업은 높은 시장점유율을 확보하기 위해, 최고의 제품을 만들어 판매에 전력투구하였다. 하지만 소비자의 욕구와 취향이 매우 다양해지면서 시장점유율(market share)보다 고객점유율(customer share)이 더 중요해지고, 경쟁자보다 먼저 고객이 진정으로 원하는 것을 제공하는 것이 핵심 경쟁 요소가 되고 있다. 승자 독식하는 디지털시대는 시장을 선점하는 기업이 시장을 독식할 가능성이 매우 크다. 구글링 검색에 익숙한 사용자가 빙(Bing)으로 옮겨갈 가능성은 매우 희박하다. 사용자가 구글링을 사용하면 할수록 편의성이 증가하고, 인공지능의 혜택으로 더 많은 개인 맞춤형 서비스가 제공된다. 사용빈도가 증가하고 지각 효용이 높은 구글링 사용자가 다른 검색 포털 서비스로 갈아타기 위해서는 사용자 습관을 바꿀 수 있는 획기적인 혜택이 제공되어야 할 것이다.

〈그림 14-1〉은 마케팅전략 수립과정을 보여주고 있다. 마케팅전략의 사전 준비 작업은 기업의 내적, 외적 환경분석을 통한 시장 기회 분석이다. 3C는 고객(consumers), 자사(company), 경쟁자(competitors)로 기업의 마케팅 활동에서 핵심인데, 이들을 면밀하고 완벽하게 이해하고 분석해야 한다. 나를 알고 적을 알고, 시장을 알면 전투에서 승리자가 될 수 있다. 3C

에 협력자(collaborators), 환경(conditions)을 추가하면 5C가 된다.

환경분석을 하는 이유는 변화하는 시장에서 기회를 포착하고, 예기치 못한 위협에 미리 대비하기 위한 것이다. 외적 환경 요인 중에서 기술적 환경과 규제적 환경은 마케팅 성과에 미치는 영향력이 크다. 디지털시대 마케팅은 방대한 데이터를 활용한 마케팅으로 진화하고 있다. 애널리틱스, 빅데이터, 사물인터넷은 마케터의 주요한 도전과제가 되고 있다. 마케터는 첨단기술을 활용하여 소비자의 경험을 이해하고, 예측하고, 형성하여, 소비자 경험의 질을 높이는 노력을 하여야 한다. 이를 수행하기 위해서 21세기 마케팅 기능은 문화, 역량, 구조, 역할, 책임, 리더십 측면에서 변화하여야 한다. 과거의 관행으로는 험난한 제4차 산업혁명시대 파고를 넘지 못할 수 있다. 구조적인 측면에서는 사일로(silo)에서 융합(convergence)으로의 전환이 필요하다. 규제적 환경 역시 마케팅 활동에 심각한 영향을 미친다. 2018년 5월부터 유럽 시민의 데이터를 수집, 분석, 가공하는 경우 개인정보보호규정(GDPR)의 규제를 받게 된다. 이를 위반할 시에는 제재를 받게 되고, 더 심각한 것은 기업의 신뢰에 타격을 받을 수 있다. 규제적 환경 변화에 선응적으로 대응하면 기회로 활용할 수도 있으니 이를 위한 대비가 필요하다.

마케팅전략 수립과정은 일반적으로 STP의 3단계를 거치게 된다. 첫째, 시장을 세분화(segmentation)하는 작업으로, 전체 시장을 니즈가 유사한 구매자 집단으로 나누는 작업이다. 소비재시장 세분화 기준으로 인구통계학적 변수, 지리적 변수, 심리 묘사적 변수, 행동 관련 변수 등이 있다. 일반적으로 단일 변수에 의존하지 않고 복수의 변수로 세분화하는 것이 더 효과적으로 시장에 접근할 수 있다. 산업재 시장세분화 기준은 운영적 변수, 구매접근 방법 등이 추가적으로 사용되는데 소비재와는 달리 구매 기업 특유의 변수를 세분화 기준으로 사용한다. 모든 구매자를 만족시키고자 하면 누구도 만족시키지 못할 수 있다. 마케터의 마음속에 구체적인 목표 고객이 없다면 마케팅은 성공할 수 없다. 시장세분화의 궁극적인 목표는 각 세분 시장의 특성을 규명하는 것이다. 둘째, 목표시장을 선정(targeting)하는 작업으로, 각 세분 시장의 매력도를 평가하고 세분 시장을 선정하는 단계이다. 세분 시장의 매력도는 앞서 언급한 3C 관련 변수를 이용하여 평가한다. 시장규모와 시장 성장성, 현재 경쟁자와 잠재 경쟁자, 자사의 목표, 자원, 역량 등을 종합적으로 진단하여 세분 시장의 매력도를 평가한다. 셋째, 시장에서의 위치선정, 즉 포지셔닝(positioning)인데 상품이나 서비스의 경쟁적 포지셔닝 설정과 설정된 포지셔닝을 구현하기 위한 마케팅 믹스를 설계하는 단계이다. “유일한 것이 최고보다 낫다”는 표현이 있듯이 포지셔닝의 목적은 궁극적으로 차별화다. 구매자에게 경쟁자가 제공하지 못하는 우리만의 유일한 것을 제공할 수만 있다면 완벽한 포지셔닝이 가능하다. 유튜브에 매분 수백 시간 분의 콘텐츠가 업로드되고 있다. 시청자의 눈을 사로잡는 콘텐츠는 아마도 유일한 것일 것이다. 제품 카테고리 내에서 선도제품이 아니라면 선도제품이 되도록 새로 카테고리를 만들라고도 한다. 수잔 케인은 내성적인 독자를 염두에 두고 “내향성 : 말 많은 시대의 내향성의 힘” 저서를 출간하였다. 내성적인 사람은 전통적으로 겉으로 드러나지 않은 집단이지만, 이 책은 명확하게 이 집단을 포지셔닝하고 있다. 결과는 매우 성공적이었다. 책의 부제가 모든 사람의 시선을 끌었고, TED 강연은 1,400만 번 이상의 조회 수를 기록했다. 정확한 포지셔닝이 예상치 못한 시장성과를 보여준 마케팅 성공 사례이다.

마케팅을 간단히 3P로도 정리할 수 있는데, 첫째, 포지셔닝(positioning)으로 제품은 무엇이며, 누구를 위한 것인지를 정하는 단계이다. 다음 단계는 패키징(packaging), 즉 제품이 어떻게 보일 것인지, 무엇으로 불릴 것인지를 정하는 단계이고, 마지막으로 피치(pitch), 즉 제품을 어떻게 표현할 것인지, 오디언스에게 무엇을 제공할 것인지를 정하는 단계이다.

STP 전략 수립은 4P 믹스와 밀접한 연관이 있다. 4P는 제품(product), 가격(price), 유통(place), 촉진(promotion)을 의미하는데 마케팅의 감초에 해당한다. 포지셔닝 목표를 달성하기 위하여 4P 각각의 전략을 구상하고 이

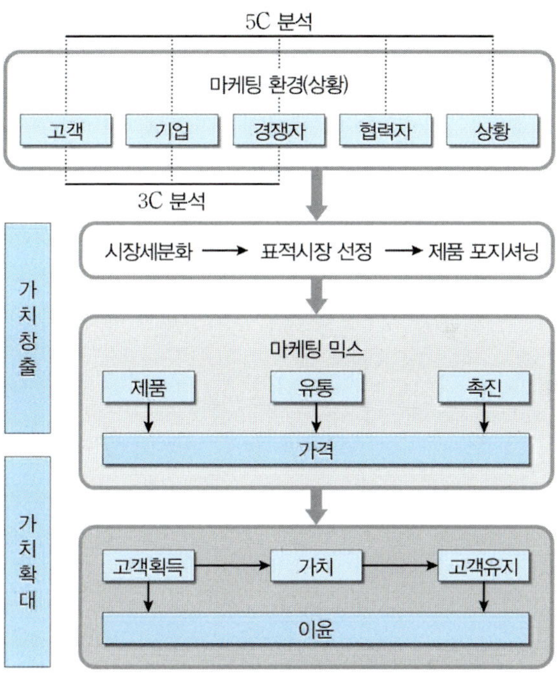

〈출처: 노전표, 마케팅, 북코리아, 2015, p. 178〉

〈그림 14-1〉 마케팅전략 수립과정

들을 적절하게 믹스하여, 시너지효과를 극대화하는 것이 마케팅 믹스 전략이다. STP와 4P 믹스 전략의 목표는 고객을 위해 가치를 창출하고 가치를 확대하는 것이다.

소다스트림은 10년 이상이나 혁신적인 아이디어와는 거리가 멀게 느껴지는 탄산수 시장에서 제품을 혁신하고 있다. 100가지 이상의 맛을 제공하는 가정용 탄산수 제조기를 제공하면서 당신만의 탄산수를 만들어 보라고 유혹한다. 5년 만에 미국 내 300개 점포에서 15,000개 점포로, 전 세계 60,000개 이상의 점포에 공급하고 있다. 크래프트, 캠벨, 오션 스프레이와 제휴하여 맛을 다양화시켰고, 삼성전자 냉장고에서 탄산수를 제조할 수 있도록 했다. 소다스트림은 코카콜라나 펩시와 경쟁하지는 않는다. 경쟁적 우위를 점하는 방법이 다르다. 시장에서 점유되지 않은 니치(niche)를 찾아서 공략하는 전략을 사용한다. 음료수 시장의 빈 곳을 찾아, 급성장하는 가정용 탄산수 시장에서 시장 리더자리를 차지하고 있다. 해외에서 적게는 10%, 많게는 25%까지 시장을 침투하고 있어 향후 성장 추이가 주목된다.

3. 마케팅 믹스

1) 4P

4P 마케팅 믹스는 제품(product), 가격(price), 촉진(promotion), 유통(place)을 의미한다. 저자는 마케팅 믹스를 4인 가족 구성원에 비유하는데, 아버지는 제품, 어머니는 가격, 아들은 유통, 딸은 촉진과 유사하다고 볼 수 있다. 가정의 중심인 아버지, 어머니는 재정을 관리하며, 아들은 배달민족답

게 묵묵히 자신의 역할을 다하고, 딸은 활발하게 의사소통하는데 착안하였다. 제품을 만들어 유통구조를 구축하고, 마케팅 커뮤니케이션을 통해 널리 알리고, 가격을 설정하여 고객에게 가치를 제공하는 작업이 마케팅 믹스 계획이다. 〈표 14-1〉에서 각 믹스 변수를 간략하게 소개한다.

〈표 14-1〉 마케팅 믹스

제품	제품품질, 디자인, 기능, 브랜드, 서비스, 보증 및 환불 등
가격	가격책정, 할인, 지불 조건, 신용정책 등
촉진	광고, 인적판매, 홍보, 판매 촉진, SNS, WOM 등
유통	유통경로의 설계, 물류 및 재고관리, 후방 또는 전방 통합 등

2) 8P

4P 마케팅 믹스를 확장하여, 사람(people), 프로세스(processes), 프로그램(programs), 성과(performance)를 추가한다. 아무리 좋은 계획을 수립하더라도 업무 수행은 사람이 한다. 조직구성원과 고객이 사람(people)인데, 성공적인 마케팅을 수행하기 위해 조직구성원 관리가 중요하고, 소비자와 소비자 삶을 이해해야 한다. 프로세스(processes)는 제품과 서비스를 제공하는 과정으로, 마케팅의 창의적이고 체계적인 활동 과정을 의미한다. 프로세스의 각 단계는 진실의 순간(MOT)으로, 고객에게 진정한 체험을 제공한다. 13장 마케팅 정의에서, 마케팅을 과정 중심으로 정의한 바 있다. 경쟁력 있는 마케팅 프로세스를 수립하는 것만으로도 성장 동력을 획득할 수 있으며, 혁신제품과 서비스를 창조할 수 있다. 마케팅의 구체적인 계획은 다양한 프로그램(programs)을 통하여 실행된다. 온라인과 오프라인에서 진행되는 프로그램의 수준이 마케팅 성과에 영향을 미친다. 성과(performance)는 재무적인 성과지표와 비재무적인 성과지표를 모두 포함하는데, 기업의 사회

적 책임, 도덕적 책임, 윤리문제, 지역사회와의 관계 등과 같은 사회적 성과도 반영한다. 마케팅 성과측정에 대한 필요성이 대두되면서, 마케팅 공헌이익(NMC), 마케팅 매출수익률(MROS), 마케팅 투자수익률(MROI) 등을 추적하여 성과지표로 활용하고 있다.

4. 제품전략

제품은 4P 믹스 중에서 가장 중요한 요소이다. "한번 측정하고 두 번 자른다"는 표현이 있다. 측정을 잘해야 한 번에 자를 수 있다는 의미인데 좋은 제품일수록 마케팅이 쉬워진다. 제품에 문제가 있으면 마케팅에 투자하는 시간과 비용은 커지면서 마케팅 효과성은 떨어지게 된다. 좋은 제품을 기획하고 창출하는 작업을 마케터의 소명에 비유하기도 한다. 독자가 원하는 작품을 만드는 작가의 심정으로 마케터는 마케팅의 첫 단추를 잘 채워야 한다. 앞서 가족 구성원을 마케팅 믹스에 비유했는데, 제품은 아버지에 비유할 수 있다. 중심이 흔들리면 마케팅 과정 전체가 흔들릴 수 있기 때문에 아버지와 같이 신뢰할 수 있고 견고한 제품이 만들어져야 한다. 이처럼 제품 전략은 신중하게 진행되어야 하는 매우 힘든 작업이다. 마케팅 믹스 변수의 처음 변수로서 마케팅 집행이 시작하는 단계로 볼 수 있다.

제품전략의 핵심은 개별 제품, 제품라인, 제품 믹스의 조율된 의사결정을 요구한다. 제품과 서비스는 3가지 수준에서 접근하는데, 핵심 제품, 외형 제품, 확장된 제품 수준이다. 소비재는 소비자의 구매 형태에 따라 편의품, 쇼핑제품, 전문품, 비추구 제품으로 구분된다. 산업재는 재료 및 부품, 자본재,

공급재 및 서비스로 구분된다. 소비재와 산업재는 기본적으로 제품의 구매 목적이 다르다. 소비재는 개인의 소비를 목적으로, 산업재는 최종 제품생산을 위해 투입되는 재료, 부품, 반제품 등이다.

제품만이 마케팅 대상이 아니고, 조직, 사람, 장소, 아이디어 등을 마케팅 대상에 포함 시킬 수 있다. 영리조직이든 비영리조직이든 마케팅은 필요하다. 정치 후보자나 스포츠 선수의 마케팅은 사람을 대상으로 마케팅하는 예가 된다. 투어리즘 마케팅의 증가로 지역, 국가, 관광지를 대상으로 장소 마케팅 활동이 활발하게 전개되고 있다. 2018 평창올림픽은 장소 마케팅의 대표적인 예가 된다. 아이디어 마케팅은 사회적 마케팅과 밀접하게 연결되어 있다. 저개발국 빈곤퇴치나 에이즈 감소를 위해 국제기구나 NGO 단체에서 마케팅전문가를 영입하여 캠페인을 전개하는데, 이러한 사회적 마케팅은 주민의 삶의 질 향상과 웰빙을 위해 아이디어를 확산하고 행동을 변화시킬 목적으로 추진된다.

마케터는 제품라인에 속해 있는 개별 아이템에 대한 전략도 개발해야 하는데, 제품 속성, 브랜딩, 포장, 레이블링, 제품지원 서비스 등 일련의 결정이 포함된다. 기업에서는 개별 제품을 개발하기보다는 제품라인을 생산한다. 제품라인과 제품 믹스 결정은 제품 관련 의사결정의 꽃이라고 할 수 있다. 제품 믹스는 판매자가 고객에게 제공하는 일련의 제품라인과 아이템의 조합으로, 폭, 길이, 깊이로 정의할 수 있다. 제품라인은 신중하게 관리되어야 하는데 확장(stretch)과 채움(fill)을 통해서 가능하다.

1) 제품 믹스 의사결정

제품 믹스는 기업이 제공하는 모든 제품들의 집합으로, 제품 믹스에 관한 의사결정은 제품 믹스의 폭, 길이, 깊이에 대한 의사결정이다.

(1) 제품 믹스의 폭

제품 믹스의 폭은 기업이 판매하는 제품계열 또는 제품라인의 종류이다. 대학의 경우를 생각하면, 대학은 여러 단과대학으로 운영되는데 이들 단과대학의 종류를 폭에 비유할 수 있다. 예컨대, A 대학은 4개 단과대학이 있고, B 대학은 6개 단과대학이 있다면 B 대학의 제품 믹스 폭이 넓다. 폭에 관한 의사결정은 일관성과 유사성을 중심으로 시장에서의 포지셔닝 전략에 의하여 결정된다. 대학의 경쟁력을 위해서 단과대학을 신설할 수 있고, 필요시에는 단과대학을 통합 운영할 수도 있다. 이러한 결정은 대학마다 서로 다른 포지셔닝 전략에 기초하여 이루어진다.

(2) 제품 믹스의 길이

제품 믹스의 길이는 특정 제품계열에 속해 있는 제품의 종류이다. 대학의 경우 단과대학에 속해 있는 학과 또는 학부의 종류를 의미한다. 단과대학에 속해 있는 학과의 수가 많을수록 제품 믹스의 길이는 길어진다. 최적의 제품 믹스 길이에 대한 정답은 없지만 각 학과의 차별성을 고려하고 상호 중첩되지 않게, 확장이나 채움 등의 전략을 적용할 수 있다.

(3) 제품 믹스의 깊이

제품 믹스의 깊이는 특정 한 제품의 종류를 의미한다. 대학의 경우 개별 학과에서 운영하는 프로그램 내지는 트랙의 종류를 의미한다. 외국대학 경영학부의 경우 마케팅, 생산, 회계, 재무, 경영정보, 인사조직 등과 같은 트랙을 운영하고 있는데 이는 깊이에 해당한다. 아울러 해외 대학과의 복수 학위제도, 연계 프로그램 등을 운영하는 경우 제품 믹스의 깊이는 깊어진다.

(4) 제품 믹스 결정

최적제품 믹스를 결정할 때는 개별 아이템간의 연계성을 고려하여 결정한다. 구체적으로 이러한 결정에 있어서 고려해야 할 문제들은 다음과 같은 것들이 있다.

① 이윤 창출에 기여하면서, 표적시장 고객들이 원하는 것을 충족시키고 있는가?

② 고객의 욕구를 충족시키면서, 경쟁사와 차별성을 제공하는가?

③ 관련 제품계열에 미치는 영향력은? 고객 가치를 증대하면서, 다른 제품과 보완적인가?

④ 브랜드와 기업의 명성에 미치는 영향력은?

2) 제품 믹스 길이에 관한 의사결정

(1) 하향 확장

초기에 고품질, 고가격의 제품을 출시한 뒤, 제품계열의 길이를 하방으로 확장하면서 저가의 신제품을 추가시키는 전략이다. 이 전략은 구축했던 고급이미지가 저가 제품에도 긍정적인 영향을 미칠 수 있으며, 저가 제품의 성장가능성을 높이거나, 저가로 공세하는 잠재적 경쟁자의 진출을 견제하는 역할을 한다.

그러나 하향 확장전략은 기존에 기업이 구축해놓은 고급이미지를 훼손함으로써 기존 고객의 이탈을 초래할 가능성이 있다. 고급 귀금속 브랜드인 티파니는 1990년대 매출 증대를 위해 저가 제품을 출시하였으나, 기존 고객의 이탈로 브랜드 가치가 훼손되어 이를 회복하기 위해 많은 시간과 노력을 투입해야만 했다.

(2) 상향 확장전략

초기에 저품질, 저가격의 상품을 출시한 뒤, 제품계열의 길이를 상향 확장하면서 고가의 신제품을 추가시키는 전략이다. 상향 확장전략을 하는 이유는 대체로 고가의 제품이 상대적으로 수익이 높기 때문이다.

그러나 상향 확장전략은 고급 품질을 유지할만한 기업 내부 역량이 갖추어져 있어야 하는데, 기존 고가 선호 고객들을 설득하여 고급 이미지로 재포지셔닝 하기까지는 막대한 비용과 시간이 소모된다. 토요타 자동차의 렉서스는 수준 높은 기술력을 바탕으로 독립적 브랜드를 사용하여 고급 자동차 시장에서 성공한 사례이다. 삼성전자의 경우 21세기에 접어들면서 중저가 브랜드 이미지에서 탈피하여 고품질 브랜드의 포지셔닝에 성공하였다. 이러한 성공 이면에는 고품질을 위한 부단한 노력과 우수 인재 영입이 큰 역할을 하였다. 20세기 후반까지 가전제품 시장에서 소니 등에 뒤졌지만, 지금은 세계 최고의 브랜드로서 확실히 자리매김하고 있다. 이는 레몬(저품질 제품)에서 레몬에이드로 변신한 기적으로 평가된다.

(3) 쌍방 확장전략

기존 제품계열 내에서 양방향으로 품목을 추가하는 전략으로, 잉여설비의 활용, 매출의 증대, 세분 시장의 침투 등에 긍정적 효과를 미칠 수 있는 전략이다. 제품계열 내 품목 수가 너무 적으면 매출기회를 놓칠 수 있고, 품목 수가 너무 많으면 소위 자기 시장 잠식 등으로 인하여 수익성이 감소 될 수 있다. 과다한 품목 확충은 비용 상승만 초래할 뿐, 오히려 기업의 포지셔닝을 애매하게 만들어 소비자를 혼동시킬 수 있다. 삼성전자는 고가제품인 갤럭시 시리즈와 함께 중저가제품 갤럭시 A 시리즈를 출시하고, 애플은 기존의 아이폰에서 S와 C의 2가지 형태로 신제품을 출시하면서 이전 S 모델을 저가상품으로 계속 판매하였다.

5. 브랜드전략

1) 브랜드의 역할

21세기는 브랜드의 시대라고 해도 과언이 아니다. 브랜드관리의 핵심은 브랜드 자산관리에 있다. 브랜드 지식이 고객의 제품과 서비스에 대한 반응에 영향을 미친다면 그 브랜드에 자산이 축적되어 있다고 본다. 견고한 브랜드는 까다로운 고객의 저항을 견뎌낼 수 있다. 강력한 브랜드 구축은 브랜드 포지셔닝, 효과적인 브랜드명, 긍정적인 브랜드 스폰서십 구축, 지속적인 브랜드 개발 등을 통해서 가능하다. 브랜드관리는 능숙한 브랜드 전문가에 의해서 정교화되는 예술이라고 한다. 이 예술 작업은 경쟁이 치열해지고 강력한 경쟁 브랜드의 등장으로 점점 복잡해지고 있다. 전사적으로 모든 직원이 브랜드 홍보대사가 되지 않는다면 경쟁력 있는 브랜드 포지셔닝은 쉽지 않다. 브랜드는 제품의 차별성을 확고히 하기 위한 것으로, 경쟁사 제품과 다르다고 주장 할 수 있는 근거가 된다. 브랜드의 어원은 본래 가축에 주인의 소유권을 나타내기 위해 불도장을 찍는 것에서 유래되었다.

브랜드의 기본적인 역할은 메이커를 확인시키고, 다른 경쟁자들과 구별시키는 것이다. 브랜드는 제품, 서비스, 기업에 대한 사랑과 애착으로, 소비자의 감정이다. 아울러 구매 시 안내 및 안전장치, 브랜드 약속의 역할도 한다. 소비자는 어떤 제품을 선택할지 망설이거나 특정 제품군에 대한 사전

정보가 적을 때 평소 선호하거나 긍정적 이미지의 브랜드를 선택하게 된다. 또한, 브랜드는 제품 고유의 품질을 암시해주며, 구매 후 확신을 줘서 불안감이나 후회하지 않도록 안심시켜 주는 기능도 한다. 브랜드 약속을 통하여 제품의 핵심 기능 및 부가적 기능에 대한 예측도 가능하게 한다.

2) 브랜드 자산

(1) 브랜드 자산의 중요성

브랜드 자산은 브랜드관리에서 매우 중요한 분야 중 하나이다. 물리적인 공장을 소유하는 것보다 시장을 소유하는 것이 더 중요하고, 시장을 소유하는 가장 강력한 방법은 브랜드 자산을 축적하고 유지하는 것이다. 브랜드 자산을 구축하고 유지하기 위해 브랜드 충성도 관리가 필수적이다. 고객의 브랜드 충성도는 브랜드 자산의 핵심이 된다. 브랜드는 시장에서 우세한 경쟁제품에 대한 방패 역할을 해준다. 경쟁 상품의 가격이나 다른 특성이 매력적임에도 특정 브랜드를 계속 구매하고 있다면 아마도 브랜드 충성도가 작동하는 것이다.

브랜드 자산은 특정 제품이나 서비스가 브랜드를 가졌기 때문에 발생하는 바람직한 마케팅 효과를 의미한다. 브랜드 자산은 브랜드 충성도와 시장점유율에 긍정적인 영향을 미친다. 습관적으로 동일한 브랜드를 구매하는 고객들은 장기적으로 수익을 창출하는 데 매우 중요한 역할을 하고 상당한 가치를 가진다. 브랜드 충성도가 높은 고객은 장기간 거래하기 때문에 그들의 가치 또한 높다. 만일 브랜드 충성도와 브랜드 구매 빈도간 상관관계를 정확히 파악할 수 있다면 브랜드 충성도의 변화가 가져오는 영향도 평가할 수 있다.

브랜드 충성도는 지속적인 제품의 사용 경험과 밀접한 관련성이 존재하기 때문에, 본질적으로 브랜드 자산의 다른 요소인 브랜드 인지도, 소비자 지각 품질, 제품에 대한 친근감 등과는 다르다. 브랜드 충성도는 사전 구매나 사용 경험 없이는 생기지 않는다. 그러나 인지도, 친근감, 지각된 품질 수준 등은 사용 경험이 없어도 생성될 수 있는 특성들이다. 브랜드 충성도는 인지도, 친근감, 지각된 품질 수준이나 제품 특성과 상호 연관되어 있지만, 브랜드 충성도는 이들 요소와는 독립적으로 발생하며 관계의 본질도 불명확한 경우가 많다. 맥도날드처럼 수제 햄버거집이나 고급 레스토랑보다 품질 수준은 낮게 지각되지만, 브랜드 충성도가 높은 경우도 있고, 대형 세단을 선호하는 미국 시장에서 일본 자동차에 대한 지각품질은 높지만, 브랜드 충성도가 낮은 경우도 존재한다. 결국, 브랜드 충성도는 브랜드 인지도, 브랜드 친근감, 지각되는 품질 수준과는 구별될 수 있는 브랜드 자산의 중요한 요소이다.

(2) 브랜드 자산의 원천

브랜드 자산 측정은 소비자 중심 측정과 기업 중심 측정이 있다. 전자는 브랜드가 소비자의 마음에 미치는 영향을 중심으로 측정하고, 후자는 브랜드가 기업의 자산에 미치는 영향을 중심으로 측정한다. 소비자 중심 브랜드 자산에 기초하여 설명하면, 브랜드 자산은 브랜드 인지도와 브랜드 연상으로 형성된다. 즉, 고객이 특정 브랜드를 이미 알고 있고, 그 브랜드와 관련하여 경쟁 브랜드보다 긍정적이고, 독특하면서도, 강력한 연상들을 기억 속에 가지고 있어야 한다. 소비자 마음속에 가장 먼저 떠오르는 브랜드는 매우 강한 인지도를 가지고 있는 브랜드이다.

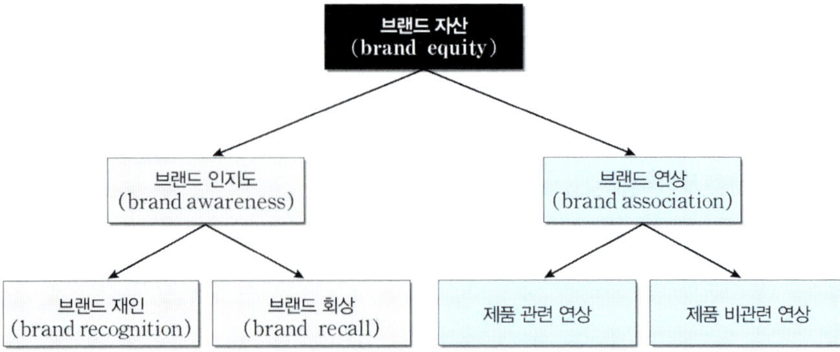

〈출처: 노전표, 마케팅, 북코리아, 2015, p. 241〉

〈그림 14-2〉 브랜드 자산의 원천

6. 신제품개발 및 제품수명주기

1) 신제품개발 과정

좋은 아이디어는 어디에서 오는가? 중요하고 혁신적인 생각은 혼자 실험실에 있을 때 떠오른다고 생각하기 쉽다. 하지만 사람들이 모여 아이디어에 대해 토의하거나, 실수나 예상치 못했던 발견들을 함께 공유할 때 생겨난다. 다시 말해 유동적 네트워크 환경, 즉 배경과 이해관계가 서로 다른 다양한 사람들의 생각들이 서로 충돌하는 환경 속에서 혁신이 창출된다. 혁신을 저해하는 가장 큰 장애물은 조급함이다. 문제는 혁신을 짧은 시간 안에 달성하려는 경향이 있다는 것이다. 사람들은 유레카의 순간을 빨리 맛보길 원하지만, 과거 역사를 돌이켜보면 중요한 아이디어는 오랜 기간의 잠복기를 거쳐 탄생한다. 이것을 느린 직감이라고 부르는데, 실제로 많은 위대한 생각은 종종 수십 년 간 사람들의 머리에서 맴돌다가 발현되기도 한다. 혁신 기업인 구글에서는 근무 시간의 20%를 혁신을 위해 할애하고 있다. 이러한 방식이 조직에서 직감을 키우는 방식인데, 다른 사람의 직감과 서로 연결하면 더욱 효과적이다. 설익은 아이디어를 가지고 있는 두 사람이 만나 위대한 창조물을 만들기도 한다. 이 대목에서 스티브 잡스가 언급한 "창의성이란 연결하는 능력"이 시사하는 바가 크다.

GPS 또한 사소한 호기심과 다양한 분야의 연구자가 힘을 합쳐 개발한 것이다. 스푸트니크 1호가 발사된 당시 미국의 한 응용 물리 실험실에서 연구원 두 명이 발사에 관한 뉴스를 듣고 있었다. 이 중 한 친구가 인공위성이 내는 신호를 잡아 보자고 제안하였고, 다른 친구의 해킹 실력으로 인공위성 신호를 녹음하는데 성공했다. 그 후에 다른 분야의 연구자가 인공위성과 지구와의 거리를 측정하였고, 또 다른 연구자는 인공위성의 속도를 계산하였다. 이렇게 다양한 분야의 아이디어가 서로 모여 소규모 프로젝트가 진행되었고, 우리가 현재 사용하는 GPS가 만들어진 것이다. 이 혁신은 어느 날 아침 식사하다 떠오른 미미한 영감에서 시작된 것이다. 그 이후 레이건 미국 전 대통령은 이 기술을 공개하여 개방형 플랫폼으로 만들고 누구나 사용할 수 있도록 하였다. 이것이 위대한 혁신이 탄생한 과정이다. 기회는 생각이 서로 맞물려 있는 사람들에게 찾아온다. 종종 우리는 사업을 하면서 큰 운(luck)이 찾아오기를 원한다. 운을 기대하는 사람들에게 GPS 프로젝트가 시사하는 바는 서로 협력하면 자연스럽게 운이 좋아질 수도 있다는 사실이다. 네트워킹은 운이 찾아올 확률을 높여주는 셈이다.

신제품개발 과정에서 좋은 아이디어를 얻기 위해서는 서로의 아이디어를 공유하고 유연하게 사고하는 유동적인 네트워크가 필요하고, 느린 직감 즉, 서서히 찾아오는 생각을 포착할 수 있도록 몰입이 중요하다. 빠르게 움직이는 번잡한 현대 사회에서 혁신은 하늘에서 별을 따는 것에 비유할 수 있다. 혁신적인 아이디어는 우리의 마음속에 선명하게 나타나는 것이 아니라 처음에는 모호하고 어렴풋이 느껴지는 경우가 많다. 통찰력이란 우리 머릿속에서 반짝 불이 켜지는 전구가 아니라 바람에 흔들리는 촛불 같아서 무척 꺼지기 쉽고 쉽게 잡을 수 없다.

기업이 성장하기 위해서는 신제품을 지속적으로 개발하여 시장에 출시해야 한다. 한, 두 개의 히트 제품만 가지고 영속적으로 존속하는 기업은 찾아보기 힘들다. 다시 말해 신제품개발 역량을 갖추고 있어야 기업의 성장은 물론, 존속이 가능하다. 소비자의 기호, 기술, 경쟁이 급변하는 환경에서, 마케터는 혁신역량으로 무장되어 있어야 한다. 신제품 수명주기가 점점 짧아지고 신제품에 의해 기존의 제품이 신속히 대체되고 있다. 삼성, 애플의 핸드폰을 생각해보자. 소비자는 핸드폰을 교체한 지 1~2년도 채 넘기지 못하고 신모델 교체 욕구를 얼마나 참아야 하는지. 힘들게 시장에 출시된 신제품의 성공률마저 높지가 않다. 시장에 출시되기까지 여러 단계와 검증을 거쳐 출시됨에도 불구하고 신제품은 너무나 쉽게 실패한다. 혁신의 위험은 그 대가 만큼이나 크다.

성공적인 혁신을 위해서는 전사적 노력, 치밀한 계획, 그리고 체계적인 신제품 개발과정이 필요하다. 일반적으로 신제품개발과정은 다단계로 구성되어 있는데, 아이디어 창출, 아이디어 선별, 컨셉 개발, 마케팅전략 개발, 사업성 분석, 제품개발, 시험마케팅, 그리고 시장 출시의 단계이다. 초기 아이디어는 각 단계를 거치면서 Go-Stop의 결정을 거치게 된다. 이 과정을 통해 가능성이 적은 아이디어는 제외되고, 가능성이 많은 아이디어는 다음 단계로 옮겨간다.

아마존은 신제품 관리자들에게 한 페이지 계획서를 작성하게 한다. 계획서는 보도자료 형식으로 작성되는데 신제품 아이디어가 오디언스에게 어필하는지 검증하는 제도이다. 제품 아이디어를 검증하는 다른 방법으로 아이디어를 한 문장, 한 문단, 한 페이지로 요약하는 연습이 있는데 이 역시 아마존의 제도처럼 아이디어가 시장에 선보이기 전에 내부적으로 검증하는 프로그램이다. 다음의 괄호 메꾸기도 신제품 아이디어의 정교화에 도움이 된다. 이 신제품은 (　　)을 하는 (　　)인데, 사용자들이 (　　)하도록 도와준다.

2) 제품수명주기

제품도 인간처럼 수명주기를 가지고 있다. 영원히 존재하는 제품은 없다. 수명주기 각각의 단계마다 서로 다른 기회와 위협이 존재한다. 기회를 활용하고 위협에 대처하는 것이 제품수명주기 관리의 주된 목적이다. 전형적인 제품의 매출 곡선은 S 형태의 커브를 보이면서 도입기, 성장기, 성숙기, 쇠퇴기를 거친다. 각 단계를 거치면서 해당 제품의 마케터는 차별적인 전략을 구상하고, 변화하는 문제, 위협, 기회를 주시해야 한다. 각각의 단계마다 정형화된 마케팅 믹스가 제시되는데, 상황이 변하면 정형화된 마케팅 믹스를 조정하기도 한다.

제품은 시장에 처음 나와 도입기를 맞이하고, 성장기, 성숙기, 쇠퇴기를 거친다. 제품 수명주기의 형태는 제품에 따라 다양하게 나타나기 때문에 일반화시키기는 곤란하나, 전형적인 제품 수명주기는 시간이 지남에 따라 매출과 이익 곡선이 S자 형태를 그린다. 제품수명주기는 제품과 브랜드 포트폴리오를 관리하고 제품들의 상호관계와 상태를 평가하는데 중요한 도구다. 포트폴리오 분석에서 문제아, 별, 황금 송아지, 개의 전략적 사업단위는 각각 도입기, 성장기, 성숙기, 쇠퇴기에 매칭시킬 수 있다.

일반적 제품 수명주기는 도입기를 시작으로 매출이 서서히 증가하면서, 성장기 때는 급속하게 매출이 증가한다. 성숙기에 절정에 달하고 쇠퇴기 때는 감소하는 모습을 보인다. 도입기에는 이익은 거의 없거나 손실이 발생한다. 초기 R&D 비용의 회수, 진입비용 등이 원인이 된다. 이익 역시 매출과 마찬가지로 성장기를 거쳐 성숙기 때 절정에 달하고 쇠퇴기에 접어들면서 감소한다.

(1) 도입기

제품이 시장에 처음 소개되는 시기이다. 신제품에 대한 낮은 인지도와 기존 제품의 구매습관 때문에 매출이 완만하게 증가하며, 매출이 적다. 높은 유통 비용, R&D 비용의 회수, 광고 및 판촉비용의 지출로 인하여 고객당 비용은 매우 높고, 이익이 발생한다 하더라도 매우 낮은 수준이다. 경쟁자는 시

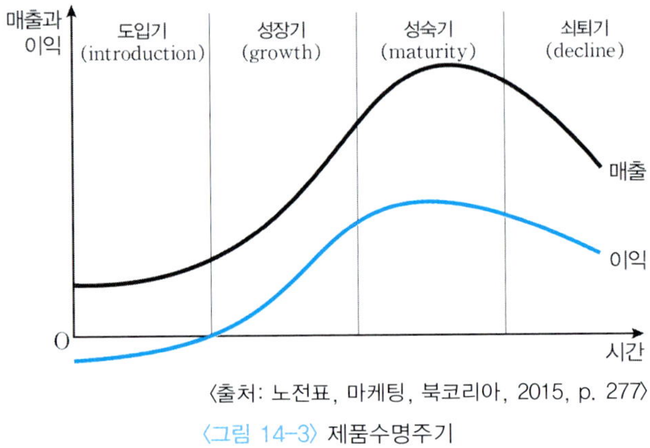

〈출처: 노전표, 마케팅, 북코리아, 2015, p. 277〉

〈그림 14-3〉 제품수명주기

장진입이 빠른 소수 몇 개에 불과하다. 도입기에는 무엇보다도 제품의 인지도와 시용(trial)을 증대시키는 전략이 효과적이다. 도입기에 오래 머물수록, 초기 마케팅 비용이 막대하여 손해다. 가능하면 구전이나 SNS를 활용한 버즈 마케팅으로 도입기를 줄이고, 신속하게 성장기로 진입하는 것이 바람직하다.

도입기에는 의견 선도자와 혁신소비자를 목표 고객으로 삼는 것이 좋고, 가격은 조기 수용자를 겨냥한 초기 고가격전략(skimming pricing)이나 원가 가산법을 사용한다. 인지도 향상을 위해서 광고비나 판매 촉진에 자원을 투입해야 한다.

경로 전략은 보통 선택적 경로로 시작하여 시장의 반응을 살핀 후 점차 유통 범위를 확대할지, 축소할지를 결정한다. 광고는 조기 수용자층과 유통업자들을 대상으로 제품인지도 제고 광고를, 판촉전략으로는 시용 유도를 위해 강한 판촉을 시행한다. 도입기에는 소비자의 인지도가 무엇보다 중요한 시기이므로 제품의 품질에 신경을 써야 한다.

(2) 성장기

조기 수용자의 만족도가 높아지면서, 판매가 급속하게 성장하는 단계이다. 혁신소비자층과 조기 수용자층의 호의적인 구전이 시장 확대에 매우 중요한 역할을 한다. 어느 정도 시장에서 인지도가 형성된 단계이므로, 고객당 비용은 평균 수준이며, 매출이 증가함에 따라 이익도 서서히 증대되는 시기이다. 시장이 안정화 되어감에 따라 경쟁자가 유입되고, 시장이 커지면서 경쟁의 정도가 심해진다. 따라서 시장점유율을 극대화하는 전략을 사용하는 것이 좋다.

신규 진입 경쟁자들과 경쟁하기 위해서 제품품질을 높이고, 새로운 속성을 추가하거나 새로운 목표시장 개발을 통해 고객층을 확대하는 제품 전략을 사용한다. 고객의 선택적 수요를 자극하기 위해 제품차별화 전략을 구사할 수 있다. 가격 전략으로는 시장점유율을 높이기 위해 저가격 정책을 도입하거나 기존 가격을 유지하면서 이익을 실현할 수도 있다. 유통전략은 급속한 시장 성장에 맞추어 가능한 점포 수를 확대하는 집중적 유통경로를 택한다. 광고는 정보제공형 광고에서 제품 선호형 광고로 전환하여 대중 시장의 관심과 인지도를 구축해야 한다. 판촉 활동은 도입기와 유사한 수준으로 유지하면서 관심도를 지속적으로 증가시키고, 충분히 수요확대가 이루어졌다면 판촉을 줄이기도 한다.

(3) 성숙기

매출액과 이익이 최대가 되는 단계이다. 이미 시장은 포화상태이고 달성한 이익을 통해 고객당 비용을 현저하게 줄일 수 있다. 판매량은 증가하지만, 매출성장률은 지속적으로 둔화되기 시작한다. 고객은 주로 후기다수자들이며, 취약한 경쟁제품들이 퇴출되면서 시장의 경쟁구조가 재편되고, 경쟁전략으로는 시장개발, 제품개선, 마케팅 믹스의 수정 등이 있다.

매출을 증가시키기 위해 새로운 소비자의 유인, 사용빈도의 증가유도, 새로운 용도 등을 개발한다. 제품의 품질, 특성, 스타일 등에 변화를 주면서 제품을 개선하거나, 다양한 모델을 제시하면서 제품 라인을 더 깊게 가져갈 수 있다. 정체된 매출 증대를 위한 가격할인, 공격적인 판촉 활동을 통한 상표 전환 시도, 비교 광고를 통한 브랜드 차이와 효익의 강조, 할인 유통업체와의 거래를 시작하거나 기존 유통업체들과의 강력한 관계유지 등에 힘쓴다. 이때까지 경쟁에서 살아남았다면, 경쟁자는 점차 감소하면서 소수의 생존자만이 비교적 안정된 시장에서 경쟁하게 된다. 따라서 시장점유율 방어와 이익 극대화를 목표로 마케팅전략을 수립한다.

(4) 쇠퇴기

제품의 절대적 판매량이 감소하는 단계로 감소하는 속도는 상품에 따라 다르다. 장수 브랜드의 경우 아주 늦게 쇠퇴기를 맞을 수 있고, 혁신의 노력이나 운이 좋아서 브랜드의 매출이 다시 상승하는 소위, 브랜드 회춘의 경우도 간혹 있다. 제품이 쇠퇴기에 접어드는 이유는 시장수요의 포화, 신기술의 출현, 사회적 가치의 변화, 고객 욕구의 변화 등 여러 원인이 있다.

고객당 비용은 낮으며 최후수용층이 고객이 된다. 쇠퇴기에는 많은 기업들이 시장에서 철수하고, 시장에 남아있는 기업들도 경쟁력이 취약한 제품을 정리하는 등 제품의 수를 축소하는 전략을 사용한다. 이 시기에 기업이 제품을 정리하지 않으면 기업평판에 부정적인 영향을 미칠 수 있고 투입되는 판매원과 광고비가 낭비된다. 따라서, 이 시기에는 지출되는 비용의 절감과 투자액의 회수가 마케팅 목표가 된다.

가격 전략으로는 재고소진을 위해 가격을 인하하거나, 투자액의 회수, 수익창출 등을 위해 일시적으로 가격을 인상하기도 한다. 이익이 적은 유통경로는 폐쇄하여 유지비를 줄이고, 광고는 최저수준으로 유지하며, 핵심 충성고객 관리에 집중한다. 사업을 유지할 것인지, 완전히 철수할 것인지에 따라 마케팅 믹스 전략이 수정되기도 한다.

구글은 인터넷 다수가 애용하는 검색엔진이다. 구글링은 이제 보통명사로 자리 잡았다. 구글은 가장 혁신적인 기업 중 하나이며 지속적으로 창의적인 신기술과 서비스를 개발하고 있다. 구글은 혁신기업 중에서도 단기간에 초기 아이디어를 다듬고 승인하는 기업으로 가장 앞서 있다. 구글의 이러한

〈표 14-2〉 제품수명주기 단계별 특성과 마케팅 믹스

특성 \ 단계		도입기	성장기	성숙기	쇠퇴기
특성	매출	낮음	급속성장	최대매출	매출감소
	고객당 비용	높음	평균치	낮음	낮음
	이익	적자	증대	최대	감소
	고객	혁신수용자	조기수용자	후기다수자	최후수용자
	경쟁자	소수	점차증대	안정적, 점차감소	소수
목표	전략적 마케팅 목표	제품의 인지와 사용의 증대	시장점유율 극대화 전략	시장점유율의 방어와 이익극대화	비용의 절감과 투자액의 회수
마케팅 믹스 전략	제품 전략	기본제품 제공	제품과 서비스의 확대, 제품품질 보증	모델의 다양화	경쟁력 없는 제품의 철수
	가격 전략	원가가산 가격	시장침투가격	경쟁대응가격	가격 인하/인상
	경로 전략	선택적 유통전략	집중적 유통전략	집중적 유통전략의 강화	이익이 적은 경로를 폐쇄
	광고 전략	조기 수용자층과 유통업자들을 대상으로 제품인지 확대	대중시장에서의 관심과 인지의 구축	상표 차이와 효익을 강조	필요한 최저수준으로 조정, 핵심 충성고객들을 대상으로 함
	판매 촉진 전략	시용유도용 강력한 판촉시행	수요확대에 힘입은 판촉의 감소	판촉을 통한 상표 전환 시도	최저수준으로 줄임
	중점 활동	품질	광고	가격	전략적 의사결정

〈출처: 노전표, 마케팅, 북코리아, 2015, p. 281〉

혁신 마인드는 다른 기업의 제품 개발자가 가장 탐내하는 것이다. 신속한 혁신은 구글의 DNA다. 게다가 구글의 신제품 개발은 채 2년을 넘기지 않으며, 보통 4~5개월 안에 마무리 짓는 신속한 절차를 가지고 있다. 구글은 인간의 모든 영역에서 연결을 시도하자는 미션을 가지고 사업을 지속적으로 확장하고 있다. 구글의 혁신팀은 혁신 프로젝트를 문샷(moonshot)으로 명명하면서 이 프로젝트가 성공하면 인간의 삶의 방식을 획기적으로 바꿀 수 있다고 믿고 있다. 구글의 환경과 문화가 이를 뒷받침하고 있다. 구글의 직원들이 혁신에 열광하는 이유는 그들의 혁신이 세상을 바꿀 수 있다고 굳게 믿고 있기 때문이다. 구글이 다른 기업과 분명히 다른 점은 기업 정신에 혁신의 정신이 뿌리내리고 있다는 것이다.

7. 가격전략

가격은 요금, 수수료, 임대료 등 다양한 명칭으로 사용되고 있다. 가장 협의적 의미로서 가격은 제품이나 서비스에 부가되는 금액을 의미한다. 마케팅에서 비가격 요인이 중요해지고 있지만, 여전히 가격은 마케팅 믹스의 중요한 요소이다. 가격이 나머지 마케팅 믹스 변수와 다른 점은 가격만이 직접 수익을 창출하는 요소이다. 나머지 변수들도 간접적으로는 수익창출에 기여하지만 소비자가 가격표에 표시되어있는 금액을 지불하는 순간 기업의 수입으로 잡힌다.

1) 원가 중심적 가격

원가는 가격 결정에 가장 기본적인 요소이며, 제품의 최저가격을 결정한다. 간혹 시장점유율을 높이기 위해 원가 이하로 판매하는 경우, 소비자에게는 최초가격이 준거 가격(reference price)으로 형성되어버리기 때문에 차후 가격을 인상하면 소비자가 외면할 수 있다. 준거 가격이란 소비자의 마음속에 자리 잡고 있는 특정 제품의 가격 범위를 말한다. 예컨대 핸드폰 구입을 생각하는 소비자는 마음속에 준거 가격을 염두에 두고 대리점을 방문한다.

원가에 기초하여 가격을 책정하는 관례는 오랫동안 기업에서 선호하는 방법이었다. 수치에 기초한 가시적이고 보수적인 방법으로, 객관적 가격책정 방법으로 인식되었다. 원가 중심적 가격책정의 가장 큰 단점은 생산 수량에 따라 생산원가가 가변적이라는 사실을 무시하고 있다는 점이다. 제품의 단위 원가는 단위당 변동비와 단위당 고정비로 구성되는데 단위당 변동비는 생산 수량과는 관계없이 일정하지만, 단위당 고정비는 생산 수량에 따라 변하게 된다. 결국, 원가 중심적 가격책정은 생산 수량과 관계없이 가격을 책정할 수 있다는 무리한 가정을 설정한다. 가격은 수량에 영향을 미치고, 수량은 원가에 영향을 미치기 때문에 원가 중심적 가격을 사용할 때는 신중하게 접근해야 한다.

2) 가치 중심적 가격

고객가치 지각에 중심을 둔 가격책정은 단순히 고객을 만족시키는 목적만을 추구하는 것은 아니다. 단적으로 가격을 할인해주면 고객이 일시적으로 좋아할지 모른다. 그러나 고객은 구매할 가치가 있다고 판단하면 상응하는 높은 가격을 지불할 용의가 있다. 가치 중심적 가격책정은 소비자에게 제공되는 가치를 기반으로 가격을 책정하고 일반적으로 높은 이윤을 창출한다.

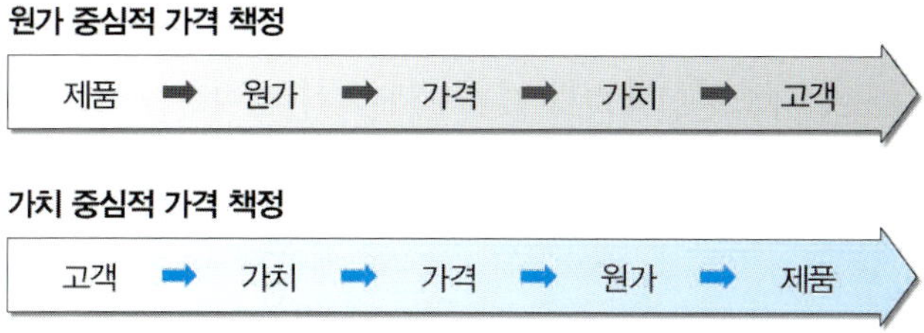

〈출처: 노전표, 마케팅, 북코리아, 2015, p. 294〉

〈그림 14-3〉 원가 및 가치 중심적 가격 정책

2012년 미국의 제이시 페니 백화점은 소매점과의 가격전쟁을 종결하기 위하여 "Fair and Square"라는 획기적인 가격 정책을 도입하였는데, 쿠폰 사용 금지, 파격적인 행사 지양, 표시가격에서 할인을 금하는 내용을 담고 있다. 대신에 이 백화점은 상시 할인가격제를 도입하고 크리스마스, 추수감사절 등 특별기간 때만 가격 인하를 허용하기로 하였다. 지난 25년 동안 이 백화점은 메이시즈, 콜즈 등의 백화점 때문에 시장지위를 상실했고, 소형 전문점의 공격이 거세지면서 지속적으로 하락하는 성과를 보여주었다. 가격 전략의 감초 역할을 했던 .99 또는 .50 가격 전략을 포기하고 대신에 0으로 끝나는 가격 정책으로 단순화시켰다. 아울러 표시가격과 할인가격을 병기하는 대신 할인된 단일가격만을 표시하기 시작하였다. 하지만 이 제도는 실패로 돌아갔다. 신가격 정책 도입 후 매출이 20% 정도 하락하였고, 시행 1년도 채 되지 않아서 원래의 가격 정책으로 돌아가면서 매출이 다시 안정화되었다. 신가격 정책의 실패 이유는 소비자들이 새로운 가격제도를 충분히 이해하지 못했기 때문이었다. 새로운 가격 정책을 도입할 때는 사전에 충분한 홍보가 필요하고, 소비자의 가격지각에 대해 면밀한 분석이 필요하다.

가격전략에서 공짜가 효과적인 경우도 종종 있다. TED 강연은 무료 시청이 가능하다. 하지만 10,000달러의 높은 가격을 지불하면서 명강연자를 직접 보러 오프라인 TED 연례행사에 전 세계에서 모인다. 역설적으로 공짜가 엄청난 수익을 창출한 것이다. 전 세계 유명 박물관에 가보면, 기본 시설은 무료이지만 일부 공연이나 전시장은 유료인 경우가 많다. 뉴욕타임즈 신문 온라인판은 무료로 볼 수 있는 기사가 있고 추가로 기사를 원하면 지불하면 된다. 이러한 무료 상품을 프리미엄(freemium)이라고 하는데, 무료 제공이 아니라면 저렴한 가격에 상품이나 서비스를 제공하는 경우도 있다. 아마존은 전자책 시장을 리더하면서 전자책을 읽을 수 있는 전자책 단말기를 개발하여 종이책보다 전자책을 저렴하게 제공하고 있다. 최근에는 킨들 화이트페이퍼에 이어 킨들 오아시스라는 신제품을 시장에 출시하였는데 이름이 암시하듯 방수기능이 있어 풀장이나 리조트에서 사용할 수 있다고 한다. 기본 기능을 탑재한 화이트페이퍼와 비교하면 오아시스는 추가 기능을 내세워 고가전략을 추구하고 있다.

8. 유통전략

1) 유통관리

유통경로는 제품이나 서비스를 사용자나 재판매업자에게 전달해주는 유통경로 구성원들의 활동이다. 유통관리는 크게 경로관리와 로지스틱스 관리로 이루어지는데, 전자는 유통경로 구성원에 관한 의사결정이고, 후자는 물적유통에 관한 의사결정이다. 각 경로 시스템은 다양한 경로 수준에서 매출과 비용을 동시에 발생시킨다. 마케팅 믹스의 다른 변수들은 신축적인 특성을 가지지만, 물리적인 성격이 강한 유통경로는 한번 정해지면 쉽게 변경하기가 힘들다. 정해진 유통경로는 다른 믹스 변수에 영향을 주기도 하고 영향을 받기도 한다.

전략적으로 오직 한 가지 경로 대안만을 생각한다면 선택의 폭이 좁을 것이다. 다양한 경로대안을 가지고 있어야 효과적으로 시장에 접근할 수 있다. 경로 대안은 직접판매 형태부터 다수의 중간상을 가진 형태까지 다양하다. 각각의 대안은 장단점을 가지고 있다. 경로구성원 간 통합을 통해 이루어지는 수직적 시스템이나 수평적 시스템은 관리적인 측면에서 전통적인 경로 대안보다 더 정교성이 요구된다. 인터넷상거래나 모바일상거래 규모가 전통적인 유통경로 거래를 앞지르면서 온라인, 오프라인, 모바일 경로의 적절한 믹스 전략이 요구되고 있다.

경로디자인의 첫 단계는 고객의 경로서비스 니즈, 기업의 경로 목표와 제약조건을 평가하는 것이다. 다음 단계는 주요 경로 대안을 확인하는 것인데, 이 단계에서 중간상의 유형, 중간상의 수, 각 중간상의 경로 책임 등을 고려해야 한다. 아무리 완벽하게 계획된 시스템일지라도 경로 갈등이 없을 수는 없다. 경로상에서 서비스 품질은 높이고, 비용은 낮추고자 하면 이해관계가 상충 되어 갈등은 필수적으로 발생한다. 유통 경로상에서는 경로 파트너들 사이에 장기적인 관계 유지가 필요해서 경로 파트너를 신중하게 선택해야 한다.

제품을 물리적으로 이동시키는 것이 제품을 판매하는 것보다 더 힘들다는 표현이 있다. 결과적으로 마케터는 로지스틱스와 공급사슬관리에 관심을 가지게 되었다. 로지스틱스 시스템의 과제는 고객서비스는 유지하면서 총비용은 최소화시키고 동시에 서비스 제공 속도는 최대화시키는 것이다. 주요 로지스틱스 기능은 창고관리, 재고관리, 수송, 정보시스템 관리 등이다. 로지스틱스 관리의 키워드는 통합이며, 원만한 유통 파트너와의 관계를 통하여 효율적이고 이윤이 창출되는 유통 네트워크를 구축하는 것이 마케터의 과제이다.

2) 소매업과 도매업

소매업과 도매업은 제품과 서비스가 생산되어 소비자에게 전달되는 과정에 중간상으로 관여한다. 소매업은 최종 소비를 위해 제품과 서비스를 전달하는 활동으로, 점포 소매업과 비점포 소매업으로 구분된다. 점포 소매업은 제공하는 서비스의 정도, 판매하는 제품 라인, 부가되는 가격, 조직형태에 따라서 세분된다. 비점포 소매업은 직접 마케팅, 카탈로그 판매, 전화 판매, 홈쇼핑 채널, 파티를 통한 판매, 방문판매, 키오스크나 자판기, 온라인 및 모바일 판매 등 다양한 형태가 존재한다. 디지털시대에는 예측하기 힘든 비점포 소매업 형태가 등장할 가능성이 높다. 인터넷 쇼핑의 도입 초기에 오프라인 점포가 없어질 것이라고 예상했지만 오프라인과 온라인 판매는 현재 상존하고 있다. 유통업계에서 아날로그에 대한 향수도 무시할 수 없다. 최근 LP 음반 판매가 꾸준히 늘어나고 있고, 미국의 전자책 단말기 판매가 정체를 보이면서 종이책 판매가 늘어나고 있다. 향후 온라인, 오프라인, 모바일이 통합된 옴니채널의 도입이 가속화될 전망이다.

소매업은 새로운 고객을 유치하고 기존고객을 유지하기 위해 창의적인 마케팅 기법을 개발한다. 소매업 의사결정은 목표시장 선정과 포지셔닝, 제품구색과 서비스, 가격, 촉진 및 유통과 관련된 내용을 포함한다. 소매업은 급속하게 변하는 환경 속에서 기회와 위협에 당면하고 있다. 새로운 환경과 변하는 소비자 니즈를 충족시키기 위하여 새로운 형태의 소매업이 등장하고 있고, 새로 등장하는 소매업의 수명주기도 짧아지고 있다. 모바일주문, TV 홈쇼핑, 온라인 쇼핑, 공항 키오스크 등 다양한 형태의 비전통적인 소매업이 등장하고 있다. 소매업이 진화하면서 SSM 등 기업형 슈퍼마켓의 등장도 주목을 받는다. 재래시장 활성화도 활발하게 논의되고 있는데, 지역을 살리는 재래시장은 지역 마케팅과 연결하여 살길을 모색하고 있다. 오프라인, 온라인, 모바일이 융합되는 신종 소매업은 미래 소매업 발전에 지대한 영향을 미칠 것이다.

넷플릭스는 비디오 엔트테인먼트 유통시장에서 혁신적으로 시장을 개척하고 있다. 2000년 초반 우편으로 DVD를 대여하는 혁신적인 전략을 채택하여 블록버스트와 같은 점포형 대여점 시장에 치명적인 손실을 안겨주었다. 2007년에는 디지털 스트리밍 서비스를 제공하면서 영화 및 비디오 콘텐츠 시청에 있어 일대 혁신을 가져왔다. DVD 대여 비즈니스는 위축되었지만, 월 사용료로 영화 스트리밍 서비스를 이용할 수 있어 넷플릭스는 이 시장에서 독보적인 강자로 부상하였다. 최근 이 시장에 눈독을 들인 경쟁자가 속속 진입하면서 스트리밍 서비스가 대세로 자리 잡는다면 다음 경쟁은 콘텐츠에 달려 있을 것이다. 어떤 경쟁 양상이 되든 이 시장에서 선두자리를 유지하고자 한다면 넷플릭스 역시 과거의 경쟁우위에 집착하지 않고 미래지향적인 경쟁 무기를 개발하여야 할 것이다.

도매업은 소매업과 달리 재판매를 위해서 제품과 서비스를 취급하는데 일반적으로 기업 고객을 대상으로 한다. 도매업을 이해하기 위해서는 도매업의 기능을 이해하는 것이 필요하다. 도매업의 기능은 판매와 촉진, 구매와 제품 구색 갖추기, 벌크 제품 나누기, 창고관리, 수송, 파이낸싱, 위험 감수, 시장 정보제공, 관리 서비스 제공, 그리고 고객을 위해 정보제공 등이다. 다양한 형태의 도매업자가 존재하는데 대표적으로 머천트 도매업자, 에이전트와 브로커, 제조업자와 소매업자 판매 사무소 등이 있다. 소매업자와 마찬가지로 도매업자 역시 목표시장 선정, 포지셔닝, 마케팅 믹스 등에 관한 독자적인 의사결정을 한다.

아마존과 월마트의 온라인 유통 전쟁은 유통과 가격이 서로 얽혀있음을 보여주고 있다. 소매업 유통의 강자인 월마트는 최근 한자리 성장을 보이면서 주춤하고 있는 사이에, 아마존은 꾸준히 두 자리 성장을 보여주고 있다. 아마존의 온라인 매출이 여전히 월마트의 절대 수준에는 미치지 못하고 있지만 언젠가는 아마존이 월마트를 추월할 수도 있을 것이다. 두 경쟁업체 모두 가격을 주요 경쟁 무기로 활용하고 있어 자칫하면 무모한 가격경쟁으로 두 업체 모두 치명적인 타격을 입을 수 있다. 따라서 가격에만 치중하기보다는 편의성, 선택의 질, 구매자 경험 등을 앞세우는 유통전략이 경쟁우위를 확보하는데 매우 중요한 요소로 작용할 것이다.

9. 마케팅 커뮤니케이션 전략

1) 촉진 믹스

제품과 가격 모두 매력적이고, 목표고객에게 제품을 효율적으로 유통시키는 것만으로는 마케팅이 완성되지 않는다. 기업은 고객과 소통하는 것이 중요한데 이 과정에 전략적인 커뮤니케이션 관리가 요구된다. 촉진은 마케팅의 다른 믹스 요소와 마찬가지로 매우 중요하다. 촉진 수단은 광고, 판매촉진, 홍보, 대인판매, 직접마케팅 등으로, 이들을 잘 통합하여 기업의 마케팅 커뮤니케이션 목표를 달성한다.

전통적으로 기업의 마케팅 커뮤니케이션 활동은 대중 마케팅에 집중되어 왔다. 그러나 최근 뉴미디어의 획기적인 발달로 기업의 마케팅 커뮤니케이션 전략에 새로운 국면이 전개되고 있다. 다양한 SNS 도구들이 마케팅의 주요한 수단으로 활용되면서 뉴미디어를 접목한 신개념의 커뮤니케이션 전략이 도입되고 있다. 전통적인 수단과 새로운 미디어를 통합하여 명확하고, 일관성 있는, 그리고 영향력 있는 메시지로 고객과 소통하는 기업만이 커뮤니케이션 성과를 거두고 있다. 즉 통합적 마케팅 커뮤니케이션 프로그램(IMC)은 기업이 고객과 소통하기 위한 가장 일관성 있고 강력한 무기가 될 수 있다.

2) 통합적 마케팅 커뮤니케이션

통합적 마케팅 커뮤니케이션은 목표 오디언스를 확인하고, 적절하게 통합된 촉진 프로그램을 통하여 기업이 원하는 오디언스 반응을 끌어내는 프로그램이다. 전통적으로 기업의 촉진 프로그램은 고객의 인지도, 이미지, 선호도에 영향을 미쳐서, 소비자 변화를 유도하였다. 바람직한 전략은 촉진 전략의 초점을 고객 변화에서 고객 관계로 옮기는 것이다.

효과적인 마케팅 커뮤니케이션 전략을 개발하기 위해서는 첫째, 목표 오디언스를 확인, 둘째, 달성하고자 하는 오디언스 반응을 정의, 셋째, 메시지를 디자인, 넷째, 메시지를 전달할 매체선정, 마지막으로 메시지 전달 후 성과를 평가하는 단계이다. 이 과정이 정해지면 마케터는 확신을 가지고 커뮤니케이션 프로그램을 진행하여, 효과적인 전략 개발에 주력한다.

(1) 광고

전통적인 4대 촉진 믹스는 광고, 판매촉진, 홍보, 대인판매인데, 그중에서 대인판매를 제외한 나머지는 대중 커뮤니케이션 도구들이다. 광고는 가장 대표적인 촉진 믹스로서 비용을 지불하는 비인적 수단인데, 특정 스폰서를 위해 제작된다. 광고 캠페인 의사결정은 보통 4단계로 이루어지는데, 목표 설정, 예산 책정, 광고전략, 광고 캠페인 평가 등이다. 광고전략 단계에서는 메시지 결정과 매체 결정이 주가 된다. 광고제작을 직접 하기도 하지만, 전문성 있는 에이전트에게 소싱하는 것이 일반적인 경향이다.

(2) 홍보

홍보는 대중 커뮤니케이션 수단으로 이해관계자 집단과 좋은 관계를 유지하기 위하여 추진되지만, 바람직한 기업 이미지를 구축하거나 부정적인 루머를 사전에 차단 또는 평판을 관리하기 위한 목적으로도 시도된다. 부정적인 기업 이미지가 대중에게 노출되지 않도록 관리하거나, 긍정적인 이미지 구축을 위해 명성관리 프로그램을 구동하기도 한다. 고객의 태도, 인지도, 지식 등에 초점을 맞추어 홍보 프로그램을 기획하면 효과적으로 홍보 효과를 거둘 수 있다. 홍보전략은 SNS 사용의 확산으로 전통적인 프로그램이 획기적으로 보완되고 있는데 인터넷과 모바일을 접목한 프로그램이 디지털 시대 홍보전략의 대세가 되고 있다.

효과적인 홍보 수단으로 사회적 인증(social proof)을 활용하기도 한다. 사회적 인증이란 저명인사나 셀럽이 사용했거나 다녀갔다는 증거를 홍보 수단으로 활용하는 것이다. 2015년 미국 대학 농구 명예의 전당 시상식에서 켄터키대학 칼리파리 감독은 단상에 이 대학 출신 선수들을 초청하여 그가 선발하기 원하는 고교 선수를 염두에 두고, "켄터키대학에 진학하면 당신도 이러한 영광을 얻을 수 있다"라고 수상 소감을 했다. 칼리파리 감독의 사례는 사회적 인증을 이용하여 홍보한 좋은 예가 된다. 유명인사나 셀럽이 다녀간 호텔이나 관광지 음식점에서는 방문 사진을 걸어 놓고 사회적 인증을 활용하여 홍보한다.

(3) 인적판매

판매원을 통하여 제품이나 서비스를 고객에게 판매한다. 위대한 제품을 판매하는 평범한 판매원보다, 평범한 제품을 판매하는 위대한 판매원이 훨씬 낫다는 표현이 있다. 판매원 역량이 매우 중요하다는 의미이다. 인건비가 높은 경우, 판매팀 유지, 운영 비용이 크기 때문에, 판매원 선발과 배치는 매우 신중하게 진행되어야 한다. 판매원관리의 6단계는, 판매력 전략 및 구조의 구상, 판매원 선발, 판매원 교육, 판매원 보상, 판매원 감독, 판매원 평가로 이루어진다. 마케팅 목표를 달성하기 위해 매우 효과적인 촉진 수단인 판매인력은 체계적으로 관리되어야 성과를 얻을 수 있다. 먼저 판매과정을 이해하는 것이 필요한데, 잠재고객 탐색 및 확보, 사전 접근, 본격적인 접근, 프로포절 및 발표, 반대의견 조정, 종결 그리고 사후 관리로 이루어진다. 이 과정에서 판매원은 단지 판매만을 위해서라기보다는 문제 해결자로서 역할을 수행하게 된다.

역량 있는 판매원은 동기, 규율, 관계 구축의 기술을 겸비한 자이다. 거래 중심적인 사고가 아니라 관계 중심적인 사고가 필요한데, 고객 및 이해관계자와 강력하고 가치 중심적인 관계를 창출하고 유지하여 장기적으로 서로 도움이 되는 관계를 구축함이 필요하다. 관계는 단순한 거래보다 중요하다. 거래는 종결되면 끝나버리지만, 환자와 의사, 보험 판매원과 계약자 관계처럼 호혜적 혜택이 교환되면 관계는 오랫동안 지속가능하다.

(4) 판매촉진

판매촉진은 단기적 인센티브를 제공하여 구매나 판매를 권장하는 매우 효과적인 수단이다. 판매촉진은 구매자가 구매를 미루지 않도록 하는 강력한 동기가 된다. 판매촉진은 재판매업자가 판매에 매진하도록 동기부여한다. 경쟁이 치열해지고 대중 커뮤니케이션 수단들의 효율성이 감소하면서 상대적으로 판매촉진에 대한 관심과 활용도가 증가하고 있다. 장기적인 효과를 노리는 광고와는 달리 판매촉진은 단기성과를 보여주어야 하는 상황에서는 매우 매력적인 촉진 도구이다.

13장에서 소비자의 외부자극(지불된 자극, 획득된 자극, 관계적 자극, 소유된 자극)을 소개했는데, 마케팅 커뮤니케이션 전략에도 적용할 수 있다. 디지털시대 가장 강력한 미디어는 소유된 자극으로 이를 적극적으로 활용하여 고객을 확보한 뒤 지불된 미디어와 획득된 미디어를 활용하는 것이 효과적이다.

아마존은 최근 미국의 유기농 식품 소매점인 홀 푸드를 인수하기로 했다. 이는 식품 소매업 시장에 진출하고자 하는 아마존의 의지를 보여주면서, 경쟁자인 월마트를 염두에 둔 것인데 오프라인 소매업 시장에 지각변동을 예고하고 있다. 미국 시애틀에 오픈한 아마존 오프라인 가게인 아마존 Go에서는 고객이 계산대를 거치지 않고 센서와 카메라를 사용한 지불 시스템을 도입하였다. 아마존의 사명이 모든 것을 판매한다고 했으니 모든 산업에서 모든 기업과 경쟁한다고 해도 과언이 아니다.

참고문헌

노전표, 마케팅, 북코리아, 2015.

Eyal, Nir, *Hooked*, Portfolio/Penguin, 2014.

Holiday, Ryan, *Perennial Seller*, Profile Books, 2017.

Ogilvy, David, *Confessions of an Advertising Man*, 1963.

Cain, Susan, "The Power of Introverts," www.ted.com.

Johnson, Steven, "Where good ideas come from", www.ted.com.

ㄱ

ㅂ

ㅅ

ㅇ

ㅈ

ㅊ

ㅋ

ㅌ

ㅍ

ㅎ

기타